# EXCEL 2011

pour Mac

ISBN : 978-2-7460-6212-2
Imprimé en France

**Editions ENI**

Rue Benjamin Franklin
44800 St HERBLAIN
Tél. 02.51.80.15.15
Fax 02.51.80.15.16

e-mail : editions@eniENI.com
http://www.editions-eni.com

Collection dirigée par Corinne HERVO

# Avant-propos

Cet ouvrage est destiné à tout utilisateur d'Excel 2011. Il a été conçu pour vous permettre de retrouver rapidement les options à activer et les manipulations à effectuer pour réaliser telle ou telle opération. Les dessins d'écrans proposés tout au long de ces pages permettent d'expliciter la manoeuvre en cours en affichant la boîte de dialogue correspondant à la commande ou en proposant un exemple précis. Cet ouvrage est composé de quatorze parties :



Cette première partie décrit l'environnement de travail proposé par Excel 2011.



Cette seconde partie décrit l'ensemble des commandes qui permettent d'enregistrer, d'ouvrir, de gérer les classeurs et les modèles.



Vous trouverez dans cette partie tout ce que vous devez savoir pour saisir, modifier, copier, déplacer... les données de vos feuilles de calcul.



Dès les premières données saisies, vous aurez besoin de gérer les feuilles de calcul du classeur et les lignes et colonnes du tableau. Vous optimiserez la saisie en créant des zones nommées.



Après la saisie des différentes données de votre tableau, vous devez y insérer les formules permettant des calculs divers simples ou plus complexes (calculs sur les dates, calcul de remboursement de prêt, table à double entrée, formule matricielle). Vous verrez aussi comment utiliser l'éditeur d'équations.



Cette partie traite d'outils spécifiques qui vous permettront de faire de nombreuses simulations (scénarios, valeur cible) et d'auditer vos feuilles de calcul.



Une fois les données et les calculs saisis, vous pouvez utiliser toutes les fonctions d'Excel pour enjoliver vos feuilles de calcul par l'application de mises en valeur, formats, mises en forme conditionnelles, bordures, styles et thèmes.



Cette partie aborde des fonctions avancées concernant la gestion de vos tableaux : comment trier les données, les filtrer et optimiser l'exploitation de grands tableaux à l'aide des plans.

**L'impression des données . . . . . . . . . . . . . . . . . . . . . . . . . . . . pages 197 à 208**

Votre tableau terminé et mis en forme, vous voilà prêt à l'imprimer. Découvrez dans cette partie, les techniques de mise en page et d'impression des feuilles.

**Les graphiques . . . . . . . . . . . . . . . . . . . . . . . . . . . . . . . . . pages 209 à 248**

Pour mettre en valeur les données chiffrées du tableau, vous pourrez réaliser des graphiques divers.

**Les objets graphiques . . . . . . . . . . . . . . . . . . . . . . . . . . . . pages 249 à 272**

Vous pouvez aussi agrémenter vos feuilles de calcul d'objets graphiques : forme, objet, image, diagramme...

**Tableaux de données et tableaux croisés dynamiques. . . . . . . . pages 273 à 302**

Excel vous permet aussi de gérer des tableaux de données (tableaux présentés sous forme de liste de données) et de concevoir à partir de ces données, des tableaux croisés dynamiques.

**Travail collaboratif. . . . . . . . . . . . . . . . . . . . . . . . . . . . . . pages 303 à 318**

Après avoir abordé la protection des données et des macros par l'utilisation de mots de passe, vous verrez dans cette partie comment travailler à plusieurs sur un même classeur grâce au suivi des modifications.

**Les fonctions avancées diverses. . . . . . . . . . . . . . . . . . . . . . pages 319 à 358**

Cette dernière partie vous présente des fonctions plus spécifiques concernant la saisie des données (création de séries de données personnalisées, saisie de commentaires...), l'insertion de liens hypertexte, l'importation de données, l'exportation de vos données Excel vers d'autres applications, la création de macro-commandes et la personnalisation de l'interface.

Vous trouverez en Annexe la liste des principaux raccourcis-clavier ainsi qu'un chapitre présentant **Les bonnes pratiques** à connaître pour utiliser efficacement un tableur. Les dernières pages de cet ouvrage présentent un index thématique qui sera fort utile pour retrouver rapidement telle ou telle manipulation.

# Avant-propos

## Conventions typographiques

Pour que l'utilisateur puisse plus facilement retrouver et interpréter les informations qui l'intéressent, nous avons adopté les conventions typographiques suivantes.

Ces styles de caractères sont utilisés pour :

| | |
|---|---|
| **gras** | indiquer une option du menu ou d'une boîte de dialogue à activer. |
| *italique* | un commentaire introduisant la manipulation ou explicitant les modifications visibles sur votre écran. |
| Ctrl | symboliser les touches du clavier sur lesquelles vous devez appuyer ; lorsque deux touches sont placées l'une à côté de l'autre, vous devez appuyer simultanément sur les deux touches. |

Les symboles suivants introduisent :

la manipulation à exécuter (activer une option, cliquer avec la souris...).

une remarque d'ordre général sur la commande en cours.

une astuce à connaître et à retenir !

Excel 2011 pour Mac

# Avant-propos

# Table des matières

## Microsoft Excel 2011

### Environnement



### Affichage



## La gestion des fichiers

### Classeurs

# Table des matières



## La saisie/modification des données

### Déplacements/sélections



### Saisie des données



### Modification des données



### Copies et déplacements

# Les feuilles de calcul

# Table des matières

## Les calculs

### Calculs



### Calculs avancés



## Les outils d'analyse

### Scénario et valeur cible

# Table des matières

# Les graphiques

## Création de graphiques



## Options graphiques

# Les objets graphiques

## Objets graphiques



## Gestion des objets



# Tableaux de données et tableaux croisés dynamiques

## Tableaux de données

## Lancer Microsoft Excel 2011

- Cliquez directement sur l'icône correspondant à **Microsoft Excel** si celle-ci se trouve dans le Dock. Si ce n'est pas le cas, il vous faudra passer par le **Finder**.

- Pour ouvrir le Finder, cliquez sur l'icône **Finder**  située dans le **Dock**. La fenêtre du Finder s'affiche à l'écran et présente des boutons vous permettant d'accéder à l'application souhaitée.

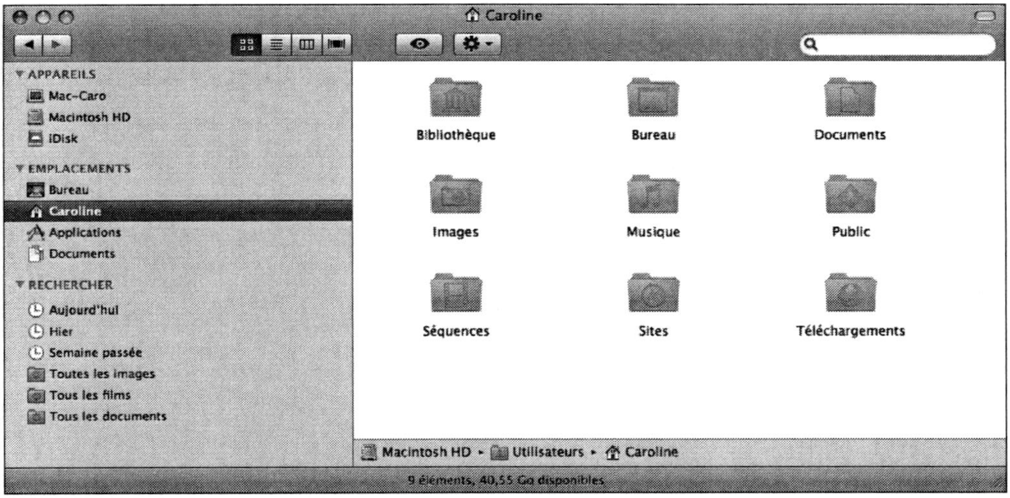


- Cliquez sur le bouton **Applications** ou faites [⇧] [cmd ⌘] **A**, cliquez sur **Microsoft Office 2011** et enfin double cliquez sur **Microsoft Excel**.

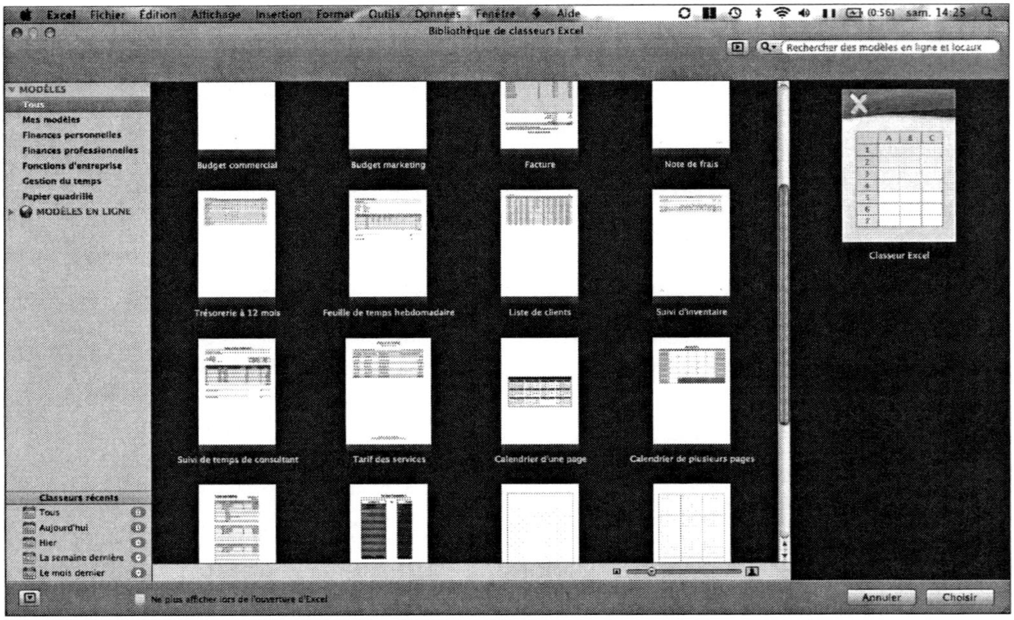


*La fenêtre **Bibliothèque de classeurs Excel** s'affiche à l'écran.*

- Si vous ne souhaitez plus afficher la Bibliothèque de classeurs Excel à l'ouverture de l'application, cochez l'option **Ne plus afficher lors de l'ouverture d'Excel.**
- Sélectionnez le classeur à ouvrir puis cliquez sur le bouton **Choisir** ou cliquez sur le bouton **Annuler**.

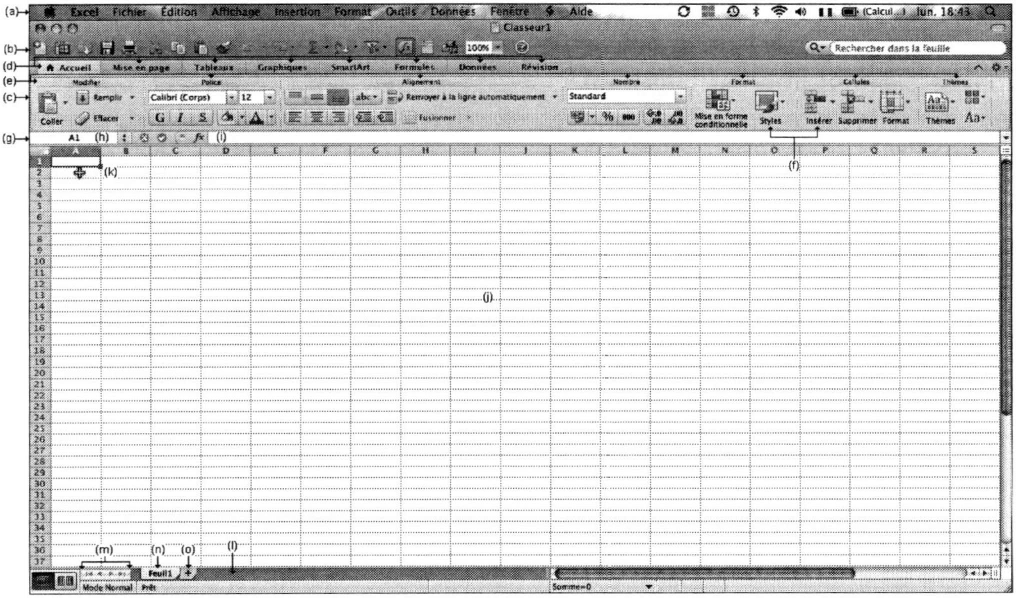


*Une fenêtre intitulée **Classeur1** s'ouvre dans Excel.*

La barre de menus (a) donne accès aux menus de l'application.

La barre d'outils **Standard** (b) affiche le nom du classeur (**ClasseurN** lorsque celui-ci n'est pas encore enregistré) et contient les outils les plus fréquemment utilisés ainsi que trois autres boutons : le bouton rouge  permet de fermer la fenêtre, le bouton jaune  permet de réduire la fenêtre dans le Dock et le bouton vert  permet d'agrandir la fenêtre.

Le **Ruban** (c) comporte la majorité des commandes de l'application Microsoft Excel. Ces commandes sont regroupées par tâches, chacune de ces tâches étant représentée par un onglet (d). La sélection de certains objets (comme par exemple une image), fait apparaître des onglets supplémentaires. Ces onglets s'affichent à droite des onglets standards et regroupent les commandes appropriées à l'objet sélectionné. Chaque onglet présente plusieurs **groupes** (e) de commandes (ou sous-tâches) dans lesquels vous visualisez des boutons (f) permettant de réaliser la plupart des manipulations.

La **Barre de formule** (g) contient la zone de nom (h) et la zone de formule (i) ; la zone de nom permet d'afficher des informations sur la cellule active tandis que la zone de formule permet de saisir et de modifier des données ; chacune de ces deux zones peut être dimensionnée (cf. chapitre Affichage).

La **feuille de calcul** (j) est composée de **cellules** organisées en lignes et en colonnes ; les lignes sont caractérisées par des numéros tandis que les colonnes le sont par des lettres ; avec Excel 2011, vous disposez de 1 048 576 lignes et de 16 384 colonnes (identifiée de A à XFD) ; chaque cellule correspond à l'intersection d'une ligne et d'une colonne et est identifiée par la lettre associée à cette colonne et le numéro associé à cette ligne (on parle de **référence de cellule**). Par exemple, la cellule située à l'intersection de la troisième colonne et de la dixième ligne est identifiée **C10**. Lorsque vous êtes positionné dans une cellule, elle devient la cellule **active** (k) et sa référence apparaît dans la zone de nom de la barre de formule. Le carré bleu qui apparaît dans le coin inférieur droit de la cellule active s'appelle la **poignée de recopie**.

Un classeur étant composé de plusieurs feuilles de calcul (par défaut une seule feuille est créée), Excel affiche dans le bas de la feuille de calcul active, la barre des **onglets de feuille de calcul** (l) qui permet d'identifier chaque feuille ; cette barre contient les boutons de défilement des feuilles (m), les différents onglets des feuilles (n) et le bouton **Insérer une feuille de calcul** (o).

Vous pouvez changer le nombre de feuilles par défaut dans un nouveau classeur : cliquez sur le menu **Excel** puis cliquez sur **Préférences** ; cliquez sur l'option **Général** puis changez la valeur associée à l'option **Feuilles/nouveau classeur**.

## Quitter Microsoft Excel 2011

- Cliquez sur le menu **Excel** dans la barre des menus puis sur l'option **Quitter** ou faites cmd ⌘ **Q**.
- Si vous tentez de quitter l'application alors que l'enregistrement d'un fichier n'a pas été fait, un message d'alerte s'affiche.

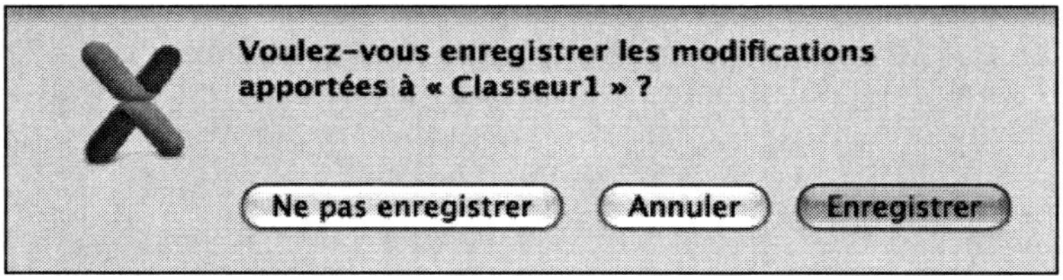

- Cliquez alors sur le bouton **Enregistrer** pour enregistrer, sur le bouton **Ne pas enregistrer** pour quitter sans enregistrer ou sur le bouton **Annuler** pour ne pas quitter Excel.

## Utiliser/gérer le ruban

- Si l'affichage du ruban est en mode **développé** (le symbole apparaît à droite de la barre d'onglets), cliquez une fois sur un onglet pour afficher son contenu.
- Pour réduire le ruban afin de disposer de plus d'espace à l'écran, cliquez sur le symbole ou cliquez deux fois sur un onglet du ruban.
- Si l'affichage du ruban est en mode **réduit** (le symbole apparaît à droite de la barre d'onglets), cliquez une fois sur un onglet pour afficher son contenu :

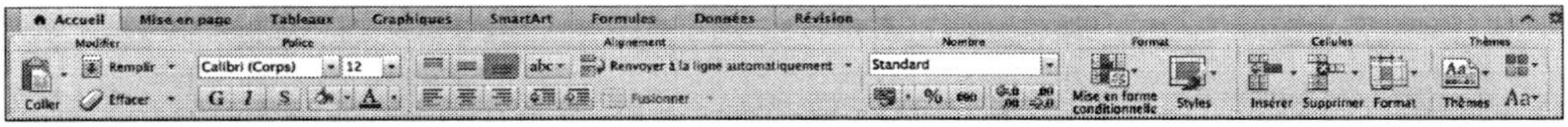


*Le ruban apparaît alors en haut de la feuille de calcul.*

- Pour développer le ruban à l'ouverture du classeur, cliquez sur le bouton , cliquez sur **Préférences du ruban** puis cochez l'option correspondante.

## Annuler les dernières manipulations

- Pour annuler la dernière manipulation, cliquez sur l'outil **Annuler** visible dans la barre d'outils **Standard** ou utilisez le raccourci-clavier cmd ⌘ **Z.**
- Pour annuler les dernières manipulations, cliquez sur la flèche associée à l'outil **Annuler** pour ouvrir la liste des dernières actions puis cliquez sur la dernière des manipulations à annuler (cette action et toutes celles qui ont suivi seront annulées).

Certaines actions, telles que l'ouverture ou l'enregistrement d'un classeur, ne peuvent pas être annulées. Dans ce cas, l'outil **Annuler** est grisé.

## Rétablir des manipulations précédemment annulées

- Pour rétablir la dernière action annulée, cliquez une fois sur l'outil **Rétablir** visible dans la barre d'outils **Standard** ou utilisez le raccourci-clavier cmd ⌘ **Y**.
- Pour rétablir les dernières actions annulées, cliquez sur la flèche associée à l'outil **Rétablir** pour ouvrir la liste des dernières actions puis cliquez sur la dernière des manipulations à rétablir (cette action et toutes celles qui ont suivi seront rétablies).

## Répéter la dernière manipulation

*Plutôt que de refaire plusieurs fois de suite la même manipulation, il est possible de la répéter.*

- Si besoin, sélectionnez les cellules concernées par la répétition.
- Utilisez le raccourci-clavier cmd ⌘ **Y** ou cliquez sur le menu **Edition** puis **Répéter <action>**.

## Changer le mode d'affichage

*Microsoft Office Excel 2011 propose trois modes d'affichage principaux.*

### Le mode Normal

*Le mode Normal est le mode d'affichage activé et utilisé par défaut.*

- Dans le menu **Affichage**, cliquez sur l'option **Normal** ou cliquez sur l'outil  visible à gauche dans la barre d'état.

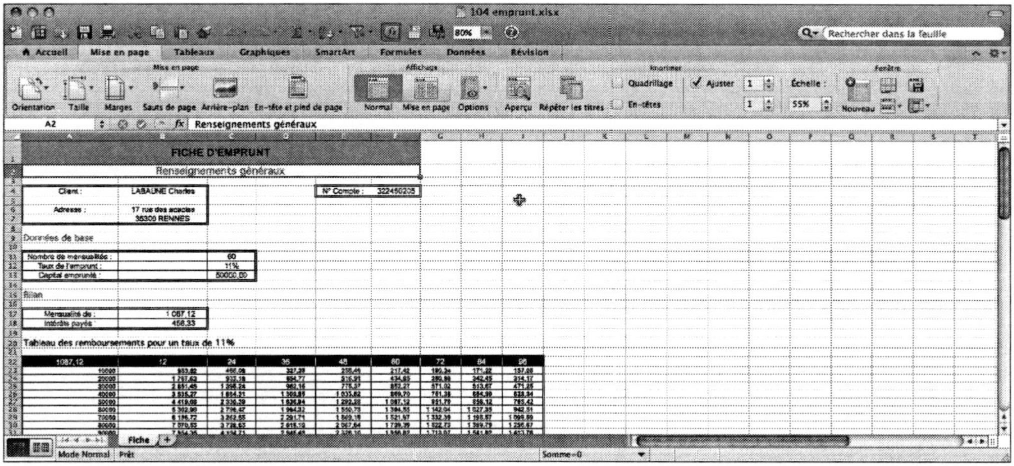


### Le mode Mise en page

- Dans le menu **Affichage**, cliquez sur l'option **Mise en page** ou cliquez sur l'outil  visible à gauche dans la barre d'état.

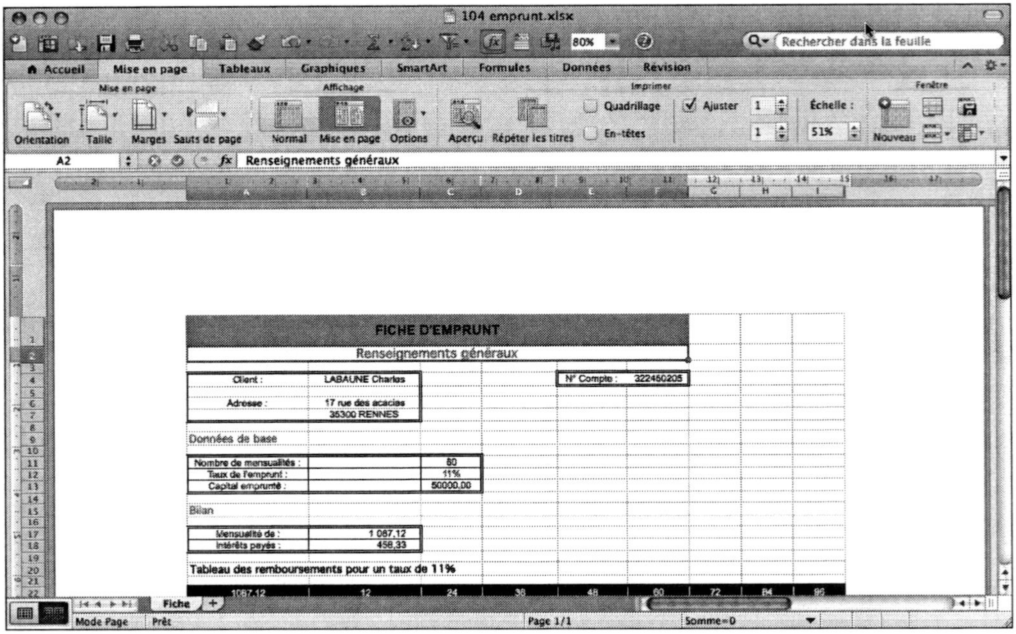


*En mode Mise en page, Excel affiche la disposition générale de la feuille de calcul telle qu'elle sera imprimée sur une feuille de papier ; une règle horizontale et une règle verticale apparaissent qui permettent de positionner correctement les objets et d'afficher ou de modifier directement les marges de la page dans la feuille de calcul. Vous pouvez aussi, dans cet affichage, créer ou modifier les en-têtes et les pieds de page.*

## Activer le mode Plein écran

*Quel que soit le mode d'affichage actif, le mode Plein écran permet de visualiser seulement feuille de calcul, sans la barre d'outils Standard, le ruban ni la barre d'état.*

- Dans le menu **Affichage**, cliquez sur l'option **Plein écran.**

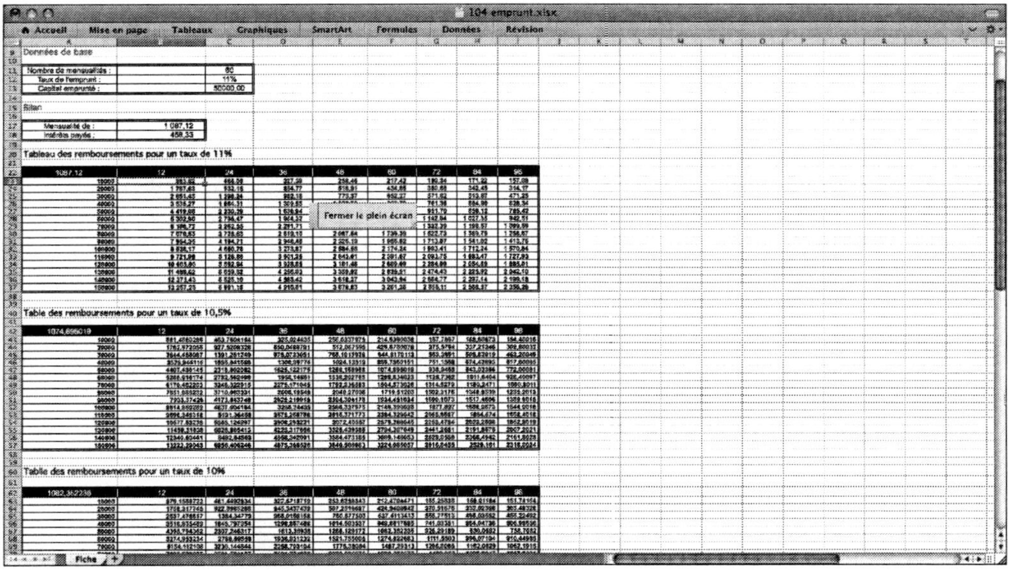


*Ici, le classeur est en mode Normal et Plein écran : vous ne visualisez plus la barre d'outils Standard, le ruban ni la barre d'état.*

- Faites Echap pour retrouver le mode d'affichage précédent ou dans le menu **Affichage** cliquez de nouveau sur l'option **Plein Ecran.**

## Modifier l'affichage de la barre de formule

*Nous vous rappelons que la barre de formule contient deux zones qui peuvent être dimensionnées.*

- Pour élargir ou diminuer la zone de nom par rapport à la zone de formule, pointez la bordure les séparant (le pointeur de la souris prend la forme suivante ) et réalisez un cliqué-glissé vers la gauche ou vers la droite.
- Pour agrandir ou diminuer la zone de formule, pointez le bas de la zone (le pointeur de la souris prend la forme suivante ) et réalisez un cliqué-glissé vers le bas ou vers le haut.

*Lorsque la zone de formule comporte une barre de défilement, cela signifie que tout son contenu n'est pas visible.*

 

- Pour développer la zone de formule d'au moins trois lignes ou pour la diminuer à une seule ligne, cliquez sur le bouton ou situé à l'extrémité droite de la barre de formule.
- Pour masquer la barre de formule, cliquez sur l'outil .

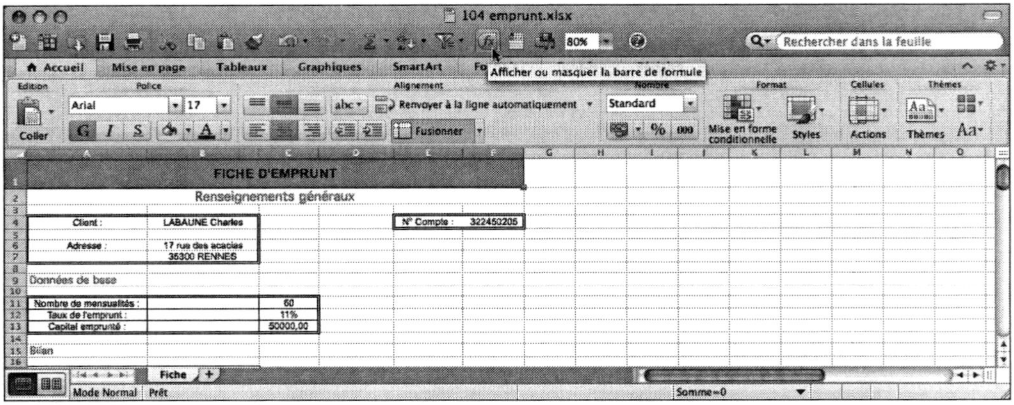


## Afficher/masquer quadrillage, en-têtes de lignes et de colonnes

- Cliquez sur le menu **Excel** puis sur **Préférences.** Cliquez sur le bouton **Afficher**.
- Pour masquer le quadrillage, décochez l'option **Afficher le quadrillage** du groupe **Afficher** ; pour réafficher le quadrillage, cochez de nouveau l'option.
- Pour masquer les lettres représentatives des colonnes et les numéros représentatifs des lignes, désactivez l'option **Afficher les en-têtes de lignes et de colonnes** du groupe **Fenêtres** ; pour réafficher ces éléments, activez de nouveau cette option.
- Cliquez sur **OK.**

## Modifier le zoom d'affichage

- Pour zoomer une partie de la feuille de calcul, sélectionnez les cellules à zoomer et cliquez sur la flèche à côté du bouton 80% puis sélectionnez l'option **Sélection.**
  *Vous pouvez aussi entrer une valeur de zoom dans cette zone.*

⊡ Pour spécifier une valeur précise du zoom, utilisez le menu **Affichage** puis l'option **Zoom**.

*La boîte de dialogue **Zoom** s'affiche à l'écran.*

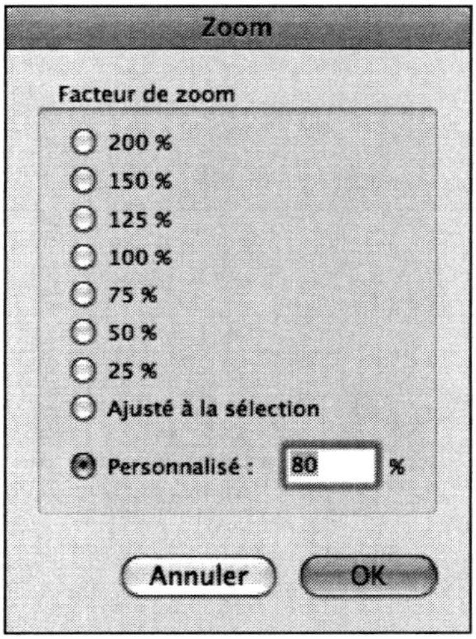


Cliquez sur l'option correspondant au pourcentage désiré ou saisissez une valeur de zoom dans la zone de saisie **Personnalisé**.

*L'option **Ajusté à la sélection** permet, comme son nom l'indique, de zoomer les cellules sélectionnées au préalable.*

Cliquez sur le bouton **OK**.

## Activer une fenêtre

*Lorsque plusieurs classeurs sont ouverts ou lorsque vous avez créé plusieurs fenêtres à partir d'un classeur (cf. titre suivant), il est indispensable de savoir activer l'une ou l'autre des fenêtres afin d'y accéder.*

⊡ Cliquez sur le menu **Affichage**.

*La liste des fenêtres ouvertes apparaît ; celle active est précédée d'une coche.*

- Cliquez sur le nom de la fenêtre contenant le classeur à afficher.

Si toutes les fenêtres sont affichées à l'écran (cf. Réorganiser l'affichage des fenêtres), cliquez tout simplement dans la fenêtre à activer.

## Afficher un classeur dans deux fenêtres différentes

*Vous avez la possibilité de créer plusieurs vues différentes du classeur, ce qui permet, par exemple, de visualiser en même temps deux zones éloignées d'une même feuille de calcul ou encore deux feuilles de calcul d'un même classeur.*

- Dans l'onglet **Mise en page**, cliquez sur le bouton **Nouveau** du groupe **Fenêtre**.

*Une nouvelle fenêtre intitulée* ***Nom du classeur.xlsx:2*** *se superpose immédiatement à la fenêtre d'origine.*

- Affichez les fenêtres en mosaïque (cf. Réorganiser l'affichage des fenêtres).
- Faites défiler le contenu de chaque fenêtre afin de visualiser dans chaque fenêtre une zone différente du classeur.

Lorsque vous travaillez dans l'une ou l'autre des fenêtres, vous modifiez le classeur, pas uniquement la feuille active dans la fenêtre.

## Réorganiser l'affichage des fenêtres

*Vous avez la possibilité de juxtaposer à l'écran les différentes fenêtres ouvertes d'un ou de plusieurs classeurs.*

- Activez la fenêtre concernée.
- Dans l'onglet **Mise en page**, cliquez sur le bouton **Réorganiser les fenêtres** du groupe **Fenêtre**.

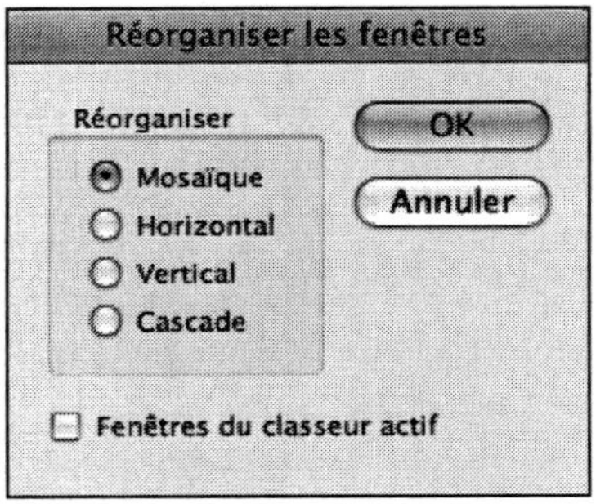


*Une boîte de dialogue permet de choisir la disposition des fenêtres.*

- Choisissez la disposition des fenêtres : l'option **Mosaïque** affiche toutes les fenêtres côte à côte ; l'option **Cascade** permet de superposer les fenêtres en les décalant afin que la barre de titre de chaque fenêtre soit accessible.
- Si plusieurs classeurs sont ouverts et que le classeur actif contient plusieurs fenêtres, activez l'option **Fenêtres du classeur actif** si vous souhaitez afficher uniquement les différentes fenêtres du classeur actif (cf. Afficher un classeur dans deux fenêtres différentes).
- Cliquez sur le bouton **OK**.

Vous pouvez accéder directement à l'option **Vertical** ou **Cascade** en cliquant sur l'option correspondante du bouton **Réorganiser les fenêtres** (onglet **Mise en page** - groupe **Fenêtre**).

## Masquer/afficher une fenêtre

*Excel vous permet de masquer une fenêtre sans pour autant la fermer.*

- Pour masquer une fenêtre, commencez par activer la fenêtre concernée.

- Dans le menu **Affichage**, cliquez sur l'option **Masquer**.
- Pour afficher une fenêtre masquée, cliquez sur l'option **Afficher** du menu **Fenêtre**.
- Dans la boîte de dialogue **Afficher** qui apparaît, cliquez sur le nom de la fenêtre à afficher puis cliquez sur le bouton **OK** ou faites un double clic sur son nom.

## Figer/libérer des lignes et/ou des colonnes

*Cette manipulation permet de fixer des lignes et/ou des colonnes à l'écran de manière à afficher côte à côte des données distantes les unes des autres lorsque vous ferez défiler la feuille de calcul.*

- Pour verrouiller une ligne, faites défiler, si besoin, le contenu de la fenêtre de manière à afficher la ligne concernée en tant que première ligne de la fenêtre ; cliquez sur le menu **Fenêtre** puis cliquez sur l'option **Figer les volets**.
- Pour verrouiller une colonne, affichez-la, si besoin, en tant que première colonne de la fenêtre ; cliquez sur le menu **Fenêtre** puis cliquez sur l'option **Figer les volets**.
- Pour verrouiller les premières lignes et colonnes de la fenêtre, cliquez dans la cellule située à droite des colonnes et en dessous des lignes à verrouiller ; cliquez ensuite sur l'option **Figer les volets** du menu **Fenêtre**.

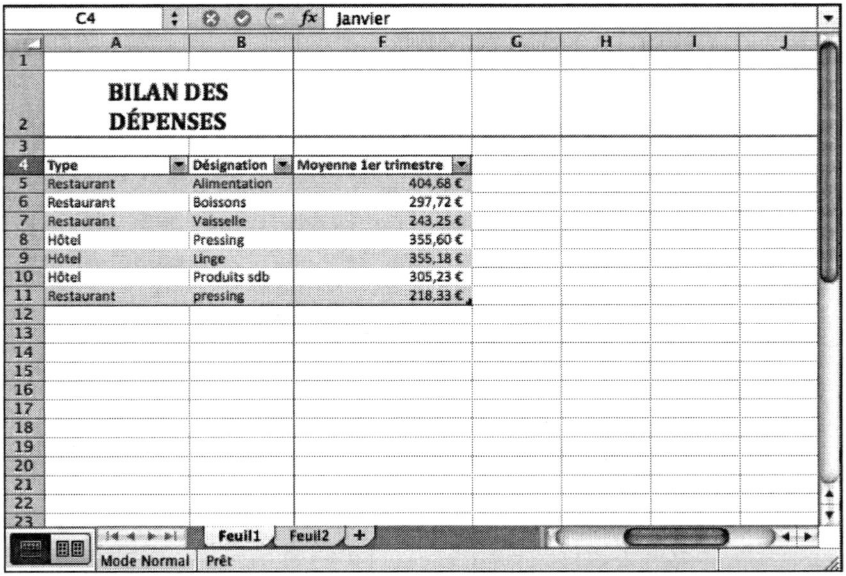

- Pour libérer les lignes et/ou les colonnes figées, cliquez sur le menu **Fenêtre** et activez l'option **Libérer les volets.**

Vous retrouvez ces options dans la liste associée au bouton situé dans l'onglet **Mise en page** - groupe **Fenêtre.**

## Fractionner une fenêtre en plusieurs volets

*Suivant le même principe que celui décrit dans le titre précédent, vous pouvez également fractionner la fenêtre en deux ou quatre volets. Cette fonctionnalité permet ainsi de faire défiler indépendamment le contenu de chaque volet de la fenêtre.*

- Pour fractionner la fenêtre, cliquez dans la cellule située à droite et en dessous de l'emplacement où vous souhaitez fractionner la feuille de calcul.
- Cliquez sur le menu **Fenêtre** et cliquez sur l'option **Fractionner** ou cliquez sur le bouton situé dans l'onglet **Mise en page** - groupe **Fenêtre.**

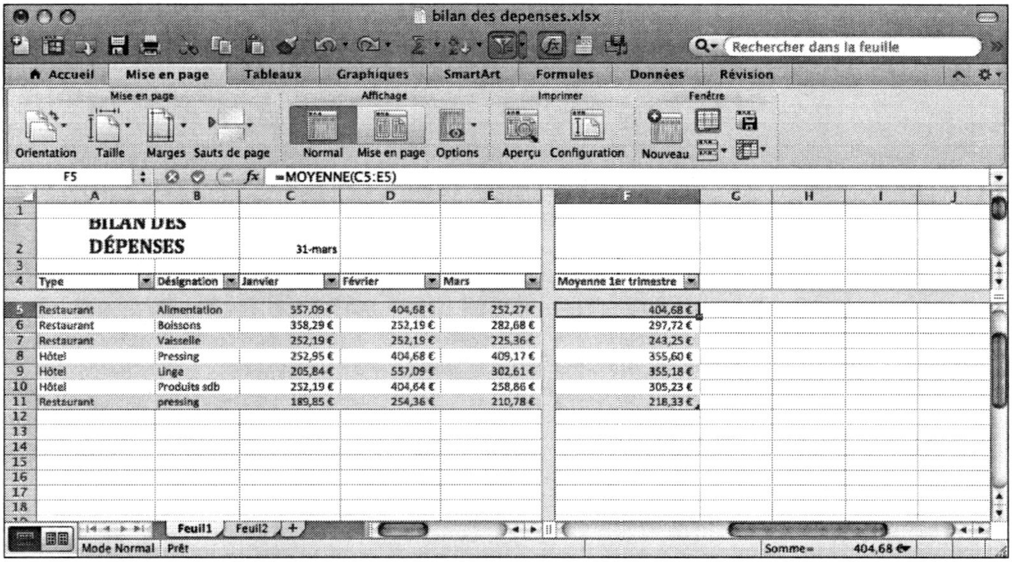


*Des barres de défilement sont visibles dans chaque volet : vous pouvez faire défiler le contenu de chaque volet indépendamment des autres.*

- Pour supprimer le fractionnement, désactivez l'option **Fractionner** du menu **Fenêtre** ou cliquez sur le bouton .

Pour fractionner la fenêtre, vous pouvez aussi pointer la barre de fractionnement située en haut de la barre de défilement vertical et/ou à droite de la barre de défilement horizontal (le pointeur de la souris se transforme en double flèche), cliquer et faire glisser la barre de fractionnement vers le bas ou vers la gauche jusqu'à l'emplacement voulu.

## Créer un nouveau classeur vide

*Les fichiers créés dans Microsoft Excel 2011 sont appelés des classeurs.*

Cliquez sur le menu **Fichier** puis sur l'option **Nouveau classeur**.

*Une nouvelle fenêtre vierge intitulée **Classeur** suivi d'un numéro apparaît.*

Pour créer un nouveau classeur, vous pouvez aussi tout simplement utiliser le raccourci-clavier cmd ⌘ **N**.

## Créer un classeur basé sur un modèle

*Il s'agit de créer un nouveau classeur à partir d'un autre modèle que celui utilisé pour créer un classeur vide : soit à partir d'un des modèles prédéfinis et installés avec Excel, soit à partir d'un modèle créé par vos soins (cf. Créer un modèle de classeur personnalisé), soit à partir d'un modèle téléchargé directement sur le site de Microsoft.*

Cliquez sur le menu **Fichier** puis sur l'option **Nouveau à partir d'un modèle.**

*La Bibliothèque de classeurs Excel s'affiche.*

Les modèles disponibles sont présentés en deux grandes catégories :

- les modèles disponibles en interne (qu'ils soient installés avec Excel ou personnalisés) apparaissent dans la liste **MODÈLES**.
- les modèles téléchargeables à partir du site Microsoft apparaissent sous la barre **MODÈLES EN LIGNE.**

Le volet droit de cette fenêtre donne un aperçu du modèle choisi. Pour masquer ce volet, cliquez sur le bouton  situé en haut à droite. Pour afficher de nouveau l'aperçu du modèle, cliquez sur le bouton .

## Créer un classeur basé sur un modèle prédéfini

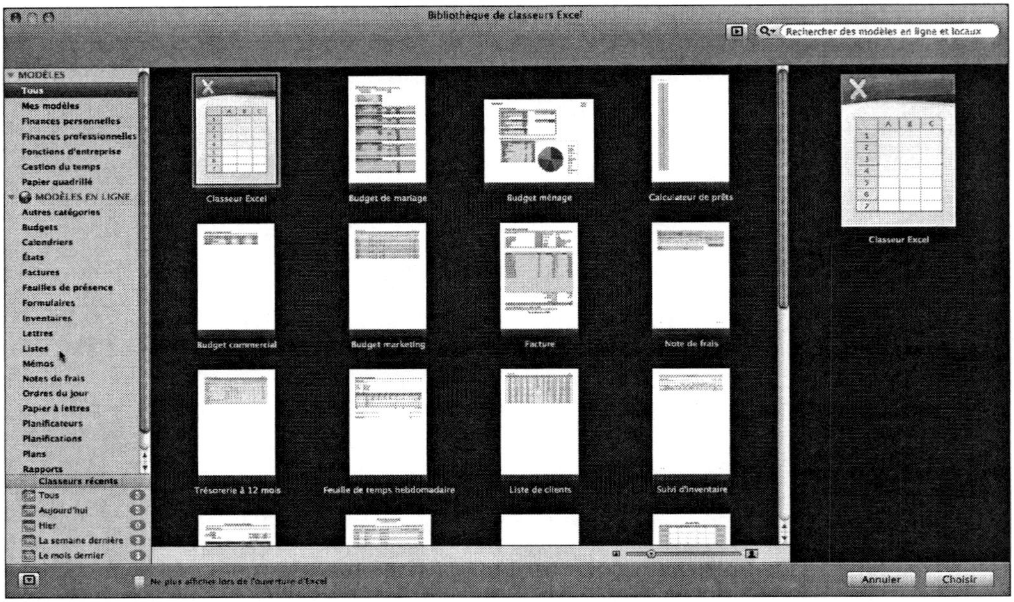


*Les modèles prédéfinis d'Excel 2011 apparaissent dans la partie **MODÈLES**.*

- Cliquez sur l'un des thèmes proposés : **Finances personnelles** ou **Gestion du temps** à l'exception de **Mes modèles.**
- Cliquez sur le modèle à utiliser puis cliquez sur le bouton **Choisir** ou faites un double clic sur le modèle à utiliser.

  *Une nouvelle fenêtre contenant les données du modèle choisi s'affiche.*
- Réalisez vos modifications et enregistrez le classeur.

## Créer un classeur basé sur un modèle personnalisé

- Cliquez sur l'option **Mes modèles** de la liste **MODÈLES.**

  *La liste des modèles enregistrés par vos soins s'affiche. Les modèles personnalisés sont généralement stockés dans un dossier réservé aux modèles sous :*

  *:nom_du_disque:Utilisateurs:nom_utilisateur:Bibliothèque:Application Support:Microsoft:Office:Modèles utilisateurs:Mes modèles*

- Cliquez sur le nom du modèle à utiliser puis cliquez sur le bouton **Choisir** ou faites un double clic sur le modèle à utiliser.

  *Une nouvelle fenêtre contenant les données du modèle choisi s'affiche. Cette fenêtre est intitulée Classeur suivi d'un numéro.*

- Réalisez vos modifications et enregistrez le classeur.

<u>Créer un classeur basé sur un modèle téléchargé</u>

- Assurez-vous que votre connexion à Internet est active.
- Cliquez sur le triangle ▼ à gauche de **MODÈLES EN LIGNE** puis cliquez sur la catégorie contenant le modèle à télécharger.
- Selon la catégorie choisie, il est possible que des sous-catégories vous soient proposées dans la partie gauche de la boîte de dialogue. Dans ce cas, cliquez sur le nom correspondant à la sous-catégorie pour laquelle vous souhaitez afficher les modèles.

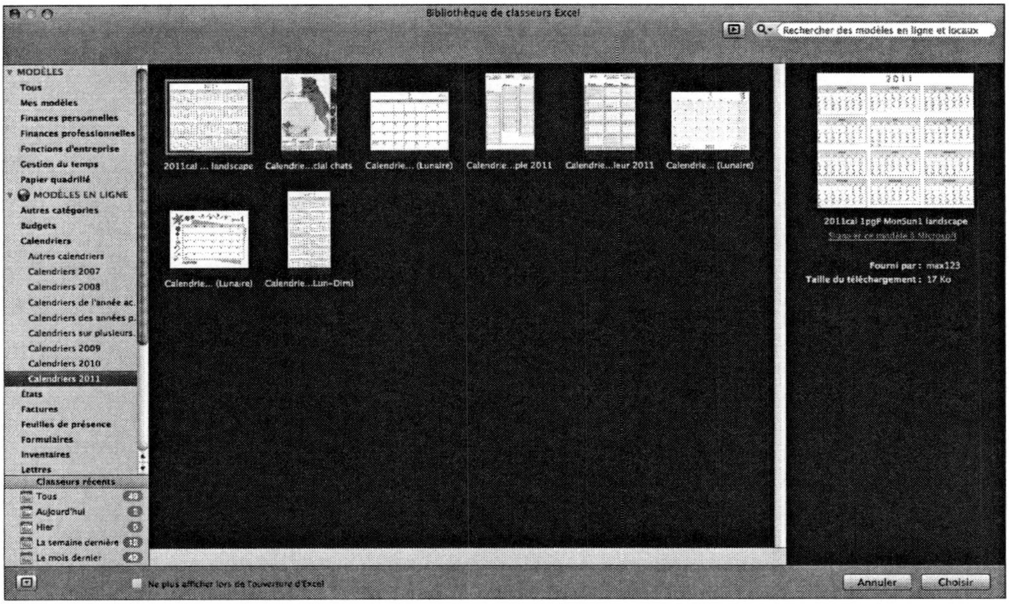


*La liste des modèles proposés sur le site **Office.com** est téléchargée et apparaît dans la partie centrale de la fenêtre.*

*Par défaut, vous visualisez les miniatures des modèles.*

- Sélectionnez le modèle que vous souhaitez utiliser : son aperçu ainsi que ses propriétés (nom, auteur et taille) sont visibles dans le volet de droite.
- Cliquez sur le bouton **Choisir** ou faites un double clic sur le modèle concerné.

  Si vous choisissez un des modèles fournis par des membres de la communauté Microsoft, un message s'ouvre vous avertissant des conditions d'utilisation. Si vous acceptez, cliquez sur le bouton **J'accepte** sinon, cliquez sur le bouton **Je n'accepte pas**.

  *Après téléchargement, une nouvelle fenêtre contenant les données du modèle choisi apparaît. Là encore, la fenêtre porte le nom Classeur suivi d'un numéro.*

- Réalisez vos modifications et enregistrez le classeur.

La liste des **Classeurs récents** apparaît dans le volet gauche de la Bibliothèque de classeurs Excel. Pour créer un classeur basé sur un de ces classeurs, cliquez sur la période à laquelle vous avez ouvert le classeur la dernière fois (**Aujourd'hui, Hier...**) ou cliquez sur l'option **Tous** pour afficher tous les classeurs que vous avez ouverts récemment ; faites ensuite un double clic sur le nom du classeur que vous souhaitez utiliser. Vous pouvez masquer la liste des classeurs récents en cliquant sur le bouton ; cliquer sur le bouton fera réapparaître la liste **Classeurs récents**.

---

Pour rechercher un modèle, saisissez un ou plusieurs mots clés dans la zone de saisie **Rechercher des modèles en ligne et locaux** située en haut à droite de la fenêtre **Bibliothèque de classeurs Excel**. La recherche est instantanée. S'ils existent, les modèles correspondant à la recherche s'affichent dans le volet central de la fenêtre. Dans le cas contraire, le volet central apparaît vide.

---

## Ouvrir un classeur

- Cliquez sur le menu **Fichier** puis sur l'option **Ouvrir** ou utilisez l'outil ou le raccourci-clavier cmd ⌘ **O**.

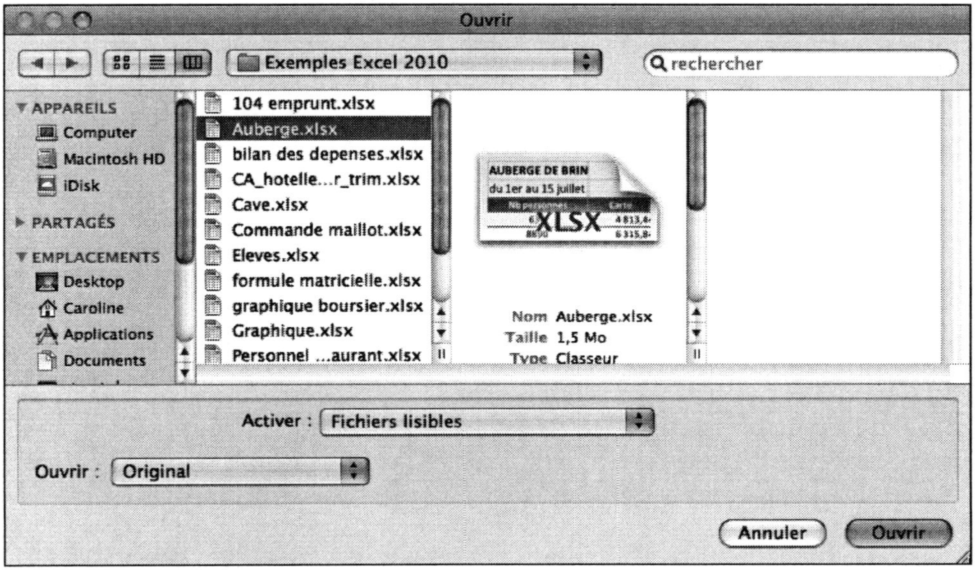


*Selon les options définies dans la fenêtre **Préférences du Finder**, l'extension .xlsx n'est pas toujours affichée.*

- En haut de la fenêtre, vous pouvez utiliser les boutons de navigation, spécifier le type d'affichage ou utiliser la zone **Rechercher** pour rechercher un fichier.

*Dans cet exemple, le dossier d'enregistrement du fichier est le dossier **Exemples Excel 2010**.*

*Dans le volet gauche de la fenêtre apparaissent les APPAREILS (nom du Mac, disque(s) dur(s), etc.) ainsi que les EMPLACEMENTS favoris (Bureau (Desktop), Applications, le dossier de l'utilisateur est représenté par l'icône ) et les types de DONNEES (Musique, Photos, etc.).*

- Sélectionnez le dossier où se trouve le fichier à ouvrir.

*Son contenu s'affiche dans le volet droit.*

- Pour modifier l'affichage de la liste des fichiers, cliquez sur l'un des trois boutons .

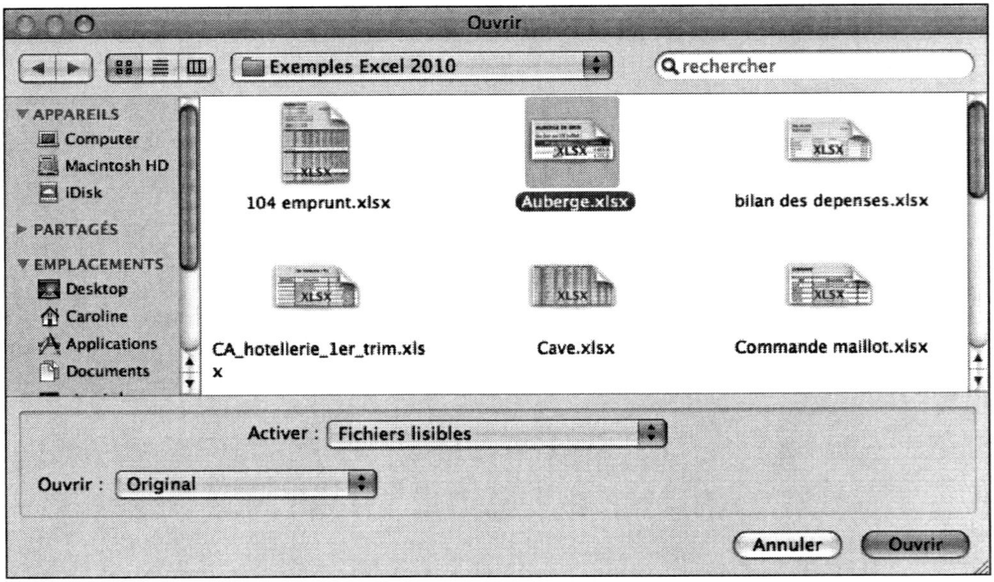


- Pour ouvrir un classeur, faites un double clic sur son nom.

  Pour ouvrir plusieurs classeurs simultanément, cliquez sur le premier classeur à ouvrir puis :

  - si les classeurs sont contigus, appuyez sur la touche ⇧ tout en cliquant sur le dernier classeur à ouvrir,
  - si les classeurs ne sont pas contigus, appuyez sur la touche cmd ⌘ tout en cliquant sur chaque classeur à ouvrir.

  Cliquez ensuite sur le bouton **Ouvrir**.

## Ouvrir un classeur récemment utilisé

- Pour ouvrir rapidement un des derniers classeurs utilisés, cliquez sur le menu **Fichier** puis sur **Ouvrir récent**. Cliquez ensuite sur le nom du classeur à ouvrir.

  *Par défaut, les 10 derniers classeurs utilisés sont visibles dans cette liste.*

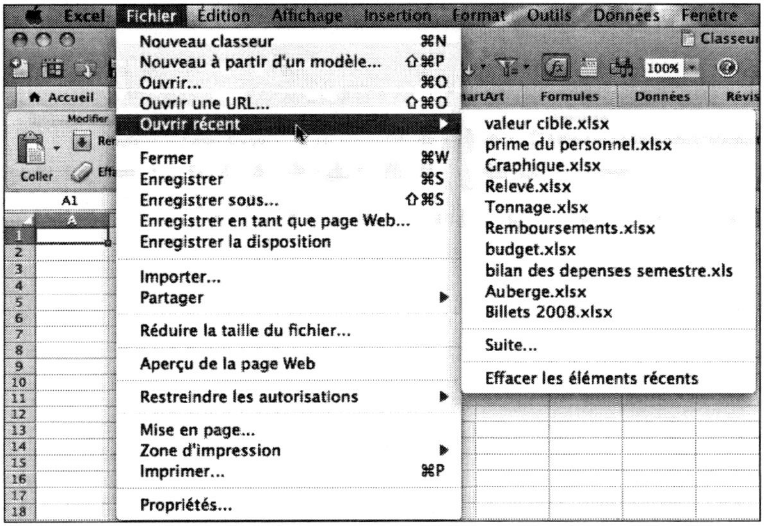


- Pour modifier le nombre de documents visibles dans la liste **Ouvrir récent**, cliquez sur le menu **Excel** puis cliquez sur **Préférences**. Cliquez sur le bouton **Général** et spécifiez la valeur souhaitée dans la zone associée à l'option **Afficher ce nombre de documents récents.**

  *99 documents maximum peuvent être visibles dans cette liste.*

  Cliquez ensuite sur le bouton **OK**.

Les classeurs récemment utilisés sont aussi accessibles à partir de la Bibliothèque de classeurs Excel.

## Enregistrer un classeur

### Enregistrer un nouveau classeur

*Un classeur qui n'a jamais été enregistré n'a pas de nom (ex : Classeur2, Classeur3...) ou alors un nom provisoire (ex : Mon modèle1, Mon modèle2...). Si vous éteignez votre ordinateur alors qu'un fichier n'a pas été enregistré, vous perdez tout ce que vous avez fait dans ce fichier.*

- Cliquez sur le menu **Fichier** puis sur l'option **Enregistrer** ou cliquez sur l'outil **Enregistrer** de la barre d'outils **Standard** ou utilisez le raccourci-clavier cmd ⌘ **S.**

- Dans la boîte de dialogue **Enregistrer sous**, accédez au dossier dans lequel vous souhaitez enregistrer le classeur en réalisant un double clic sur l'icône du dossier et, si besoin, du ou des sous-dossiers ; si vous souhaitez créer un dossier, accédez au dossier dans lequel le nouveau dossier doit être créé et cliquez sur le bouton **Nouveau dossier** ; saisissez alors le nom à attribuer au dossier puis cliquez sur le bouton **Créer**.
- Double cliquez dans la zone **Enregistrer sous** afin d'en sélectionner le contenu (le texte est alors en bleu sur fond blanc) puis tapez le nom que vous voulez attribuer au classeur.

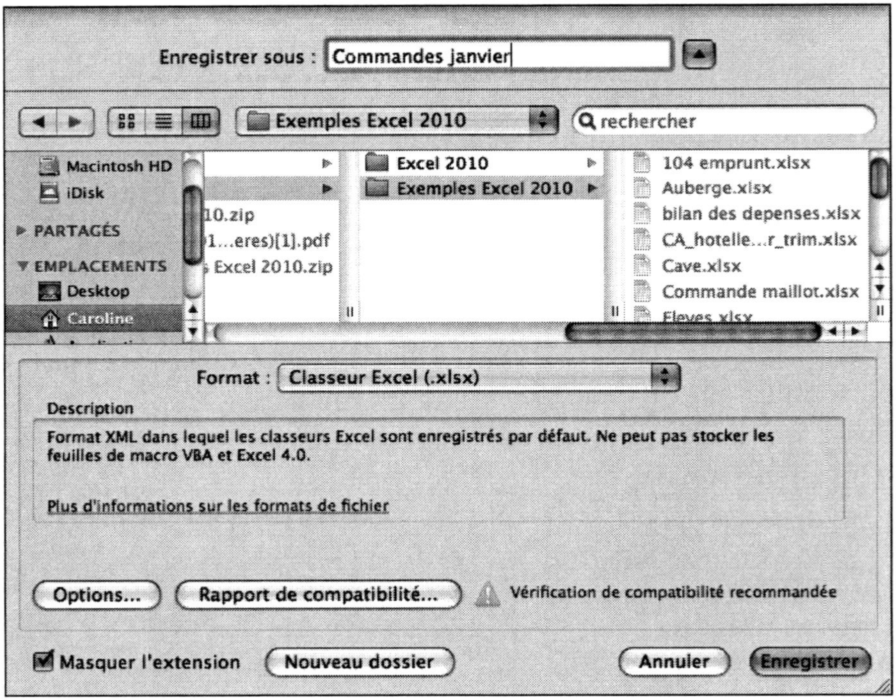


*Selon les options définies dans les **Préférences du Finder**, l'extension .xlsx n'est pas toujours affichée.*

- Cliquez sur le bouton **Enregistrer**.

Un document Excel porte l'extension **.xlsx** (même si celle-ci n'est pas forcément visible). Ce format de fichier basé sur le langage XML permet, entre autres, de réduire la taille des fichiers, de les rendre plus sûrs. Les fichiers xlsx ne peuvent pas être ouverts dans une version d'Excel antérieure à la version 2008 mais sachez qu'il est toujours possible d'enregistrer un classeur dans un format d'une version antérieure.

### Enregistrer un classeur existant

*Lorsque vous travaillez sur un classeur existant, vous lui apportez des modifications. Pour que ces modifications soient conservées, vous devez les enregistrer.*

- Cliquez sur le menu **Fichier** puis sur l'option **Enregistrer** ou cliquez sur l'outil **Enregistrer** de la barre d'outils **Standard** ou utilisez le raccourci-clavier cmd ⌘ **S.**

*Le classeur est alors enregistré sous le même nom.*

*Lorsque les modifications à enregistrer sont importantes, une barre montrant l'évolution de l'enregistrement apparaît dans la barre d'état.*

Excel mémorise la cellule active lors de l'enregistrement d'un classeur : lorsque vous ouvrirez de nouveau le classeur, cette cellule sera sélectionnée.

## Exploiter les classeurs Excel 2011 dans des versions antérieures

*Le format de fichier basé sur le langage XML est associé aux classeurs créés depuis la version Microsoft Office Excel 2008. Ils portent l'extension **.xlsx** tandis que ceux créés dans les versions antérieures portent l'extension **.xls**.*

*Il est toutefois possible d'enregistrer un classeur dans une version antérieure (2004, par exemple), mais il est conseillé de vérifier au préalable sa compatibilité.*

### Vérifier la compatibilité d'un classeur

*Cette manipulation permet de détecter et de résoudre d'éventuels problèmes de compatibilité, susceptibles de provoquer une perte d'informations si vous enregistrez dans une version antérieure.*

- Dans Microsoft Excel 2011, ouvrez le classeur concerné.
- Cliquez sur le menu **Affichage** puis cliquez sur l'option **Rapport de compatibilité** pour ouvrir la **Boîte à outils** ou cliquez sur le bouton de la barre d'outils **Standard.**
- Sélectionnez le format de fichier dans la liste **Vérifier la compatibilité avec.**

- Cliquez sur le bouton **Revérifier le document.**

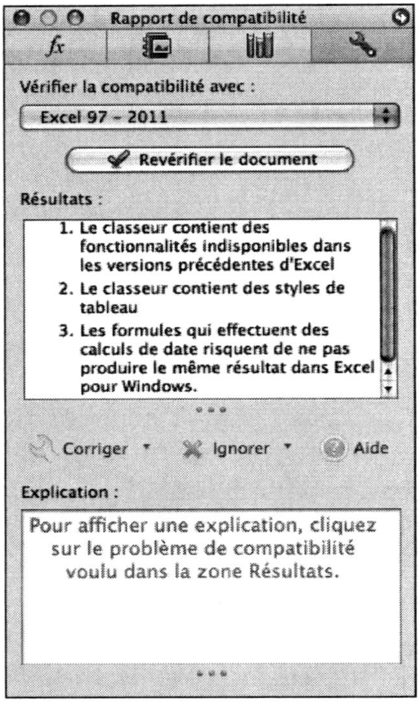


- Si des problèmes ont été trouvés, cliquez sur l'erreur puis suivant que vous voulez **Ignorer** ou **Corriger** cliquez sur la flèche à côté du bouton correspondant. Sélectionnez l'option **une fois, tout** ou **Ne plus afficher** en fonction de votre choix.

  Sinon, cliquez sur le bouton  pour quitter le volet **Rapport de compatibilité**.

## Enregistrer un classeur au format Excel 97-2004

*Cette manipulation consiste à créer une copie du classeur version 2011, entièrement compatible avec les versions d'Excel 97 à 2004.*

- Dans Excel 2011, ouvrez le classeur concerné.
- Cliquez sur le menu **Fichier** puis sur **Enregistrer sous.**
- Dans la boîte de dialogue **Enregistrer sous**, ouvrez la liste **Format** puis cliquez sur l'option **Classeur Excel 97-2004.**

- Sélectionnez le dossier d'enregistrement du classeur puis spécifiez son nom dans la zone **Enregistrer sous.**

  *Même si vous conservez le dossier d'enregistrement et le nom semblables à ceux du classeur d'origine Excel 2011, les deux versions co-existeront car les deux fichiers n'ont pas la même extension : .xls et .xlsx.*

- Cliquez sur le bouton **Enregistrer**.

Pour ouvrir un classeur Excel 2011 dans une version antérieure de Excel, l'utilisateur de l'ancienne version sera invité à télécharger (si ce n'est déjà fait) à partir du site Office.com un convertisseur lui permettant d'ouvrir ce classeur. Une fois le convertisseur installé, l'utilisateur pourra ouvrir, modifier et enregistrer le classeur créé avec Excel 2011. Bien que les fonctionnalités et mises en forme spécifiques à Excel 2011 ne s'afficheront pas dans l'ancienne version d'Excel, elles resteront néanmoins disponibles lorsque ce classeur sera enregistré puis rouvert dans Excel 2011.

## Exploiter les classeurs de version antérieure à Excel 2008

### Travailler en mode de compatibilité dans Excel 2011

- Dans Excel 2011, ouvrez le classeur créé dans une version antérieure à 2008.

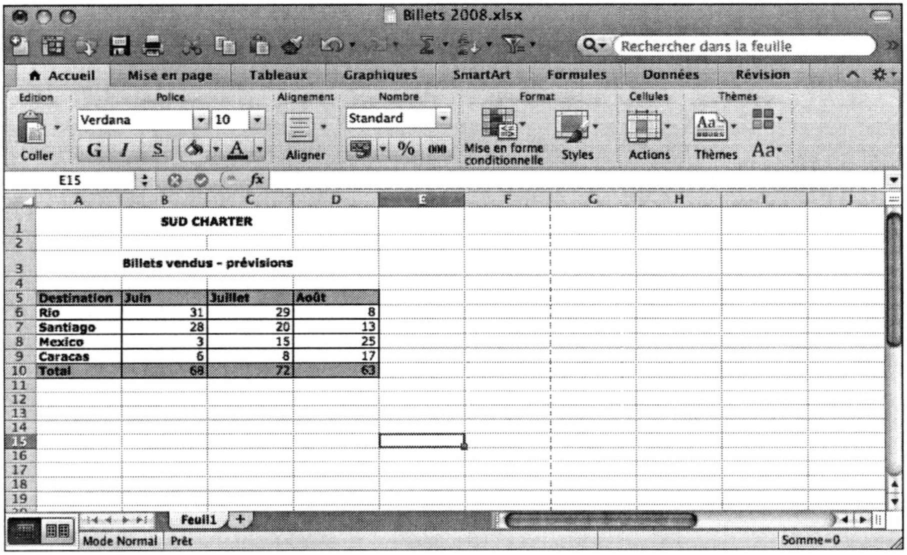

*Le classeur est ouvert, le format de fichier est Excel 98-2004 (.xls).*

*Les nouvelles fonctionnalités d'Excel 2011 ou celles qui ont été améliorées ne sont pas disponibles (ceci afin d'empêcher la perte de données et de confidentialité lorsque le classeur est ouvert dans une version antérieure à 2008).*

- Travaillez et enregistrez vos modifications comme vous le faites habituellement, en tenant compte des remarques précédentes.

*Lorsque vous enregistrez les modifications, le format de fichier Excel 98-2004 (.xls) est conservé.*

## Enregistrer un classeur au format PDF

*Le format de fichiers PDF permet la diffusion de documents électroniques (par messagerie ou sur Internet). Ce format conserve les polices, les images, les graphiques et la mise en forme d'un document tel qu'il a été créé dans son application d'origine. Un utilisateur peut afficher, partager et imprimer des fichiers PDF s'il dispose du logiciel Acrobat Reader (disponible gratuitement sur le site Web d'Adobe) ou de l'application* ***Aperçu****.*

*Une fois le fichier enregistré au format PDF, il ne peut plus être converti au format Excel (.xls, .xlsx...) avec l'application Microsoft Excel.*

- Ouvrez le classeur puis, si besoin, cliquez sur la feuille ou sélectionnez les cellules que vous souhaitez enregistrer dans le fichier PDF. Cliquez sur le menu **Fichier** puis sur l'option **Enregistrer sous**.
- Modifiez éventuellement le dossier d'enregistrement puis le nom de fichier dans la zone de saisie **Enregistrer sous**.
- Ouvrez la liste **Format** puis sélectionnez l'option **PDF**.

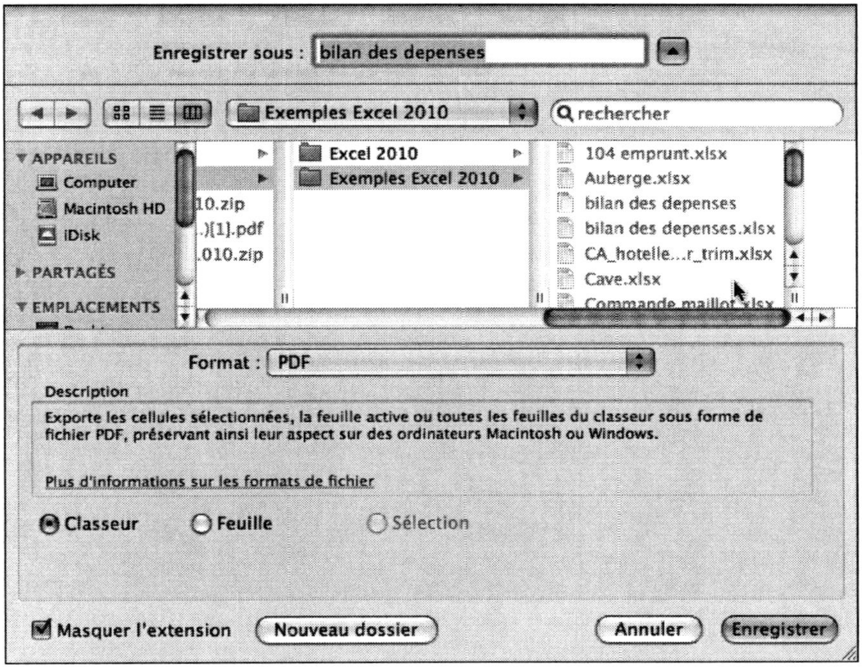


- Spécifiez la partie du classeur à enregistrer en activant une des options suivantes :

| | |
|---|---|
| **Sélection** | Pour enregistrer les cellules sélectionnées. |
| **Feuille** | Pour enregistrer la feuille active. |
| **Classeur** | Pour enregistrer toutes les données du classeur. |

- Cliquez sur le bouton **Enregistrer**.

## Enregistrer un classeur sous forme de page Web

*Les pages Web sont des fichiers de type HTML (HyperText Markup Language) qui sont prises en charge par les navigateurs Web, ce qui permet à d'autres utilisateurs d'accéder à ces pages par Internet. Vous pouvez  créer vos pages Web à l'attention des utilisateurs de votre réseau ou de votre intranet.*

- Ouvrez le classeur à transformer en page Web et, si vous ne souhaitez pas enregistrer tout le classeur, sélectionnez les cellules concernées.

- Cliquez sur le menu **Fichier** puis sur l'option **Enregistrer sous.**
- Si besoin, modifiez le dossier d'enregistrement et/ou le nom du classeur dans la zone **Enregistrer sous.**
- Ouvrez la liste **Format** et choisissez le type de page Web à créer :

  **Page Web à fichier unique** : pour enregistrer le classeur dans un seul fichier en tant que page Web intégrant toutes les informations, y compris les images et autres fichiers. Ce format crée des fichiers d'extension .mht.

  **Page Web** : pour enregistrer le classeur dans une page Web d'extension **.htm** et créer un dossier associé contenant les fichiers de prise en charge, comme les mises en valeur pour chaque feuille, les objets graphiques... Ce dossier est créé dans le même dossier de classement que la page Web.

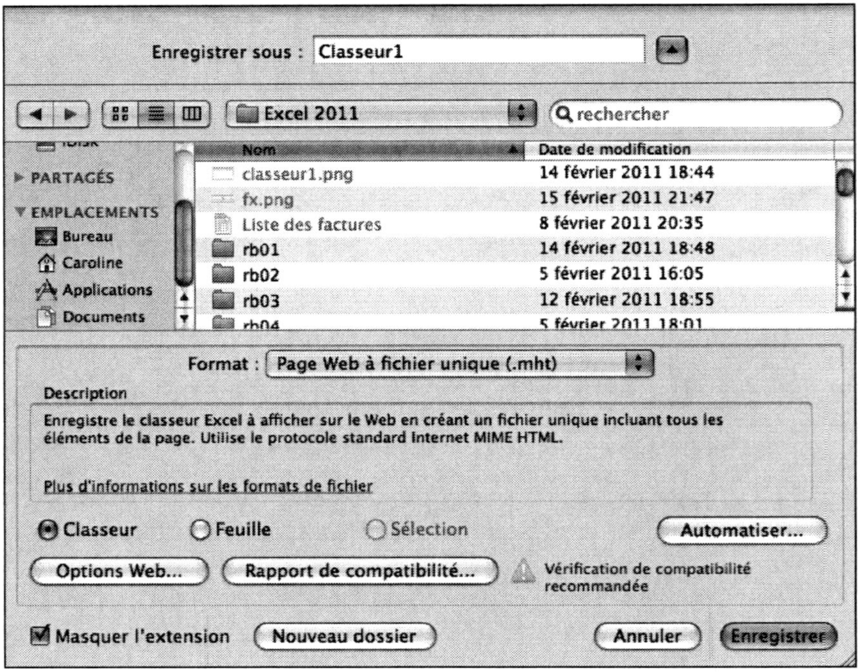


- Cliquez sur le bouton **Options Web** si vous souhaitez modifier le texte qui apparaîtra sur la barre de titre de votre navigateur puis cliquez sur le bouton **OK.**

*Si vous ne modifiez pas le texte associé au champ **Titre de la page Web**, le texte qui apparaît par défaut est le nom complet (avec le chemin d'accès) du fichier correspondant à la page Web.*

- Cliquez sur l'option **Classeur** pour enregistrer tout le classeur ou sur l'option **Feuille** pour enregistrer uniquement la feuille active ou sur l'option **Sélection** pour enregistrer uniquement la sélection de cellules.

- Cliquez sur le bouton **Automatiser** si vous voulez que votre page Web soit mise à jour automatiquement.

  Suivant votre choix, sélectionnez **Chaque fois que ce classeur est ouvert** ou **Selon une fréquence définie.**

  Si vous avez sélectionné l'option **Selon une fréquence définie** :

  - Cliquez sur le bouton **Définir la fréquence**. À l'aide des zones **Périodicité** et **Début et fin**, spécifiez la fréquence à laquelle vous souhaitez mettre à jour votre page Web. Cliquez sur le bouton **OK** pour fermer la fenêtre **Planification périodique**.
  - Cochez ou non l'option **M'avertir avant de l'enregistrer en tant que page Web** si vous souhaitez être informé ou non de l'enregistrement.

  Cliquez sur le bouton **OK**.

- Cliquez sur le bouton **Enregistrer**.

Si le classeur d'origine a été modifié et si vous n'avez pas activé la mise à jour automatique, vous devez à nouveau l'enregistrer sous forme de page Web pour actualiser la page Web.

Pour visualiser une page Web dans un navigateur, accédez à celui-ci et précisez l'adresse complète de la page à afficher dans sa barre **Adresse** ou ouvrez le Finder, accédez au dossier d'enregistrement de la page et faites un double clic sur son nom.

## Afficher/modifier les propriétés d'un classeur

*Les propriétés, également appelées métadonnées (c'est-à-dire données décrivant d'autres données ; par exemple, les mots d'un classeur sont des données et le nombre de mots est un exemple de métadonnées), sont des informations identifiant ou décrivant le fichier. Elles contiennent des informations comme le titre, le nom de l'auteur, l'objet...*

- Cliquez sur le menu **Fichier** puis sur l'option **Propriétés**.

- Cliquez sur l'onglet **Résumé**.

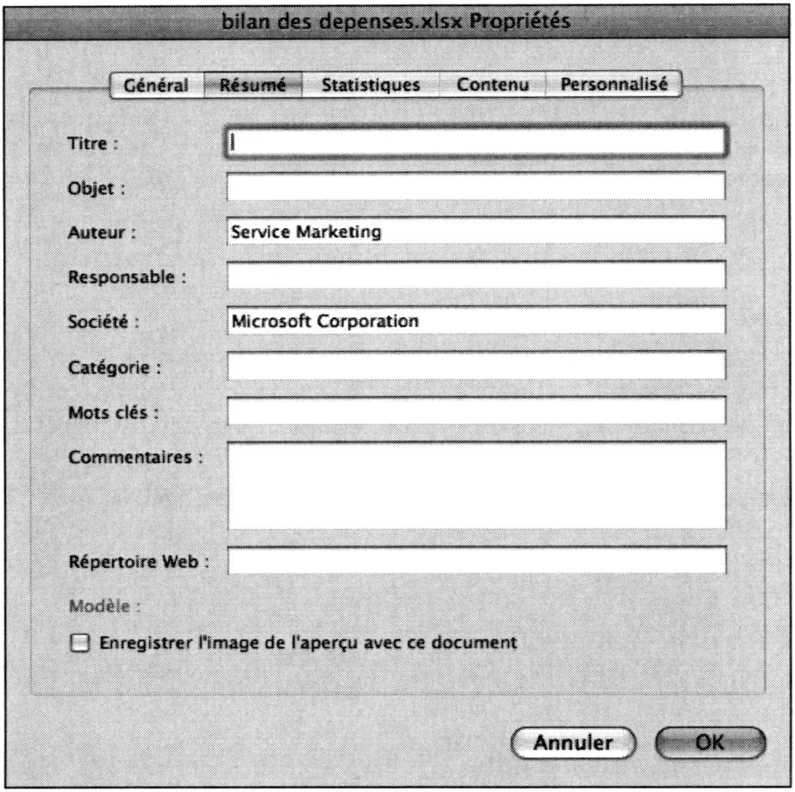


- Pour modifier une des propriétés, cliquez sur le champ associé au nom de la propriété, puis saisissez l'information souhaitée.
- Pour ajouter plusieurs propriétés, cliquez sur l'onglet **Personnalisé**, sélectionnez un **Nom** dans la liste correspondante ou saisissez-en un nouveau. Sélectionnez le format de l'information dans la liste **Type**, puis entrez sa **Valeur** dans le champ correspondant. Cliquez sur le bouton **Ajouter**.
- Cliquez sur le bouton **OK**.

## Fermer un classeur

- Cliquez sur le menu **Fichier** puis sur l'option **Fermer** ou utilisez le raccourci-clavier cmd ⌘ **4** ou cliquez sur le bouton visible dans le coin supérieur gauche de la fenêtre de l'application.

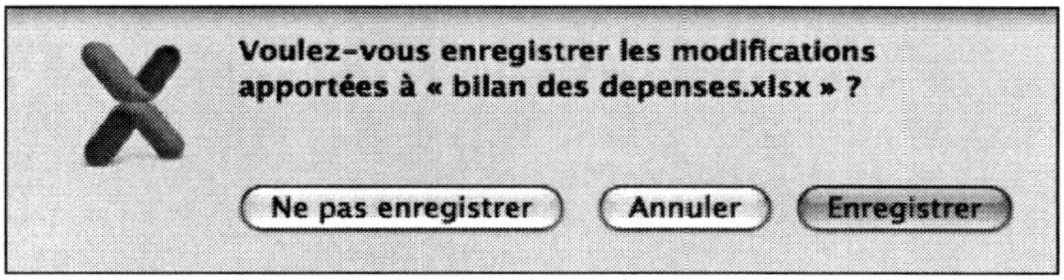


- Si le classeur a été modifié depuis le dernier enregistrement, Excel propose de l'enregistrer avant de le fermer. Dans ce cas, cliquez sur un des boutons suivants :

| | |
|---|---|
| **Enregistrer** | Pour enregistrer et fermer le classeur. |
| **Ne pas enregistrer** | Pour fermer le classeur sans enregistrer les modifications apportées à celui-ci. |
| **Annuler** | Pour annuler la fermeture du classeur. |

## Définir le dossier de travail utilisé par défauti

*Ce dossier vous sera automatiquement proposé lors de l'enregistrement ou lors de l'ouverture d'un classeur.*

- Cliquez sur le menu **Excel** puis sur l'option **Préférences** et cliquez sur **Général**.
- Précisez l'emplacement à utiliser par défaut dans le champ **Emplacement favori**.
- Cliquez sur le bouton **OK**.

## Paramétrer la récupération automatique des classeurs

*Il peut arriver parfois que Microsoft Excel s'interrompe (coupure de courant, dysfonctionnement...) avant que vous n'ayez eu le temps d'enregistrer votre travail. Le système de récupération automatique, actif par défaut, enregistre vos données et l'état de l'application de manière automatique. Vous pouvez paramétrer cette fonction.*

- Cliquez sur le menu **Excel** puis sur l'option **Préférences** et cliquez sur **Enregistrer**.

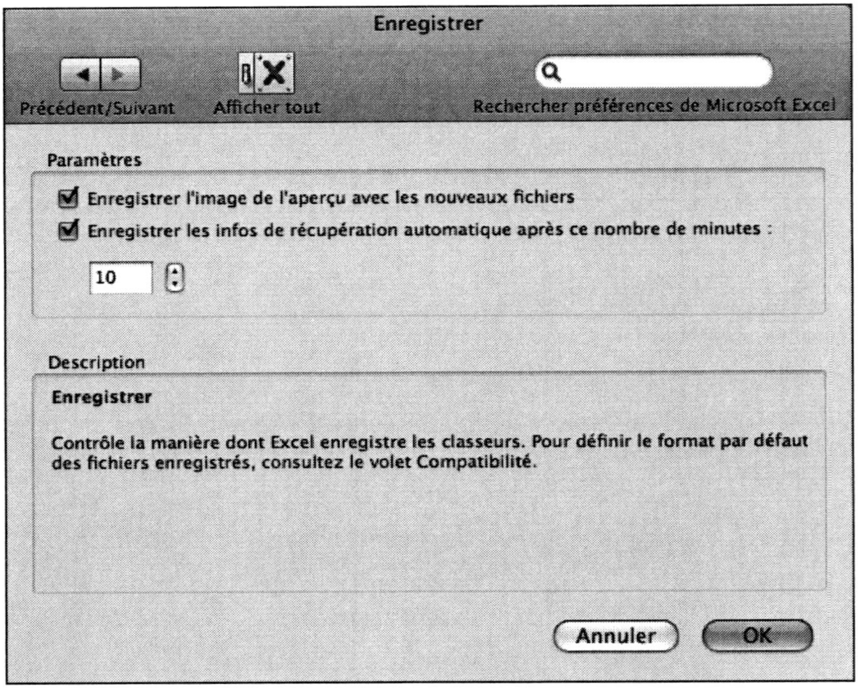


- Pour activer la récupération automatique, activez, si besoin, l'option **Enregistrer les infos de récupération automatique après ce nombre de minutes**.
- Précisez la fréquence à laquelle vous souhaitez que Excel effectue cet enregistrement automatique dans la liste qui suit. Vous pouvez choisir un nombre jusqu'à 120 minutes.
- Cliquez sur le bouton **OK**.

  *Si Excel rencontre un problème ou que votre Macintosh ne répond plus, la prochaine fois que vous ouvrirez Excel, Excel ouvrira le fichier dans l'état où il était au moment de l'enregistrement automatique.*

## Envoyer un classeur par messagerie

*Microsoft Excel 2011 permet d'envoyer un classeur en utilisant la messagerie électronique à condition bien sûr de disposer d'un logiciel de messagerie et d'une connexion Internet.*

- Ouvrez le classeur à envoyer.
- Cliquez sur le menu **Fichier** puis pointez l'option **Envoyer une pièce jointe par messagerie.**

*La fenêtre d'envoi de message de votre logiciel de messagerie s'affiche.*

- Dans la zone **À**, tapez l'adresse du ou des destinataires du message en séparant leur nom par un point-virgule.
- Dans la zone **Cc**, précisez, si besoin est, l'adresse des destinataires du message à qui vous souhaitez envoyer une **C**opie **c**onforme.
- Dans la zone **Objet**, saisissez ou modifiez le sujet du message.
- Saisissez le message dans la zone de saisie réservée au corps du message.
- Cliquez sur le bouton **Envoyer**.

Pour ouvrir et modifier le classeur envoyé, le destinataire devra ouvrir le message puis faire un double clic sur le nom du classeur, l'ouverture du classeur lancera automatiquement l'application Excel.

## Créer un modèle de classeur personnalisé

*Un modèle est un document contenant des feuilles de calcul, des données mises en forme, des formules de calcul... qui peuvent être exploitées pour la création de nouveaux classeurs.*

- Élaborez le classeur modèle en y intégrant les éléments communs aux futurs classeurs qui seront créés à partir de ce modèle ; définissez si besoin, des protections sur les feuilles ou sur les cellules (cf. chapitre Protection).
- Cliquez sur le menu **Fichier** puis sur l'option **Enregistrer sous.**
- Ouvrez la liste **Format** puis choisissez l'option **Modèle Excel (*.xltx).**

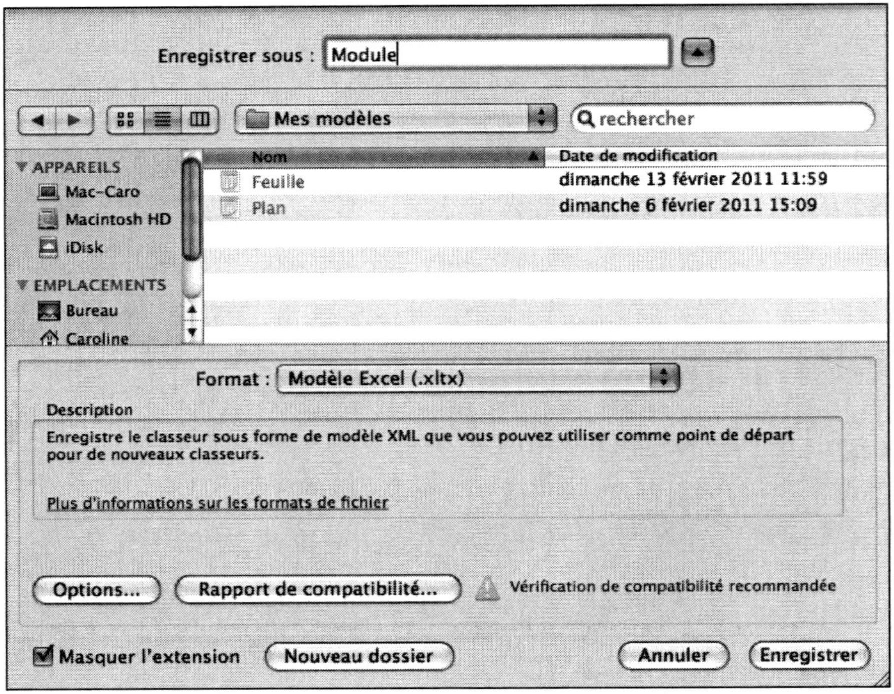


*Le dossier d'enregistrement proposé par défaut est alors le dossier **Mes modèles** situé sur votre disque dur, généralement à cette adresse :*

*:nom_appareil:Utilisateur:nom_utilisateur:Bibliothèque:Application Support:Microsoft:Office:Modèles utilisateurs:Mes modèles*

- Précisez le nom du modèle en complétant la zone **Enregistrer sous.**
- Cliquez sur le bouton **Enregistrer.**

L'extension attribuée aux fichiers modèles est .xltx (selon les paramètres définis dans votre Macintosh, l'extension peut être masquée).

Pour modifier un modèle personnalisé, ouvrez-le et procédez comme pour un classeur quelconque. Pour créer un classeur basé sur un modèle personnalisé, reportez-vous au titre correspondant de ce chapitre.

## Se déplacer dans une feuille de calcul

*Plusieurs techniques sont à votre disposition en fonction de l'outil que vous souhaitez utiliser : la souris ou le clavier.*

- Utilisez les barres de défilement pour visualiser la cellule à activer :

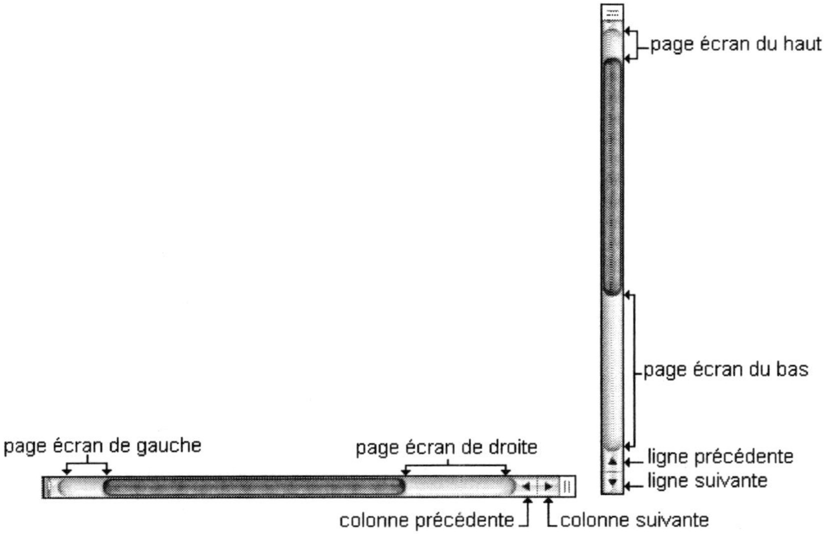


*Vous pouvez aussi faire défiler le contenu de la feuille de calcul à l'aide de la molette de la souris.*

- Vous pouvez aussi utiliser le clavier de la manière suivante :

| | |
|---|---|
| cellule de droite/de gauche | [→] ou [Tab] / [←] ou [⇧][Tab] |
| cellule du haut/du bas | [↑] ou [⇧][Entrée] / [↓] ou [Entrée] |
| page écran de droite/de gauche | [Alt][PgDn] / [Alt][PgUp] |
| page écran du haut/bas | [PgUp] / [PgDn] |
| colonne A de la ligne active | [↖] |
| cellule A1 | [Ctrl][↖] |
| Bord droit/gauche de la région de données | [cmd ⌘][←] / [cmd ⌘][→] |
| Bord supérieur/inférieur de la région de données | [cmd ⌘][↑] / [cmd ⌘][↓] |

*La **région de données** est une plage de cellules contenant des données et délimitée par des cellules vides ou des bordures de feuille de calcul.*

## Atteindre une cellule précise

- Cliquez dans la zone de nom (partie de la barre de formule affichant la référence de la cellule active).

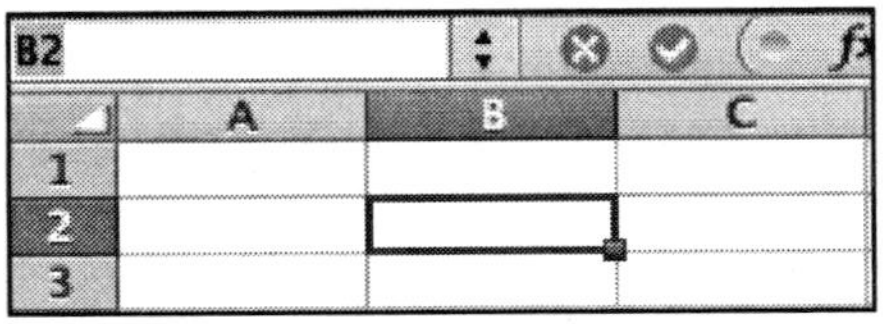


*La référence de la cellule active est alors sélectionnée.*

- Saisissez la référence de la cellule à atteindre et appuyez sur la touche [Entrée] pour valider.

Vous pouvez aussi utiliser l'option **Atteindre** du menu **Édition** (ou [Ctrl] **G**), taper la référence de la cellule à atteindre et valider.

## Rechercher une cellule

- Si la recherche doit porter sur toute la feuille ou tout le classeur, activez une cellule ; si la recherche concerne une partie de la feuille active, sélectionnez la plage de cellules concernée.
- Cliquez sur l'option **Rechercher** du menu **Édition** ou utilisez le raccourci-clavier [Ctrl] **F**.
- Entrez la donnée recherchée dans la zone de saisie **Rechercher**.

- Modifiez éventuellement les options suivantes pour déterminer comment la recherche doit être réalisée :

| | |
|---|---|
| **Dans** | Choisissez, dans la liste, si la recherche doit s'effectuer dans la **Feuille** active ou dans toutes les feuilles du **Classeur**. |
| **Sens** | Choisissez, dans la liste, le sens de la recherche. |
| **Regarder dans** | Choisissez, dans la liste, si la recherche doit s'effectuer sur le détail des **Formules**, sur les **Valeurs** ou sur les **Commentaires** des cellules. |
| **Respecter la casse** | Cochez cette option si vous souhaitez faire la distinction entre les caractères en majuscules et ceux en minuscules. |
| **Cellule entière** | Cochez cette option si vous souhaitez qu'Excel recherche les cellules qui contiennent exactement la donnée recherchée, sans rien d'autre. |

- Cliquez sur le bouton **Suivant**. Cliquez ensuite sur le bouton **Fermer** si la cellule trouvée contient le texte recherché sinon cliquez sur **Suivant**.

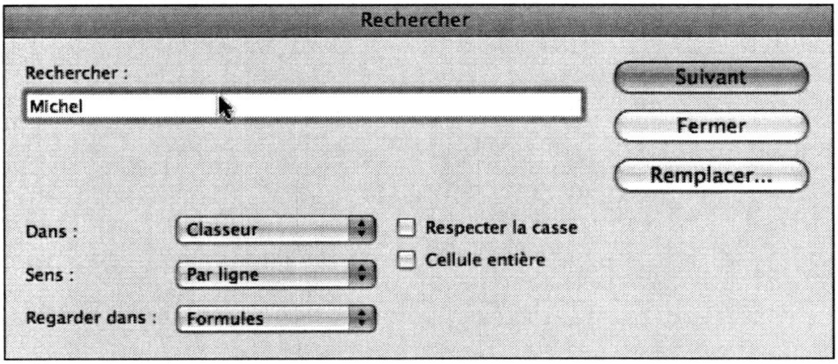


*Excel sélectionne ici la première cellule contenant la mot Michel.*

- Cliquez sur le bouton **Fermer**.

Vous pouvez aussi utiliser la zone **Rechercher** visible en haut à droite de la fenêtre ou le volet **Rechercher**.

Lorsque la boîte de dialogue **Rechercher** est fermée, vous pouvez poursuivre la recherche par ⇧ F4.

## Sélectionner des cellules

### Des cellules adjacentes

Utilisez l'une des trois techniques suivantes :

Le **cliqué-glissé** Cliquez dans la première cellule à sélectionner et, sans relâcher le bouton de la souris, faites glisser celle-ci pour étendre la sélection ; relâchez le bouton de la souris lorsque la sélection vous convient. Attention, ne réalisez pas le cliqué-glissé à partir du bouton de recopie (carré bleu en bas à droite de la cellule active) !

Le ⇧ **clic** Cliquez dans la première cellule à sélectionner, pointez la dernière, appuyez sur la touche ⇧ et, sans la relâcher, cliquez. Relâchez ensuite le bouton de la souris puis la touche.

Avec le clavier Appuyez sur la touche ⇧ et, tout en la maintenant enfoncée, utilisez les touches de déplacement correspondant à la sélection à réaliser ; par exemple, ⇧ → sélectionne la cellule située à droite.

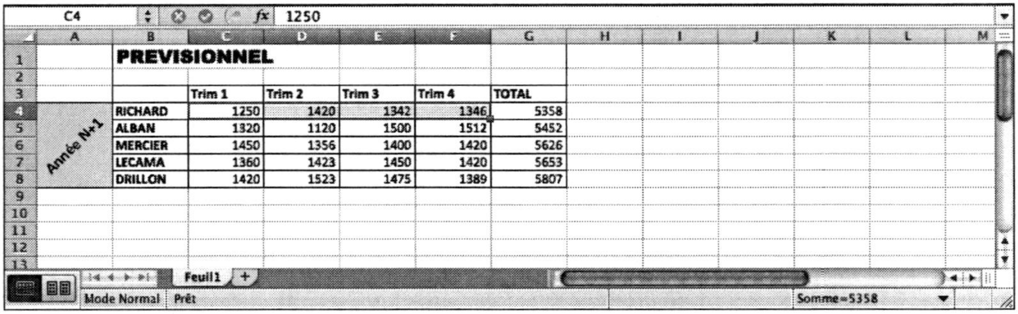


*Une **plage de cellules** sélectionnée apparaît encadrée et de couleur plus sombre (sauf la première cellule qui s'affiche comme à l'ordinaire car il s'agit de la cellule active).*

*Par défaut, la barre d'état affiche la somme des cellules sélectionnées si au moins l'une des cellules sélectionnées contient une valeur numérique.*

Des cellules non adjacentes

- Sélectionnez la première plage de cellules.
- Appuyez sur la touche [cmd ⌘] et tout en la maintenant enfoncée, sélectionnez les autres plages de cellules ; lorsque vous avez terminé, relâchez la touche [cmd ⌘] avant le bouton de la souris.

Pour sélectionner toutes les cellules de la feuille de calcul, cliquez sur le bouton situé à l'intersection des en-têtes de lignes et de colonnes ou utilisez le raccourci-clavier [cmd ⌘] A ou [cmd ⌘] [⇧] [Espace].

## Sélectionner des lignes/des colonnes

*Lorsqu'une ligne (une colonne) est sélectionnée, son numéro (sa lettre) apparaît en blanc sur un fond de couleur gris.*

- Pour sélectionner plusieurs lignes (colonnes) adjacentes, faites glisser la souris sur les en-têtes de lignes (colonnes). Si les lignes (colonnes) ne sont pas adjacentes, maintenez la touche [cmd ⌘] enfoncée lors de la sélection de chaque ligne (colonne).

Une sélection peut être composée de lignes et de colonnes.

## Saisir des données constantes (texte, valeurs...)

- Activez la cellule dans laquelle la donnée doit apparaître.

  *Vérifiez toujours la référence de la cellule active dans la zone de nom de la barre de formule.*

- Saisissez la donnée.

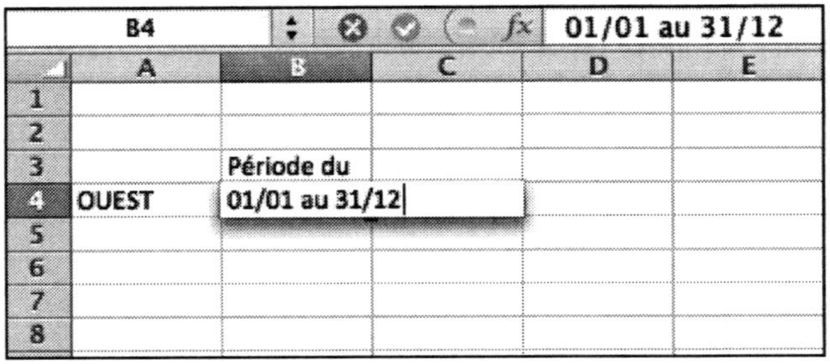


*Dès la saisie du premier caractère, deux symboles apparaissent dans la barre de formule :*

 *permet d'annuler la saisie (correspond à la touche* esc*).*

 *permet de valider la saisie (correspond à la touche* ⏎*).*

*Parallèlement, l'indicateur Prêt de la barre d'état indique que seules des saisies peuvent être réalisées.*

- Validez la saisie : utilisez la touche ⏎ ou ⇥ ou une touche de direction quelconque ou cliquez sur le bouton .

  *Le fait d'atteindre une nouvelle cellule valide la saisie précédente. Dès que vous activez une nouvelle cellule, Excel revient en mode Prêt et les symboles*  *et*  *deviennent grisés.*

  *Après validation, les données de type Texte s'alignent à gauche des cellules et celles de type Date ou Numérique s'alignent à droite. En outre, les données de type Date sont automatiquement formatées (exemple : 31/03 devient 31-mars).*

Pour la saisie des données, prêtez attention aux remarques suivantes :

- Pour les valeurs numériques, faites attention à saisir des 0 (zéros) et pas des O (la lettre o).
- Pour saisir une valeur négative, faites-la précéder d'un signe moins (-) ou entourez-la de parenthèses.
- Pour qu'un nombre comme 10000 apparaisse immédiatement sous la forme 10 000 €, effectuez la saisie suivante : 10000 €.
- Pour entrer un pourcentage, tapez le signe % juste après le nombre.
- Pour saisir des décimales, utilisez la virgule ou le point comme séparateur décimal.

Pour la saisie des dates, Excel interprète l'année saisie sur deux chiffres de cette façon :

- de 00 à 29 = de 2000 à 2029,
- de 30 à 99 = de 1930 à 1999.

Les paramètres de séparateur sont modifiables à partir du menu **Excel - Préférences - Edition, langue et région - Région et langue.** Les paramètres de date, heure, devise et nombre sont aussi accessibles à partir des **Préférences Systèmes - International - Formats.**

Pour saisir un même contenu sur plusieurs feuilles de calcul simultanément, sélectionnez les feuilles de calcul concernées (les feuilles sélectionnées constituent alors un groupe de travail) et effectuez la saisie.

## Insérer des caractères spéciaux

*Cette technique permet d'insérer des symboles qui ne figurent pas sur le clavier. Un caractère spécial peut être inséré dans une cellule vide ou à l'intérieur d'un texte au moment de la saisie.*

Cliquez sur le menu **Insertion** et cliquez sur l'option **Symbole.**

*La boîte de dialogue **Média** s'affiche ; l'onglet **Symboles** y est actif.*

Dans la liste, sélectionnez le type de caractère à afficher (**Tous les symboles, Monétaire, Fractions**, etc.).

Sélectionnez le caractère à insérer en cliquant dessus.

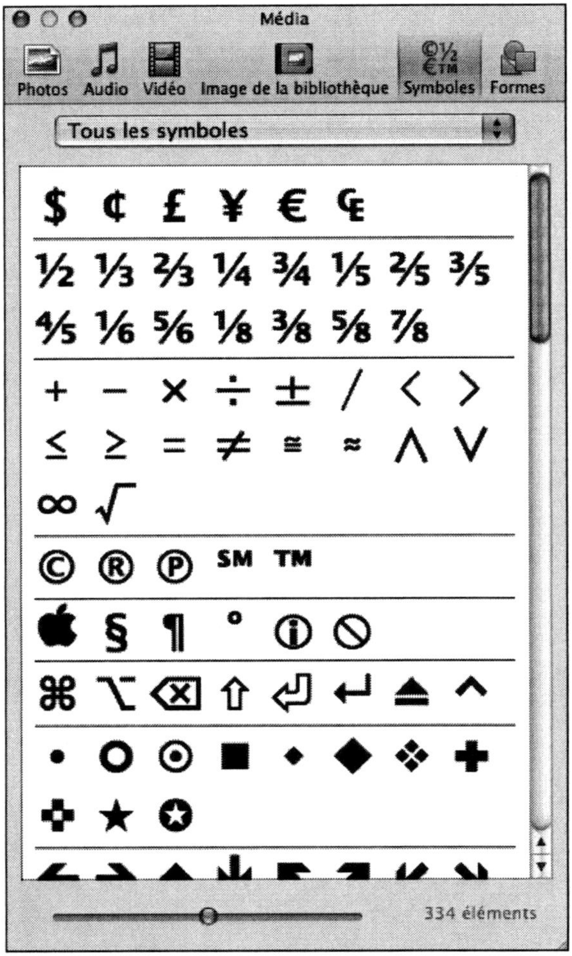


- Insérez éventuellement d'autres caractères puis fermez la boîte de dialogue en cliquant sur le bouton .
- Terminez la saisie si besoin puis validez.

## Insérer la date/l'heure système dans une cellule

*La date et l'heure système sont gérées par le Finder.*

- Activez la cellule dans laquelle doit apparaître la date et/ou l'heure système.
- Pour insérer la date et/ou l'heure système mises à jour à chaque ouverture du classeur, utilisez l'une des deux fonctions suivantes :

**=AUJOURDUI()** pour insérer la date

**=MAINTENANT()** pour insérer la date et l'heure

- Pour insérer la date du jour et/ou l'heure système fixe, utilisez l'un des raccourcis-clavier suivants : Ctrl ; pour insérer la date ou Ctrl : pour insérer l'heure.

Si la date affichée n'est pas celle du jour, corrigez la date système de votre Macintosh à partir des **Préférences Système**, option **Date et heure**.

## Utiliser la fonction de saisie semi-automatique

*Lorsque vous saisissez les premiers caractères, il est possible qu'Excel vous propose des données existant dans la colonne et commençant par les mêmes caractères.*

- Si l'entrée proposée vous convient, validez la saisie ; sinon, vous pouvez afficher une liste en appuyant sur Alt ↓.

*La liste des entrées existant dans la colonne apparaît. Vous pouvez également afficher cette liste en cliquant avec le bouton droit de la souris et en choisissant l'option **Liste de choix**.*

Cliquez alors sur l'entrée qui vous convient.

- Si aucune entrée ne vous convient, poursuivez la saisie.

Cette fonction est disponible si l'option **Activez la saisie semi-automatique des valeurs de cellule** de la boîte de dialogue **Saisie automatique** est active (menu **Fichier** - option **Options** - **Saisie semi-automatique**).

## Saisir un même contenu dans plusieurs cellules

- Sélectionnez la plage de cellules concernées (elles peuvent ne pas être adjacentes).
- Saisissez le contenu commun à toutes ces cellules (formule ou texte).

*Lorsque le contenu est une formule, saisissez la formule qui concerne la cellule active.*

- Validez par les touches [cmd ⌘][↵].

*Saisie et recopie sont réalisées en une seule manipulation !*

## Saisir un texte de plusieurs lignes dans une cellule

*Deux techniques permettent de faire apparaître du texte sur plusieurs lignes dans une cellule : par la saisie ou en modifiant le format de la cellule.*

### Entrer un saut de ligne

- Lorsque vous êtes en cours ou en modification de saisie, utilisez la combinaison de touches [Ctrl][cmd ⌘][↵] pour imposer votre retour à la ligne à l'endroit souhaité.

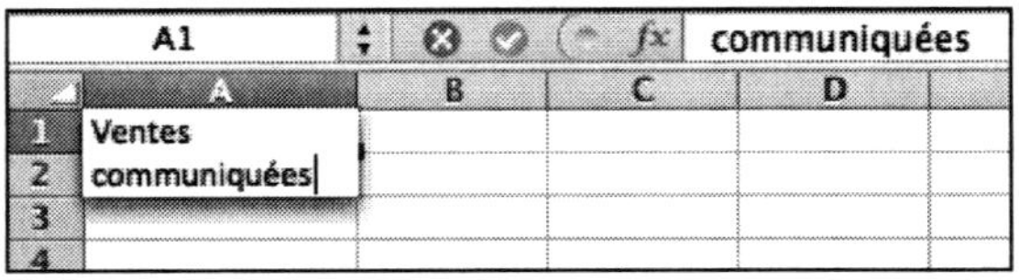


*Si la hauteur de la barre de formule n'est pas ajustée, vous ne visualisez que la dernière ligne saisie.*

- Validez par [↵].

*La hauteur de ligne s'adapte automatiquement.*

Définir un renvoi à la ligne automatique

- Sélectionnez les cellules concernées.
- Dans le groupe **Alignement** de l'onglet **Accueil**, cliquez sur l'outil **Renvoyer à la ligne automatiquement** 

.

*Les données sont renvoyées à la ligne de manière à ajuster le contenu de la cellule à la largeur de la colonne. Si vous modifiez la largeur des colonnes, les données sont automatiquement ajustées en conséquence.*

## Créer une série de données

*Une série de données correspond à une suite logique de valeurs. Vous pouvez créer une série de données de dates, d'heures, de mois, de jours, d'un mélange de textes et de valeurs numériques.*

Créer une série de données simple

*Ce type de série permet d'afficher des valeurs successives avec un incrément égal à une unité.*

- Saisissez la première valeur de la série.
- Faites glisser la poignée de recopie de cette cellule jusqu'à la cellule d'affichage de la dernière valeur vers le bas ou vers la droite pour remplir en ordre croissant, vers le haut ou vers la gauche pour remplir en ordre décroissant.

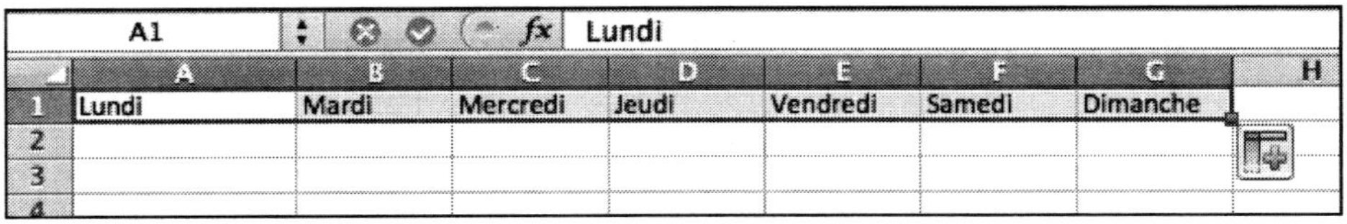


*Juste après avoir créé votre série, le bouton **Options de recopie incrémentée** apparaît dans le coin inférieur droit de la série.*

- Si vous souhaitez modifier le type d'incrémentation selon le type de série, cliquez sur le bouton **Options de recopie incrémentée** .

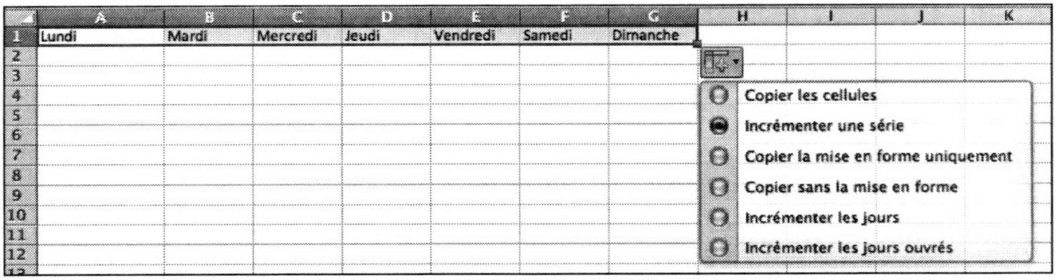


- Cliquez sur l'option adéquate, les options affichées dépendent du type de la donnée ; ici, par exemple, vous pouvez incrémenter par jour ou par jour ouvré.

## Créer une série de données "complexe"

*Ce type de série permet de définir l'incrément entre les valeurs de la série.*

### À l'aide de la poignée de recopie

- Saisissez les deux premières valeurs pour indiquer la valeur de l'incrément.
- Sélectionnez ces deux cellules.
- Réalisez un cliqué-glissé à partir de la poignée de recopie.

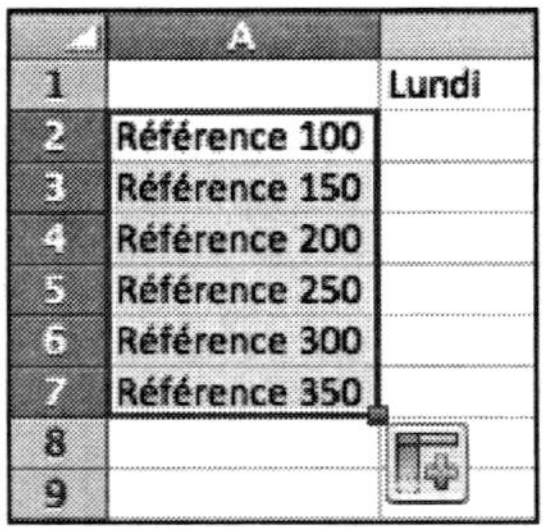


*Référence 100 et Référence 150 sont les deux premières données de cette série de données.*

### À l'aide de la boîte de dialogue

- Saisissez la première valeur (nombre ou date) de la série et sélectionnez la cellule contenant cette valeur.
- Dans le menu **Édition**, sélectionnez l'option **Recopier** puis cliquez sur **Série**.

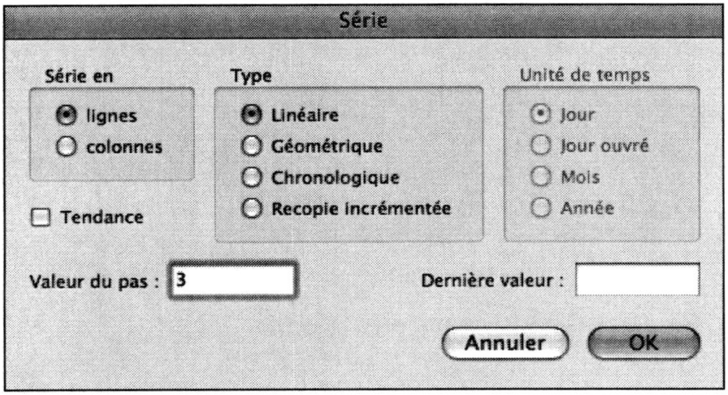


- Dans le cadre **Série en**, indiquez si la série doit être insérée en **lignes** ou en **colonnes**.
- Si votre sélection contient un nombre, vous pouvez activer l'option **Linéaire** du cadre **Type** pour générer une suite *linéaire*, c'est-à-dire une suite de nombres obtenue en ajoutant la valeur du pas à la valeur de départ, puis à chaque valeur successive ; choisissez **Géométrique** pour générer une suite *géométrique*, c'est-à-dire une suite de nombres obtenue en multipliant une constante différente de zéro au nombre précédent.

  Si votre sélection contient une donnée de type Date, vous pouvez activer l'option **Chronologique** du cadre **Type** pour générer une suite incrémentée selon l'**Unité de temps** choisie dans le cadre de droite.
- Modifiez si besoin, l'incrément dans la zone **Valeur du pas**.
- Indiquez si besoin, la **Dernière valeur**.
- Cliquez sur le bouton **OK**.

Vous pouvez aussi utiliser le bouton **Remplir** situé sur l'onglet **Accueil**.

Vous pouvez créer vos propres séries de données personnalisées (voir le chapitre Optimisation de la saisie de données).

## Modifier le contenu d'une cellule

- Faites un double clic dans la cellule à modifier :

*Un point d'insertion apparaît dans la cellule (la petite barre verticale clignotante) à l'endroit où vous avez cliqué et Excel passe en mode **Modifier**.*

- Réalisez vos modifications.
- Validez les modifications.

Vous pouvez aussi cliquer dans la cellule puis dans la barre de formule pour effectuer directement vos modifications.

## Effacer le contenu des cellules

- Sélectionnez les cellules à effacer puis appuyez sur la touche [Suppr].

*Le contenu des cellules est alors supprimé mais pas le format.*

- Pour effacer le contenu et/ou le format et/ou les commentaires, cliquez sur l'outil **Effacer**  du groupe **Modifier** de l'onglet **Accueil**.



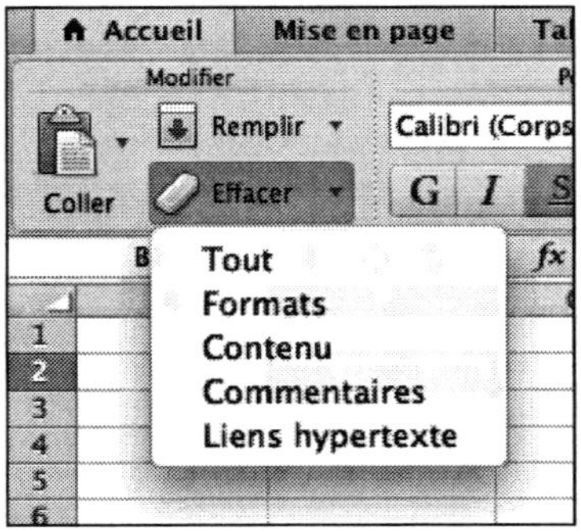


- Cliquez sur l'option en fonction de ce que vous souhaitez effacer.

Pour effacer le contenu des cellules, vous pouvez également sélectionner les cellules concernées puis faire glisser la poignée de recopie sur cette même sélection.

## Remplacer un contenu de cellule

*Cette manipulation permet de remplacer automatiquement le texte et/ou le format de plusieurs cellules par un autre texte. Cette technique permet également de modifier le texte contenu dans les formules.*

- Si le remplacement doit porter sur toute la feuille ou toutes les feuilles du classeur, activez une seule cellule ; si le remplacement ne concerne qu'une partie de la feuille active, sélectionnez la plage de cellules correspondante.
- Dans le menu **Edition**, cliquez sur l'option **Remplacer**.
- Dans la zone **Rechercher**, saisissez le texte à remplacer.

  *Cette zone peut contenir des lettres, des nombres, des signes de ponctuation ou des caractères génériques (? ou * qui remplacent respectivement un ou plusieurs caractères).*
- Dans la zone **Remplacer par**, saisissez le texte de remplacement.
- Comme pour la recherche de cellules (cf. Rechercher une cellule) vous pouvez indiquer où et comment Excel doit rechercher le texte à remplacer.

  *Le champ **Regarder dans** disparaît.*
- Pour réaliser le remplacement un par un, cliquez sur le bouton **Suivant** pour atteindre la première cellule concernée, puis cliquez sur le bouton **Remplacer**, si vous voulez remplacer cette valeur ou **Suivant** pour ignorer le remplacement et poursuivre.
- Pour effectuer un remplacement en une seule manipulation, cliquez sur le bouton **Remplacer tout.**
- Cliquez sur le bouton **Fermer**.

## Vérifier l'orthographe

- Pour vérifier toute une feuille d'un classeur, activez seulement l'une de ses cellules. Pour vérifier une zone de texte, sélectionnez-la.
- Activez l'onglet **Révision** et cliquez sur le bouton **Orthographe** du groupe **Vérification** ou faites F7.

*Excel lit le texte et s'arrête dès qu'un mot lui est inconnu. Un mot peut être inconnu s'il est absent du dictionnaire Excel ou saisi avec un emploi inhabituel de majuscules (exemple : Nuos).*

*Cette vérification repose sur un dictionnaire principal (celui d'Excel) et autant de dictionnaires personnels que vous le souhaitez (par défaut le seul dictionnaire personnel existant est Dictionnaire personnel).*

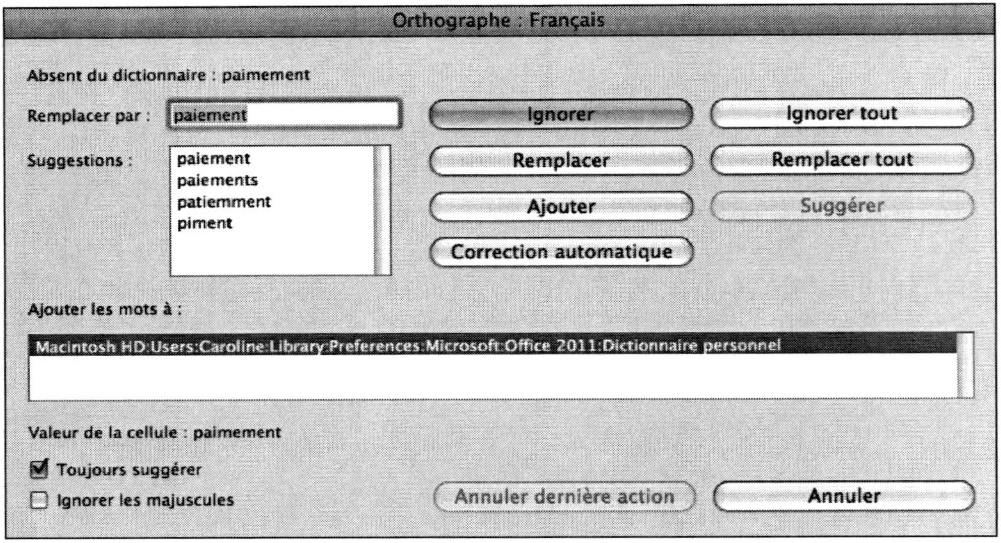


- Si le mot est correctement orthographié, cliquez sur le bouton :

| | |
|---|---|
| **Ignorer** | pour laisser le mot inchangé et poursuivre la vérification. |
| **Ignorer tout** | pour "ignorer" le mot et toutes ses occurrences suivantes. |
| **Ajouter au dictionnaire** | pour ajouter le mot dans le dictionnaire personnel actif. |

- Si le mot est incorrect, vous pouvez le corriger en sélectionnant une des suggestions ou en saisissant la bonne orthographe dans la zone **Remplacer par** puis en cliquant sur :

| | |
|---|---|
| **Remplacer** | pour remplacer le mot erroné par le mot saisi. |
| **Remplacer tout** | pour remplacer le mot et toutes ses occurrences par le mot saisi. |

*Vous pouvez aussi faire un double clic sur une des suggestions.*

*Lorsque la vérification est terminée, Excel vous le signale.*

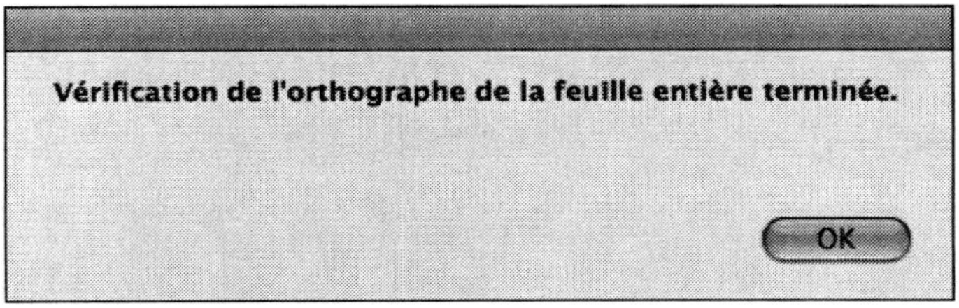


- Cliquez sur le bouton **OK**.

## Gérer la correction orthographique automatique

*La correction orthographique automatique permet à Excel de corriger vos fautes habituelles en cours de saisie (par exemple, si vous tapez toujours "magazin" au lieu de "magasin").*

### Activer/désactiver la correction automatique

- Cliquez sur le menu **Excel** puis cliquez sur l'option **Préférences**.
- Sélectionnez **Correction automatique**.
- Cochez ou décochez l'option **Correction en cours de frappe** selon que vous souhaitez ou non arrêter la correction et le remplacement automatique du texte en cours de frappe.

  *Par défaut, cette option est cochée.*
- Cliquez sur le bouton **OK**.

### Définir des corrections automatiques

*Par défaut, Excel met à votre disposition une liste importante de corrections automatiques. Vous pouvez ajouter à cette liste d'autres corrections automatiques qui seront des mots ou des abréviations que Excel remplacera en cours de frappe.*

- Cliquez sur le menu **Fichier** puis cliquez sur l'option **Préférences**.
- Sélectionnez **Correction automatique**.
- Assurez-vous que l'option **Correction en cours de frappe** est bien cochée.
- Saisissez le mot mal orthographié ou l'abréviation dans la zone **Remplacer**.
- Saisissez la bonne orthographe dans la zone de saisie **Par**.

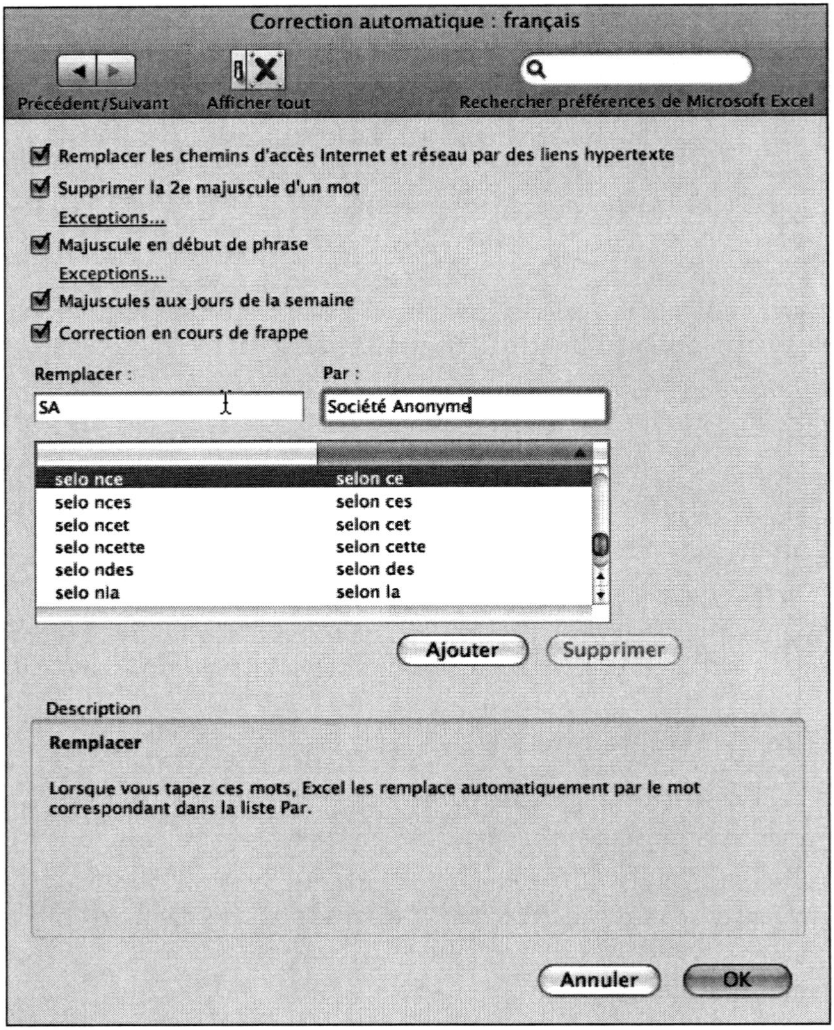


*Le texte SA sera automatiquement remplacé par Société Anonyme.*

- Cliquez sur le bouton **Ajouter**.
- Insérez ainsi vos abréviations ou fautes usuelles.
- Fermez la boîte de dialogue **Correction automatique** par le bouton **OK**.

## Copier un contenu vers des cellules adjacentes

*Cette technique permet de recopier rapidement du texte ou une formule.*

- Activez la cellule à recopier.
- Pointez la poignée de recopie de la cellule :

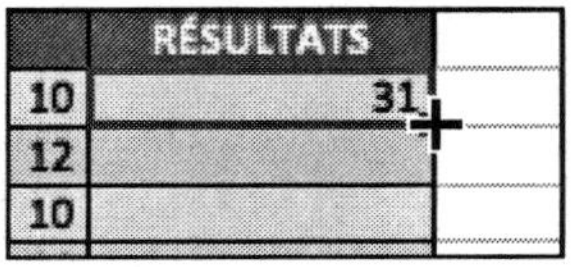


*Nous vous rappelons que cette poignée correspond au petit carré bleu situé en bas à droite de la cellule active. Notez le nouvel aspect du pointeur de la souris.*

- Cliquez, et sans relâcher le bouton de la souris, faites glisser celle-ci en direction de la dernière cellule destinatrice de la copie.

*Les cellules ainsi "balayées" apparaissent avec des bords hachurés.*

- Quand la dernière cellule destinatrice est atteinte, relâchez le bouton de la souris.

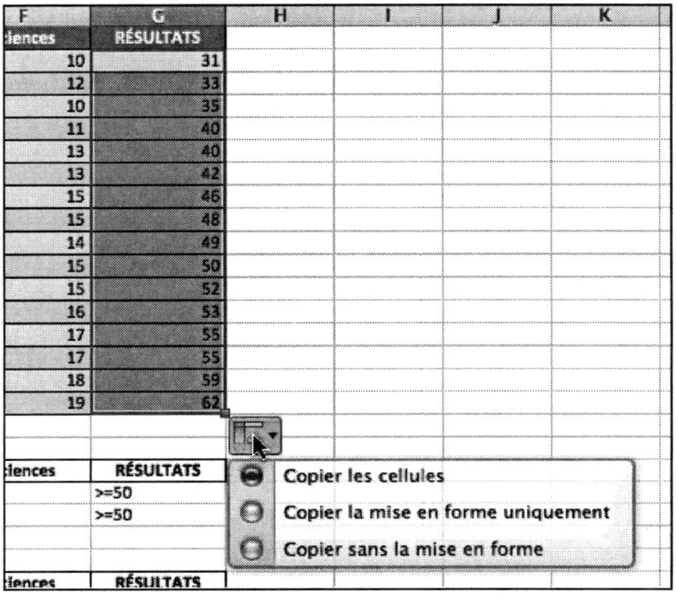

*Juste après avoir effectué la copie, le bouton* ***Options de recopie incrémentée***  *apparaît dans le coin inférieur droit de la plage de cellules copiée.*

- En cliquant sur ce bouton, vous pouvez, si besoin, modifier le type de copie et choisir ainsi, de **Copier la mise en forme uniquement** ou de **Copier sans la mise en forme.**

## Copier/déplacer des cellules

*La technique concernant la copie fait référence à une duplication vers des cellules non adjacentes.*

### Par cliqué-glissé

*Cette technique est surtout utilisée lorsque vous pouvez visualiser en même temps les cellules à transférer et le lieu de destination.*

- Sélectionnez les cellules à transférer.
- Pointez l'un des bords de la sélection :

| | B | C |
|---|---|---|
| 1 | NOM DE L'ÉLÈVE | Prénom |
| 2 | SANDRIN | Victoire |
| 3 | SOUBIRAN | Julien |
| 4 | KANTIN | Nathan |
| 5 | DUPONT | Michel |
| 6 | ECHARD | Benjamin |
| 7 | LILIAN | Audrey |
| 8 | BARNET | Linda |
| 9 | NAULLON | Dominique |
| 10 | ROLLAIN | Anne |

*La souris prend alors l'apparence d'une main. Attention, ne pointez pas la poignée de recopie.*

- S'il s'agit d'une recopie, appuyez sur la touche Alt et, sans la relâcher, faites un cliqué-glissé vers le lieu de la duplication.

  *Au cours du cliqué-glissé, un petit plus apparaît alors au centre de la main de la souris.*

  S'il s'agit d'un déplacement de cellules, réalisez un cliqué-glissé vers le lieu de destination.

- Relâchez le bouton de la souris puis éventuellement la touche Alt.

*Le contenu ainsi que la mise en forme des cellules sont ainsi déplacés ou copiés.*

Par copier-coller ou couper-coller

- Sélectionnez les cellules à transférer.
- S'il s'agit de copier les cellules, cliquez sur l'outil **Copier** de la barre d'outils **Standard** ou tapez cmd ⌘ **C.**

  S'il s'agit de déplacer les cellules, cliquez sur l'outil **Couper** de la barre d'outils **Standard** ou tapez cmd ⌘ **X.**

  *La sélection apparaît entourée de tirets clignotants.*
- Activez la première cellule de destination.

  *Même si plusieurs cellules sont copiées ou déplacées, seule une cellule de destination doit être activée.*

  Cliquez sur le bouton **Coller** situé dans la barre d'outils **Standard** ou dans l'onglet **Accueil** ou tapez cmd ⌘ **V.**

  *Le contenu des cellules (valeurs, formule, date...), mais aussi le format, les éventuels commentaires, sont ainsi copiés ou déplacés. En bas à droite de la plage de cellules copiée apparaît un bouton* ***Options de collage*** *qui permet de définir les données à coller ; les options disponibles varient selon le type de données collées. Pour en savoir plus sur les options de collage, vous pouvez vous référer aux titres Utiliser l'Album ou Copier contenu, résultat et/ou format de cellules, un peu plus loin dans ce chapitre.*
- Si besoin, cliquez sur ce bouton et activez l'option de votre choix.

  *La sélection d'origine clignote toujours : vous pouvez la coller à d'autres emplacements, si besoin est. Lorsque le clignotement s'arrête (par exemple si vous entrez de nouvelles données dans une cellule), il n'est plus possible de coller la sélection.*

## Copier des cellules vers d'autres feuilles

- Sélectionnez les cellules à copier.
- Sélectionnez les autres feuilles : maintenez la touche cmd ⌘ enfoncée et cliquez sur les onglets de ces feuilles.
- Dans l'onglet **Accueil** - groupe **Modifier**, ouvrez la liste associée à l'outil **Remplir** Remplir puis activez l'option **Plusieurs feuilles.**

- Selon votre choix, choisissez de **Tout** copier ou de copier seulement le **Contenu** ou les **Formats.**
- Validez par le bouton **OK.**

## Utiliser l'Album

*L'Album permet d'effectuer des copies et déplacements multiples à travers toutes les applications Office.*

### Afficher/masquer le volet Album

- Pour afficher le volet **Album**, cliquez sur le bouton **Afficher ou masquer la Boîte à outils**, puis cliquez sur l'onglet **Album.**
- Pour masquer le volet **Album**, cliquez sur le bouton  situé à gauche de la barre de titre du volet pour le refermer.

### Effectuer des copies multiples

- Affichez le volet **Album.**
- Sélectionnez les cellules ou l'objet concerné puis ajoutez-les dans le volet **Album** à l'aide du bouton 

. Effectuez cette opération pour chaque élément à copier.

  *Vous visualisez dans le volet **Album** tous les éléments copiés à partir des différentes applications Office (Excel, Word, PowerPoint...).*

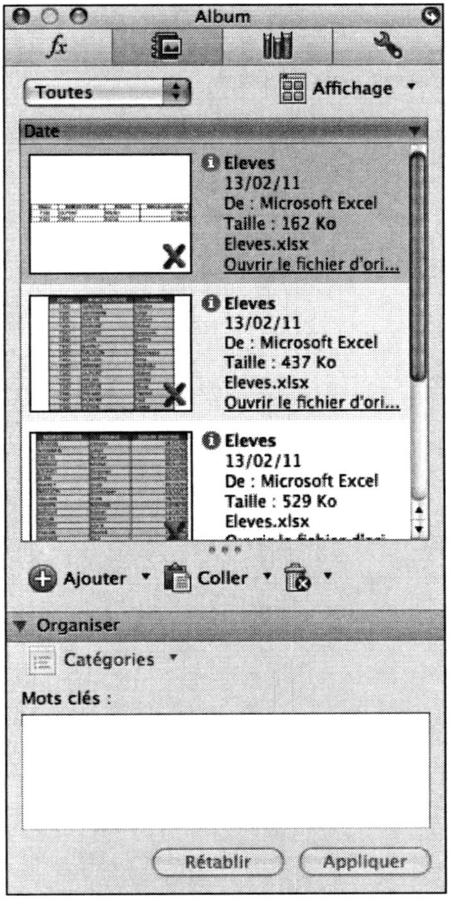


- Activez la première cellule de destination.
- Pour coller une des sélections situées dans le volet **Album**, cliquez sur l'élément correspondant puis sur la flèche à côté du bouton **Coller**. En fonction de votre choix, sélectionnez l'option **Coller**, **Coller en tant que texte brut**, **Coller comme image.**

  *Le bouton **Options de collage***  *situé en bas à droite de l'élément ainsi "collé" vous permet d'accéder rapidement à certaines options. Celles-ci varient selon le type d'élément copié (image, texte, graphique...).*

- Pour accéder aux **Options de collage**, cliquez sur le bouton puis cliquez sur l'option de votre choix.

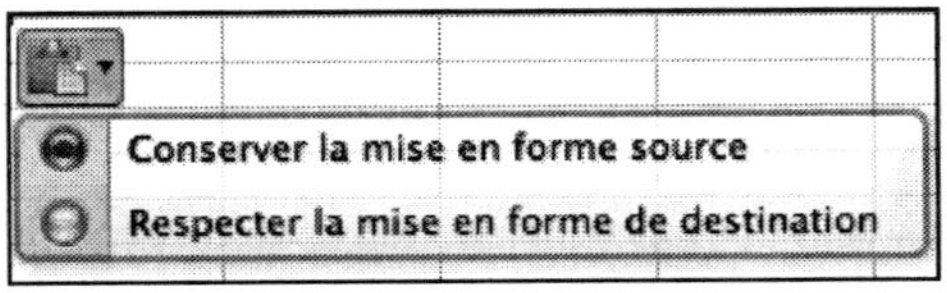


*Sur cet exemple, la première option permet de conserver la mise en forme des données copiées, la seconde permet au contraire, d'appliquer aux données copiées, la mise en forme des cellules de destination.*

- Insérez ainsi chacun des éléments du volet **Album** autant de fois que vous le souhaitez.
- Si besoin, fermez le volet en cliquant sur le bouton .

Pour vider le contenu du volet **Album**, cliquez sur le bouton situé en bas du volet.

Si vous ne souhaitez pas afficher le bouton à chaque "collage" de cellules, décochez l'option **Afficher les boutons intelligents d'options de collage** (menu **Excel** - option **Préférences** - option **Edition**).

Cliquez sur le bouton **Coller** du volet **Album** si vous souhaitez insérer directement les informations dans la feuille Excel.

## Copier une mise en forme

*Cette technique vous permet de copier la mise en forme (police, couleur, bordures...) d'une plage de cellules sur une autre.*

- Sélectionnez la ou les cellules qui contiennent les mises en forme à copier.
- Cliquez sur l'outil **Copier la mise en forme d'un emplacement et l'appliquer à un autre** situé dans la barre d'outils **Standard**.

*Un pinceau apparaît à côté du pointeur de la souris.*

- Sélectionnez les cellules sur lesquelles vous souhaitez appliquer la mise en forme.

Vous pouvez aussi effectuer une copie de mise en forme en utilisant l'option **Collage spécial** située dans la liste associée au bouton **Coller** (cf. Copier contenu, résultat et/ou format de cellules).

---

Si le format doit être copié plusieurs fois, faites un <u>double</u> clic sur l'outil .
Effectuez les copies puis appuyez sur la touche esc pour désactiver l'outil.

---

## Copier contenu, résultat et/ou format de cellules

*Par défaut, Excel copie l'intégralité des cellules (valeurs ou formules, mise en forme et commentaires). Mais, vous pouvez choisir ce qu'il faut copier avant de coller les données.*

- Sélectionnez les cellules à copier.
- Cliquez sur l'outil **Copier** dans la barre d'outils **Standard**.
- Activez la première cellule de destination de la copie.
- Développez la liste associée au bouton **Coller** du groupe **Modifier** de l'onglet **Accueil**.

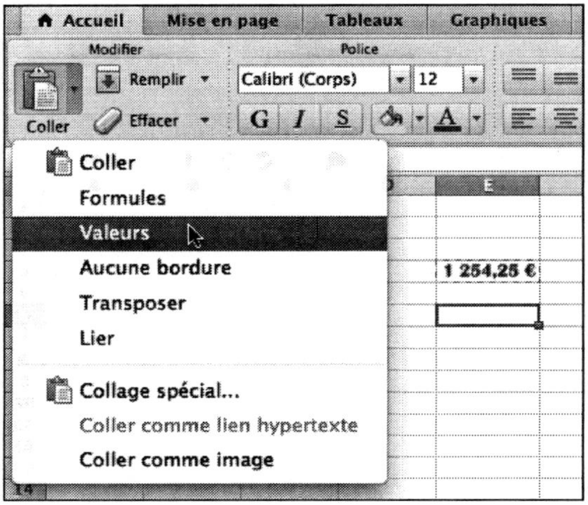


*Dans cet exemple, en cellule E6, nous allons coller les **Valeurs** uniquement.*

L'option **Valeurs** vous permet par exemple, de coller uniquement, sans les mises en forme, la valeur résultante d'une formule d'une autre feuille de calcul mais sans la formule.

L'option **Coller** permet de coller des formats ou des formules de calcul.

- Cliquez ensuite sur l'option de votre choix pour effectuer le collage.

## Copier en transposant les données

*Cette technique permet de transposer les colonnes et les lignes d'un tableau lors de la copie.*

- Sélectionnez les données à copier, tapez cmd ⌘ **C** ou cliquez sur le bouton Copier dans la barre d'outils **Standard** puis activez la première cellule de destination de la copie.
- Développez la liste associée au bouton **Coller** du groupe **Modifier** de l'onglet **Accueil** et choisissez l'option **Transposer**.

*De cette façon, les lignes de la sélection deviennent des colonnes et vice versa.*

## Copier des données Excel en établissant une liaison

*Grâce à la liaison, toutes les modifications de données dans le classeur Microsoft Excel seront répercutées dans l'autre feuille ou l'autre classeur.*

- Sélectionnez les données à copier.
- Tapez cmd ⌘ **C** ou cliquez sur le bouton Copier dans la barre d'outils **Standard**.
- Activez la première cellule de destination de la copie (dans la même feuille, une autre feuille ou un autre classeur).
- Développez la liste associée au bouton **Coller** du groupe **Modifier** de l'onglet **Accueil** et choisissez l'option **Lier**.

*Les cellules réceptrices contiennent alors une formule qui permet d'afficher le contenu de chaque cellule source. Si vous modifiez une valeur source, le contenu de la cellule cible correspondante sera donc automatiquement modifié.*

La création d'un lien lors d'un collage ne permet pas de récupérer immédiatement les formats.

Si vous collez avec liaison une cellule vide, Excel affiche la valeur zéro.
Vous obtenez le même résultat si, dans un même classeur, vous insérez une formule du type **=cellule**.

## Effectuer des calculs simples lors d'une copie

*Cette manipulation permet de copier des données tout en effectuant une opération (addition, soustraction...) qui combine les données copiées et les données contenues dans les cellules de destination.*

- Sélectionnez les données à copier.
- Tapez cmd ⌘ **C** ou cliquez sur 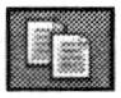 dans la barre d'outils **Standard.**
- Activez la première cellule de destination (les cellules réceptrices doivent contenir des données).
- Ouvrez la liste associée au bouton **Coller** du groupe **Modifier** de l'onglet **Accueil** et activez l'option **Collage spécial.**

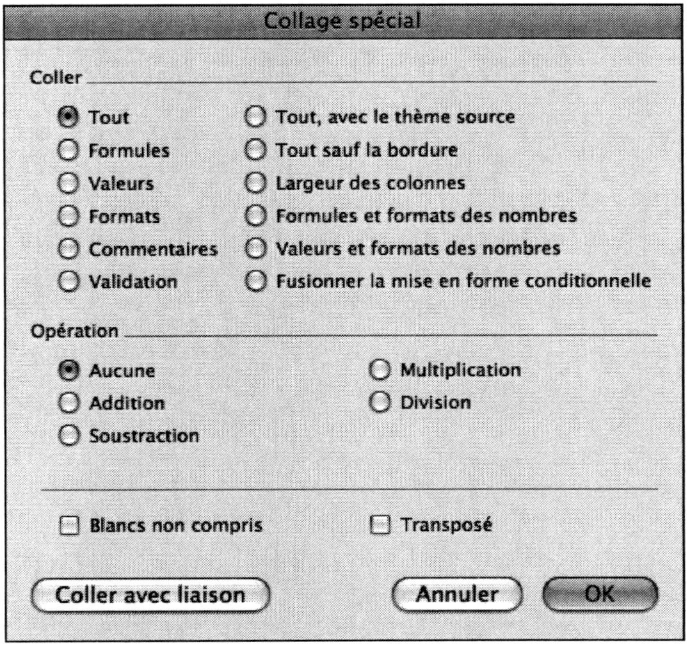


- Dans la partie **Coller**, choisissez une des options comprenant **Tout** ou **Valeurs.**
- Précisez ensuite l'**Opération** à effectuer en activant l'option correspondante.

- Si les cellules vides présentes dans la sélection doivent être omises, cochez l'option **Blancs non compris**.
- Cliquez sur le bouton **OK**.

## Copier des données en tant qu'image

- Sélectionnez les données à copier.
- Tapez [cmd ⌘] **C** ou cliquez sur [icône Copier] dans la barre d'outils **Standard**.
- Activez la cellule destinatrice de la copie (dans la feuille active, une autre feuille ou un autre classeur).
- Ouvrez la liste associée au bouton **Coller** du groupe **Modifier** de l'onglet **Accueil**, activez l'option **Coller comme image**.

## Activer une feuille

*Nous vous rappelons que chaque classeur est composé de feuilles de calcul représentées par des onglets.*

- Grâce aux boutons de défilement d'onglets, visualisez le nom de la feuille à atteindre :

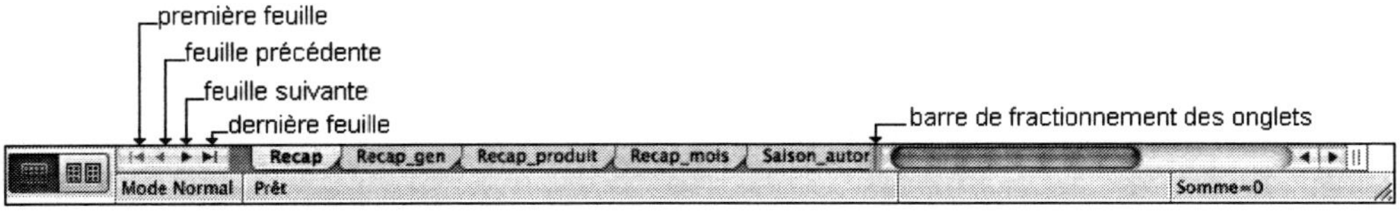


- Cliquez ensuite sur l'onglet de la feuille à atteindre.
- Au clavier, utilisez les touches [Alt] [→] pour atteindre la feuille suivante ou les touches [Alt] [←] pour la feuille précédente.

Vous pouvez modifier l'espace réservé aux onglets de feuille en faisant glisser la barre de fractionnement des onglets située à gauche de la barre de défilement horizontale.

Pour modifier le nombre de feuilles insérées par défaut dans les nouveaux classeurs, ouvrez la boîte de dialogue **Préférences Excel** (menu **Excel**, option **Préférences**) puis cliquez sur l'option **Général** ; précisez le nombre de feuilles souhaité dans la zone **Feuilles/nouveau classeur**.

## Renommer une feuille

- Faites un double clic sur l'onglet de la feuille à renommer puis saisissez le nouveau nom sur l'ancien.

  *Ce nom ne peut pas dépasser 31 caractères (espaces compris) ; certains caractères ne peuvent pas être utilisés : deux-points (:), barre oblique (/ ou \), point virgule (;), astérisque (*)...*

- Validez en appuyant sur la touche [↵].

Vous pouvez aussi utiliser le menu contextuel de l'onglet de la feuille puis l'option **Renommer**.

## Sélectionner des feuilles

- Pour sélectionner une seule feuille, cliquez sur son onglet (cela revient à activer la feuille).
- Pour sélectionner plusieurs feuilles adjacentes, cliquez sur l'onglet correspondant à la première feuille, maintenez la touche [⇧] enfoncée puis cliquez sur l'onglet de la dernière feuille à sélectionner.
- Pour sélectionner plusieurs feuilles non adjacentes, cliquez sur l'onglet correspondant à la première feuille, maintenez la touche [cmd ⌘] enfoncée puis cliquez sur les onglets des autres feuilles.
- Pour sélectionner toutes les feuilles, affichez le menu contextuel d'un des onglets, et cliquez sur **Sélectionner toutes les feuilles**.

*Lorsque plusieurs feuilles sont sélectionnées, le terme* ***[Groupe de travail]*** *apparaît après le nom du classeur, sur la barre de titre ; on parle de groupe de travail car chaque modification réalisée sur la feuille active est répercutée sur toutes les feuilles du groupe.*

- Pour désactiver le groupe de travail, et ainsi sélectionner ou activer une seule feuille, cliquez sur l'onglet d'une feuille ne faisant pas partie du groupe de travail ou ouvrez le menu contextuel d'un onglet et activez l'option **Dissocier les feuilles.**

*Si toutes les feuilles du classeur sont sélectionnées, le fait de cliquer sur un des onglets désactive le groupe.*

## Modifier la couleur des onglets

- Si plusieurs onglets sont concernés, sélectionnez les feuilles correspondantes.
- Ouvrez le menu contextuel de l'onglet : appuyez sur la touche [Ctrl] et sur l'onglet de la ou d'une des feuilles concernées.
- Pointez l'option **Couleur d'onglet** puis cliquez sur la couleur voulue ; l'option **Autres couleurs** permet d'ouvrir une boîte de dialogue afin de définir une couleur personnalisée.

Lorsque la feuille est active, son nom apparaît en caractères gras et l'onglet entier reste coloré.

Pour enlever la couleur d'un onglet, ouvrez son menu contextuel, pointez l'option **Couleur d'onglet** et activez l'option **Aucun remplissage**.

## Afficher/masquer une feuille

- Pour masquer une ou plusieurs feuilles, sélectionnez la ou les feuilles concernées. Ouvrez le menu contextuel en faisant un clic droit sur un des onglets sélectionnés, avant d'activer l'option **Masquer**.
- Pour afficher une feuille masquée, ouvrez le menu contextuel en faisant un clic droit sur un des onglets puis activez l'option **Afficher**.

*Le nom des feuilles masquées apparaît dans la boîte de dialogue.*

- Dans la boîte de dialogue **Afficher** qui apparaît, faites un double clic sur le nom de la feuille à afficher ou cliquez sur son nom puis sur le bouton **OK**.
- Refaites la même manipulation pour chaque feuille à afficher.

## Afficher une image en arrière-plan de la feuille

*Microsoft Excel 2011 vous permet d'afficher une image dans le fond d'une feuille ; cet arrière-plan ne peut pas être imprimé.*

- Activez la feuille concernée puis l'onglet **Mise en page**.
- Cliquez sur le bouton **Arrière-plan** du groupe **Mise en page**.

- Dans la boîte de dialogue **Sélectionner une image**, accédez au dossier contenant l'image à mettre en arrière-plan.
- Faites un double clic sur le nom de l'image.

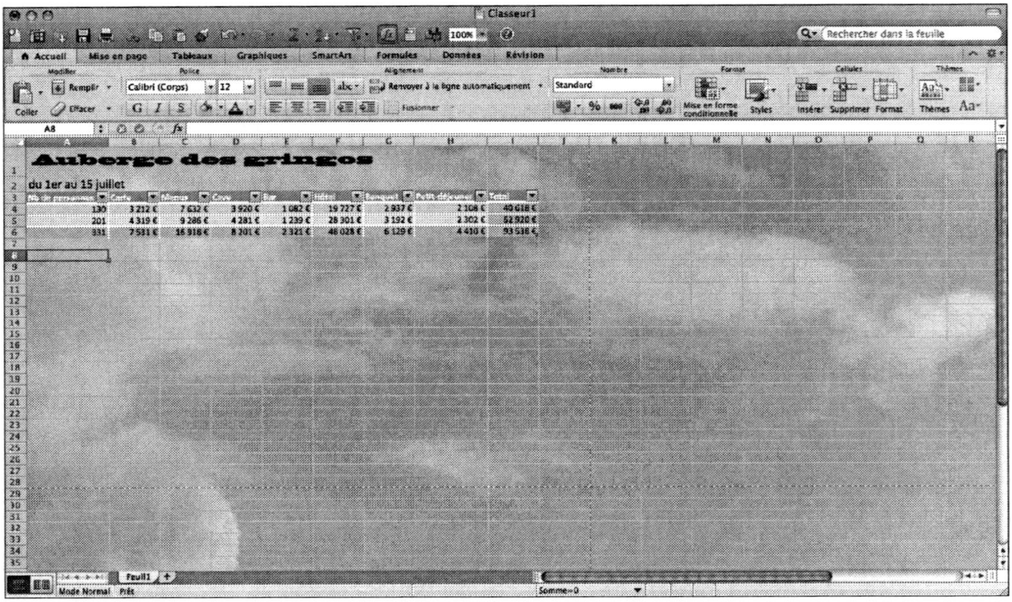


*Remarquez que suivant la taille de l'image celle-ci est répétée ou ne s'affiche pas entièrement sur la plage de cellules affichée.*

Pour supprimer l'arrière-plan de la feuille, activez si besoin, l'onglet **Mise en page** puis cliquez sur le bouton **Arrière-plan** du groupe **Mise en page**.

## Déplacer/copier une ou plusieurs feuilles

### Dans le classeur actif

- Sélectionnez la ou les feuilles à transférer.
- Pour déplacer les feuilles, pointez un des onglets de la sélection et réalisez un cliqué-glissé vers la nouvelle position.

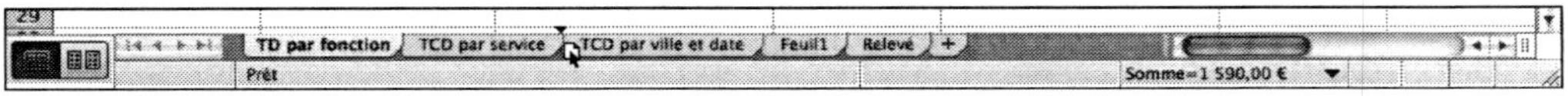

*La nouvelle position est symbolisée par un petit triangle noir.*

- Pour copier les feuilles, réalisez la même manipulation tout en maintenant la touche [Alt] enfoncée.

D'un classeur vers un autre

- Ouvrez le classeur contenant les feuilles à transférer et le classeur de destination.
- Sélectionnez la ou les feuilles à transférer ; ouvrez le menu contextuel par un clic droit sur un des onglets sélectionnés puis activez l'option **Déplacer ou copier**.
- Ouvrez la liste intitulée **Dans le classeur** et cliquez sur le nom du classeur de destination.
- Sélectionnez dans la liste **Avant la feuille** la feuille du classeur de destination avant laquelle vous souhaitez transférer la feuille.
- Si vous souhaitez faire une copie de la ou des feuilles sélectionnées, cochez l'option **Créer une copie**. Si vous souhaitez les déplacer, laissez cette option décochée.

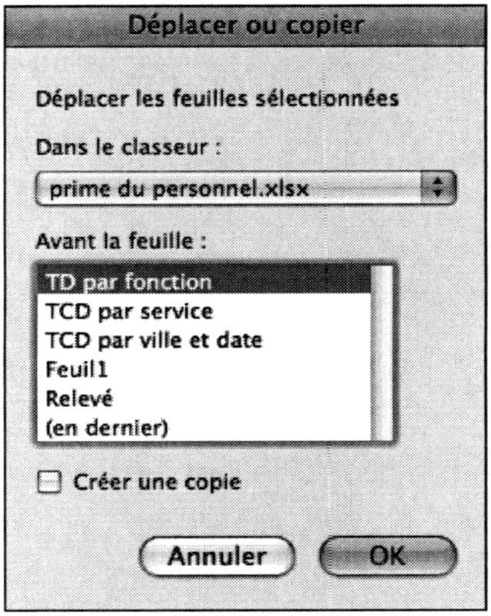


- Cliquez sur le bouton **OK**.

Le classeur de destination devient le classeur actif.

Si le nom de l'onglet existe déjà, **(n)** apparaît après son nom (n étant le nombre de fois où le nom de l'onglet existe dans le classeur).

 

## Insérer/ajouter des feuilles

- Pour insérer une seule feuille, sélectionnez la feuille avant laquelle vous souhaitez faire l'ajout ; pour insérer plusieurs feuilles en même temps, sélectionnez autant d'onglets consécutifs que vous souhaitez insérer de feuilles.

  *Dans ce cas, les feuilles seront insérées entre l'avant-dernière et la dernière feuille sélectionnée.*

- Ouvrez le menu contextuel par un clic droit sur un des onglets sélectionnés et activez l'option **Insérer une feuille**.

Pour ajouter une feuille, vous pouvez aussi cliquer sur le bouton **Insérer une feuille** de la barre des onglets ou faire ⇧ F11.

## Supprimer des feuilles

- Sélectionnez la ou les feuilles à supprimer.
- Ouvrez le menu contextuel par un clic droit sur un des onglets sélectionnés et activez l'option **Supprimer**.

  *La boîte de dialogue suivante apparaît :*

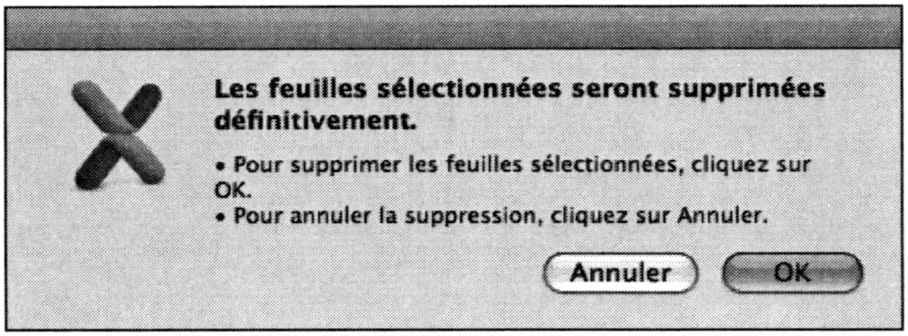


- Cliquez sur le bouton **OK**.

## Insérer des lignes/des colonnes

- Pour insérer une seule ligne/colonne, sélectionnez la ligne ou la colonne entière (en cliquant sur le numéro de la ligne ou sur la lettre de la colonne) après laquelle vous souhaitez insérer la nouvelle.

  Pour insérer plusieurs lignes/colonnes, sélectionnez autant de lignes ou colonnes que vous souhaitez en insérer.

  *Vous ne pouvez pas insérer à la fois des lignes et des colonnes.*

- Activez l'onglet **Accueil** et cliquez sur le bouton **Insérer** du groupe **Cellules** ou utilisez le raccourci-clavier Ctrl + ou encore activez l'option **Insertion** du menu contextuel de la sélection.

---

Lorsque vous insérez une/des ligne(s) (ou colonne(s)), l'élément ajouté a pour mise en forme la mise en forme de l'élément précédent. Vous pouvez modifier cette option en cliquant sur le bouton **Options d'insertion**  (qui apparaît à côté de l'élément ajouté) puis en sélectionnant l'option **Format identique à celui du dessous/dessus** (pour les lignes), **Format identique à celui de gauche/de droite** (pour les colonnes) ou l'option **Effacer la mise en forme.**

---

## Supprimer des lignes/des colonnes

- Sélectionnez les lignes (ou les colonnes) entières à supprimer, en sélectionnant les numéros de lignes (ou lettres de colonnes).
- Activez l'onglet **Accueil** et cliquez sur le bouton **Supprimer** du groupe **Cellules** ou utilisez le raccourci-clavier Ctrl - ou encore activez l'option **Supprimer** du menu contextuel de la sélection.

## Modifier la largeur de colonne/hauteur de ligne

- Sélectionnez chaque colonne concernée par une même largeur (ou chaque ligne concernée par une même hauteur) ; si une seule colonne/ligne est concernée, ne la sélectionnez pas.
- Pointez le trait vertical situé à droite de l'une des colonnes concernées (ou le trait horizontal situé au-dessous du chiffre de l'une des lignes).

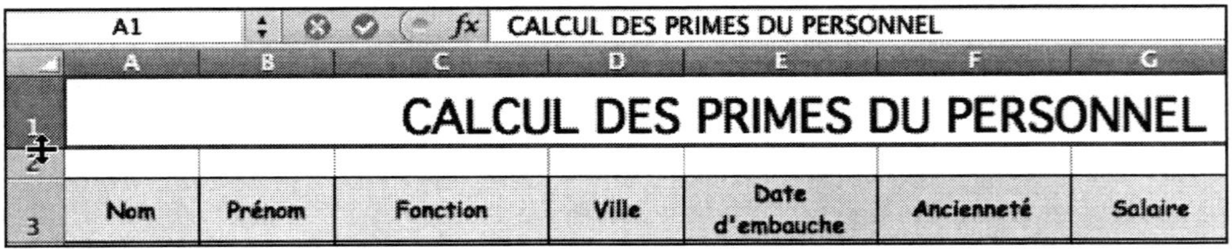


*Remarquez le nouvel aspect du pointeur de souris.*

- Faites alors un cliqué-glissé sans relâcher le bouton de la souris.

*La nouvelle largeur (hauteur) est matérialisée par un trait pointillé et la valeur atteinte est affichée dans une info-bulle.*

- Relâchez le bouton de la souris lorsque la largeur (hauteur) vous convient.

La largeur d'une colonne est calculée en nombre de caractères (et en centimètres) et la hauteur de ligne en points (et en centimètres).

Vous pouvez changer la mesure utilisée dans le menu **Excel - Préférences - Général - Unité de la règle**.

---

Pour économiser la mémoire de votre ordinateur, "aérez" vos feuilles par cette technique plutôt que par des insertions de lignes et de colonnes.

---

## Ajuster une largeur de colonne/hauteur de ligne

*Les largeurs de colonne s'adapteront alors automatiquement à l'entrée de cellule la plus longue de la colonne, les hauteurs de ligne s'adapteront à l'entrée de cellule la plus haute de la ligne.*

- Sélectionnez, si besoin, les lignes ou les colonnes concernées.
- Pour la largeur de colonne, faites un double clic sur le trait vertical situé à droite de la lettre de la colonne concernée.

Pour une hauteur de ligne, faites le double clic sur le trait horizontal situé au-dessous du numéro de la ligne.

## Insérer des cellules vides

*Les cellules seront insérées au dessous ou à gauche de la plage de cellules sélectionnées.*

- Sélectionnez autant de cellules qu'il faut en insérer.
- Activez l'onglet **Accueil** et ouvrez la liste associée au bouton **Insérer** du groupe **Cellules** puis cliquez sur l'option **Insérer des cellules** ou utilisez le raccourci-clavier [Ctrl] [⇧] = ou encore activez l'option **Insérer** du menu contextuel de la sélection.

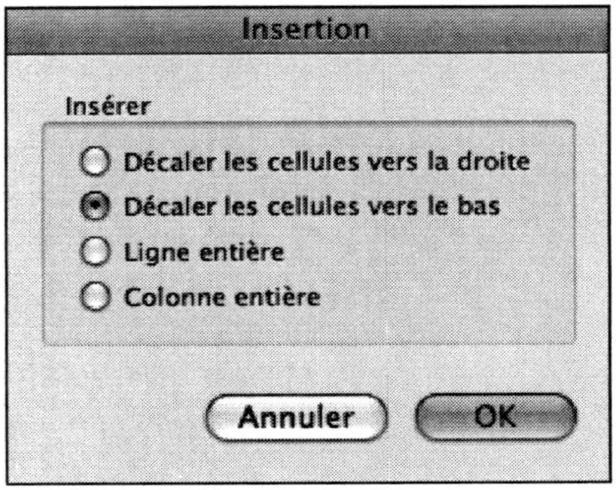


- Activez la première ou la seconde option pour indiquer comment décaler les cellules existantes suite à l'insertion des nouvelles cellules.
- Validez par le bouton **OK**.

Pour insérer une seule cellule au-dessus d'une autre, cliquez sur cette dernière et cliquez sur le bouton **Insérer** du groupe **Cellules**.

## Supprimer des cellules

- Sélectionnez les cellules à supprimer.
- Activez l'onglet **Accueil** et ouvrez la liste associée au bouton **Supprimer** du groupe **Cellules** puis cliquez sur l'option **Supprimer des cellules** ou encore activez l'option **Supprimer** du menu contextuel de la sélection.

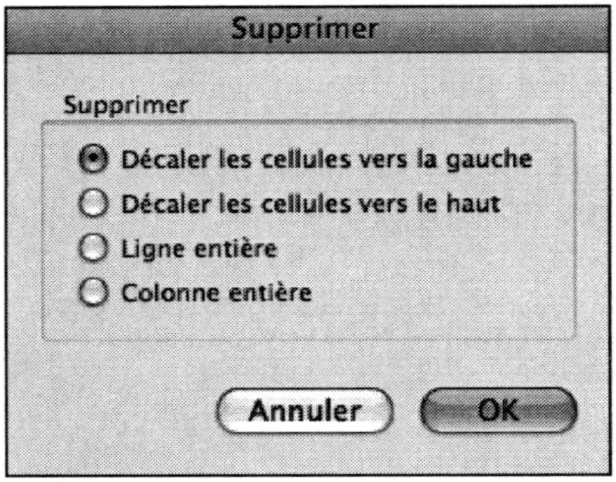


- Activez la première ou la seconde option pour indiquer comment décaler les cellules existantes suite à la suppression des cellules sélectionnées.
- Cliquez sur le bouton **OK**.

---

Pour supprimer des cellules en décalant les autres vers la gauche (ou vers le haut), sélectionnez les cellules à supprimer et cliquez sur le bouton **Supprimer** du groupe **Cellules**.

---

## Déplacer et insérer des cellules/lignes/colonnes

*Les cellules (lignes ou colonnes) seront alors déplacées et insérées entre les cellules (lignes ou colonnes) existantes.*

- Sélectionnez les cellules (lignes ou colonnes) à déplacer.
- Pointez l'un des bords de la sélection jusqu'à ce que le pointeur prenne l'aspect d'une main.
- Faites glisser la sélection en maintenant la touche ⇧ enfoncée.
- Lâchez la souris à l'endroit de l'insertion, symbolisé par un gros trait hachuré.

Le maintien de la touche Alt en plus de la touche ⇧ lors du cliqué-glissé de la sélection, permet de copier les cellules, lignes ou colonnes, au lieu de les déplacer.

## Supprimer les lignes contenant des doublons

*Il s'agit de supprimer les lignes qui contiennent des données identiques dans plusieurs colonnes.*

- Cliquez n'importe où dans le tableau ou sélectionnez les colonnes (si le tableau de données n'a pas été défini : cf. chapitre Tableau de données).
- Activez l'onglet **Données** et cliquez sur le bouton **Supprimer les doublons** du groupe **Outils.**
- Dans la boîte de dialogue qui apparaît, sélectionnez les colonnes contenant les doublons que vous voulez supprimer ; pour cela, désactivez les cases à cocher correspondant aux colonnes qui ne sont pas concernées ; si toutes les colonnes sont sélectionnées, vous pouvez aussi décocher l'option **Sélectionner tout** puis cocher les colonnes que vous voulez sélectionner ; vous pouvez aussi cocher l'option **Sélectionner tout** pour sélectionner toutes les colonnes.

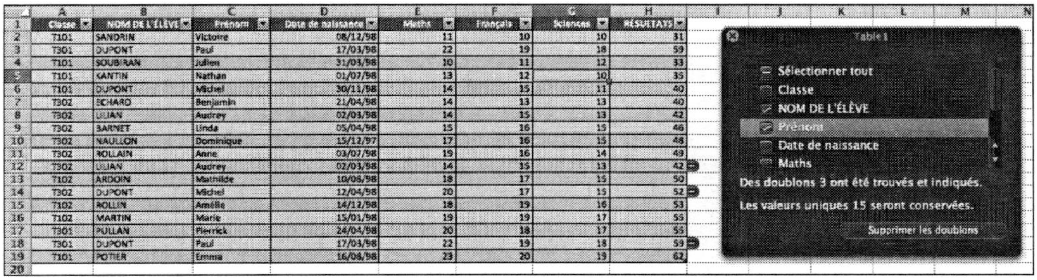

| | Classe | NOM DE L'ÉLÈVE | Prénom | Date de naissance | Maths | Français | Sciences | RÉSULTATS |
|---|---|---|---|---|---|---|---|---|
| 2 | T101 | SANDRIN | Victoire | 08/12/98 | 11 | 10 | 10 | 31 |
| 3 | T301 | DUPONT | Paul | 17/03/98 | 22 | 19 | 18 | 59 |
| 4 | T101 | SOUBIRAN | Julien | 31/03/98 | 10 | 11 | 12 | 33 |
| 5 | T101 | KANTIN | Nathan | 01/07/98 | 13 | 12 | 10 | 35 |
| 6 | T101 | DUPONT | Michel | 30/11/98 | 14 | 15 | 11 | 40 |
| 7 | T302 | ECHARD | Benjamin | 21/04/98 | 14 | 13 | 13 | 40 |
| 8 | T302 | LILIAN | Audrey | 02/03/98 | 14 | 15 | 13 | 42 |
| 9 | T302 | BARNET | Linda | 05/04/98 | 15 | 16 | 15 | 46 |
| 10 | T302 | NAULLON | Dominique | 15/12/97 | 17 | 16 | 15 | 48 |
| 11 | T302 | ROLLAIN | Anne | 03/07/98 | 19 | 16 | 14 | 49 |
| 12 | T302 | LILIAN | Audrey | 02/03/98 | 14 | 15 | 13 | 42 |
| 13 | T102 | ARDOIN | Mathilde | 10/06/98 | 18 | 17 | 15 | 50 |
| 14 | T302 | DUPONT | Michel | 12/04/98 | 20 | 17 | 15 | 52 |
| 15 | T102 | ROLLIN | Amélie | 14/12/98 | 18 | 19 | 16 | 53 |
| 16 | T102 | MARTIN | Marie | 15/01/98 | 19 | 19 | 17 | 55 |
| 17 | T301 | PULLAN | Pierrick | 24/04/98 | 20 | 18 | 17 | 55 |
| 18 | T301 | DUPONT | Paul | 17/03/98 | 22 | 19 | 18 | 59 |
| 19 | T101 | POTIER | Emma | 16/08/98 | 23 | 20 | 19 | 62 |



*Dans cet exemple, les lignes correspondant aux données des élèves dont le nom et prénom sont identiques seront supprimées afin de ne conserver qu'une seule ligne.*

- Cliquez sur le bouton **Supprimer les doublons.**

*Le nombre de valeurs en double trouvées et supprimées s'affiche pour contrôle.*

## Nommer des plages de cellules

*Vous pouvez faire référence à une plage de cellules par l'intermédiaire de son nom pour la sélectionner ou l'utiliser dans des formules.*

*Vous pouvez créer des **noms définis**, qui représentent une cellule, une plage de cellules, une formule ou une valeur de constante ; Microsoft Excel en crée parfois automatiquement (par exemple, lorsque vous définissez une zone d'impression). Vous pouvez aussi créer des **noms de table** pour définir un tableau de données (cf. chapitre Tableau de données).*

### Première méthode

- Sélectionnez la cellule ou la plage de cellules adjacentes ou non auxquelles vous souhaitez attribuer un même nom.
- Cliquez dans la zone de nom, située à gauche dans la barre de formule.
- Saisissez le nom à utiliser pour votre sélection.

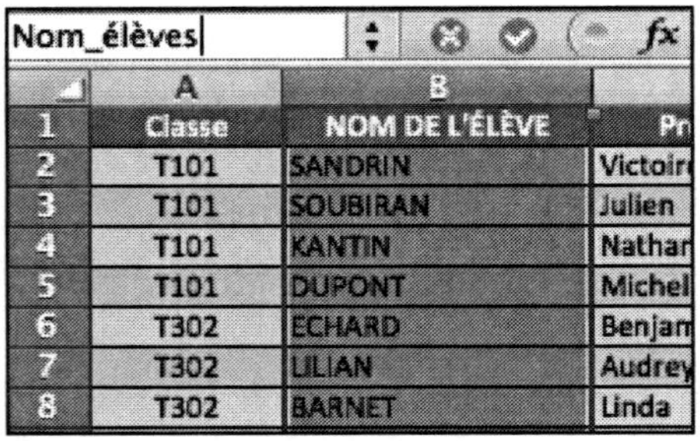


*Un nom peut contenir 255 caractères au maximum. Vous ne pouvez pas utiliser les espaces. Le premier caractère doit être une lettre, un caractère de soulignement (_) ou une barre oblique inversée (\). Les autres caractères peuvent être des lettres, des chiffres, des points et des caractères de soulignement ; les noms ne peuvent pas être identiques à une référence de cellules ; les noms peuvent contenir des majuscules et des minuscules (Excel ne les distingue pas).*

- Appuyez sur la touche [Entrée].

## Deuxième méthode

- Sélectionnez la cellule ou la plage de cellules adjacentes ou non auxquelles vous souhaitez attribuer un même nom.
- Dans le menu **Insertion**, sélectionnez l'option **Nom** puis cliquez sur **Définir.**
- Dans la boîte de dialogue **Définir un nom** qui apparaît, saisissez ou modifiez le nom proposé dans la zone **Noms dans le classeur.**

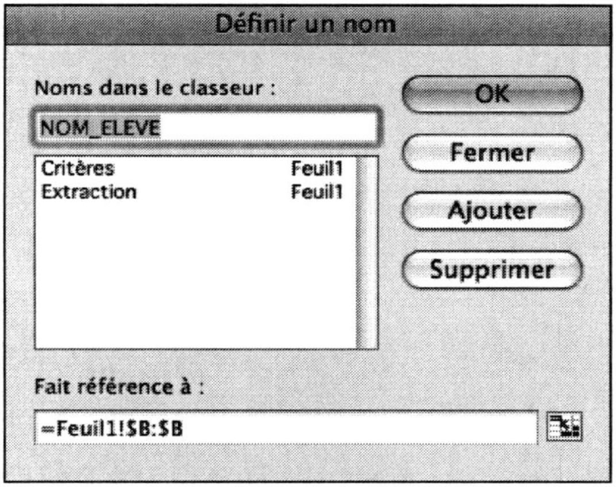


*Le bouton permet de réduire la boîte de dialogue afin de modifier la plage de cellules associée au nom.*

- Cliquez sur le bouton **Ajouter**.
- Vous pouvez définir d'autres plages de cellules en modifiant les champs **Noms dans le classeur** et **Fait référence à.**
- Cliquez ensuite sur le bouton **Fermer**.

## Troisième méthode

*Cette méthode suppose que les noms à attribuer existent dans la feuille de calcul, comme titres des colonnes ou libellés des lignes de la plage de cellules à nommer.*

- Sélectionnez les cellules qui contiennent les noms à attribuer et les cellules à nommer.
- Dans le menu **Insertion**, sélectionnez l'option **Nom** puis cliquez sur **Créer.**

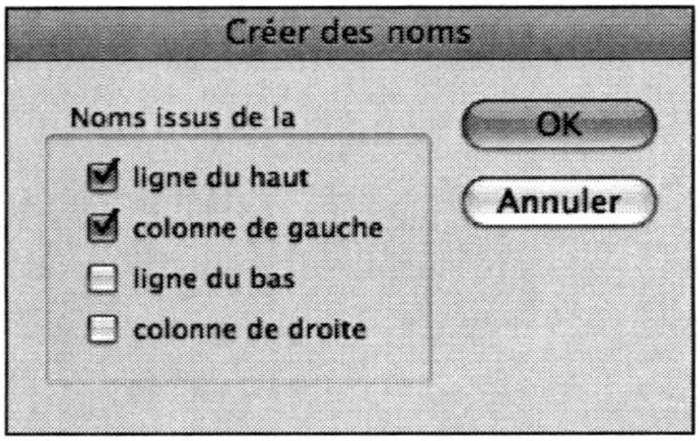


- Indiquez où se trouvent les cellules qui contiennent les noms à attribuer.
- Cliquez sur le bouton **OK**.

Excel convertit les traits d'union et les espaces en traits de soulignement.

## Gérer les noms de cellules

### Supprimer un nom

- Dans le menu **Insertion**, sélectionnez l'option **Nom** puis cliquez sur **Définir**.
- Sélectionnez le nom dans la liste puis cliquez sur le bouton **Supprimer**.
- Cliquez sur le bouton **OK** pour fermer la boîte de dialogue.

### Modifier le nom attribué à une plage de cellules

- Dans le menu **Insertion**, sélectionnez l'option **Nom** puis cliquez sur **Définir**.
- Sélectionnez le nom dans la boîte de dialogue **Définir un nom**.
- Entrez le nouveau nom de la plage dans le champ **Noms dans le classeur** puis cliquez sur le bouton **Ajouter** (vous obtenez ainsi deux noms associés à la même plage de cellules).
- Supprimez le nom original en le sélectionnant puis en cliquant sur le bouton **Supprimer**.

### Modifier la plage de cellules associée à un nom

- Dans le menu **Insertion**, sélectionnez l'option **Nom** puis cliquez sur **Définir**.
- Sélectionnez le nom à modifier.

  *Les références de la plage nommée apparaissent dans la zone **Fait référence à**.*

- Cliquez sur le bouton pour réduire la boîte de dialogue puis sélectionnez la nouvelle plage de cellules associée au nom. Cliquez ensuite sur le bouton pour retrouver la boîte de dialogue **Définir un nom.**
- Cliquez sur le bouton **Ajouter**.
- Lorsque toutes les modifications sont faites, fermez la boîte de dialogue **Définir un nom** en cliquant sur le bouton **Fermer** ou sur le bouton **OK**.

## Sélectionner une plage de cellules en utilisant son nom

- Cliquez sur le bouton situé dans la zone de nom de la barre de formule.

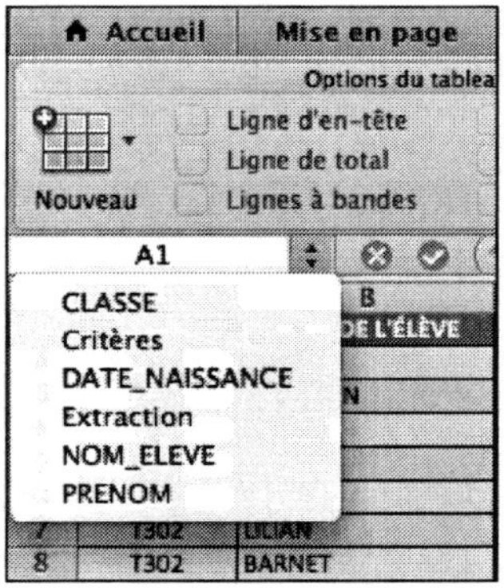


*Excel affiche la liste des zones nommées du classeur.*

- Cliquez sur le nom de votre choix.

Référez-vous au titre Utiliser des zones nommées dans une formule du chapitre Calculs pour voir comment insérer un nom dans une formule.

## Afficher la liste des noms et des références de cellules associées

*Cette technique permet d'afficher dans une feuille de calcul, la liste de tous les noms du classeur dans une première colonne et les références de cellules associées dans la colonne suivante.*

- Activez la cellule à partir de laquelle vous désirez faire apparaître la liste des noms.

- Dans le menu **Insertion**, sélectionnez l'option **Nom** puis cliquez sur **Coller**.
- Cliquez sur le bouton **Coller une liste** de la boîte de dialogue **Coller un nom**.

## Découvrir le principe des formules de calcul

- Les formules de calcul effectuent des calculs sur les valeurs contenues dans votre feuille de calcul.
- Une formule commence par un signe égal (=).
- Une formule peut contenir les éléments suivants :

  - des références de cellules,

  - des opérateurs :

    **les opérateurs mathématiques :**

    + pour l'addition

    - pour la soustraction

    / pour la division

    * pour la multiplication

    % pour le calcul d'un pourcentage (ex : =5% donne le résultat 0,05)

    ^ pour l'élévation à la puissance (ex : =2^3 donne le résultat 8)

    **les opérateurs de comparaison** ; le résultat est une valeur logique : VRAI ou FAUX :

    = égal à (ex : =30=40 donne le résultat FAUX)

    < inférieur à (ex : =28<35 donne le résultat VRAI)

    <= inférieur ou égal à

    > supérieur à

    >= supérieur ou égal à

    <> différent de

    **un opérateur de concaténation de texte** : & concatène des chaînes de caractères (ex : ="Ouest"&" et "&"Nord" donne le résultat "Ouest et Nord").

    **les opérateurs de référence** permettent de combiner des plages de cellules :

    : (deux-points) ex : B1:C4 représente le bloc de cellules B1 à C4.

    ; (point-virgule) ex : B1;C4 représente la cellule B1 et la cellule C4.

  - des constantes, c'est-à-dire des valeurs qui ne sont pas calculées et donc ne changent pas (par exemple, le nombre 1210 ou le texte "Totaux trimestriels" sont des constantes).

- des fonctions de calcul sont des formules pré-écrites qui permettent d'effectuer une opération de calcul ; par exemple, la fonction MOYENNE calcule la moyenne d'un ensemble de cellules.

## Créer une formule de calcul simple

*Il s'agit d'élaborer un calcul intégrant des références de cellules, des opérateurs de calcul et/ou des constantes.*

- Cliquez dans la cellule où vous souhaitez afficher le résultat de la formule.
- Saisissez le signe égal =
- Construisez la formule :
  - pour intégrer le contenu d'une cellule, cliquez sur la cellule en question ou saisissez sa référence (par exemple, C4).
  - pour intégrer un opérateur de calcul ou une constante, saisissez la donnée correspondante (par exemple * pour multiplier).
  - si vous utilisez plusieurs opérateurs, définissez, si besoin, des priorités afin de regrouper des valeurs en utilisant les parenthèses.

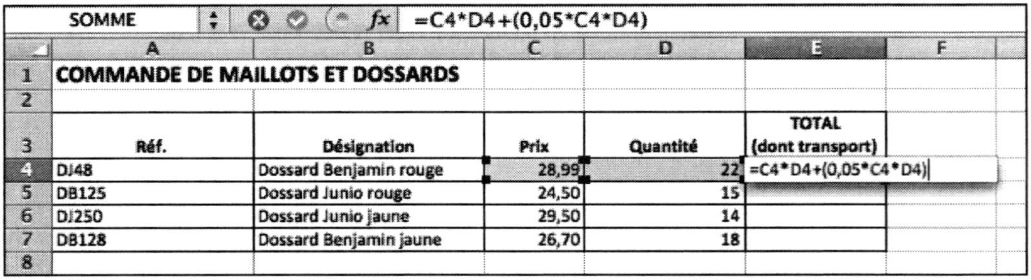

SOMME | fx =C4*D4+(0,05*C4*D4)

| | A | B | C | D | E | F |
|---|---|---|---|---|---|---|
| 1 | COMMANDE DE MAILLOTS ET DOSSARDS | | | | | |
| 2 | | | | | | |
| 3 | Réf. | Désignation | Prix | Quantité | TOTAL (dont transport) | |
| 4 | DJ48 | Dossard Benjamin rouge | 28,99 | 22 | =C4*D4+(0,05*C4*D4) | |
| 5 | DB125 | Dossard Junio rouge | 24,50 | 15 | | |
| 6 | DJ250 | Dossard Junio jaune | 29,50 | 14 | | |
| 7 | DB128 | Dossard Benjamin jaune | 26,70 | 18 | | |
| 8 | | | | | | |

*Vous suivez l'évolution de la formule dans la barre de formule ; la formule ci-dessus permet de calculer le coût total de la commande de "Dossard Benjamin rouge" : c'est le prix du dossard multiplié par sa quantité, plus 5% du prix multiplié par la quantité.*

- Validez la formule en appuyant sur la touche ⏎ ou en cliquant sur le bouton ✓ de la barre de formule.

Lorsque vous modifiez une formule de calcul, les références des cellules qui la composent apparaissent de couleurs différentes dans la barre de formule ; dans la feuille de calcul, chaque cellule ou plage de cellules concernée par la formule est encadré d'une bordure de même couleur.

Les formules de calcul sont, par défaut, automatiquement recalculées lorsque vous modifiez les valeurs intervenant dans les formules. Vous pouvez bloquer ce recalcul automatique : cliquez sur le menu **Excel** puis sur l'option **Préférences** puis sur **Calcul.** Dans la zone **Calculer les feuilles**, activez l'option **Automatique sauf pour les tableaux des données** ou l'option **Manuellement** et cliquez sur le bouton **OK.** Si vous désactivez le mode de calcul automatique, pour relancer le calcul manuellement, utilisez les touches [cmd ⌘] =.

Vous pouvez aussi accéder à cette boîte de dialogue par l'onglet **Formules** du ruban, en cliquant sur le bouton **Paramètres** du groupe **Calcul.**

N'oubliez pas que, pour recopier une formule sur des cellules adjacentes, vous pouvez utiliser la poignée de recopie, située dans le coin inférieur droit de la cellule active (cf. Copies et déplacements - Copier un contenu vers des cellules adjacentes).

## Rendre absolue une référence de cellule dans une formule

*Cette technique permet de fixer la référence d'une cellule dans une formule de façon à ce que cette référence ne se modifie pas lors de la recopie de la formule.*

- Commencez à saisir la formule et arrêtez-vous lorsque la cellule concernée par la référence absolue est montrée.
- Appuyez sur la touche [cmd ⌘] **T** ou cliquez sur le bouton **Changer de référence** (onglet **Formules** - groupe **Fonction**).

*La référence de la cellule présente maintenant le caractère $ devant la lettre de colonne et devant le numéro de ligne.*

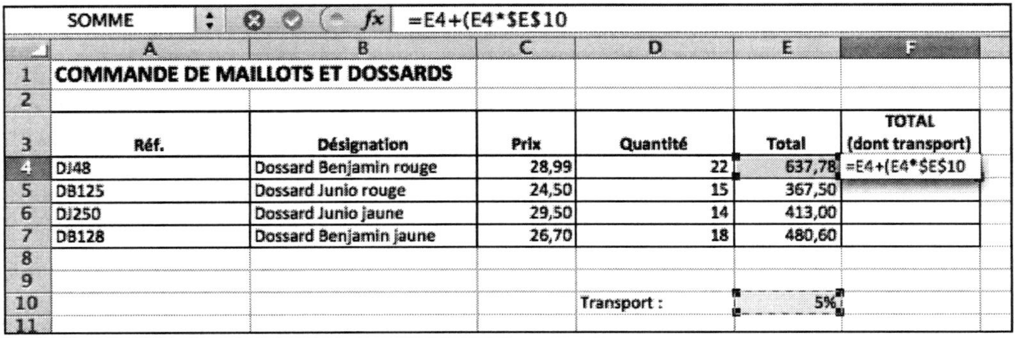
SOMME | =E4+(E4*$E$10

| | A | B | C | D | E | F |
|---|---|---|---|---|---|---|
| 1 | COMMANDE DE MAILLOTS ET DOSSARDS | | | | | |
| 2 | | | | | | |
| 3 | Réf. | Désignation | Prix | Quantité | Total | TOTAL (dont transport) |
| 4 | DJ48 | Dossard Benjamin rouge | 28,99 | 22 | 637,78 | =E4+(E4*$E$10 |
| 5 | DB125 | Dossard Junio rouge | 24,50 | 15 | 367,50 | |
| 6 | DJ250 | Dossard Junio jaune | 29,50 | 14 | 413,00 | |
| 7 | DB128 | Dossard Benjamin jaune | 26,70 | 18 | 480,60 | |
| 8 | | | | | | |
| 9 | | | | | | |
| 10 | | | | Transport : | 5% | |
| 11 | | | | | | |

*Lorsque vous appuyez sur les touches* cmd ⌘ ***T****, vous obtenez une référence absolue de cellule ; si vous appuyez sur* cmd ⌘ ***T*** *une seconde fois, seule la référence de la ligne devient absolue ; si vous appuyez sur* cmd ⌘ ***T*** *une troisième fois, c'est alors la référence de la colonne qui devient absolue.*

- Appuyez sur les touches cmd ⌘ **T** autant de fois que nécessaire afin de rendre absolu l'élément souhaité.
- Au besoin, terminez la saisie de la formule puis validez.

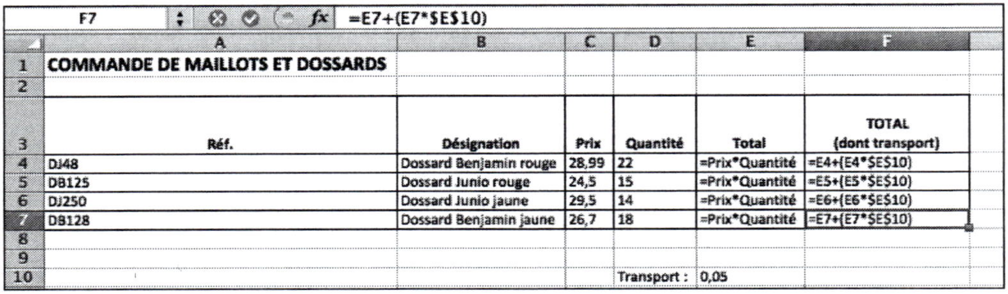

F7 =E7+(E7*$E$10)

| | A | B | C | D | E | F |
|---|---|---|---|---|---|---|
| 1 | COMMANDE DE MAILLOTS ET DOSSARDS | | | | | |
| 2 | | | | | | |
| 3 | Réf. | Désignation | Prix | Quantité | Total | TOTAL (dont transport) |
| 4 | DJ48 | Dossard Benjamin rouge | 28,99 | 22 | =Prix*Quantité | =E4+(E4*$E$10) |
| 5 | DB125 | Dossard Junio rouge | 24,5 | 15 | =Prix*Quantité | =E5+(E5*$E$10) |
| 6 | DJ250 | Dossard Junio jaune | 29,5 | 14 | =Prix*Quantité | =E6+(E6*$E$10) |
| 7 | DB128 | Dossard Benjamin jaune | 26,7 | 18 | =Prix*Quantité | =E7+(E7*$E$10) |
| 8 | | | | | | |
| 9 | | | | | | |
| 10 | | | | Transport : | 0,05 | |

*Dans notre exemple, nous avons recopié la cellule F4 sur les cellules F5, F6 et F7 ; notez que la référence absolue (E10) est restée fixe dans les différentes formules contrairement aux autres cellules. Sur cet exemple, seule la référence de la ligne pourrait être fixée car la recopie se fait vers le bas. Pour illustrer cette fonctionnalité, nous avons affiché les formules au lieu des résultats dans les cellules (onglet* ***Formules*** *- bouton* ***Afficher*** *(groupe* ***Fonction****) - option* ***Afficher les formules****).*

## Saisir une formule multifeuille

*Cette technique permet d'insérer dans une feuille une formule (appelée formule 3D) faisant référence à des cellules d'une ou plusieurs autres feuilles.*

- Activez la cellule où vous souhaitez afficher le résultat.
- Tapez =.
- Commencez la formule et au moment désiré, cliquez sur l'onglet de la feuille concernée puis sélectionnez la ou les cellules de votre choix, terminez la formule.
- Validez.

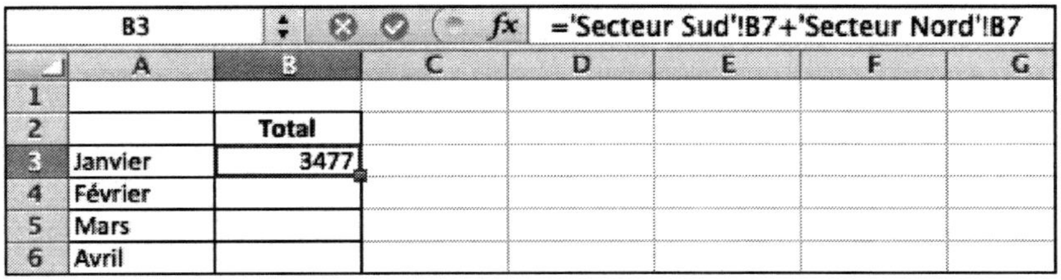


*La cellule B3 additionne le contenu des cellules B7 des feuilles "Secteur Sud" et "Secteur Nord".*

Vous pouvez également effectuer des formules multiclasseur ; dans ce cas, tous les classeurs intervenant dans le calcul doivent être ouverts. Pour atteindre une cellule d'une feuille d'un autre classeur, passez par le menu **Fenêtre** afin d'activer le classeur correspondant.

## Créer une formule contenant une fonction

- Activez la cellule où vous souhaitez afficher le résultat.
- Cliquez sur le bouton **Ouvrir le concepteur de formule** *fx* situé dans la barre de formule ou dans l'onglet **Formules** (bouton **Concepteur de formule**) ou faites Ctrl **A.**
- Dans la boîte à outils **Générateur de code**, utilisez la liste déroulante pour faire défiler les fonctions regroupées par catégorie.

  *La catégorie* ***Les dernières utilisées*** *affiche la liste des dernières fonctions que vous avez utilisées ainsi que les fonctions les plus courantes.*
- Pour rechercher une fonction particulière, vous pouvez saisir dans la zone **Rechercher une fonction**, soit le nom exact de la fonction, soit une description de l'utilisation que vous souhaitez en faire ; validez ensuite, si besoin est, par la touche ↵.
- Cliquez sur la fonction recherchée pour la sélectionner.

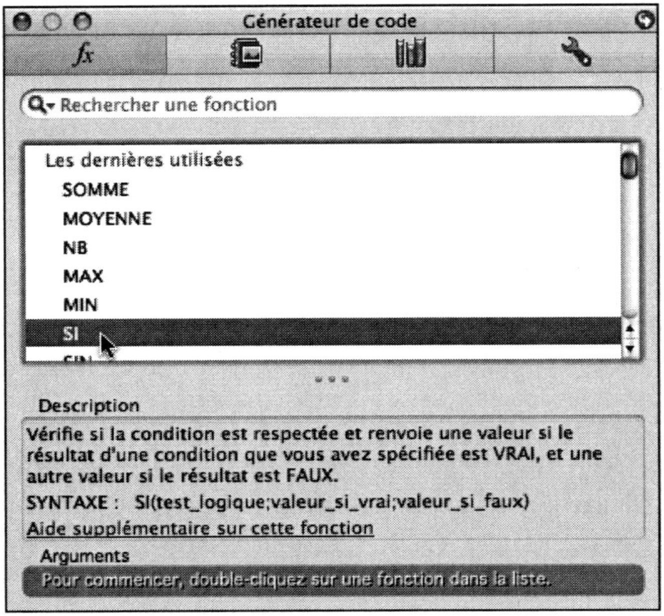


*Lorsqu'une fonction est sélectionnée, la syntaxe de la fonction ainsi qu'une description s'affiche en dessous du cadre.*

- Si nécessaire, cliquez sur le lien **Aide supplémentaire sur cette fonction** pour afficher l'aide de Excel sur la fonction sélectionnée.
- Double cliquez sur le nom de la fonction ou appuyez sur la touche ⏎ pour afficher la partie **Arguments.**
- Pour définir chaque argument de la fonction :
  - cliquez dans la zone de saisie correspondante,
  - sélectionnez dans la feuille de calcul, la ou les cellules correspondant à l'argument.

  *Vous pouvez également saisir directement un argument.*

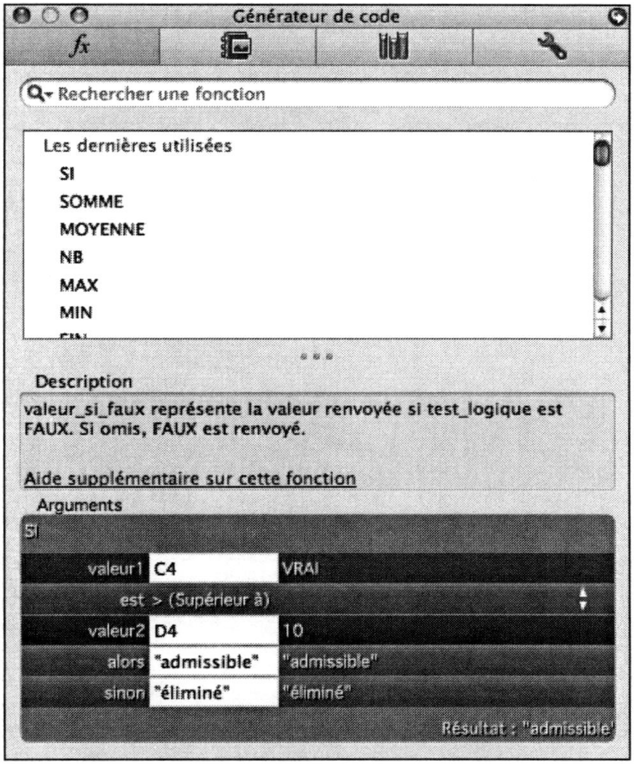


*La fonction SI permet de créer une formule conditionnelle : si la valeur de la cellule C4 est supérieure à celle de la cellule D4, le texte "admissible" apparaîtra ; sinon c'est le texte "éliminé" qui apparaîtra (cf. Créer une formule conditionnelle simple).*

Appuyez sur la touche [Entrée] lorsque tous les arguments ont été définis.

Vous pouvez insérer une fonction à l'intérieur d'une formule ou d'une autre fonction ; dans ce cas, commencez la formule, et au moment désiré, cliquez sur [fx] (situé à gauche de la barre de formule) pour afficher le **Générateur de code** ; vous pouvez aussi utiliser le bouton **Concepteur de formule** du groupe **Fonctions** de l'onglet **Formules.**

Pour insérer des fonctions en utilisant l'Assistant, vous pouvez aussi activer l'onglet **Formules** et cliquer sur l'une des options du bouton **Insérer** (qui regroupent les fonctions par type) puis cliquer sur la fonction concernée :

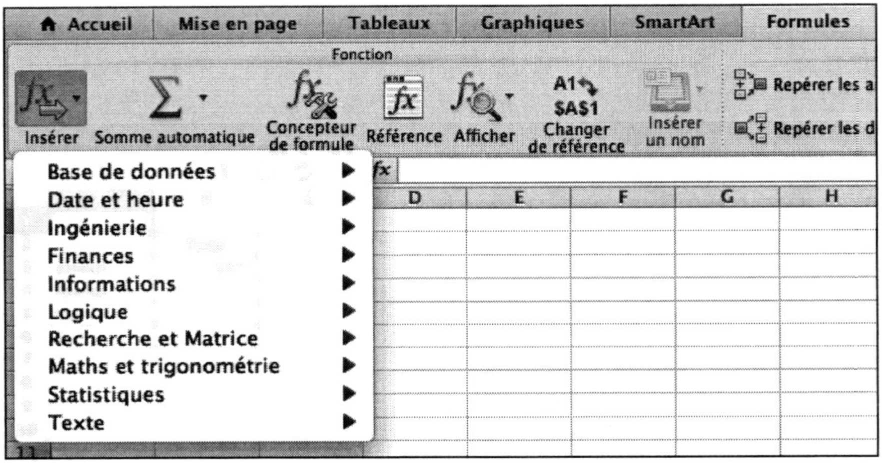


Pour rechercher la liste des fonctions d'Excel classées par catégorie, vous pouvez aussi cliquer sur le bouton **Référence**  dans l'onglet **Formules** ou cliquer sur le bouton  puis sur la rubrique **Références des fonctions.**

## Utiliser la saisie semi-automatique de fonction

*Cette manipulation vous permet de saisir vous-même une fonction, sans passer par le **Générateur de code**, tout en étant aidé par Excel afin de limiter les erreurs de syntaxe et les fautes de frappe.*

- Activez la cellule dans laquelle vous souhaitez afficher le résultat de la formule.
- Saisissez le signe = (égal) et les premières lettres de la fonction.

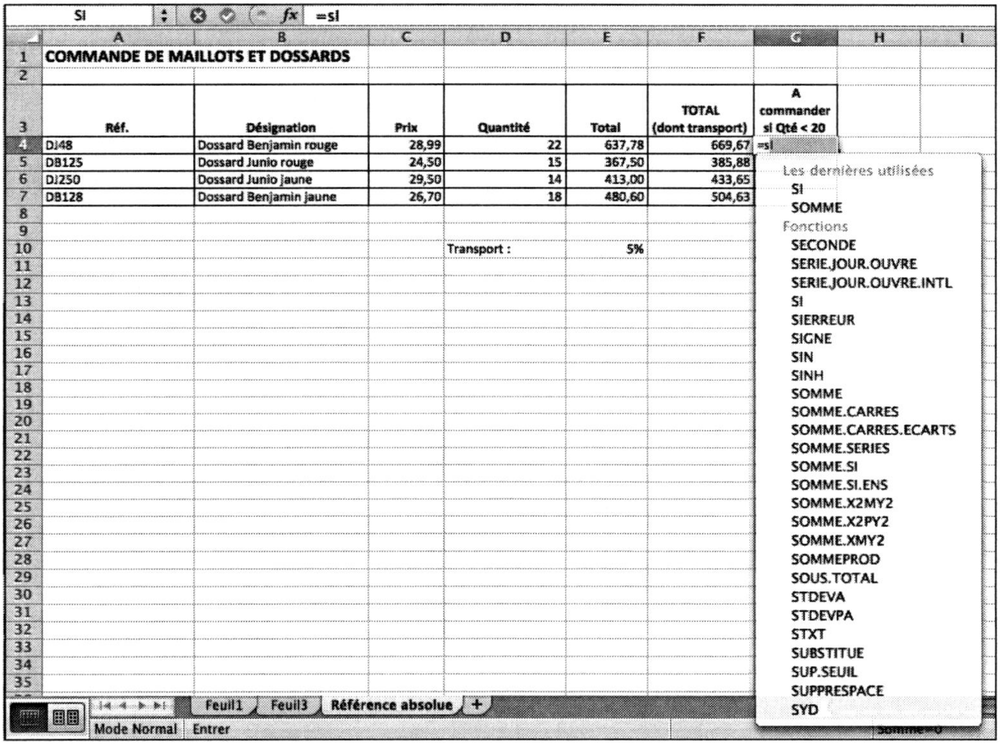


*Dès la saisie de la première lettre, Excel affiche la liste des fonctions commençant par cette lettre.*

- Continuez de saisir le nom de la fonction ou faites un double clic sur le nom qui apparaît dans la liste puis indiquez les arguments.

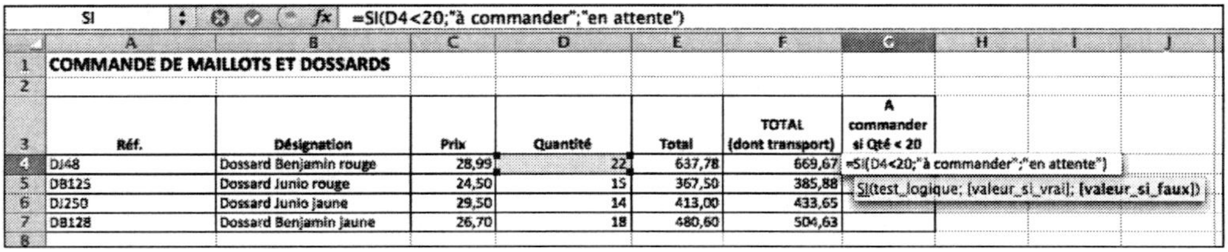


*Au fur et à mesure de la saisie, des info-bulles vous guident dans l'élaboration de la formule.*

- Validez votre formule.

## Additionner un ensemble de cellules

- Activez la cellule où vous souhaitez afficher la somme des valeurs.
- Cliquez sur l'outil [Σ] dans la barre d'outils **Standard** ou tapez [cmd ⌘][⇧] **T**.

*Vous retrouvez ce bouton dans l'onglet **Formules** - groupe **Fonctions**.*

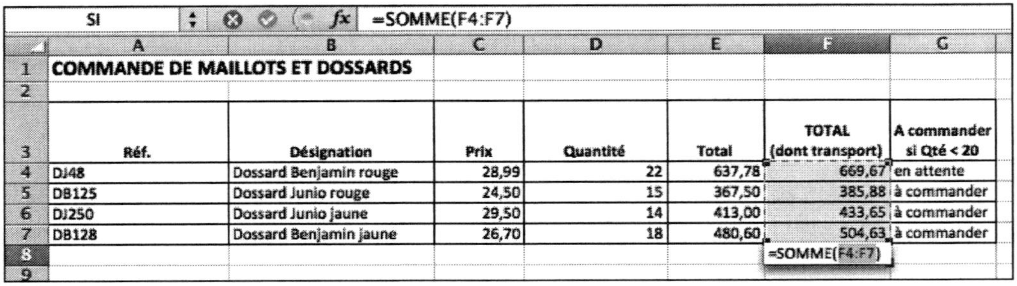


| | A | B | C | D | E | F | G |
|---|---|---|---|---|---|---|---|
| 1 | COMMANDE DE MAILLOTS ET DOSSARDS | | | | | | |
| 2 | | | | | | | |
| 3 | Réf. | Désignation | Prix | Quantité | Total | TOTAL (dont transport) | A commander si Qté < 20 |
| 4 | DJ48 | Dossard Benjamin rouge | 28,99 | 22 | 637,78 | 669,67 | en attente |
| 5 | DB125 | Dossard Junio rouge | 24,50 | 15 | 367,50 | 385,88 | à commander |
| 6 | DJ250 | Dossard Junio jaune | 29,50 | 14 | 413,00 | 433,65 | à commander |
| 7 | DB128 | Dossard Benjamin jaune | 26,70 | 18 | 480,60 | 504,63 | à commander |
| 8 | | | | | | =SOMME(F4:F7) | |
| 9 | | | | | | | |

*Excel affiche une fonction intégrée appelée SOMME() et propose d'additionner le groupe de cellules situé au-dessus de la cellule du résultat (ici F4 à F7).*

- Si la sélection des cellules n'est pas satisfaisante, modifiez-la à l'aide d'un cliqué-glissé sur les cellules concernées.
- Validez par la touche [↵] ou cliquez sur le bouton **Entrée** [✓].

Lorsque vous sélectionnez une plage de cellules contenant des valeurs numériques, Excel affiche, entre autres, la somme de ces valeurs dans la barre d'état.

## Utiliser les fonctions statistiques simples

- Activez la cellule où vous souhaitez afficher le résultat statistique.
- Ouvrez la liste associée à l'outil [Σ] dans la barre d'outils **Standard** ; vous pouvez aussi ouvrir la liste associée au bouton **Somme automatique** du groupe **Fonctions** de l'onglet **Formules**.

- Cliquez sur la fonction désirée :

| | |
|---|---|
| **Moyenne** | Calcule la moyenne d'un ensemble de cellules contenant des valeurs numériques. |
| **Chiffres** | Calcule le nombre de cellules contenant des valeurs numériques dans un ensemble de cellules. |
| **Max** | Extrait la valeur maximale d'un ensemble de cellules contenant des valeurs numériques. |
| **Min** | Extrait la valeur minimale d'un ensemble de cellules contenant des valeurs numériques. |

*Excel affiche la fonction correspondant à votre choix et sélectionne un groupe de cellules adjacent.*

- Si la sélection des cellules n'est pas satisfaisante, modifiez-la en cliquant sur une cellule pour la sélectionner ou en effectuant un cliqué-glissé pour sélectionner une plage de cellules.
- Appuyez sur la touche ↵ ou cliquez sur le bouton ✓ pour valider la formule de calcul.

Lorsque vous sélectionnez une plage de cellules contenant des valeurs numériques, vous visualisez sur la barre d'état, outre leur somme, la moyenne de ces valeurs ; vous visualisez aussi, pour n'importe quelle sélection, le nombre de cellules non vides ; pour visualiser d'autres résultats de fonction, cliquez avec le bouton droit de la souris sur la barre d'état et choisissez parmi les fonctions proposées (**Chiffres**, **Mini** ou **Max**).

## Créer une formule conditionnelle simple

*Ce type de formule permet d'afficher une valeur ou d'effectuer un calcul selon une ou plusieurs conditions.*

- Activez la cellule où vous souhaitez afficher le résultat.
- Utilisez la fonction **SI** pour effectuer un test logique (VRAI ou FAUX) sur la valeur d'une cellule ou sur le résultat d'une autre formule ; en fonction du résultat de ce test, la fonction SI effectue une action si le résultat est Vrai, ou une autre action si le résultat est Faux.

  La syntaxe de la fonction **SI** est la suivante :

  **=SI(test_logique;valeur si VRAI;valeur si FAUX)**

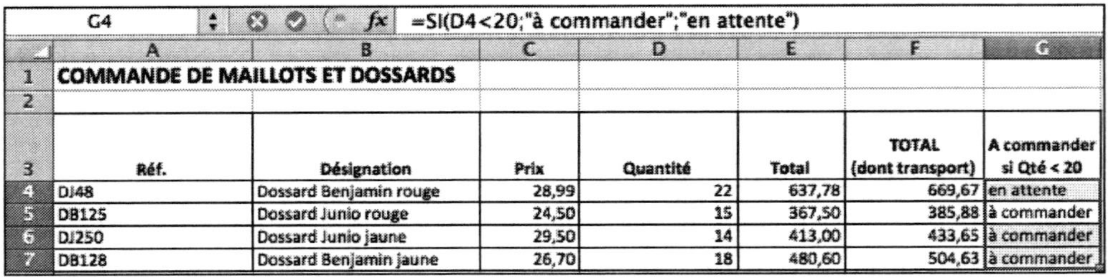

G4 =SI(D4<20;"à commander";"en attente")

| | A | B | C | D | E | F | G |
|---|---|---|---|---|---|---|---|
| 1 | COMMANDE DE MAILLOTS ET DOSSARDS | | | | | | |
| 2 | | | | | | | |
| 3 | Réf. | Désignation | Prix | Quantité | Total | TOTAL (dont transport) | A commander si Qté < 20 |
| 4 | DJ48 | Dossard Benjamin rouge | 28,99 | 22 | 637,78 | 669,67 | en attente |
| 5 | DB125 | Dossard Junio rouge | 24,50 | 15 | 367,50 | 385,88 | à commander |
| 6 | DJ250 | Dossard Junio jaune | 29,50 | 14 | 413,00 | 433,65 | à commander |
| 7 | DB128 | Dossard Benjamin jaune | 26,70 | 18 | 480,60 | 504,63 | à commander |

*La formule saisie en G4 a été recopiée en G5, G6 et G7. Dans cet exemple, nous testons la valeur de la cellule Quantité de dossards (D4) :* ***=Si(D4<20;"à commander";"en attente").*** *Si le contenu de la cellule D4 est inférieur à 20, le texte "à commander" s'affiche dans la cellule de résultat, sinon le texte "en attente" s'affiche.*

Notez qu'en inversant le test, le résultat reste identique si vous inversez la valeur si VRAI et la valeur si FAUX : **=SI(D4>20;"en attente";"à commander")**

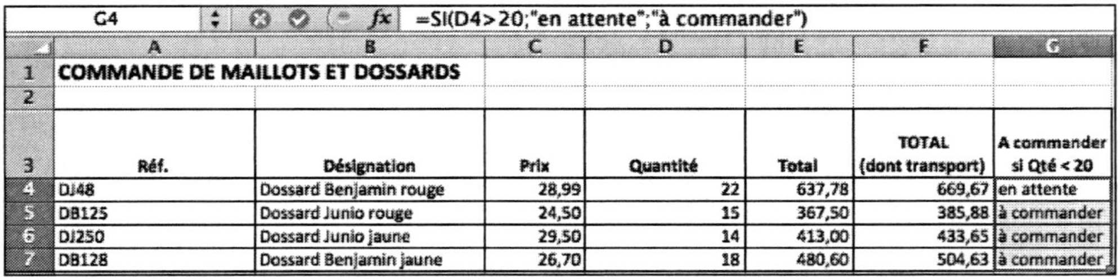

G4 =SI(D4>20;"en attente";"à commander")

| | A | B | C | D | E | F | G |
|---|---|---|---|---|---|---|---|
| 1 | COMMANDE DE MAILLOTS ET DOSSARDS | | | | | | |
| 2 | | | | | | | |
| 3 | Réf. | Désignation | Prix | Quantité | Total | TOTAL (dont transport) | A commander si Qté < 20 |
| 4 | DJ48 | Dossard Benjamin rouge | 28,99 | 22 | 637,78 | 669,67 | en attente |
| 5 | DB125 | Dossard Junio rouge | 24,50 | 15 | 367,50 | 385,88 | à commander |
| 6 | DJ250 | Dossard Junio jaune | 29,50 | 14 | 413,00 | 433,65 | à commander |
| 7 | DB128 | Dossard Benjamin jaune | 26,70 | 18 | 480,60 | 504,63 | à commander |

Pour afficher un résultat uniquement si la condition est VRAI, vous pouvez utiliser cette formule : **=SI(D4<20;"à commander")** ; dans ce cas, si la condition n'est pas vérifiée, l'action n'étant pas définie dans la formule, Excel retourne la valeur FAUX :

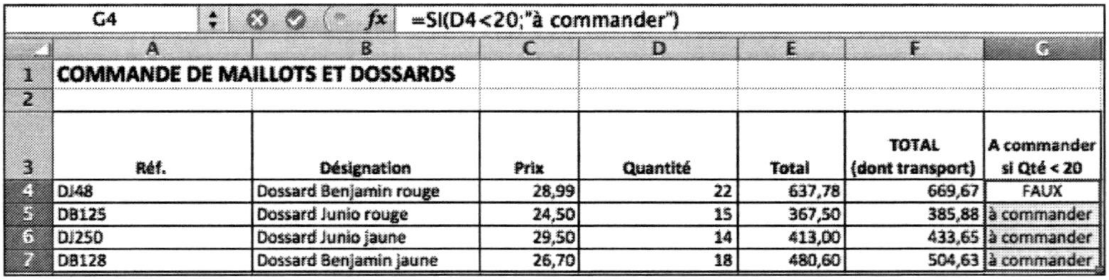

G4 =SI(D4<20;"à commander")

| | A | B | C | D | E | F | G |
|---|---|---|---|---|---|---|---|
| 1 | COMMANDE DE MAILLOTS ET DOSSARDS | | | | | | |
| 2 | | | | | | | |
| 3 | Réf. | Désignation | Prix | Quantité | Total | TOTAL (dont transport) | A commander si Qté < 20 |
| 4 | DJ48 | Dossard Benjamin rouge | 28,99 | 22 | 637,78 | 669,67 | FAUX |
| 5 | DB125 | Dossard Junio rouge | 24,50 | 15 | 367,50 | 385,88 | à commander |
| 6 | DJ250 | Dossard Junio jaune | 29,50 | 14 | 413,00 | 433,65 | à commander |
| 7 | DB128 | Dossard Benjamin jaune | 26,70 | 18 | 480,60 | 504,63 | à commander |

Pour mettre un des résultats (VRAI ou FAUX) à vide afin d'éviter l'affichage de VRAI ou FAUX, saisissez deux guillemets ; exemple : **=SI(D4<20;"à commander";" ").**

*Les cellules dont le test est FAUX n'affichent rien :*

G4 =SI(D4<20;"à commander";"")

| | A | B | C | D | E | F | G |
|---|---|---|---|---|---|---|---|
| 1 | **COMMANDE DE MAILLOTS ET DOSSARDS** | | | | | | |
| 2 | | | | | | | |
| 3 | **Réf.** | **Désignation** | **Prix** | **Quantité** | **Total** | **TOTAL (dont transport)** | **A commander si Qté < 20** |
| 4 | DJ48 | Dossard Benjamin rouge | 28,99 | 22 | 637,78 | 669,67 | |
| 5 | DB125 | Dossard Junio rouge | 24,50 | 15 | 367,50 | 385,88 | à commander |
| 6 | DJ250 | Dossard Junio jaune | 29,50 | 14 | 413,00 | 433,65 | à commander |
| 7 | DB128 | Dossard Benjamin jaune | 26,70 | 18 | 480,60 | 504,63 | à commander |

Dans une formule conditionnelle, diverses actions peuvent être réalisées :

| | |
|---|---|
| **Affichage d'un nombre** | saisir le nombre. |
| **Affichage d'un texte** | saisir le texte entre guillemets. |
| **Affichage d'un résultat de calcul** | entrer la formule de calcul. |
| **Affichage du contenu d'une cellule** | montrer la cellule. |
| **Aucun affichage** | taper "". |

Au niveau des conditions, plusieurs opérateurs sont disponibles :

| | |
|---|---|
| = | égal |
| >/< | supérieur à/inférieur à |
| <> | différent de |
| >=/<= | supérieur ou égal à/inférieur ou égal à |

## Créer une formule conditionnelle imbriquée

*Lorsqu'un résultat de condition de test implique plus de 2 possibilités, vous pouvez imbriquer des formules conditionnelles.*

**=SI(test_logique 1 ; valeur si VRAI ; valeur si FAUX)**

↓

**=SI(test_logique 2 ; valeur si VRAI ; valeur si FAUX)**

Dans ce cas, la formule s'écrit : **=SI(test_logique 1;valeur si VRAI;SI(test_logique 2;valeur si VRAI;valeur si FAUX))**. La formule conditionnelle n° 2 est bien "imbriquée" dans la première.

*Vous pouvez ainsi imbriquer plusieurs conditions les unes dans les autres.*

K2 =SI(G2<H2;"Réapprovisionner";SI(G2-H2>=100;"Surstock";SI(G2-H2=0;"Seuil mini atteint";"OK")))

| | D | E | F | G | H | I | J | K | L | M | N | O |
|---|---|---|---|---|---|---|---|---|---|---|---|---|
| 1 | Région | Couleur | Millésime | Stock | Mini | Prix | Valeur en euros | A faire | | | | |
| 2 | Salerno | rouge | 2003 | 200 | 150 | 4,10 € | 819,00 € | OK | | | | |
| 3 | Baden | rouge | 2002 | 300 | 300 | 2,77 € | 830,70 € | Seuil mini atteint | | | | |
| 4 | Bordeaux | rouge | 2003 | 300 | 250 | 3,47 € | 1 041,30 € | OK | | | | |
| 5 | Bourgogne | rouge | 2002 | 200 | 220 | 2,77 € | 553,80 € | Réapprovisionner | | | | |
| 6 | Piémont | rouge | 2003 | 120 | 100 | 2,70 € | 324,48 € | OK | | | | |
| 7 | Piémont | rouge | 2003 | 230 | 250 | 2,91 € | 669,76 € | Réapprovisionner | | | | |
| 8 | Piémont | rouge | 2002 | 300 | 200 | 2,64 € | 791,70 € | Surstock | | | | |

*Dans cet exemple deux conditions ont été imbriquées dans une troisième : Si (Stock<Mini ; alors on affiche "Réapprovisionner" ; sinon (si(Stock-Mini =100; alors on affiche "Surstock" ; sinon (si(Stock=Mini ; alors on affiche "Seuil mini atteint" ; sinon on affiche "OK")))*

Notez qu'en fin de formule, il y a une parenthèse pour fermer chaque condition.

Pour faciliter l'écriture de la formule, vous pouvez scinder les arguments en insérant des sauts de ligne à l'aide des touches [cmd ⌘] [Ctrl] [↵].

K2 =SI(G2<H2;"Réapprovisionner";
SI(G2-H2>=100;"Surstock";
SI(G2-H2=0;"Seuil mini atteint";"OK")))

| | D | E | F | G | H | I | J | K | L |
|---|---|---|---|---|---|---|---|---|---|
| 1 | Région | Couleur | Millésime | Stock | Mini | Prix | Valeur en euros | A faire | |
| 2 | Salerno | rouge | 2003 | 200 | 150 | 4,10 € | 819,00 € | OK | |
| 3 | Baden | rouge | 2002 | 300 | 300 | 2,77 € | 830,70 € | Seuil mini atteint | |
| 4 | Bordeaux | rouge | 2003 | 300 | 250 | 3,47 € | 1 041,30 € | OK | |
| 5 | Bourgogne | rouge | 2002 | 200 | 220 | 2,77 € | 553,80 € | Réapprovisionner | |
| 6 | Piémont | rouge | 2003 | 120 | 100 | 2,70 € | 324,48 € | OK | |
| 7 | Piémont | rouge | 2003 | 230 | 250 | 2,91 € | 669,76 € | Réapprovisionner | |
| 8 | Piémont | rouge | 2002 | 300 | 200 | 2,64 € | 791,70 € | Surstock | |

*L'insertion de sauts de ligne dans une formule n'a aucune incidence sur le résultat.*

## Combiner l'opérateur OU ou ET dans une formule conditionnelle

- Pour poser plusieurs conditions, utilisez l'opérateur OU ou ET selon le cas :
  - Si plusieurs conditions doivent être vérifiées en même temps :

    =SI(**ET(cond1;cond2;... ;condn)** ; action à réaliser si les n conditions sont satisfaites ; action à réaliser si au moins une des conditions n'est pas satisfaite)

- si au moins une des conditions doit être vraie :

  =SI(**OU(cond1;cond2;... ;condn)** ; action à réaliser si au moins une condition est satisfaite ; action à réaliser si aucune condition n'est satisfaite)

K2 =SI(ET(F2>2000;G2<H2);"Réapprovisionner";"")

| | D | E | F | G | H | I | J | K |
|---|---|---|---|---|---|---|---|---|
| 1 | Région | Couleur | Millésime | Stock | Mini | Prix | Valeur en euros | A faire |
| 2 | Salerno | rouge | 2003 | 200 | 150 | 4,10 € | 819,00 € | |
| 3 | Baden | rouge | 2002 | 300 | 300 | 2,77 € | 830,70 € | |
| 4 | Bordeaux | rouge | 2003 | 300 | 250 | 3,47 € | 1 041,30 € | |
| 5 | Bourgogne | rouge | 2002 | 200 | 220 | 2,77 € | 553,80 € | Réapprovisionner |
| 6 | Piémont | rouge | 2003 | 120 | 100 | 2,70 € | 324,48 € | |
| 7 | Piémont | rouge | 2003 | 230 | 250 | 2,91 € | 669,76 € | Réapprovisionner |
| 8 | Piémont | rouge | 2002 | 300 | 200 | 2,64 € | 791,70 € | |

*Dans cet exemple, si le Millésime est supérieur à 2000 ET que le Stock est inférieur au stock Mini, alors on affiche "Réapprovisionner", sinon on n'affiche rien.*

## Compter les cellules répondant à un critère spécifique (NB.SI)

*La fonction NB.SI dont la syntaxe est* ***=NB.SI(plage;critères)****, permet de compter le nombre de cellules qui répondent à un ou plusieurs critères.*

C22 =NB.SI(E2:E20;"rouge")

| | A | B | C | D | E | F |
|---|---|---|---|---|---|---|
| 1 | Numéro | Nom | Pays | Région | Couleur | Millésime |
| 2 | 110 | Ravello | Italie | Salerno | rouge | 2003 |
| 3 | 120 | Ortenau | Allemagne | Baden | rouge | 2002 |
| 4 | 130 | Médoc | France | Bordeaux | rouge | 2003 |
| 5 | 140 | Beaujolais | France | Bourgogne | rouge | 2002 |
| 6 | 150 | Freisa | Italie | Piémont | rouge | 2003 |
| 7 | 160 | Grignolino | Italie | Piémont | rouge | 2003 |
| 8 | 170 | Barolo | Italie | Piémont | rouge | 2002 |
| 9 | 180 | Chianti | Italie | Toscane | rouge | 2003 |
| 10 | 190 | Brolio | Italie | Toscane | rouge | 2003 |
| 11 | 200 | Valpolicella | Italie | Vérone | rouge | 2002 |
| 12 | 210 | Riesling | Allemagne | Moselle | blanc | 2003 |
| 13 | 230 | Silvaner | Allemagne | Rhin | blanc | 2002 |
| 14 | 240 | Oppenheimer | Allemagne | Rhin | blanc | 2002 |
| 15 | 250 | Sauternes | France | Bordeaux | blanc | 2003 |
| 16 | 260 | Bordeaux | France | Bordeaux | blanc | 2003 |
| 17 | 270 | Bourgogne | France | Bourgogne | blanc | 2002 |
| 18 | 280 | Chablis | France | Bourgogne | blanc | 2003 |
| 19 | 290 | Frascati | Italie | Rome | blanc | 2003 |
| 20 | 300 | Soave | Italie | Vérone | blanc | 2002 |
| 21 | | | | | | |
| 22 | | Nb vins rouge | 10 | | | |
| 23 | | Nb vins blanc | | | | |

*Pour illustrer cette fonction, nous avons calculé le nombre de vins de couleur "rouge" dans notre cave.*

- Cliquez sur la cellule dans laquelle vous souhaitez afficher le résultat.
- Commencez à saisir le début de la formule **=NB.SI(**.
- Puis à l'aide d'un cliqué-glissé, sélectionnez la **plage** de cellules sur laquelle porte le calcul.

  *Vous pouvez aussi bien sûr, taper la référence de la plage de cellules si vous ne voulez pas ou ne pouvez pas utiliser la méthode du cliqué-glissé.*
- Tapez le point-virgule (;) pour indiquer le changement d'argument.
- Puis saisissez la valeur à comptabiliser (**critère**) ; celle-ci peut être composée :
  - d'un nombre : saisir alors la valeur directement ; exemple : =NB.SI((F2:F20);**2002**) pour rechercher tous les millésimes 2002.
  - d'une référence de cellule ; exemple : =NB.SI((D2:D20);B16) pour rechercher le nombre de régions (D2:D20) dont le nom est égal au contenu de la cellule B16, à savoir Bordeaux.
  - d'une expression : saisir l'expression entre guillemets ; exemple : =NB.SI(F2:F20;"<2003") pour rechercher le nombre de millésimes inférieurs à 2003.
  - d'une chaîne de texte : saisir le texte recherché entre guillemets ; exemple : =NB.SI(E2:E20;"rouge") pour rechercher le nombre de vins de couleur rouge.

  *Notez que les critères ne tiennent pas compte de la casse des caractères : la chaîne "rouge" ou "Rouge" ou "ROUGE" indiqueront le même résultat.*
- En insérant le caractère générique ? (point d'interrogation) dans un critère, vous recherchez un caractère quelconque. Par exemple, le critère « p?rt » renvoie les résultats « port » et « part ».
- En insérant un * (astérisque), vous recherchez un nombre quelconque de caractères. Par exemple, le critère « rou* » renvoie les résultats « roux », « rouge », « rouget », « rougeole ».
- Pour rechercher un point d'interrogation ou un astérisque en tant que tel, tapez ~ (tilde) devant ce caractère. Par exemple, le critère «xx902~?» renvoie le résultat « xx902?».

  *Pour obtenir le caractère tilde seul (~), appuyez simultanément sur la touche* Alt ***N**.*

## Calculer la somme d'une plage répondant à un critère (SOMME.SI)

*La fonction SOMME.SI, dont le principe est sensiblement identique à celui de la fonction NB.SI (cf. Compter les cellules répondant à un critère spécifique (NB.SI)), permet d'additionner les cellules d'une plage répondant à un critère donné. La syntaxe de la fonction est : **=SOMME.SI(plage_de_cellules;critère;plage_à_additionner)**.*

*Pour illustrer cette fonction, nous avons calculé la valeur du stock des vins de la région Bourgogne.*

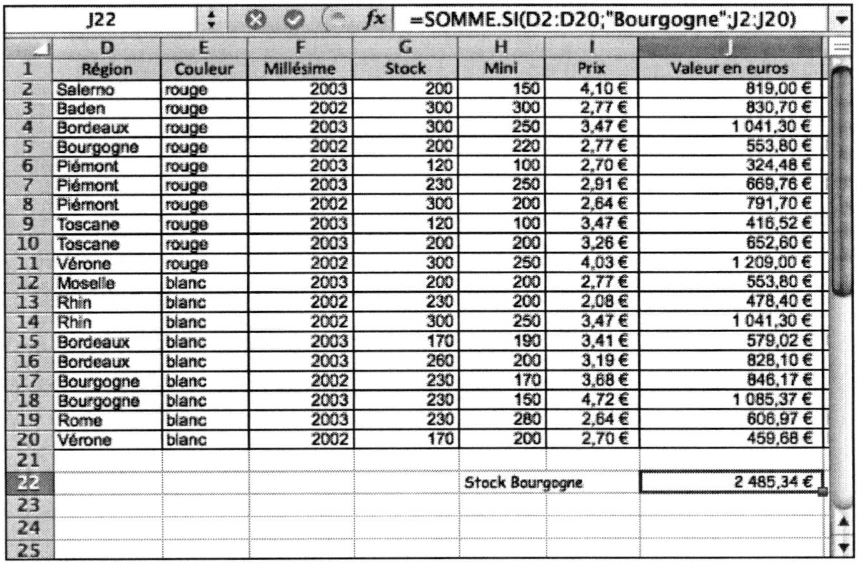

J22 =SOMME.SI(D2:D20;"Bourgogne";J2:J20)

| | D | E | F | G | H | I | J |
|---|---|---|---|---|---|---|---|
| 1 | Région | Couleur | Millésime | Stock | Mini | Prix | Valeur en euros |
| 2 | Salerno | rouge | 2003 | 200 | 150 | 4,10 € | 819,00 € |
| 3 | Baden | rouge | 2002 | 300 | 300 | 2,77 € | 830,70 € |
| 4 | Bordeaux | rouge | 2003 | 300 | 250 | 3,47 € | 1 041,30 € |
| 5 | Bourgogne | rouge | 2002 | 200 | 220 | 2,77 € | 553,80 € |
| 6 | Piémont | rouge | 2003 | 120 | 100 | 2,70 € | 324,48 € |
| 7 | Piémont | rouge | 2003 | 230 | 250 | 2,91 € | 669,76 € |
| 8 | Piémont | rouge | 2002 | 300 | 200 | 2,64 € | 791,70 € |
| 9 | Toscane | rouge | 2003 | 120 | 100 | 3,47 € | 416,52 € |
| 10 | Toscane | rouge | 2003 | 200 | 200 | 3,26 € | 652,60 € |
| 11 | Vérone | rouge | 2002 | 300 | 250 | 4,03 € | 1 209,00 € |
| 12 | Moselle | blanc | 2003 | 200 | 200 | 2,77 € | 553,80 € |
| 13 | Rhin | blanc | 2002 | 230 | 200 | 2,08 € | 478,40 € |
| 14 | Rhin | blanc | 2002 | 300 | 250 | 3,47 € | 1 041,30 € |
| 15 | Bordeaux | blanc | 2003 | 170 | 190 | 3,41 € | 579,02 € |
| 16 | Bordeaux | blanc | 2003 | 260 | 200 | 3,19 € | 828,10 € |
| 17 | Bourgogne | blanc | 2002 | 230 | 170 | 3,68 € | 846,17 € |
| 18 | Bourgogne | blanc | 2003 | 230 | 150 | 4,72 € | 1 085,37 € |
| 19 | Rome | blanc | 2003 | 230 | 280 | 2,64 € | 606,97 € |
| 20 | Vérone | blanc | 2002 | 170 | 200 | 2,70 € | 459,68 € |
| 21 | | | | | | | |
| 22 | | | | | Stock Bourgogne | | 2 485,34 € |
| 23 | | | | | | | |
| 24 | | | | | | | |
| 25 | | | | | | | |

- Cliquez sur la cellule dans laquelle vous souhaitez afficher le résultat.
- Commencez par saisir le début de la formule **=SOMME.SI(**
- Puis, à l'aide d'un cliqué-glissé, sélectionnez la **plage** de cellules sur lesquelles porte le critère. Les cellules doivent contenir des nombres ou des noms, des matrices ou des références contenant des nombres (les valeurs vides ou textuelles ne sont pas prises en compte).

  *Vous pouvez aussi bien sûr, taper la référence de la plage de cellules si vous ne voulez ou ne pouvez pas utiliser la méthode du cliqué-glissé.*

- Tapez le point-virgule (;) pour indiquer le changement d'argument.
- Saisissez l'argument **critère**, celui-ci peut être composé d'un nombre, d'une référence de cellule, d'une expression ou d'une chaîne de texte (cf. Compter les cellules répondant à un critère spécifique (NB.SI)).
- Tapez le point virgule (;) puis sélectionnez la plage de cellules contenant les valeurs à additionner.

  *Si cet argument est omis, Excel additionne les cellules contenues dans l'argument plage_de_cellules.*
- Validez par la touche ⏎.

## Utiliser des zones nommées dans une formule

*Cette fonctionnalité permet de remplacer dans une formule, une référence de plages de cellules, par la zone nommée correspondante.*

- Commencez la formule et arrêtez-vous lorsque vous avez besoin d'insérer le nom.
- Cliquez sur le bouton **Insérer un nom** du groupe **Fonction** de l'onglet **Formules**.

  *La liste des zones préalablement nommées s'affiche (cf. Zones nommées - Nommer des plages de cellules) :*

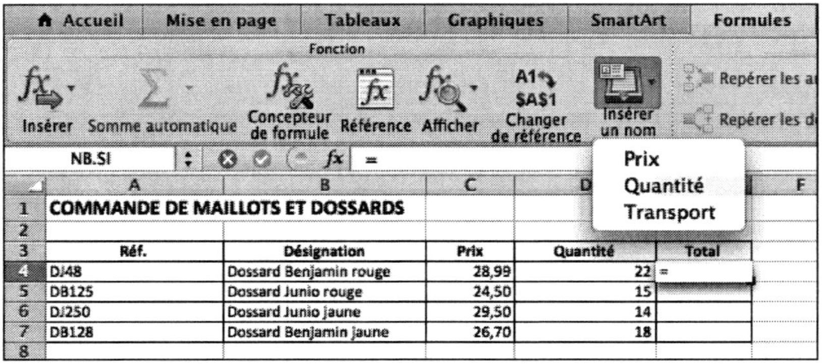


- Cliquez sur le nom correspondant à la plage de cellules à insérer dans la formule.
- Continuez et terminez la formule.

Vous pouvez également saisir le nom directement dans la formule, à la place des références de cellules.

## Insérer des lignes de statistiques

*Il s'agit d'ajouter des lignes de sous-totaux.*

- Triez le tableau en fonction de la colonne qui contiendra les groupes devant faire l'objet d'un sous-total.
- Sélectionnez le tableau concerné par les lignes de statistiques en y incluant les titres des colonnes.
- Dans le menu **Données**, cliquez sur l'option **Sous-totaux.**
- Dans la liste **À chaque changement de**, sélectionnez la colonne qui contient les valeurs devant faire l'objet d'un calcul statistique.
- Choisissez ensuite, dans la liste **Utiliser la fonction**, le calcul à effectuer.

| | |
|---|---|
| **Somme** | calcule la somme |
| **Nbval** | calcule le nombre d'éléments |
| **Moyenne** | calcule la moyenne |
| **Max** | repère la valeur maximale |
| **Min** | repère la valeur minimale |
| **Produit** | multiplie les valeurs |
| **Chiffres** | détermine le nombre de valeurs comprises dans la liste des arguments |
| **Ecartype** | (d'une série de nombres) représente la dispersion des valeurs autour de la moyenne |
| **Ecartypep** | calcule l'écart type d'une population à partir de la population entière |
| **Var** | calcule la variance qui est égale au carré de l'écart type, sur la base d'un échantillon |
| **Varp** | calcule la variance sur la base de l'ensemble de la population |

- Enfin, cochez les colonnes qui contiennent les valeurs sur lesquelles effectuer les calculs.

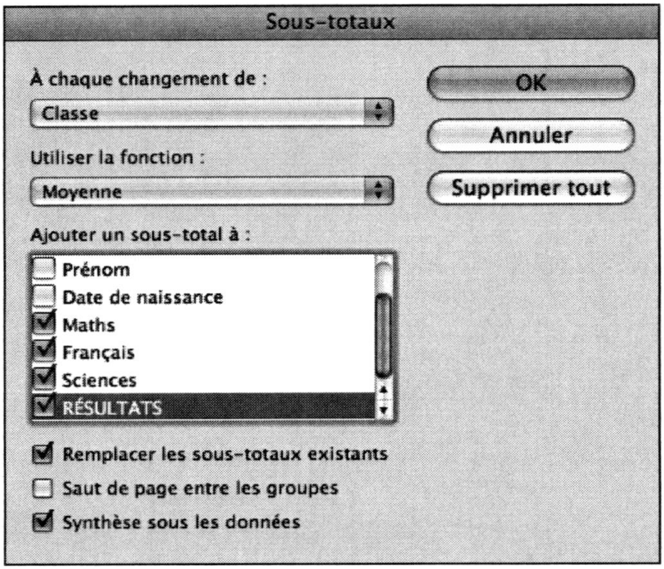


*Dans cet exemple, nous souhaitons calculer la moyenne des notes en Maths, en Français, en Sciences et sur les RÉSULTATS.*

- Laissez l'option **Remplacer les sous-totaux existants** cochée, si vous souhaitez substituer les éventuels sous-totaux déjà créés par ceux que vous êtes en train de créer.
- Cochez l'option **Saut de page entre les groupes** pour insérer automatiquement un saut de page après chaque groupe de sous-totaux.
- Laissez l'option **Synthèse sous les données** cochée pour réaliser des sous-totaux et des totaux sous les données détaillées. Si cette option est décochée, seuls les sous-totaux apparaîtront au-dessus des données détaillées.
- Cliquez sur le bouton **OK**.

| | A | B | C | D | E | F | G | H |
|---|---|---|---|---|---|---|---|---|
| 1 | Classe | NOM DE L'ÉLÈVE | Prénom | Date de naissance | Maths | Français | Sciences | RÉSULTATS |
| 2 | T101 | SANDRIN | Victoire | 08/12/98 | 11 | 10 | 10 | 31 |
| 3 | T101 | SOUBIRAN | Julien | 31/03/98 | 10 | 11 | 12 | 33 |
| 4 | T101 | KANTIN | Nathan | 01/07/98 | 13 | 12 | 10 | 35 |
| 5 | T101 | DUPONT | Michel | 30/11/98 | 14 | 15 | 11 | 40 |
| 6 | T101 | POTIER | Emma | 16/08/98 | 23 | 20 | 19 | 62 |
| 7 | Moyenne T101 | | | | 14,2 | 13,6 | 12,4 | 40,2 |
| 8 | T102 | ARDOIN | Mathilde | 10/08/98 | 18 | 17 | 15 | 50 |
| 9 | T102 | ROLLIN | Amélie | 14/12/98 | 18 | 19 | 16 | 53 |
| 10 | T102 | MARTIN | Marie | 15/01/98 | 19 | 19 | 17 | 55 |
| 11 | Moyenne T102 | | | | 18,33333333 | 18,33333333 | 16 | 52,66666667 |
| 12 | T301 | PULLAN | Pierrick | 24/04/98 | 20 | 18 | 17 | 55 |
| 13 | T301 | DUPONT | Paul | 17/03/98 | 22 | 19 | 18 | 59 |
| 14 | Moyenne T301 | | | | 21 | 18,5 | 17,5 | 57 |
| 15 | T302 | ECHARD | Benjamin | 21/04/98 | 14 | 13 | 13 | 40 |
| 16 | T302 | LILIAN | Audrey | 02/03/98 | 14 | 15 | 13 | 42 |
| 17 | T302 | BARNET | Linda | 05/04/98 | 15 | 16 | 15 | 46 |
| 18 | T302 | NAULLON | Dominique | 15/12/97 | 17 | 16 | 15 | 48 |
| 19 | T302 | ROLLAIN | Anne | 03/07/98 | 19 | 16 | 14 | 49 |
| 20 | T302 | DUPONT | Michel | 12/04/98 | 20 | 17 | 15 | 52 |
| 21 | Moyenne T302 | | | | 16,5 | 15,5 | 14,16666667 | 46,16666667 |
| 22 | Moyenne | | | | 16,6875 | 15,8125 | 14,375 | 46,875 |
| 23 | | | | | | | | |

*Excel calcule les statistiques demandées et construit un plan à partir de celles-ci : vous visualisez ici la moyenne des notes de chaque classe dans les matières Maths, Français, Sciences ainsi que la moyenne des RÉSULTATS par classe.*

- Pour réduire l'affichage d'un groupe de cellules, cliquez sur l'outil **Masquer le détail** [Masquer le détail] (groupe **Grouper et créer un plan**). À l'inverse pour développer l'affichage d'un groupe, cliquez sur l'outil **Afficher le détail** [Afficher le détail].

Le bouton **Supprimer tout** de la boîte de dialogue **Sous-totaux** permet de supprimer tous les sous-totaux (ainsi que le plan) du tableau sélectionné.

Reportez-vous au chapitre Tri et plan pour plus de détails sur les plans.

## Effectuer des calculs sur des données de type date

*Après avoir abordé le principe de calcul sur les dates utilisé par Excel, nous vous proposons de découvrir quelques fonctions spécifiques au traitement des dates à travers quelques exemples.*

### Principe de calcul sur des jours

- Si le calcul porte sur des jours, procédez comme pour les autres calculs car Excel enregistre les dates sous la forme de nombres séquentiels appelés numéros de série. De ce fait, elles peuvent être ajoutées, soustraites et incluses dans d'autres calculs.
- Par défaut, sous Windows, Excel utilise le calendrier depuis 1900 (Excel pour Macintosh, le calendrier depuis 1904). Le 1er janvier 1900 correspond donc (pour Excel sous Windows) au numéro de série 1 et le 1er janvier 2005 correspond au nombre 38 353, car 38 353 jours se sont écoulés depuis le 1er janvier 1900.
- Pour utiliser une fonction spécifique de gestion de dates et d'heures, vous pouvez activer l'onglet **Formules**, cliquer sur le bouton **Insérer** du groupe **Fonction**, cliquer sur l'option **Date et heure** puis sur la fonction concernée.

  **ANNEE(numéro_de_série)**

  Convertir un numéro de série en année.

  **AUJOURDHUI()**

  Renvoyer le numéro de série de la date du jour.

  **DATE(année;mois;jour)**

  Renvoyer le numéro de série d'une date précise.

  **DATEVAL(date_texte)**

  Convertir une date représentée sous forme de texte en numéro de série.

  **FIN.MOIS(date_départ;mois)**

  Renvoyer le numéro séquentiel de la date du 1er jour du mois précédant ou suivant la date_départ du nombre de mois indiqué.

  **FRACTION.ANNEE(date_début;date_fin;[base])**

  Renvoyer la fraction de l'année représentant le nombre de jours entre la date de début et la date de fin.

  **HEURE(numéro_de_série)**

  Convertir un numéro de série en heure.

  **JOUR(numéro_de_série)**

  Convertir un numéro de série en jour du mois.

**JOURS360(date_début;date_fin;[méthode])**

Calculer le nombre de jours séparant deux dates sur la base d'une année de 360 jours.

**JOURSEM(numéro_de_série;[type_retour])**

Convertir un numéro de série en jour de la semaine.

**MAINTENANT()**

Renvoyer le numéro de série de la date et de l'heure du jour.

**MINUTE(numéro_de_série)**

Convertir un numéro de série en minute.

**MOIS(numéro_de_série)**

Convertir un numéro de série en mois.

**MOIS.DECALER(date_départ;mois)**

Renvoyer le numéro séquentiel de la date qui représente une date spécifiée (l'argument date_départ), corrigée en plus ou en moins du nombre de mois indiqué.

**NB.JOURS.OUVRES(date_début;date_fin;[jours_fériés])**

Renvoyer le nombre de jours ouvrés entiers compris entre deux dates.

**NB.JOURS.OUVRES.INTL(date_début;date_fin;[weekend];[jours_fériés])**

Renvoyer le nombre de jours ouvrés entiers compris entre deux dates à l'aide de paramètres identifiant les jours du week-end et leur nombre.

**NO.SEMAINE(numéro_de_série;[type_retour])**

Convertir un numéro de série en numéro de semaine dans l'année.

**SECONDE(numéro_de_série)**

Convertir un numéro de série en seconde.

**SERIE.JOUR.OUVRE(date_début;nb_jours;[jours_fériés])**

Renvoyer le numéro de série de la date avant ou après le nombre de jours ouvrés spécifiés.

**SERIE.JOUR.OUVRE.INTL(date_départ;nb_jours;[nb_jours_week-end];[jours_fériés])**

Renvoyer le numéro de série de la date avant et après un nombre spécifié de jours ouvrés en spécifiant des paramètres qui identifient et dénombrent les jours inclus dans le week-end.

**TEMPS(heure;minute;seconde)**

Renvoyer le numéro de série d'une heure précise.

**TEMPSVAL(text)**

Convertir une date représentée sous forme de texte en numéro de série.

## Combiner du texte avec une date

Pour combiner dans une cellule le texte et la date contenus dans différentes cellules, vous pouvez utiliser la fonction **TEXTE** dont la syntaxe est **=TEXTE(valeur;format_texte)** :

L'argument **valeur** représente une valeur numérique ou une formule dont le résultat est une valeur numérique ou bien encore une référence à une cellule contenant une valeur numérique.

L'argument **format_texte** représente un format de nombre sous forme de texte défini dans la zone **Catégorie** de la boîte de dialogue **Format de cellule**.

*Voici un exemple d'utilisation :*

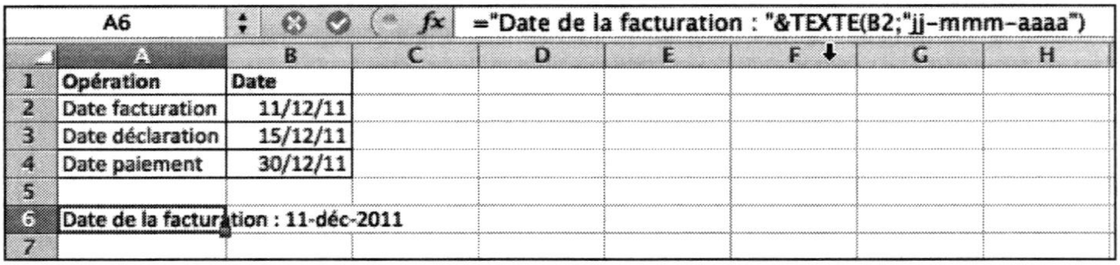


## Calculer la différence entre deux dates à l'aide de la fonction DATEDIF

*DATEDIF est l'une des fonctions "masquées" de l'application Excel ; elle n'apparaît pas dans l'Assistant fonction ni dans l'aide en ligne. Les fonctions masquées ont été introduites dans Excel pour des raisons de compatibilité avec d'autres tableurs, elles fonctionnent parfaitement mais ne font pas partie des fonctions "officielles" d'Excel.*

Cette fonction s'avère très pratique dans le cas, par exemple, où vous souhaitez calculer l'ancienneté d'un employé en année et en mois. La syntaxe de la fonction **DATEDIF** est **DATEDIF(Date_début;Date_fin;Unité)** :

L'argument **Unité** représente la durée calculée et peut prendre les valeurs suivantes :

"y" pour calculer la différence absolue en année.

"M" pour calculer la différence absolue en mois.

"d" pour calculer la différence absolue en jour.

"ym" pour calculer la différence en mois si les 2 dates sont dans la même année.

"yd" pour calculer la différence en jour si les 2 dates sont dans la même année.

"md" pour calculer la différence en jour si les 2 dates sont dans le même mois.

Voici un exemple d'utilisation :

| | A | B | C |
|---|---|---|---|
| 1 | Date de début | 26/07/1982 | |
| 2 | Date de fin | 20/03/1985 | |
| 3 | | | |
| 4 | **Résultat en** | | |
| 5 | **année** | **mois** | **jour** |
| 6 | | | |
| 7 | 2 | 31 | 968 |

Les formules saisies sont les suivantes :

- En A7 =DATEDIF(B1;B2;"y")
- En B7 =DATEDIF(B1;B2;"m")
- En C7 =DATEDIF(B1;B2;"d")

## Calculer le nombre de jours ouvrés entre deux dates

Excel sait calculer le nombre de jours ouvrés (du lundi au vendredi) qui séparent deux dates à l'aide de la fonction **NB.JOURS.OUVRES** dont la syntaxe est **=NB.JOURS.OUVRES(jour_début;jour_fin).**

Voici un exemple d'utilisation :

B4 | fx =NB.JOURS.OUVRES(B1;B2)

| | A | B | C | D | E |
|---|---|---|---|---|---|
| 1 | Date de début | 01/01/2011 | | | |
| 2 | Date de fin | 31/01/2011 | | | |
| 3 | | | | | |
| 4 | Nbre de jours ouvrés : | 21 | | | |
| 5 | | | | | |

Pour que cette fonction puisse tenir compte des jours fériés, vous devez y ajouter un troisième argument faisant référence à un jour férié ou à une plage de dates fériées. La syntaxe de cette fonction est alors :

**=NB.JOURS.OUVRES(jour_début;jour_fin;jours_fériés)**

## Calculer la date située après un nombre de jours ouvrés donné

La fonction **SERIE.JOUR.OUVRE** vous permet de calculer une date correspondant à une date (date de début) plus ou moins le nombre de jours ouvrés spécifié. Les jours ouvrés excluent les samedi et dimanche ainsi que toutes les dates identifiées comme étant des jours chômés.

La syntaxe de cette fonction est la suivante :

**=SERIE.JOUR.OUVRE(date_début;nb_jours;**jours_fériés) :

**date_début** Représente la date de début.

**nb_jours** Représente le nombre de jours ouvrés avant ou après la date de début. Un nombre de jours positif donne une date future, à l'inverse, un nombre de jours négatif donne une date passée.

**jours_fériés** Représente une liste de dates à exclure du calendrier des jours de travail (jours fériés, congés, absence...). Cet argument est facultatif.

*Voici un exemple d'utilisation : nous souhaitons trouver la date d'échéance d'un travail devant commencer le 01 juillet 2011 et qui est d'une durée de 40 jours ouvrés.*

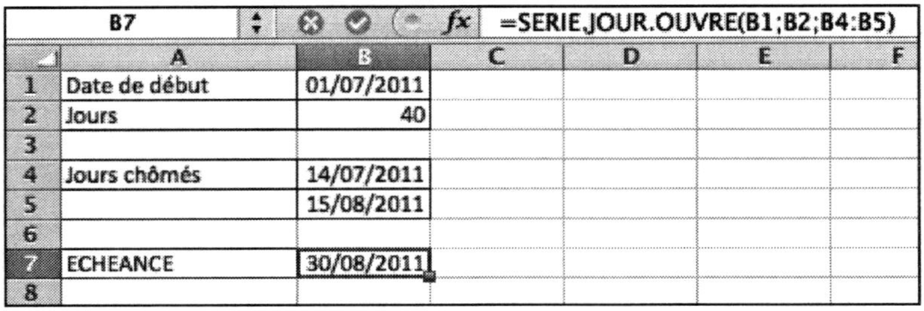


| | A | B | C | D | E | F |
|---|---|---|---|---|---|---|
| 1 | Date de début | 01/07/2011 | | | | |
| 2 | Jours | 40 | | | | |
| 3 | | | | | | |
| 4 | Jours chômés | 14/07/2011 | | | | |
| 5 | | 15/08/2011 | | | | |
| 6 | | | | | | |
| 7 | ECHEANCE | 30/08/2011 | | | | |
| 8 | | | | | | |

*La formule saisie en B7 est la suivante :* ***=SERIE.JOUR.OUVRE(B1;B2;B4:B5)*** *; le format* ***Date*** *a été appliqué à cette cellule car, par défaut, Excel affiche le résultat sous forme de numéro de série.*

Si cette formule vous renvoie un message d'erreur, en voici sa signification :

**#VALEUR!** un argument n'est pas une date valide.

**#NOMBRE!** la date de début plus le nombre de jours ne donne pas une date valide.

## Additionner des mois et des années

- Pour additionner des mois, respectez la syntaxe suivante :

  **=DATE(ANNEE(date_départ);MOIS(date_départ)+délai_mois; JOUR(date_départ))**

  *Par exemple, pour calculer un délai de 2 mois, utilisez cette formule :*

  **=DATE(ANNEE(AUJOURDHUI());MOIS(AUJOURDHUI())+2;JOUR(AUJOURDHUI()))**

- Pour additionner des années, respectez la syntaxe suivante :
  **=DATE(ANNEE(date_départ)+délai_annuel;MOIS(date_départ);JOUR(date_départ))**

## Effectuer des calculs sur des données de type heure

*Après avoir abordé le principe de calcul sur les heures utilisé par Excel, nous vous proposons de découvrir des méthodes et formules spécifiques au traitement d'heures à travers quelques exemples.*

### Principe de calcul sur des heures

- Lorsque vous saisissez une heure dans une cellule, Excel l'enregistre sous forme de nombre décimal allant de 0 à 1 (1 non compris) pour chaque période de 24 heures.
- Pour que Excel puisse reconnaître l'information comme une heure et l'enregistrer sous la forme d'un nombre décimal, vous devez séparer les différentes parties de l'heure par le signe deux-points (:). Par exemple, 18h30 et 43 secondes doit être saisi suivant cette syntaxe **18:30:43**. Pour ne pas inclure les secondes, tapez **18:30**

| Exemple d'heure saisie | Valeur enregistrée par Excel |
|---|---|
| 00:00 (minuit) | 0 |
| 11:59 | 0,499305555555556 |
| 12:00 (midi) | 0,5 |
| 15:00 (15h) | 0,625 |
| 18:00 (18h) | 0,75 |

*Ce concept d'heure permet d'appliquer des calculs arithmétiques aux heures.*

*Exemple : pour calculer la différence entre 18:00 (18 h) et 15:00 (15 h), Excel effectue ce calcul :*

***= 0,75 - 0,625 = 0,125***

Excel met à votre disposition de nombreux formats d'heure prédéfinis (cf. Mises en valeur - Formater des dates/des heures).

### Calculer la différence entre deux heures

- Pour effectuer ce calcul et représenter le résultat au format horaire standard, c'est-à-dire heures:minutes:secondes, vous pouvez utiliser la fonction **TEXTE** dont la syntaxe est **=TEXTE(valeur;format_texte)**

- L'argument **valeur** représente une valeur numérique ou une formule dont le résultat est une valeur numérique ou bien encore une référence à une cellule contenant une valeur numérique.
- L'argument **format_texte** représente un format de nombre sous forme de texte défini dans le champ **Format de nombre** (onglet **Accueil** - groupe **Nombre**).

*Voici un exemple d'utilisation :*

| | A | B | C | D | E | F | G |
|---|---|---|---|---|---|---|---|
| 1 | **Heure de début** | 08:30:45 | | | | | |
| 2 | **Heure de fin** | 15:15:00 | | | | | |
| 3 | | | | | | | |
| 4 | **Description** | | | | | **Résultat** | **Formule** |
| 5 | Nombre d'heures entre les deux heures | | | | | 6 | =TEXTE(B2-B1;"h") |
| 6 | Nombre d'heures et de minutes entre les deux heures | | | | | 6:44 | =TEXTE(B2-B1;"h:mm") |
| 7 | Nombre d'heures, de minutes et de secondes entre les deux heures | | | | | 6:44:15 | =TEXTE(B2-B1;"h:mm:ss") |

## Convertir des heures

Pour convertir des unités telles que les heures dans une autre unité de mesure, vous pouvez utiliser la fonction **CONVERT** dont la syntaxe est :

**=CONVERT(nombre;"de_unité";"à_unité")**

nombre représente le nombre à convertir.

"de_unité" correspond à l'unité du nombre à convertir (présenté entre guillemets).

"à_unité" correspond à l'unité du résultat (présenté entre guillemets).

Cette fonction permet la conversion de multiples unités de mesure (poids, masse, distance, pression, force, énergie...).

Découvrons son utilisation dans le cadre d'une conversion d'unités de mesure du temps ; selon l'unité à convertir et celle souhaitée, utilisez ces arguments :

| | |
|---|---|
| Année | **"yr"** |
| Jour | **"day"** |
| Heure | **"hr"** |
| Minute | **"mn"** |
| Seconde | **"sec"** |

*Exemple, pour convertir **10 ans** en heures, utilisez cette formule :*

***=CONVERT(10;"yr";"hr")***

*Résultat = 87 660 (heures)*

## Utiliser une fonction Recherche

*La fonction RECHERCHEV permet de chercher une valeur dans la première colonne d'un tableau (V = Verticale) puis de renvoyer la valeur contenue dans la cellule située sur la même ligne et dans la colonne spécifiée.*

- Créez un tableau permettant de regrouper les données que vous allez devoir récupérer par la suite lors de la recherche puis triez le tableau par ordre croissant, sur les données de la première colonne du tableau.

  Nommez cette plage de cellules si vous ne souhaitez pas la sélectionner lors de la création de la formule de calcul.

- Cliquez dans la cellule où doit être affichée la donnée recherchée du tableau.

- Créez votre formule de calcul en respectant la syntaxe suivante :

  **=RECHERCHEV(valeur_cherchée;table_matrice;no_index_col**;valeur_proche)

| | |
|---|---|
| valeur_cherchée | est la valeur que la fonction cherche dans la colonne correspondant à no_index_col. |
| table_matrice | est le tableau à partir duquel les données vont être récupérées. Cet argument peut être les références d'une plage de cellules ou le nom d'une plage de cellules. |
| no_index_col | est le numéro de la colonne du tableau (Table_matrice) qui contient la valeur recherchée. La première colonne du tableau est la colonne 1. |
| valeur_proche | est une valeur logique qui permet d'effectuer une recherche exacte ou voisine de celle recherchée. Si la valeur_proche est VRAI ou omise, une donnée égale ou immédiatement inférieure à la valeur cherchée est affichée. Si la valeur_proche est FAUX, seule la valeur recherchée s'affiche. |

D5 fx =RECHERCHEV(A5;Livre;2)

| | A | B | C | D | E |
|---|---|---|---|---|---|
| 1 | Code livre | Titre | Quantité | Prix de vente | Total |
| 2 | HI03 | La dernière colline | 1 | 15 | 15 |
| 3 | BD03 | Lucy Luke : les Daltons courent toujours | 2 | 9,5 | 19 |
| 4 | CU02 | Les fêtes autour d'un plat | 1 | 16 | 16 |
| 5 | EV04 | Destination de rêve | 1 | 17 | 17 |

*Sur cet exemple, la fonction RECHERCHEV cherche la référence exacte du livre (contenue en cellule A5) dans un tableau intitulé Livre (non visible sur cet écran) et y trouve le prix de l'article situé dans la deuxième colonne.*

Validez la formule par la touche ⏎.

D'une manière similaire, la fonction RECHERCHEH effectue une recherche horizontale (dans la première ligne d'un tableau) et renvoie la valeur contenue dans la cellule située dans la même colonne et dans la ligne spécifiée.

## Consolider des données

*Cette fonctionnalité permet de combiner (pour les cumuler, par exemple) des valeurs de plusieurs plages de données placées sur différentes feuilles de calcul.*

Avant de lancer la consolidation, vérifiez les points suivants :

- Chaque plage de données source doit être placée dans une feuille de calcul distincte ; aucune des plages source ne doit être placée dans la feuille de calcul sur laquelle vous allez placer la consolidation.
- Assurez-vous que les tableaux à consolider aient la même structure (même nombre de lignes et de colonnes, même type de données dans les cellules) et qu'ils soient positionnés dans les mêmes cellules sur les différentes feuilles.
- Nommez, si vous le souhaitez, chaque plage de données source (cf. Zones nommées - Nommer des plages de cellules).

Activez la cellule où vous souhaitez voir placer la première cellule du tableau consolidé.

Activez l'onglet **Données** et cliquez sur l'outil **Consolider** du groupe **Outils.**

Choisissez la **Fonction** de synthèse à utiliser pour consolider les données ; pour cumuler les données des différents tableaux, choisissez **Somme.**

Si les données à consolider se situent dans un autre classeur, cliquez sur le bouton **Sélectionner**, localisez le classeur concerné, sélectionnez-le puis cliquez sur **OK.**

- Si les données à consolider se situent dans le classeur actif, pour chaque plage de données à consolider :
  - cliquez sur le bouton pour réduire la boîte de dialogue,
  - accédez à la feuille de calcul puis sélectionnez les cellules concernées ou saisissez le nom de la zone des données source,
  - cliquez sur le bouton pour afficher à nouveau la boîte de dialogue,
  - cliquez sur le bouton **Ajouter**.

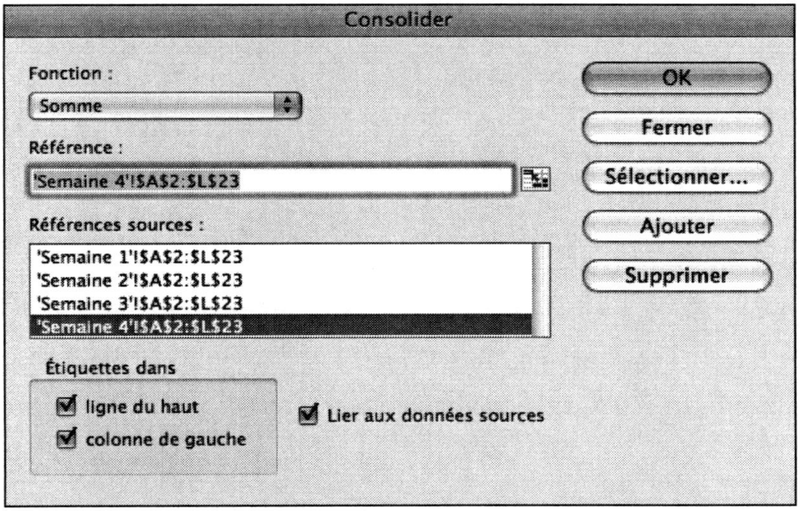


*Cette consolidation va calculer la somme des cellules A2 à L23 des feuilles Semaine 1, Semaine 2, Semaine 3 et Semaine 4.*

- Cochez l'option **Lier aux données source** si vous souhaitez créer un lien permanent entre les données source et le tableau consolidé. Dans ce cas, celui-ci sera mis à jour automatiquement à chaque modification d'une des données source.

*Notez que dans ce cas, vous ne pouvez plus modifier les cellules ni les plages incluses dans la consolidation.*

- Cochez ou non les options du cadre **Étiquettes dans** si les données copiées contiennent ou pas des libellés de lignes et/ou de colonnes.
- Cliquez sur le bouton **OK** pour valider.

*Le résultat de la consolidation apparaît aussitôt.*

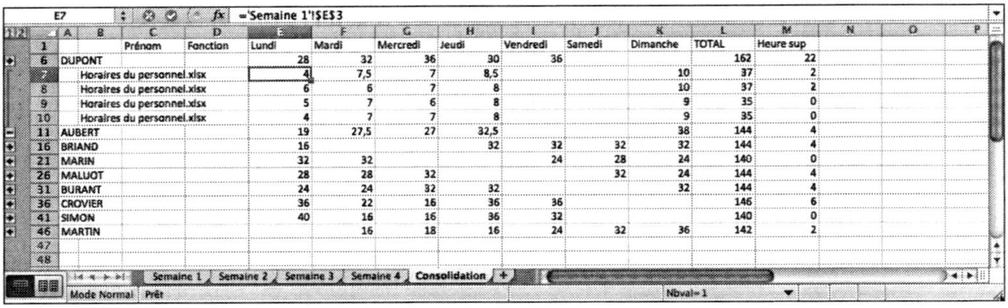


*Quand un lien a été demandé, Excel génère le plan du tableau de consolidation ; les références de la feuille de calcul et du classeur source sont reprises dans les formules du tableau consolidé.*

## Calculer la valeur d'un remboursement périodique

*La fonction **VPM** permet de calculer les mensualités de remboursement d'un emprunt sur la base de mensualités et d'un taux d'intérêt constants.*

- Activez la cellule où vous souhaitez afficher le résultat.
- Saisissez la formule en respectant la syntaxe suivante: **=VPM(taux;npm;va**;vc;type)

**taux** correspond au taux d'intérêt de l'emprunt ; s'il s'agit d'un taux annuel et que le résultat doit être une mensualité, il faut le diviser par 12.

**npm** correspond au nombre total de mensualités ; s'il représente des années et que le résultat doit être mensuel, il faut le multiplier par 12.

**va** représente la valeur actuelle du total des paiements futurs, ce qui correspond au principal de l'emprunt.

**vc** correspond au montant à obtenir après le dernier paiement (valeur capitalisée) ; s'il est omis, il est égal à 0.

**type** nombre compris entre 0 et 1 qui précise quand les paiements sont échus ; si le type est 1, les remboursements sont échus en début de période, s'il est omis ou égal à 0, ceux-ci sont échus en fin de période.

*Les arguments **vc** et **type** sont facultatifs. S'ils sont omis, la valeur prise en compte par défaut est 0 (zéro).*

- Validez la saisie par la touche ⏎.

*Le résultat obtenu ne comprend que le principal et les intérêts de l'emprunt mais pas les charges, versements de garantie...*

D10 =VPM(D7/12;D8;D6)

| | A | B | C | D |
|---|---|---|---|---|
| 1 | | Emprunt pour la construction d'une piscine extérieure | | |
| 2 | | | | |
| 3 | | Modèle | 5m x 10m | 6m x 15m |
| 4 | | Prix | 20 000 € | 29 000 € |
| 5 | | Apport | 5 000 € | 5 000 € |
| 6 | | Montant à emprunter | 15 000 € | 24 000 € |
| 7 | | Taux d'intérêt annuel | 5,5% | 5,5% |
| 8 | | Nombre de périodes | 20 | 20 |
| 9 | | | | |
| 10 | | Mensualité | -786,62 € | -1 258,59 € |
| 11 | | | | |

*Le montant des mensualités est toujours affiché sous forme négative.*

- Pour obtenir une valeur positive, faites précéder la fonction VPM du signe moins (=-VPM) ou de la fonction **=ABS (nombre)** qui permet de calculer la valeur absolue d'un nombre ou d'une expression (exemple : =ABS(VPM(C7/12;C8;C6))).

Pour calculer le montant total payé sur toute la durée de l'emprunt, il suffit de multiplier le résultat de la formule **VPM** par la valeur npm.

## Calculer la valeur du capital emprunté

- Activez la cellule de résultat.
- Saisissez la formule en respectant la syntaxe suivante :
  **=VA(taux;npm;vpm;vc;type)** :

**taux** Correspond au taux d'intérêt de l'emprunt ; s'il s'agit d'un taux annuel et que le résultat doit être une mensualité, il faut le diviser par 12.

**npm** Correspond au nombre total de remboursements ; s'il représente des années et que le résultat doit être mensuel, il faut le multiplier par 12.

**vpm** Correspond au montant du remboursement de chaque période.

**vc** Correspond au montant à obtenir après le dernier paiement (valeur capitalisée) ; s'il est omis, il est égal à 0.

**type** Nombre compris entre 0 et 1 qui précise quand les paiements sont échus ; si le type est 1, les remboursements sont échus en début de période ; s'il est omis ou égal à 0, ceux-ci sont échus en fin de période.

*Les arguments **vc** et **type** sont facultatifs.*

- Validez par la touche ⏎.

Comme avec la fonction VPM, le résultat est négatif. Pour le rendre positif, vous pouvez utiliser la fonction **ABS()**.

## Générer une table à double entrée

*Pour illustrer l'utilisation d'une table à double entrée, nous souhaitons connaître les différentes valeurs de remboursement pour un capital emprunté fixe de 15 000 €, un nombre variable de mensualités et des taux d'intérêt variables.*

- Saisissez les éléments initiaux du calcul à réaliser (taux d'intérêt, la durée de l'emprunt, le montant de l'emprunt, pour notre exemple).
- Saisissez les en-têtes et les lignes de la table, lesquels correspondent aux paramètres variables.

*Attention, la table ainsi préparée ne doit pas être accolée aux éléments initiaux et la première donnée variable en ligne doit être située une ligne plus haut et une colonne plus à droite que la première donnée variable en colonne.*

- À l'intersection de cette ligne et de cette colonne, saisissez la formule de calcul puis validez.

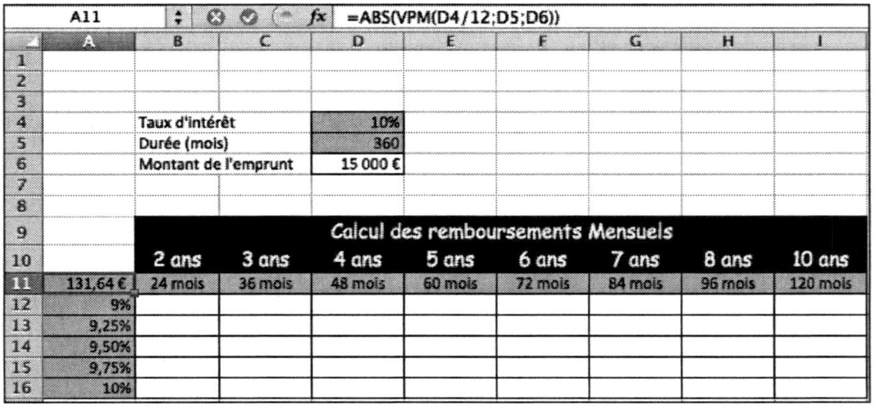

- Sélectionnez la plage de cellules comprenant la formule de calcul jusqu'à la dernière cellule de la table.
- Activez l'onglet **Données**, cliquez sur l'outil **Scénarios** du groupe **Analyse.**
- Activez l'option **Table de données.**
- Dans la zone **Cellule d'entrée en ligne**, indiquez la référence de la cellule utilisée dans la formule qui correspond aux données variables situées sur la première ligne de la table.

  *Dans notre exemple, la première ligne correspond à des durées, nous allons donc utiliser la cellule D5.*
- Indiquez selon le même principe la **Cellule d'entrée en colonne.**

- Cliquez sur le bouton **OK.**

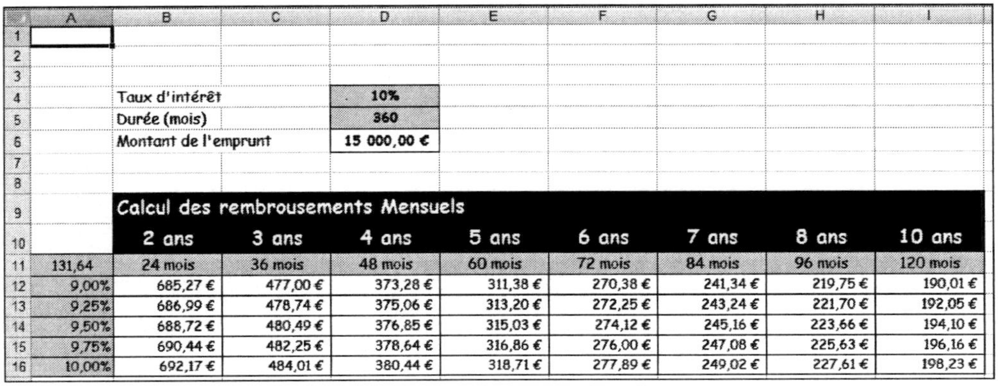

| | A | B | C | D | E | F | G | H | I |
|---|---|---|---|---|---|---|---|---|---|
| 1 | | | | | | | | | |
| 2 | | | | | | | | | |
| 3 | | | | | | | | | |
| 4 | | Taux d'intérêt | | 10% | | | | | |
| 5 | | Durée (mois) | | 360 | | | | | |
| 6 | | Montant de l'emprunt | | 15 000,00 € | | | | | |
| 7 | | | | | | | | | |
| 8 | | | | | | | | | |
| 9 | | Calcul des rembrousements Mensuels | | | | | | | |
| 10 | | 2 ans | 3 ans | 4 ans | 5 ans | 6 ans | 7 ans | 8 ans | 10 ans |
| 11 | 131,64 | 24 mois | 36 mois | 48 mois | 60 mois | 72 mois | 84 mois | 96 mois | 120 mois |
| 12 | 9,00% | 685,27 € | 477,00 € | 373,28 € | 311,38 € | 270,38 € | 241,34 € | 219,75 € | 190,01 € |
| 13 | 9,25% | 686,99 € | 478,74 € | 375,06 € | 313,20 € | 272,25 € | 243,24 € | 221,70 € | 192,05 € |
| 14 | 9,50% | 688,72 € | 480,49 € | 376,85 € | 315,03 € | 274,12 € | 245,16 € | 223,66 € | 194,10 € |
| 15 | 9,75% | 690,44 € | 482,25 € | 378,64 € | 316,86 € | 276,00 € | 247,08 € | 225,63 € | 196,16 € |
| 16 | 10,00% | 692,17 € | 484,01 € | 380,44 € | 318,71 € | 277,89 € | 249,02 € | 227,61 € | 198,23 € |

*Le tableau des remboursements est intégralement calculé par Excel.*

*Sur cet exemple, pour effectuer des calculs à partir des cellules B11 à I11 malgré le texte « mois », le format personnalisé 0 « mois » a été appliqué à ces cellules.*

## Utiliser une formule matricielle

*Cette formule a la particularité de pouvoir effectuer plusieurs calculs et de renvoyer des résultats simples ou multiples. Une formule matricielle ne peut intervenir que sur deux (ou plus) ensembles de valeurs appelés communément arguments matriciels. Ces derniers doivent avoir le même nombre de lignes et de colonnes.*

- Procédez comme pour un calcul ordinaire mais, au lieu de travailler par cellule, travaillez par plage de cellules et, au lieu de valider par [↵] ou [Ctrl][↵], validez par la combinaison de touches [Ctrl][⇧][↵].

*Voyons à travers trois exemples différents, l'utilisation d'une formule matricielle.*

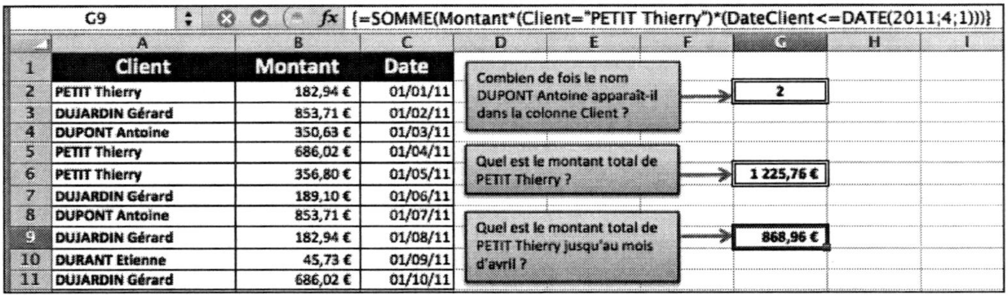


*Pour simplifier la lecture des formules, nous avons nommé les zones :* ***Client*** *(A2:A11),* ***Montant*** *(B2:B11) ;* ***DateClient*** *(C2:C11).*

- Les formules matricielles ont été saisies en G2, G6 et G10 :

G2 {=SOMME(SI(Client="DUPONT Antoine";1;0))}
Par cette formule, nous recherchons dans la plage de cellules **Client**, l'occurrence **"DUPONT Antoine"** ; dans le cas où la condition est vérifiée, Excel ajoute **1**, sinon Excel ajoute **0**.
*Le même résultat pourrait être obtenu à l'aide de la fonction SOMME.SI.*

G6 {=SOMME(Montant*(Client="PETIT Thierry"))}
Par cette formule, nous demandons à calculer la somme des montants correspondant au client PETIT Thierry : **SOMME(Montant** tel que : ***(**le client s'appelle PETIT Thierry : **Client="PETIT Thierry"**.

G10 {=SOMME(Montant*(Client="PETIT Thierry")*(DateClient<=DATE(2011;4;1)))}
Par cette formule, nous demandons à calculer la somme des montants correspondant au client PETIT Thierry et datés avant le 1/4/2011 inclus : **SOMME(Montant** tel que :***(** le client s'appelle PETIT Thierry : **Client= "PETIT Thierry** et tel que ***(** la date est inférieure ou égale au 1/4/2006 : **DateClient<=DATE(2011;4;1).**

*Une formule matricielle se reconnaît aux accolades qui entourent la formule.*

## Créer une équation

*L'**Editeur d'équations Microsoft** permet de documenter une formule dans une feuille de calcul Excel en insérant une équation mathématique en tant qu'objet.*

- Dans le menu **Insertion**, cliquez sur **Objet.**
- Sélectionnez l'option **Microsoft Equation** dans la liste **Type d'objet**, puis cliquez sur **OK.**

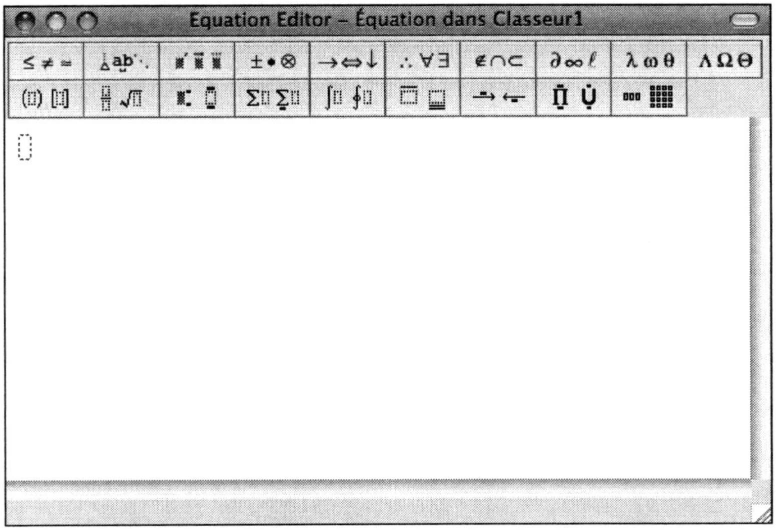


*La fenêtre **Equation Editor** s'ouvre.*

- Dans la barre d'outils, cliquez sur le bouton représentant le type d'équation souhaitée, puis dans le menu qui s'ouvre, sélectionnez l'équation de votre choix.

- Pour modifier un des composants de l'équation, sélectionnez-le puis tapez le texte ou cliquez sur le symbole souhaité selon la modification à effectuer.
- Pour obtenir un aperçu de votre équation dans votre feuille Excel, cliquez dans le menu **Fichier** sur **Mettre à jour nom_classeur_Excel**.

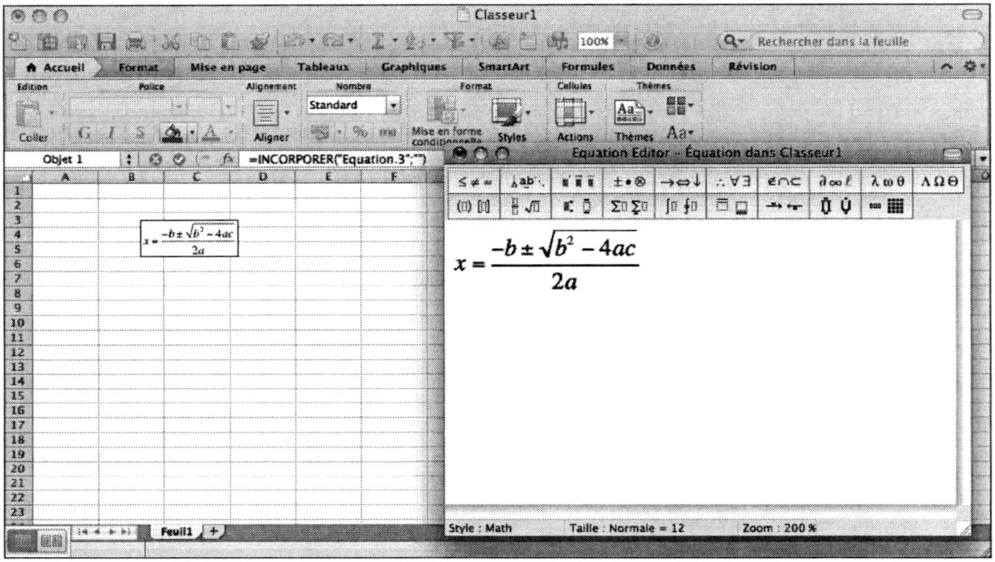

- Une fois votre équation terminée, fermez l'application **Equation Editor** (**Fichier - Fermer et revenir à nom_classeur_Excel**).

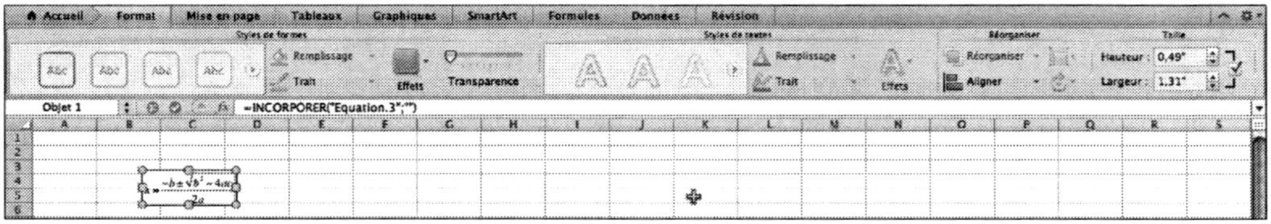

*Les poignées de sélection matérialisées par des petits carrés sur les côtés et des cercles sur les angles, apparaissent autour de l'objet. Vous pouvez déplacer l'objet, le redimensionner... Notez que l'onglet* ***Format*** *apparaît dans le ruban. Il contient quelques options disponibles pour réorganiser cet objet ou modifier sa taille.*

Pour en savoir plus sur la **Gestion des objets**, veuillez vous référer à la partie correspondante.

## Atteindre une valeur cible

*Cette technique vous permet de résoudre le problème suivant : quelle valeur doit contenir une cellule pour que tel résultat atteigne telle valeur cible.*

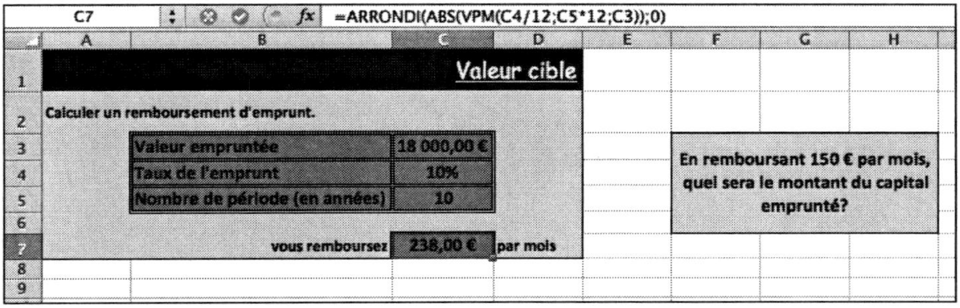


- Activez la cellule qui doit atteindre une valeur précise et vérifiez qu'elle contient bien une formule de calcul. Si possible, visualisez en même temps la cellule à modifier.
- Activez l'onglet **Données** et cliquez sur l'outil **Scénario** du groupe **Analyse.**
- Cliquez sur l'option **Valeur cible.**
- Vérifiez que le champ **Cellule à définir** fait bien référence à la cellule (ou au nom de la cellule) qui contient la formule pour laquelle vous souhaitez trouver une solution.
- Précisez quelle doit être la **Valeur à atteindre.**
- Choisissez dans la zone **Cellule à modifier**, la référence de cellule (ou le nom de la cellule) que vous souhaitez ajuster pour atteindre la valeur cible.

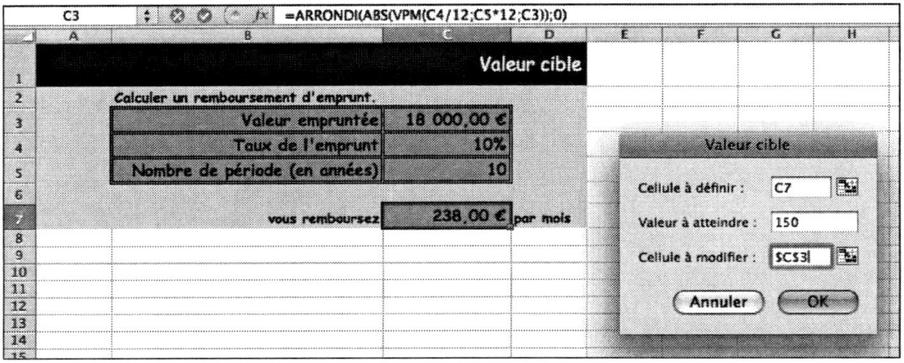

*En remboursant 150 € par mois, quel pourra être le montant du capital emprunté ?*

- Cliquez sur le bouton **OK** pour lancer la recherche.

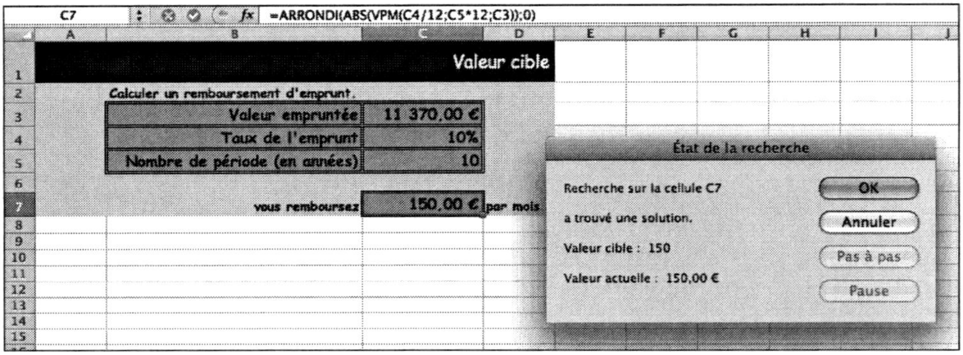


*Dès qu'Excel a trouvé une solution, il s'arrête et affiche le résultat dans la feuille de calcul.*

- Si le résultat proposé vous convient, cliquez sur le bouton **OK** pour le conserver dans la feuille. Si vous souhaitez retrouver les valeurs d'origine, cliquez sur **Annuler**.

## Réaliser des scénarios

*Un scénario vous permet de résoudre un problème en considérant plusieurs hypothèses, il s'agit donc d'un outil d'analyse de simulation. Reprenons l'exemple du tableau d'emprunt :*

| | A | B | C | D | E |
|---|---|---|---|---|---|
| 1 | | Emprunt pour la construction d'une piscine extérieure | | | |
| 2 | | | | | |
| 3 | | Modèle | 5m x 10m | 6m x 15m | |
| 4 | | Prix | 20 000,00 € | 29 000,00 € | |
| 5 | | Apport | 5 000,00 € | 5 000,00 € | |
| 6 | | Montant à emprunter | 15 000,00 € | 24 000,00 € | |
| 7 | | Taux d'intérêt | 5,5% | 5,5% | |
| 8 | | Nombre de périodes | 20 | 20 | |
| 9 | | | | | |
| 10 | | Mensualité | -786,62 € | | |

*Nous cherchons à évaluer le montant du remboursement mensuel en fonction des trois variables Montant à emprunter, Taux d'intérêt et Nombre de périodes contenues dans les cellules C6, C7 et C8.*

## Créer des scénarios

- Activez l'onglet **Données** et cliquez sur l'outil **Scénario** du groupe **Analyse**.
- Activez l'option **Gestionnaire de scénarios**.
- Dans la boîte de dialogue **Gestionnaire de scénarios**, cliquez sur le bouton **Ajouter** puis saisissez le **Nom du scénario** à créer.
- Dans la zone **Cellules variables**, précisez les cellules contenant les données à faire varier.

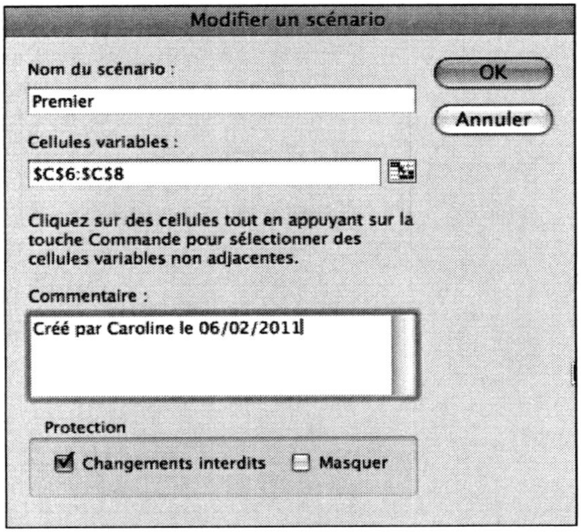


- Cliquez sur le bouton **OK** puis saisissez la valeur de chaque cellule variable et validez.

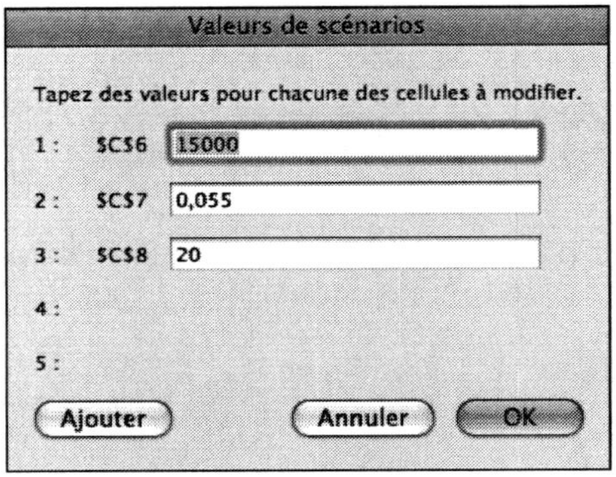

- Créez de la même façon les autres scénarios.

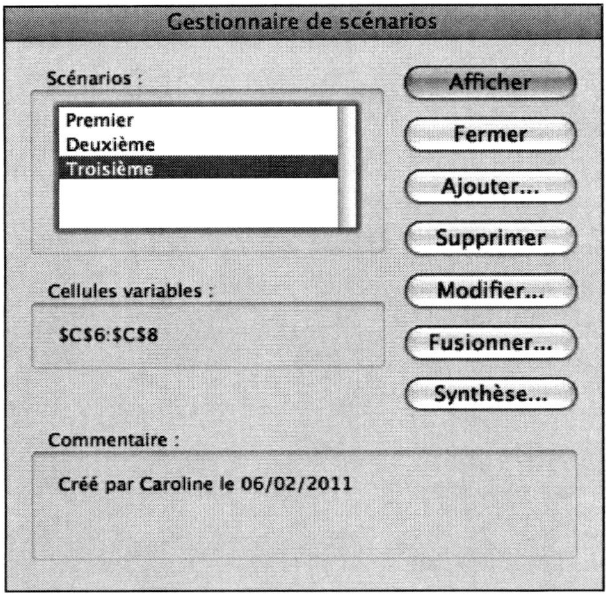


- Cliquez sur le bouton **Fermer**.

## Lancer l'exécution des scénarios

- Activez l'onglet **Données** et cliquez sur l'outil **Scénario** du groupe **Analyse**.
- Activez l'option **Gestionnaire de scénarios.**
- Si seul un scénario doit être lancé, sélectionnez-le puis cliquez sur le bouton **Afficher**. Dans ce cas, le résultat est affiché dans la feuille de calcul.
- Si tous les scénarios doivent être exécutés, cliquez sur le bouton **Synthèse**. Au besoin, sélectionnez les cellules dont vous souhaitez afficher la valeur pour chaque scénario dans la feuille de synthèse.
- Si vous avez cliqué sur le bouton **Synthèse**, Excel vous propose deux types de rapport. Dans ce cas, complétez la boîte de dialogue **Synthèse de scénarios** puis validez par le bouton **OK**.

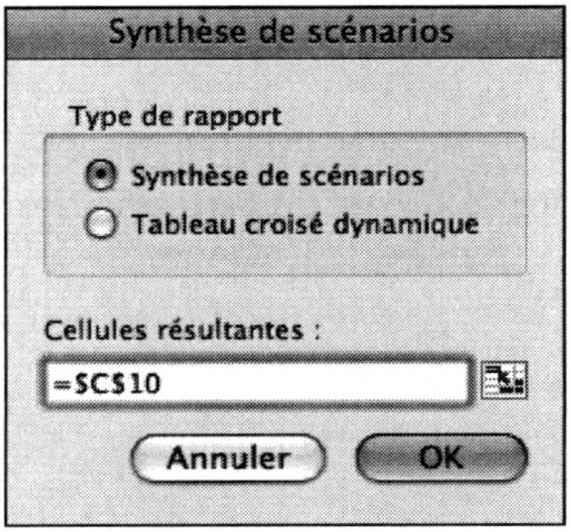


Cliquez sur le bouton **OK**.

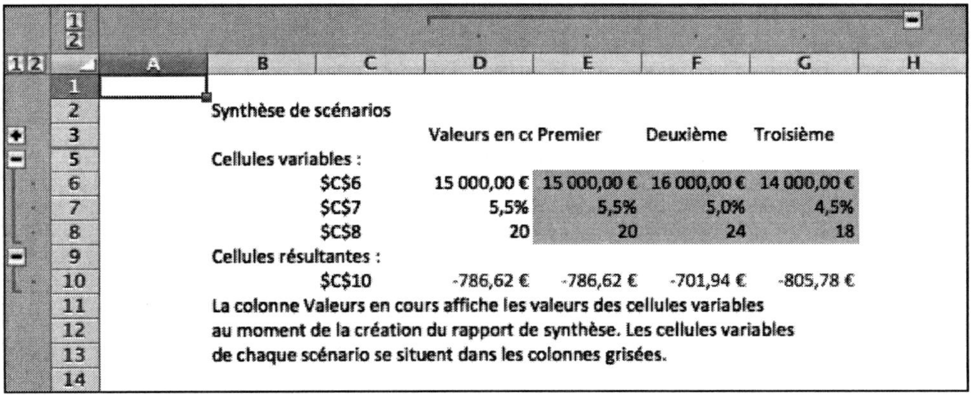


*La synthèse est proposée sous forme de plan dans une nouvelle feuille de calcul. Nous obtenons ainsi les valeurs des différentes mensualités selon les valeurs des trois variables définies.*

## Afficher les formules à la place des résultats

- Activez l'onglet **Formules** et cliquez sur l'outil **Afficher** 

du groupe **Fonction** ou utilisez le raccourci-clavier Ctrl ‘.
- Activez l'option **Afficher les formules.**
- Pour masquer les formules et afficher à nouveau les résultats, cliquez sur l'outil 

ou utilisez le même raccourci-clavier.

## Localiser et résoudre les erreurs dans une formule

*Excel peut vérifier un certain nombre d'erreurs commises dans des formules comme l'apparition d'une valeur d'erreur (ex. "#NOM?", "#VALEUR!"...), d'un nombre stocké sous forme de texte, etc. Lorsqu'un problème est trouvé, un triangle s'affiche dans le coin supérieur gauche de la cellule contenant la formule.*

### Afficher les erreurs

*Lorsque, dans une cellule, le résultat d'une formule affiche une valeur d'erreur comme #NOM?, #N/A, #DIV/0! ..., il est possible de retrouver toutes les cellules qui interviennent dans cette formule.*

- Activez la cellule contenant l'erreur.
- Activez l'onglet **Formules** et ouvrez la liste associée à l'outil **Rechercher les erreurs** 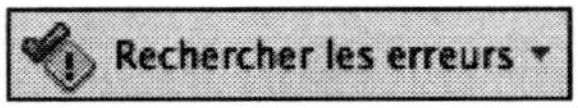

du groupe **Formules d'audit.**
- Cliquez sur l'option **Repérer une erreur.**

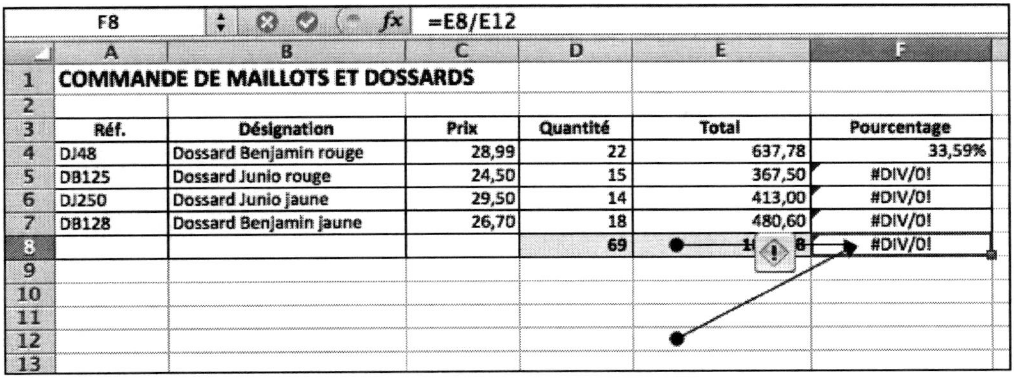

| | A | B | C | D | E | F |
|---|---|---|---|---|---|---|
| F8 | =E8/E12 | | | | | |
| 1 | COMMANDE DE MAILLOTS ET DOSSARDS | | | | | |
| 2 | | | | | | |
| 3 | Réf. | Désignation | Prix | Quantité | Total | Pourcentage |
| 4 | DJ48 | Dossard Benjamin rouge | 28,99 | 22 | 637,78 | 33,59% |
| 5 | DB125 | Dossard Junio rouge | 24,50 | 15 | 367,50 | #DIV/0! |
| 6 | DJ250 | Dossard Junio jaune | 29,50 | 14 | 413,00 | #DIV/0! |
| 7 | DB128 | Dossard Benjamin jaune | 26,70 | 18 | 480,60 | #DIV/0! |
| 8 | | | | 69 | [illegible] | #DIV/0! |
| 9 | | | | | | |
| 10 | | | | | | |
| 11 | | | | | | |
| 12 | | | | | | |
| 13 | | | | | | |

*Des flèches d'audit apparaissent à l'écran. Les flèches rouges relient la cellule qui a produit l'erreur à celles qui y font référence, tandis que les flèches bleues désignent les antécédents de la cellule qui a entraîné l'erreur.*

Pour effacer les flèches d'audit, cliquez sur l'outil **Supprimer les flèches** 

du groupe **Formules d'audit** de l'onglet **Formules.**

## Analyser l'erreur d'une formule

- Activez la cellule contenant l'erreur, repérable par le triangle de couleur (vert par défaut) dans le coin supérieur gauche de la cellule.
- Cliquez sur le bouton  situé à gauche de la cellule active.

  *Une liste d'options apparaît, la première indique le type de l'erreur repérée par Excel.*

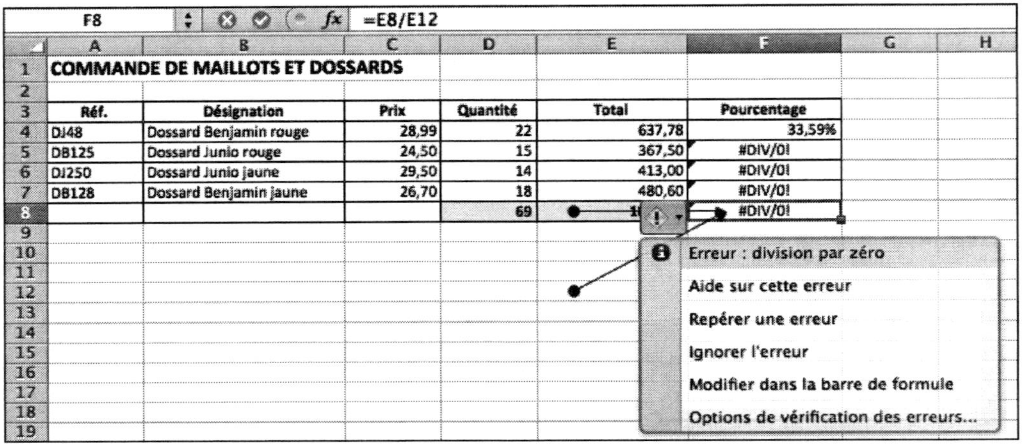


⊡ Cliquez sur l'option de votre choix :

| | |
|---|---|
| **Ignorer l'erreur** | Désactive le repère d'erreur : le triangle de couleur ainsi que le bouton disparaissent. |
| **Modifier dans la barre de formule** | Positionne le curseur dans la barre de formule afin que vous puissiez modifier cette formule. |
| **Options de vérification des erreurs** | Affiche la boîte de dialogue **Vérification des erreurs** permettant ainsi l'activation ou la désactivation des **Règles** de vérification des erreurs gérées par Excel. |

*Selon le type d'erreur, d'autres options peuvent être disponibles.*

Si aucune des options ne vous intéresse, activez une autre cellule pour masquer ces options ou faites [esc].

Si aucun indicateur d'erreur (triangle de couleur et bouton) n'apparaît dans la cellule, cliquez sur le menu **Fichier** puis sur l'option **Excel** ; cliquez sur l'option **Vérification des erreurs** et activez l'option **Activer la vérification des erreurs en arrière-plan**. Cliquez sur **OK** pour valider.

## Analyser les erreurs de toutes les formules

⊡ Accédez à la boîte de dialogue **Vérification des erreurs** (menu **Fichier** - option **Excel** - option **Vérification des erreurs**) et modifiez, si besoin, la liste des erreurs qu'Excel doit repérer en activant ou désactivant les options dans la partie **Règles** de vérification des erreurs.

- Refermez la boîte de dialogue.
- Activez la feuille pour laquelle vous souhaitez vérifier les erreurs.
- Activez l'onglet **Formules** et cliquez sur l'outil **Rechercher les erreurs** 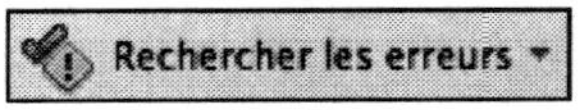

du groupe **Formules d'audit.**

*Excel sélectionne la première cellule contenant une erreur et affiche dans la boîte de dialogue **Vérification des erreurs**, le détail de la formule ainsi que le détail de l'erreur.*

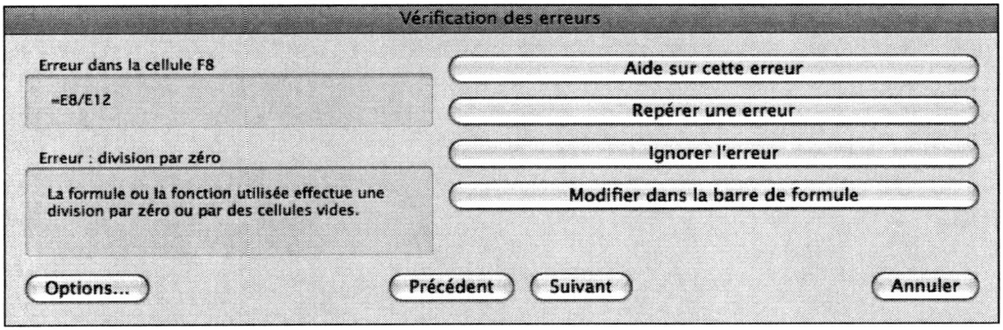


- Vous pouvez choisir d'obtenir de l'**Aide sur cette erreur**, de **Repérer une erreur** (affiche les étapes du calcul), d'**Ignorer l'erreur** ou de **Modifier dans la barre de formule** en cliquant sur le bouton correspondant.

*Les boutons de la boîte de dialogue **Vérification des erreurs** peuvent être différents en fonction du type d'erreur.*

- Si vous désirez passer directement à l'erreur suivante ou précédente sans traiter l'erreur sélectionnée, cliquez sur les boutons **Précédent** ou **Suivant.**

Pour réactiver les repères d'erreur des cellules où vous avez choisi d'**Ignorer l'erreur**, cliquez sur le bouton **Rétablir les erreurs ignorées** (menu **Fichier** - option **Excel** - option **Vérification des erreurs**).

## Évaluer des formules

*Cette technique permet d'afficher le résultat des différentes parties d'une formule imbriquée.*

- Sélectionnez la cellule à évaluer.

- Activez l'onglet **Formules** et cliquez sur l'outil **Concepteur** du groupe **Fonction** ou cliquez sur l'icône dans la barre d'outils **Standard** et cliquez sur le **Générateur de code** .

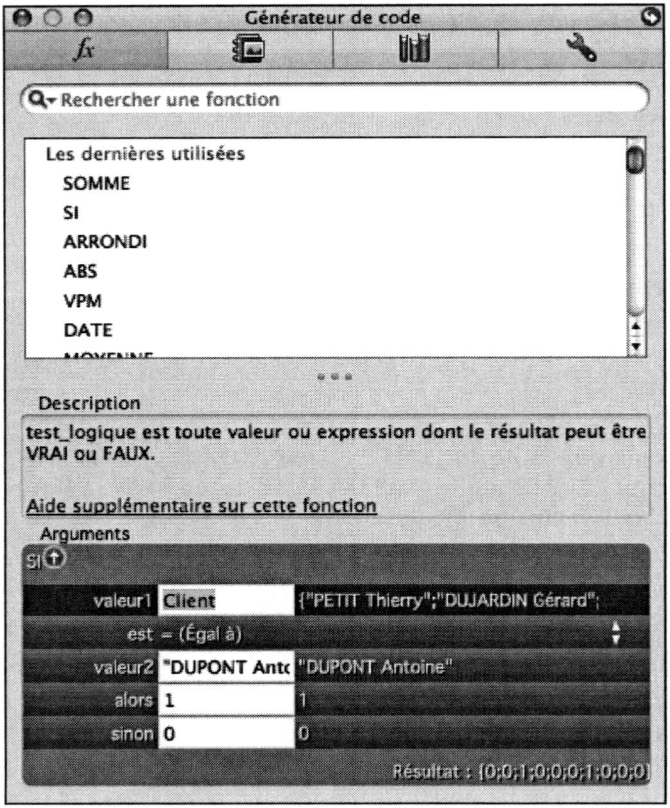


- Le **Résultat** s'affiche en bas à droite. Chaque argument est évalué à droite des paramètres.
- Si vous le souhaitez, modifiez directement les arguments de la formulation dans le **Générateur de code**.

- Appuyez sur la touche [Entrée] pour valider les changements que vous avez éventuellement faits.

## Effectuer le suivi des relations entre les formules et les cellules

### Afficher les antécédents

*Il s'agit de repérer, à l'aide des flèches d'audit, les cellules intervenant dans une formule.*

- Sélectionnez la cellule contenant la formule.
- Activez l'onglet **Formules** et cliquez sur l'outil **Repérer les antécédents** du groupe **Formules d'audit.**

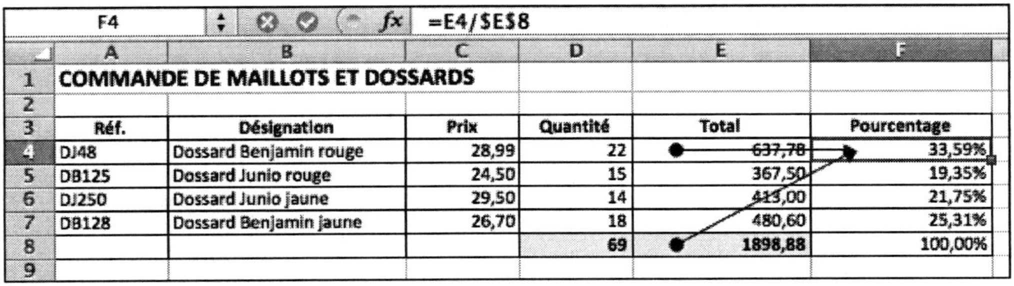

F4 =E4/$E$8

| | A | B | C | D | E | F |
|---|---|---|---|---|---|---|
| 1 | COMMANDE DE MAILLOTS ET DOSSARDS | | | | | |
| 2 | | | | | | |
| 3 | Réf. | Désignation | Prix | Quantité | Total | Pourcentage |
| 4 | DJ48 | Dossard Benjamin rouge | 28,99 | 22 | 637,78 | 33,59% |
| 5 | DB125 | Dossard Junio rouge | 24,50 | 15 | 367,50 | 19,35% |
| 6 | DJ250 | Dossard Junio jaune | 29,50 | 14 | 413,00 | 21,75% |
| 7 | DB128 | Dossard Benjamin jaune | 26,70 | 18 | 480,60 | 25,31% |
| 8 | | | | 69 | 1898,88 | 100,00% |
| 9 | | | | | | |

*Dans l'exemple ci-dessus, les flèches bleues repèrent les antécédents de la cellule F4 : les cellules E4 et E8 sont utilisées dans la formule de la cellule F4.*

- Pour masquer les flèches des antécédents, ouvrez la liste associée à l'outil **Supprimer les flèches** et cliquez sur l'option **Supprimer les flèches des antécédents.**

### Afficher les dépendants

*Il s'agit de repérer, à l'aide des flèches d'audit, les cellules contenant une formule qui font référence à la cellule sélectionnée.*

- Activez la cellule concernée.
- Activez l'onglet **Formules** et cliquez sur l'outil **Repérer les dépendants** du groupe **Formules d'audit.**

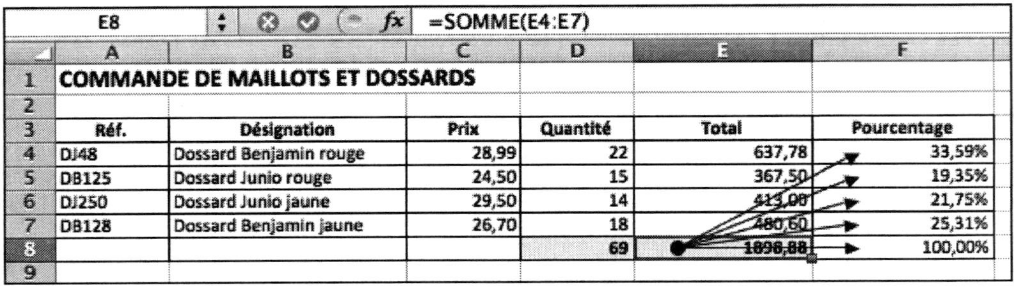

E8 =SOMME(E4:E7)

| | A | B | C | D | E | F |
|---|---|---|---|---|---|---|
| 1 | COMMANDE DE MAILLOTS ET DOSSARDS | | | | | |
| 2 | | | | | | |
| 3 | Réf. | Désignation | Prix | Quantité | Total | Pourcentage |
| 4 | DJ48 | Dossard Benjamin rouge | 28,99 | 22 | 637,78 | 33,59% |
| 5 | DB125 | Dossard Junio rouge | 24,50 | 15 | 367,50 | 19,35% |
| 6 | DJ250 | Dossard Junio jaune | 29,50 | 14 | 413,00 | 21,75% |
| 7 | DB128 | Dossard Benjamin jaune | 26,70 | 18 | 480,60 | 25,31% |
| 8 | | | | 69 | 1898,88 | 100,00% |
| 9 | | | | | | |

*La cellule E8 intervient dans la formule des cellules F4 à F8.*

Pour masquer les flèches des dépendants, ouvrez la liste associée à l'outil **Supprimer les flèches** puis cliquez sur l'option **Supprimer les flèches des dépendants.**

Pour effacer toutes les flèches d'audit, cliquez sur l'outil **Supprimer les flèches** de l'onglet **Formules** du groupe **Formules d'audit.**

## Modifier la mise en valeur des caractères

- Sélectionnez les cellules ou les caractères concernés.
- Activez l'onglet **Accueil**.

Modifier la police ou la taille

- Ouvrez la liste **Police** du groupe **Police** ou la liste **Taille de la police** de ce même groupe.

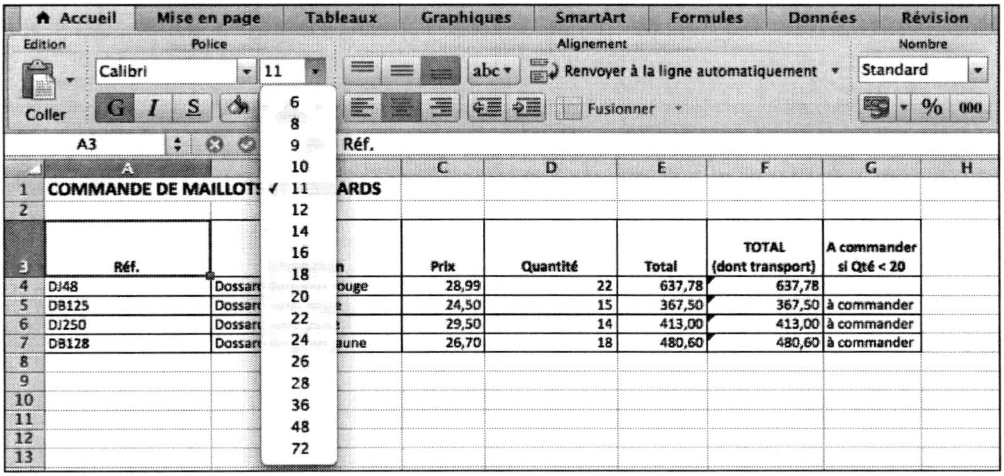

- Cliquez sur la police ou la taille souhaitée.

Vous pouvez aussi cliquer sur le menu **Format** puis sur l'option **Cellule** pour ouvrir la boîte de dialogue **Format de cellule** (ou Ctrl ⇧ 1) et faire vos choix dans l'onglet **Police**.

Pour définir la police et/ou la taille utilisée(s) par défaut dans tout nouveau classeur, ouvrez le menu **Fichier** puis cliquez sur **Préférences**, activez la catégorie **Général** ; choisissez la police désirée dans la liste **Police standard** et la taille des caractères voulue dans la liste **Taille**.

## Ajuster la taille des caractères

*Cette fonction indique à Excel de réduire automatiquement la taille des caractères si le contenu de la cellule ne peut pas être entièrement affiché dans le sens de la largeur.*

- Sélectionnez les cellules concernées ; ouvrez le menu **Format** puis cliquez sur l'option **Cellule** ou faites [Ctrl][⇧] **1**.
- Cochez l'option **Ajuster** de la zone **Contrôle du texte** (onglet **Alignement**). Puis cliquez sur le bouton **OK**.
- Après réduction de la taille, les caractères retrouvent leur taille d'origine si vous augmentez la largeur de la colonne.

---

Vous pouvez accéder à l'option **Ajuster le texte** par l'onglet **Accueil**, groupe **Alignement**, bouton **Renvoyer à la ligne automatiquement**.

---

## Appliquer l'attribut Gras, Souligné, Italique

- Sélectionnez les cellules ou les caractères concernés.
- Activez l'onglet **Accueil** et appliquez les mises en valeur souhaitées :

  - attribut gras : cliquez sur l'outil **Gras** [G] ou faites [cmd ⌘] **B**,

  - attribut italique : cliquez sur l'outil **Italique** [*I*] ou [cmd ⌘] **I**,

  - attribut souligné simple : cliquez sur l'outil **Souligner** [S] ou faites [Ctrl] **U**,
- Pour annuler une mise en valeur, exécutez une seconde fois une de ces manipulations sur la sélection voulue.
- Plusieurs mises en valeur peuvent être appliquées à une même sélection.

## Appliquer d'autres attributs

*Il s'agit d'appliquer la mise en valeur **Barré**, **Exposant**, **Relief**, **Ombré** ou **Indice** ou encore de choisir d'autres styles de soulignement.*

- Sélectionnez les cellules ou les caractères concernés.
- Ouvrez le menu **Format** puis cliquez sur l'option **Cellule** ou faites [Ctrl][⇧] **1** puis activez, si besoin l'onglet **Police**.

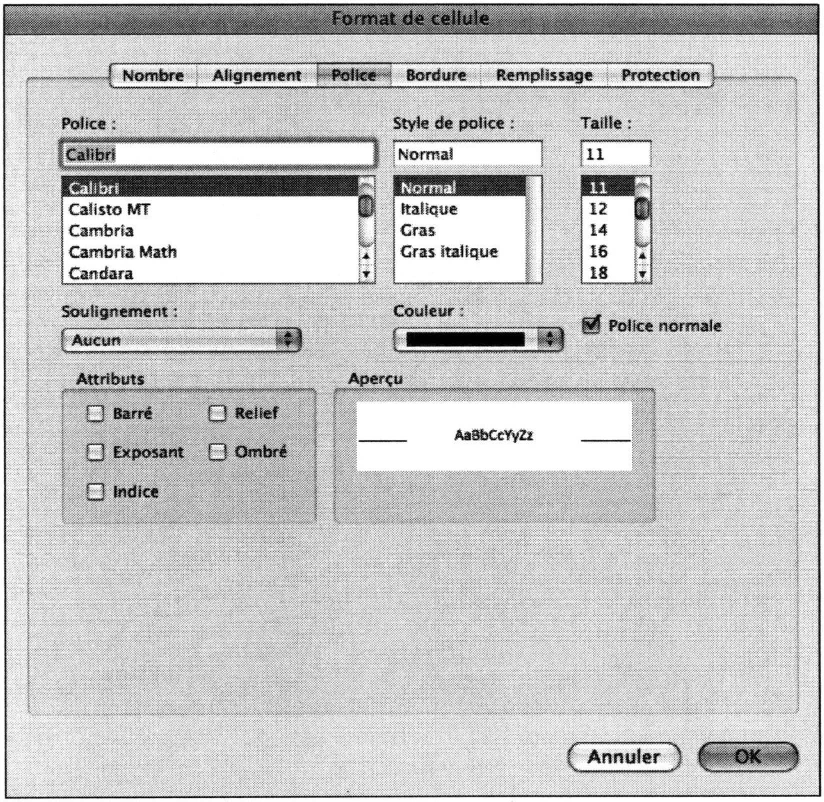


- Appliquez les mises en valeur souhaitées dans le cadre **Attributs** : **Barré**, **Exposant**, **Relief**, **Ombré** et/ou **Indice**.

  *La liste **Soulignement** permet de choisir un autre type d'attribut de soulignement.*

- Cliquez sur le bouton **OK**.

## Changer la couleur

- Sélectionnez les cellules ou les caractères concernés.
- Dans l'onglet **Accueil**, ouvrez la liste associée à l'outil **Couleur de police**  du groupe **Police** puis cliquez sur la couleur attendue.

Vous pouvez aussi sélectionner la couleur dans la boîte de dialogue **Format de cellule** - onglet **Police**.

La couleur sélectionnée s'affiche sur l'outil **Couleur de police** : pour appliquer cette couleur à une autre cellule, il suffit de cliquer directement sur l'outil, sans ouvrir la liste.

## Formater le contenu de cellules

- Pour appliquer un format prédéfini, sélectionnez les cellules concernées puis cliquez dans l'onglet **Accueil** sur la liste **Format de nombre** du groupe **Nombre**.

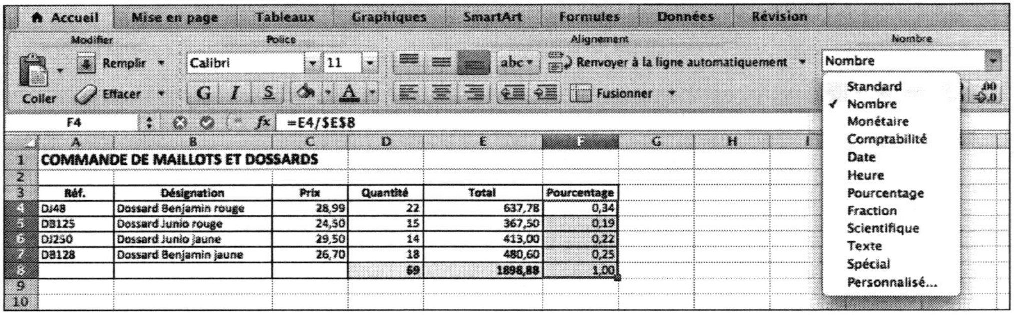


- Cliquez sur un des formats proposés par Excel.

  *Lorsque vous appliquez le format **Pourcentage**, les nombres concernés sont multipliés par 100 afin d'être convertis en pourcentages.*

  *Le format **Texte** permet d'afficher des valeurs numériques comme du texte (par défaut, aligné à gauche dans la cellule).*

- Si besoin est, augmentez ou diminuez le nombre de décimales en cliquant sur l'outil **Augmenter le nombre de décimales** ou sur l'outil **Réduire le nombre de décimales** .

Des dièses peuvent apparaître dans certaines cellules lorsque la largeur de la colonne est insuffisante pour afficher la valeur avec le format demandé ; dans ce cas, il suffit d'élargir la colonne pour afficher correctement la valeur.

Pour réinitialiser le format de nombre des cellules sélectionnées, ouvrez la liste **Format de nombre** et cliquez sur l'option **Standard**. Les cellules ayant le format **Standard** n'ont pas de format de nombre spécifique.

Pour appliquer rapidement le format **Monétaire**, **Pourcentage** ou **Milliers**, cliquez respectivement sur l'outil , l'outil **%** ou l'outil **000**.

Pour appliquer un autre format aux cellules sélectionnées, activez l'onglet **Accueil** et cliquez sur la liste **Format de nombre** du groupe **Nombre** puis sur l'option **Personnalisé** ou ouvrez le menu **Format** puis cliquez sur l'option **Cellule** (Ctrl ⇧ **1**), activez, si besoin, l'onglet **Nombre** de la boîte de dialogue **Format de cellule**.

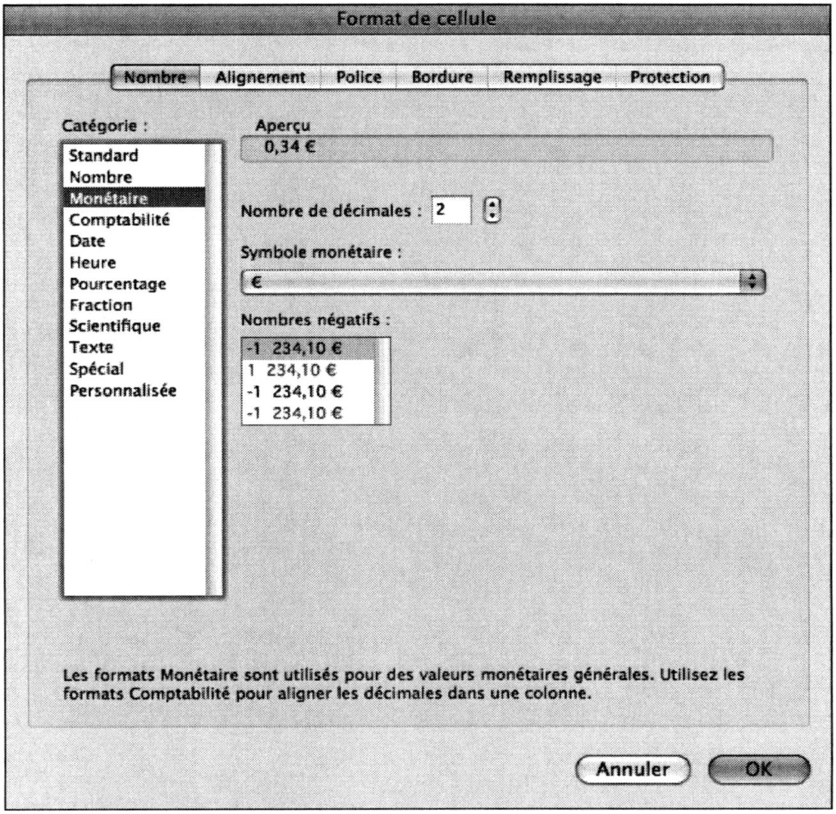


Dans la liste **Catégorie**, sélectionnez celle qui contient le format à utiliser.

Modifiez, si besoin, les paramètres du format (exemple : **Nombre de décimales**...).

- Cliquez sur le bouton **OK**.
- Pour combiner du texte avec une date ou une valeur numérique, vous pouvez utiliser la fonction TEXTE (cf. Calculs - Effectuer des calculs sur les données de type date) ou bien personnaliser le format (cf. Créer un format personnalisé).

## Créer un format personnalisé

- Sélectionnez les cellules concernées par le format.
- Activez l'onglet **Accueil** et cliquez sur la liste **Format de nombre** du groupe **Nombre** puis sur l'option **Personnalisé** ou ouvrez le menu **Format** puis cliquez sur l'option **Cellule** (Ctrl ⇧ **1**) puis activez, si besoin, l'onglet **Nombre**.

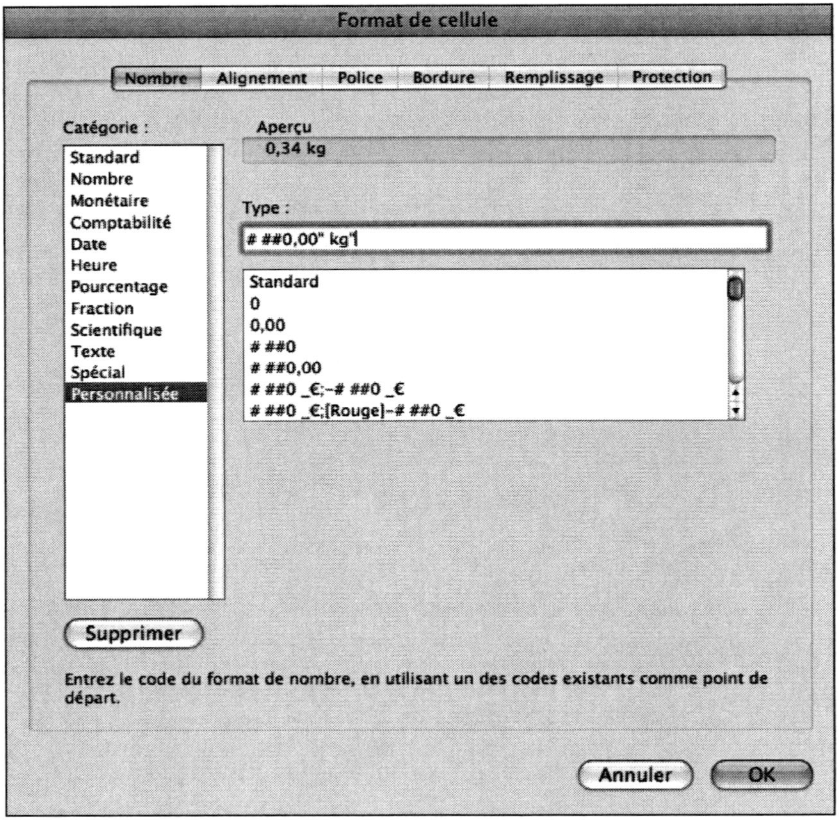

- Dans la liste **Catégorie**, sélectionnez **Personnalisée** puis saisissez ou complétez le format personnalisé dans la zone de saisie **Type** en respectant les principes suivants :

  - Un format personnalisé peut être composé de quatre sections, séparés par des points-virgules, définissant dans l'ordre : le format des nombres positifs, le format des nombres négatifs, le format des valeurs nulles et le format du texte.

  *Exemple : **0,00" kg";[rouge]-0,00" kg";0**. Cet exemple affiche les valeurs positives avec deux décimales suivi du texte kg, les valeurs négatives apparaissent en rouge précédés du signe - et suivi du texte kg, les valeurs nulles seront affichées sans décimale et sans le texte kg, aucun format particulier n'est défini pour les valeurs de type texte.*

  - Il est possible de définir une seule section, dans ce cas, elle est utilisée pour tous les nombres, quelle que soit leur valeur.

  *Exemple : **# ##0" HT"** : quelle que soit la valeur saisie (positive, négative ou nulle), un espace sera affiché entre les milliers et les centaines et la valeur sera suivie du texte HT.*

  - Pour créer votre format personnalisé, vous pouvez utiliser les syntaxes suivantes :

  <u>Pour ajouter du texte dans un format personnalisé</u> : vous devez le saisir entre guillemets. Faites attention à ne pas laisser d'espace avant les guillemets (Excel interpréterait cet espace comme une demande de division par 1000).

  <u>Pour un format numérique personnalisé</u> :

  *# ##* affiche un espace entre les milliers et les centaines

  0 affiche les valeurs sans les décimales

  0,00 affiche deux décimales

  Exemple : ***# ##0,00" HT"*** : la saisie *2415* s'affiche sous la forme *2 415,00 HT*

  <u>Pour personnaliser un format de date</u> :

  Pour les jours, utilisez les codes (la donnée entre parenthèses est un exemple) : j (1) - jj (01) - jjj (sam) - jjjj (samedi)

  Pour les mois, utilisez les codes : m (1) - mm (01) - mmm (jan) - mmmm (janvier)

  Pour les années, utilisez les codes : aa (11) - aaaa (2011)

  Utilisez le caractère de votre choix comme séparateur

  Exemple : ***"Le "jjj jj mmm aaaa*** : la saisie *24/4/11* affiche la date sous la forme *Le dim 24 avr 2011.*

  <u>Si la saisie contient du texte</u> : utilisez le caractère @ pour représenter le texte saisi.

  Exemple : ***"Région : "@*** : la saisie *Sud* affichera *Région : Sud*

- Validez par le bouton **OK**.

Pour personnaliser l'affichage des données, vous pouvez aussi utiliser la fonction TEXTE (cf. Calculs - Effectuer des calculs sur des données de type date).

Pour masquer le contenu de certaines cellules, créez le format personnalisé ;;; (trois points-virgules).

## Modifier l'orientation du contenu des cellules

- Sélectionnez les cellules concernées.
- Activez l'onglet **Accueil** et ouvrez la liste associée à l'outil **Orientation** du groupe **Alignement.**

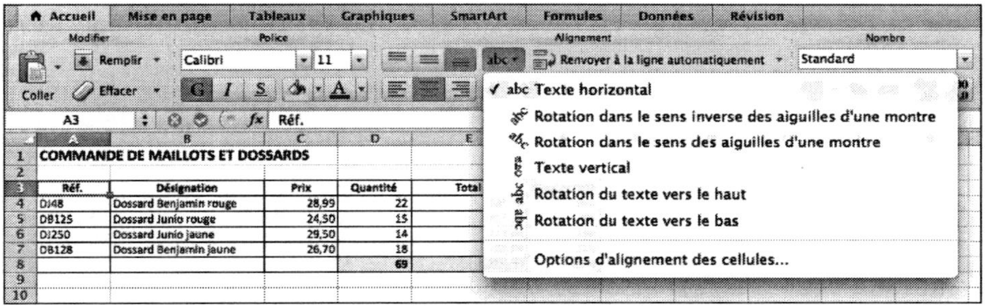


- Cliquez sur l'orientation souhaitée.

L'option **Options d'alignement des cellules** de la liste associée à l'outil permet d'ouvrir la boîte de dialogue **Format de cellule** - onglet **Alignement** afin d'y sélectionner un angle de rotation personnalisé dans la zone **degrés** (cadre **Orientation**).

## Aligner le contenu des cellules

- Sélectionnez les cellules concernées et activez l'onglet **Accueil**.
- Pour modifier l'alignement vertical du contenu des cellules par rapport à la hauteur de la ligne, cliquez sur l'un des outils suivants, présent dans le groupe **Alignement** :

  **Aligner le texte en haut**, **Aligner le texte au milieu**, **Aligner le texte en bas.**
- Pour modifier l'alignement horizontal du contenu des cellules par rapport à la largeur de la colonne, cliquez sur l'un des outils suivants : **Aligner le texte à gauche**, **Centrer le texte**, **Aligner le texte à droite.**

Vous retrouvez ces options dans la boîte de dialogue **Format de cellule** - onglet **Alignement** (que vous ouvrez en cliquant sur le menu **Format** - option **Cellule**), dans les listes **Horizontal** et **Vertical** ; l'option **Standard** de la liste **Horizontal** permet le retour à l'alignement d'origine.

Pour justifier le contenu d'une cellule, accédez à la boîte de dialogue **Format de cellule** - onglet **Alignement** puis ouvrez la liste **Horizontal** et sélectionnez l'option **Justifié** pour justifier le texte en largeur et/ou ouvrez la liste **Vertical** et sélectionnez l'option **Justifié** pour justifier le texte en hauteur.

## Appliquer un retrait au contenu des cellules

- Sélectionnez les cellules concernées.
- Dans le menu **Format**, cliquez sur l'option **Cellule** ou faites Ctrl ⇧ **1** puis activez, si besoin, l'onglet **Alignement.**
- Ouvrez la liste **Horizontal** et sélectionnez le type de retrait :

**Gauche (retrait)** Pour appliquer un alignement à gauche dans les cellules et appliquer un retrait par rapport au bord gauche des cellules défini dans la zone **Retrait.**

**Distribué (retrait)** Pour appliquer un alignement justifié dans les cellules ; cochez alors l'option **Ajouter un retrait.**

*L'option **Droite (retrait)** semble inopérante.*

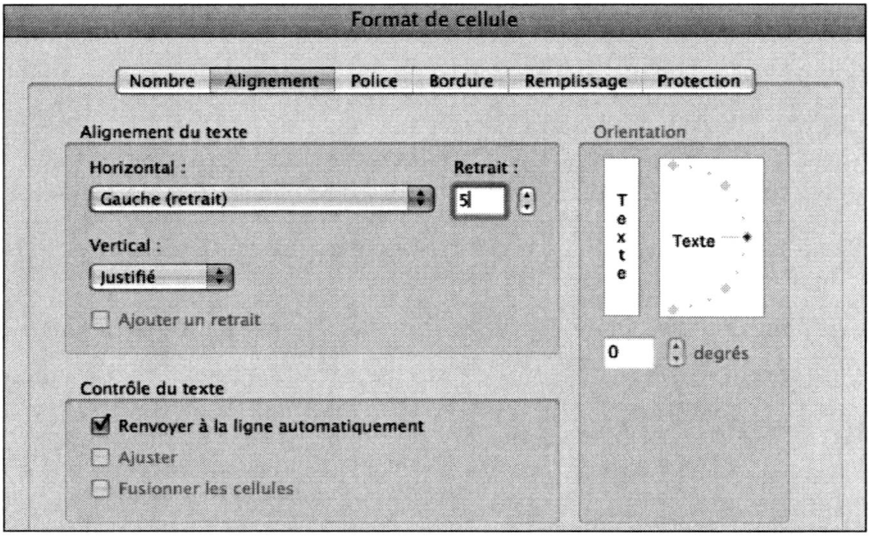

*Chaque incrément de la zone* ***Retrait****, obtenu en cliquant sur ▲ ou ▼, équivaut à la largeur d'un caractère.*

Cliquez sur le bouton **OK**.

---

Les outils et du groupe **Alignement** de l'onglet **Accueil** permettent respectivement d'augmenter ou de diminuer le retrait gauche.

---

## Fusionner des cellules

*Cette manipulation permet de regrouper plusieurs cellules afin de faire "déborder" le contenu de la première sur les autres. Les cellules fusionnées n'en forment plus qu'une seule.*

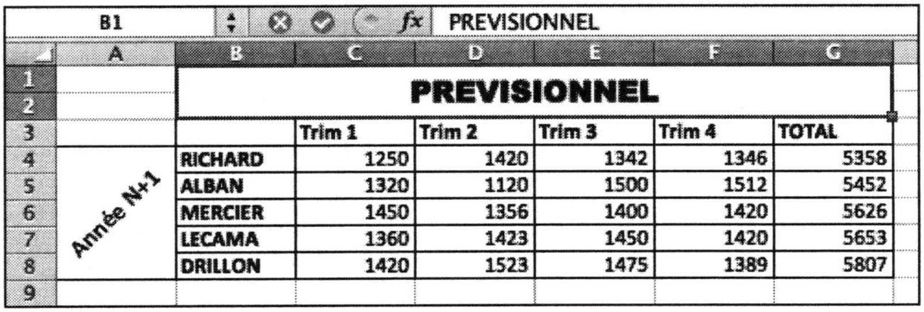
B1 PREVISIONNEL

| | A | B | C | D | E | F | G |
|---|---|---|---|---|---|---|---|
| 1 | | PREVISIONNEL | | | | | |
| 2 | | | | | | | |
| 3 | | | Trim 1 | Trim 2 | Trim 3 | Trim 4 | TOTAL |
| 4 | Année N+1 | RICHARD | 1250 | 1420 | 1342 | 1346 | 5358 |
| 5 | | ALBAN | 1320 | 1120 | 1500 | 1512 | 5452 |
| 6 | | MERCIER | 1450 | 1356 | 1400 | 1420 | 5626 |
| 7 | | LECAMA | 1360 | 1423 | 1450 | 1420 | 5653 |
| 8 | | DRILLON | 1420 | 1523 | 1475 | 1389 | 5807 |
| 9 | | | | | | | |

*Sur cet exemple, les cellules B1 à G2 sont fusionnées ; le contenu de la cellule B1 est centré horizontalement sur les cellules B1 à G2 ; les cellules A4 à A8 sont aussi fusionnées ; le contenu de la cellule A4 est centré (horizontalement et verticalement) sur les cellules A4 à A8 (l'orientation a aussi été modifiée).*

Sélectionnez les cellules à fusionner.

*Seules les données situées dans la première cellule de la sélection apparaîtront dans les cellules fusionnées.*

Activez l'onglet **Accueil**, ouvrez la liste associée à l'outil **Fusionner** du groupe **Alignement** et choisissez l'option adéquate.

| | |
|---|---|
| **Fusionner et centrer** | Pour fusionner la sélection tout en centrant horizontalement le contenu de la première cellule sur la sélection. |

| | |
|---|---|
| **Fusionner** | Pour fusionner la sélection dans le sens horizontal, sans changer l'alignement horizontal de la sélection. |
| **Fusionner les cellules** | Pour fusionner la sélection dans le sens horizontal ou vertical, sans changer l'alignement horizontal de la sélection. |
| **Annuler Fusionner cellules** | Pour annuler la fusion de la cellule sélectionnée. |

Pour fusionner des cellules, vous pouvez aussi accéder à la boîte de dialogue **Format de cellule** - onglet **Alignement** puis cocher l'option **Fusionner les cellules.**

## Appliquer des bordures aux cellules

*Par défaut, aucune bordure n'apparaît autour des cellules. Par défaut, la grille que vous visualisez sur la feuille de calcul ne s'imprime pas.*

- Sélectionnez les cellules concernées par une même bordure.
- Ouvrez le menu **Format**, cliquez sur l'option **Cellule** ou faites Ctrl ⇧ **1** puis activez, si besoin, l'onglet **Bordure**.

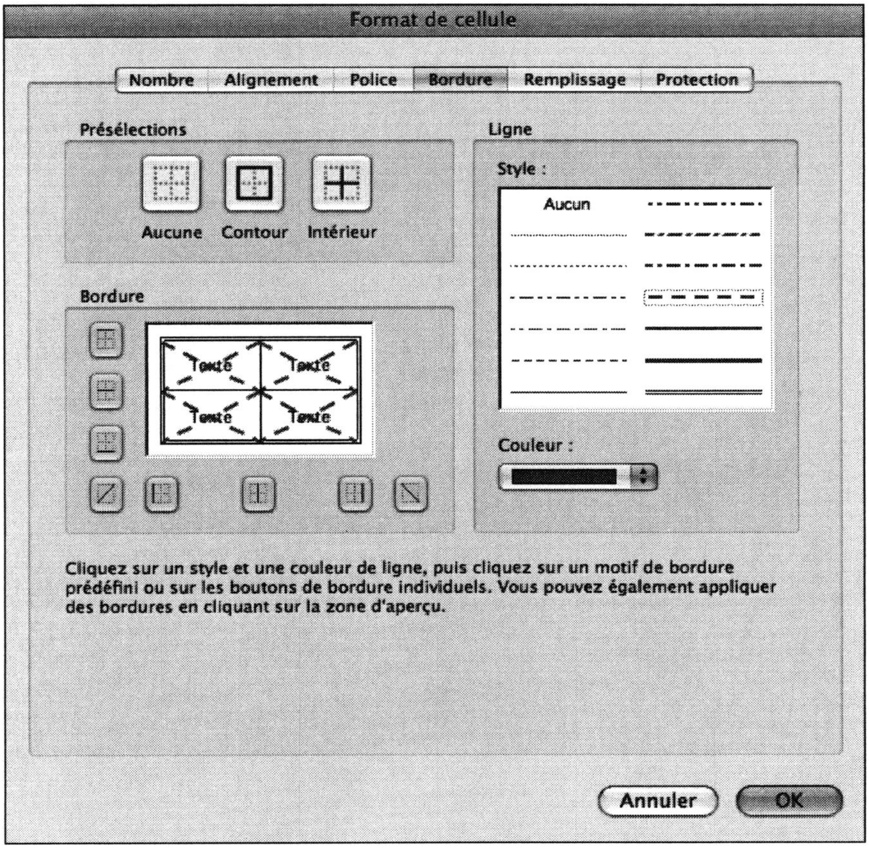


- Pour placer une bordure précise autour des bords externes de la sélection, choisissez le **Style** et la **Couleur** de la bordure puis cliquez sur le bouton **Contour**. Pour quadriller les cellules, cliquez sur le bouton **Intérieur**.

Pour placer une bordure le long des bords spécifiés de chaque cellule de la sélection, choisissez tout d'abord le **Style** et la **Couleur** puis cliquez sur le bouton correspondant du cadre **Bordure** pour afficher ou masquer la bordure ou cliquez sur la bordure visible dans la zone d'aperçu. Cliquez sur le bouton **Intérieur** pour insérer des traits autour de chaque cellule sélectionnée à l'exception des bords externes de la sélection.

*Les boutons*  *et*  *permettent de tracer des diagonales dans les cellules.*

- Validez en cliquant sur le bouton **OK.**
- Visualisez le résultat en cliquant en dehors de la sélection.

Pour supprimer toutes les bordures sur la sélection, choisissez l'option **Aucune bordure** de la liste associée à l'outil .

## Appliquer une couleur de fond aux cellules

- Sélectionnez les cellules concernées.
- Activez l'onglet **Accueil** et ouvrez la liste associée à l'outil **Couleur de remplissage**  du groupe **Police**.

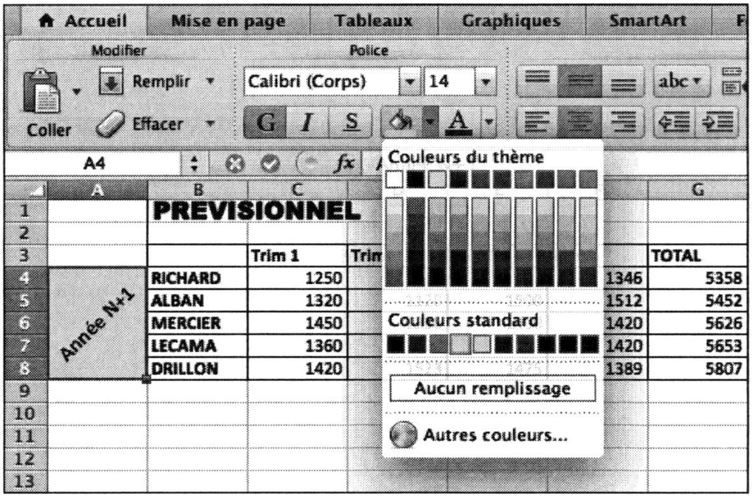

- Si l'une des **Couleurs du thème** ou **Couleurs standard** vous convient, cliquez sur cette teinte pour l'appliquer.
- Pour sélectionner une autre couleur, activez l'option **Autres couleurs**. Sélectionnez ensuite la couleur souhaitée puis cliquez sur le bouton **OK**.

La dernière couleur appliquée s'affiche sur l'outil **Couleur de remplissage** ; pour l'appliquer sur une nouvelle sélection, il suffit de cliquer sur l'outil, sans ouvrir la liste.

La boîte de dialogue **Format des cellules** - onglet **Remplissage** vous permet aussi d'appliquer une couleur dans le fond des cellules.

Pour annuler une couleur de fond sur une sélection de cellules, choisissez l'option **Aucun remplissage** dans la liste associée à l'outil **Couleur de remplissage** .

## Appliquer un motif dans le fond des cellules

- Sélectionnez les cellules concernées.
- Cliquez sur le menu **Format** puis sur l'option **Cellule** ou faites Ctrl ⇧ **1**.
- Activez l'onglet **Remplissage**.
- Dans la zone **Arrière-plan**, sélectionnez, si besoin, une couleur pour l'arrière-plan de la cellule et/ou du motif.
- Pour appliquer un motif dans le fond des cellules sélectionnées, ouvrez la liste **Couleur** de la zone **Premier plan** et choisissez la couleur de premier plan si vous souhaitez créer un motif coloré.

- Ouvrez ensuite la liste **Style de motif** et sélectionnez celui que vous souhaitez appliquer aux cellules.

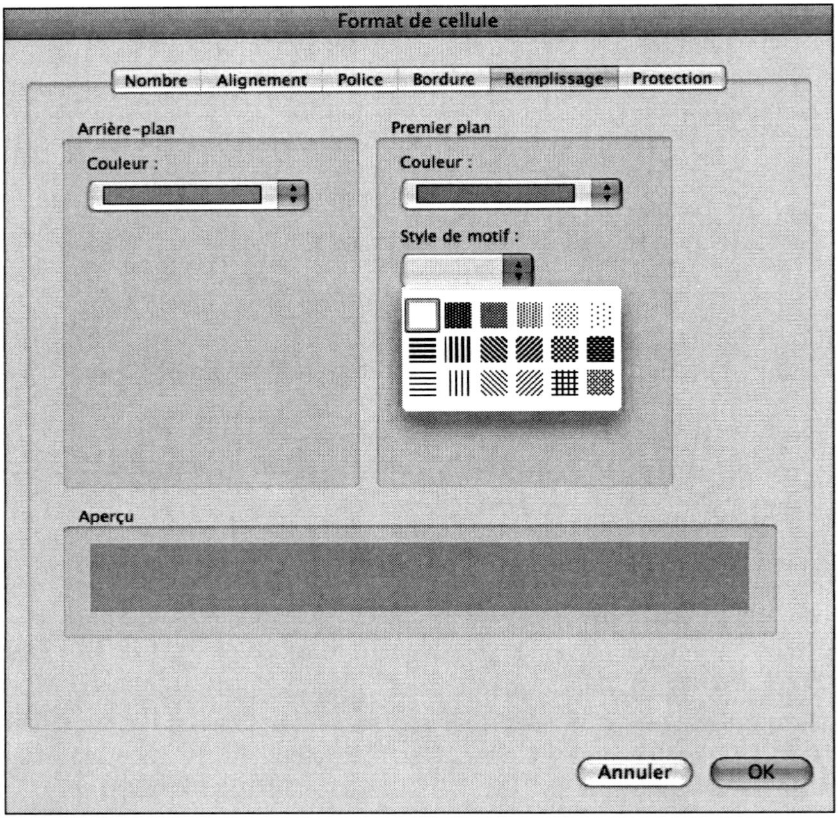

## Appliquer une mise en forme conditionnelle prédéfinie

*Une mise en forme conditionnelle permet de mettre en évidence des cellules contenant des valeurs numériques, des dates ou des heures en affichant dans les cellules des barres de données de couleurs, des icônes qui prendront différentes formes selon la valeur contenue dans chaque cellule. L'aspect des cellules est modifié en fonction d'une condition que vous définissez.*

- Sélectionnez les cellules sur lesquelles vous souhaitez appliquer une mise en forme conditionnelle.
- Activez l'onglet **Accueil** et ouvrez la liste associée à l'outil **Mise en forme conditionnelle** 

du groupe **Format.**
- Faites glisser la souris sur l'une des trois options proposées :

**Barres de données** : elles permettent de comparer les valeurs des différentes cellules afin de repérer rapidement les valeurs les plus élevées et les moins élevées. La longueur de la barre de données représente la valeur dans la cellule : plus la barre est longue, plus la valeur est élevée.

| | A | B | C | D | E | F |
|---|---|---|---|---|---|---|
| 1 | **Récapitulatif - ventes 1er trimestre = France** | | | | | |
| 2 | | | | | | |
| 3 | VENTES | **Désignation** | **OUEST** | **EST** | **SUD** | **NORD** |
| 4 | | Chambre simple | 1722,99 | 1809,47 | 2527,05 | 1516,23 |
| 5 | | Chambre double | 926,28 | 1284,35 | 2128,95 | 1195,2 |
| 6 | | Petit déjeuner | 687,37 | 631,12 | 836,92 | 343 |
| 7 | | Demi-pension | 1912,18 | 1560,96 | 3219,48 | 1268,28 |
| 8 | | Pension complète | 998,46 | 1015,38 | 2425,63 | 620,51 |
| 9 | | Supplément enfant | 231,65 | -540 | 487,68 | 395 |
| 10 | | **TOTAL** | **6478,93** | **5761,28** | **11625,71** | **5338,22** |

*Sur l'exemple précédent, la mise en forme conditionnelle Barres de données rouge a été appliquée sur les cellules C4 à F9, ce qui permet de bien mettre en évidence les écarts d'une région à l'autre. Notez que la barre de données négatives (en D9) apparaît sur le côté opposé d'un axe par rapport aux valeurs positives.*

**Nuances de couleurs** : elles permettent de comprendre la distribution et les variations des valeurs. Vous pouvez appliquer une échelle à deux couleurs (la teinte de la couleur représente les valeurs les plus élevées et les plus basses) ou à trois couleurs (la teinte de la couleur représente les valeurs élevées, les valeurs intermédiaires et les valeurs basses).

| | A | B | C | D | E | F |
|---|---|---|---|---|---|---|
| 1 | **Récapitulatif - ventes 1er trimestre = France** | | | | | |
| 2 | | | | | | |
| 3 | VENTES | **Désignation** | **OUEST** | **EST** | **SUD** | **NORD** |
| 4 | | Chambre simple | 1722,99 | 1809,47 | 2527,05 | 1516,23 |
| 5 | | Chambre double | 926,28 | 1284,35 | 2128,95 | 1195,2 |
| 6 | | Petit déjeuner | 687,37 | 631,12 | 836,92 | 343 |
| 7 | | Demi-pension | 1912,18 | 1560,96 | 3219,48 | 1268,28 |
| 8 | | Pension complète | 998,46 | 1015,38 | 2425,63 | 620,51 |
| 9 | | Supplément enfant | 231,65 | -540 | 487,68 | 395 |
| 10 | | **TOTAL** | **6478,93** | **5761,28** | **11625,71** | **5338,22** |

*Sur l'exemple précédent, une mise en forme conditionnelle **Nuances de couleurs** à trois couleurs a été appliquée sur les cellules C4 à F9. Les valeurs inférieures à une certaine valeur sont représentées par plusieurs nuances d'une couleur, les valeurs comprises entre deux valeurs sont représentées par plusieurs nuances d'une autre couleur et les valeurs supérieures sont représentées par plusieurs nuances d'une troisième couleur.*

**Jeux d'icônes** : ils permettent d'annoter et de classer des données de trois à cinq catégories, séparées par une valeur seuil. Chaque icône représente une plage de valeurs. Par exemple, dans le jeu nommé **3 Flèches (en couleur)**, la flèche verte orientée vers le haut représente les valeurs les plus élevées, la flèche jaune horizontale les valeurs intermédiaires et la flèche rouge orientée vers le bas, les valeurs les plus basses.

| | A | B | C | D | E | F |
|---|---|---|---|---|---|---|
| 1 | **Récapitulatif - ventes 1er trimestre = France** | | | | | |
| 2 | | | | | | |
| 3 | VENTES | **Désignation** | **OUEST** | **EST** | **SUD** | **NORD** |
| 4 | | Chambre simple | 1722,99 | 1809,47 | 2527,05 | 1516,23 |
| 5 | | Chambre double | 926,28 | 1284,35 | 2128,95 | 1195,2 |
| 6 | | Petit déjeuner | 687,37 | 631,12 | 836,92 | 343 |
| 7 | | Demi-pension | 1912,18 | 1560,96 | 3219,48 | 1268,28 |
| 8 | | Pension complète | 998,46 | 1015,38 | 2425,63 | 620,51 |
| 9 | | Supplément enfant | 231,65 | -540 | 487,68 | 395 |
| 10 | | **TOTAL** | **6478,93** | **5761,28** | **11625,71** | **5338,22** |

*Ici, la mise en forme conditionnelle **Jeux d'icônes - 3 Étoiles** a été appliquée sur les cellules C4 à F9. Remarquez que les valeurs inférieures à une certaine valeur sont représentées par une étoile vide, les valeurs comprises entre deux valeurs sont représentées par une étoile à demi remplie et les valeurs supérieures le sont par une étoile pleine.*

- Cliquez sur le modèle de barres de données, de nuances de couleurs ou de jeu d'icônes à appliquer.

  *Lorsque vous pointez (sans cliquer) un modèle, une info-bulle vous indique son nom, notamment s'il s'agit d'une échelle à deux ou à trois couleurs (dans la liste* ***Nuances de couleurs****).*

- Pour **Effacer les règles des cellules sélectionnées** afin qu'elles retrouvent leur mise en forme d'origine, ouvrez la liste associée à l'outil **Mise en forme conditionnelle** 

puis cliquez sur l'option **Effacer les règles.**

Vous pouvez cumuler les trois types de mises en valeur conditionnelles sur la même plage de cellules.

Lorsque vous modifiez une donnée, la mise en forme conditionnelle appliquée à la cellule est immédiatement mise à jour.

## Créer une règle de mise en forme conditionnelle

*Il s'agit de créer vos propres conditions pour appliquer une des mises en forme conditionnelles prédéfinies ou pour appliquer une mise en forme que vous personnalisez.*

- Sélectionnez les cellules concernées par la mise en forme conditionnelle.
- Activez l'onglet **Accueil** et ouvrez la liste associée à l'outil **Mise en forme conditionnelle** 

du groupe **Format.**
- Cliquez sur l'option **Nouvelle règle.**

  *La boîte de dialogue* ***Nouvelle règle de mise en forme*** *apparaît ; vous accédez aussi à cette boîte de dialogue en activant l'option* ***Autres règles*** *située dans les menus associés aux options* ***Barres de données, Nuances de couleurs*** *et* ***Jeux d'icônes****.*

## Créer une mise en forme conditionnelle de type Barres de données

- Ouvrez la liste **Style** et sélectionnez l'option **Barre de données.**
- Réalisez l'une des manipulations suivantes :
  - Pour appliquer la barre de données uniquement aux valeurs inférieures et supérieures, sélectionnez les options **Valeur inférieure** et **Valeur supérieure** dans les listes **Type** des zones **Minimum** et **Maximum.**

  *Dans ce cas, vous ne pouvez pas préciser de **Valeur**.*

  - Pour appliquer la barre aux valeurs ou aux dates ou heures comprises dans un intervalle, sélectionnez l'option **Nombre** dans les listes **Type** des zones **Minimum** et **Maximum** puis entrez une **Valeur** dans chacune des zones.
  - Pour appliquer la barre aux valeurs représentant un certain pourcentage du total des valeurs, sélectionnez l'option **Pourcentage** dans les listes **Type** des zones **Minimum** et **Maximum** puis entrez une **Valeur** dans chacune des zones.

  *Les valeurs valides sont comprises entre 0 et 100. N'entrez pas de signe de pourcentage.*

  - Pour appliquer la barre en fonction de centiles, sélectionnez l'option **Centile** dans les listes **Type** des zones **Minimum** et **Maximum** puis entrez une **Valeur** dans chacune des zones (entre 0 et 100).

  *Un centile permet de visualiser un groupe de valeurs élevées (telles que le 20ème centile) dans une proportion de barre de données et les valeurs basses (telles que le 20ème centile) dans une autre proportion de barre de données car ils représentent les valeurs extrêmes qui peuvent biaiser la visualisation de vos données. Vous ne pouvez pas utiliser un centile si la plage de cellules contient plus de 8 191 points de données.*

  - Pour appliquer la barre en fonction du résultat à une formule, sélectionnez l'option **Formule** dans les listes **Type** des zones **Minimum** et **Maximum** puis entrez une **Valeur** dans chacune des zones.

  *La formule doit renvoyer une valeur numérique, de date ou d'heure. Précédez la formule du signe égal (=). Lorsque les formules ne sont pas valides, aucune mise en forme n'est appliquée au résultat.*

Vous pouvez choisir un **Type** différent pour la zone **Minimum** et pour la zone **Maximum** (par exemple, un type **Nombre** dans la zone **Minimum** et un type **Pourcentage** dans la zone **Maximum**) ; vérifiez cependant que la valeur de la zone **Minimum** est inférieure à celle de la zone **Maximum.**

- Définissez l'apparence de la barre dans les zones **Remplissages** et **Bordures.**

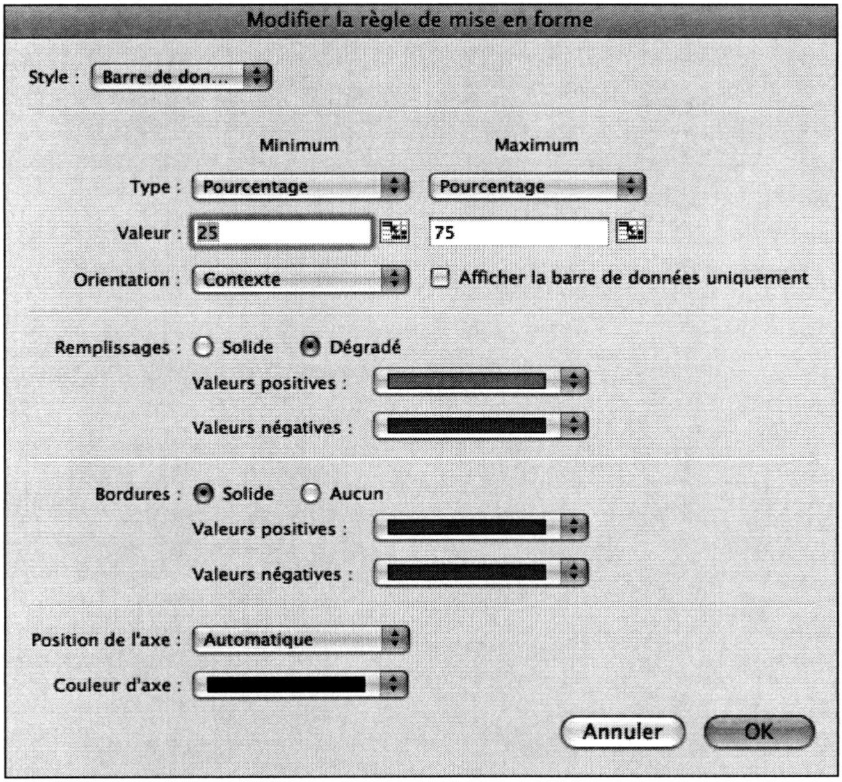


*Cette barre sera appliquée aux cellules dont la valeur représente 25 à 75 % du total des valeurs.*

- Pour modifier **l'Orientation** de la barre, ouvrez la liste correspondante puis cliquez sur l'option **Contexte** (valeur par défaut), **De gauche à droite** ou **De droite à gauche**.
- Pour définir l'apparence de la barre lorsque vous avez des **Valeurs négatives**, définissez les couleurs correspondantes dans les zones **Remplissages** et **Bordures**. Définissez également si nécessaire les paramètres de **Position de l'axe** ainsi que la **Couleur d'axe**.
- Pour afficher uniquement la barre de données et non la valeur de la cellule, cochez l'option **Afficher la barre de données uniquement**.
- Cliquez sur le bouton **OK**.

## Créer une mise en forme conditionnelle de type Nuances de couleurs

- Ouvrez la liste **Style** et sélectionnez si besoin l'option **Échelle à deux couleurs** ou l'option **Échelle à trois couleurs.**
- Réalisez les mêmes types de manipulations que dans le sous-titre précédent :
  - Ouvrez la liste **Type** de la zone **Minimum** et choisissez l'option **Valeur inférieure**, **Nombre**, **Pourcentage**, **Formule** ou **Centile**.
  - Dans la zone **Valeur**, saisissez le nombre, le pourcentage (sans le symbole), le centile ou créez la formule de calcul indiquant la condition pour afficher les valeurs minimales.
  - Ouvrez la liste **Couleur** et choisissez celle qui vous convient.
- Faites la même chose dans la zone **Maximum** et, pour une échelle à trois couleurs, dans la zone **Milieu**.

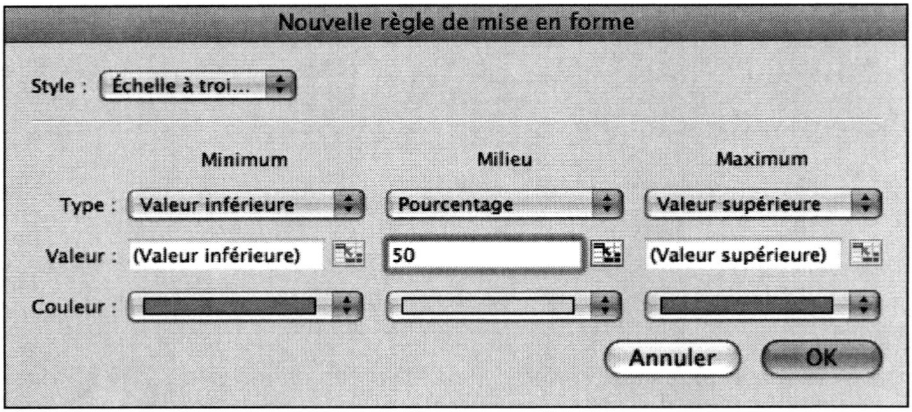


- Cliquez sur le bouton **OK**.

## Créer une mise en forme conditionnelle de type Jeux d'icônes

- Ouvrez la liste **Style** et sélectionnez l'option **Jeux d'icônes**.
- Ouvrez la liste **Icônes** et choisissez celui qui vous convient.
- Cliquez sur le bouton **Ordre inverse des icônes** si vous souhaitez que la première icône représente les valeurs les plus basses et la dernière les valeurs les plus hautes.
- Cochez l'option **Afficher l'icône uniquement** si vous souhaitez afficher uniquement les icônes et non la valeur des cellules.

- Vous pouvez modifier le symbole de chaque icône associé aux **Icônes** sélectionnées. Pour cela, cliquez sur la flèche en regard de l'icône à modifier dans les listes **Afficher** puis cliquez sur le symbole souhaité.
- Pour chaque icône choisie :
  - Sélectionnez un opérateur de comparaison : > >= < <=...
  - Ouvrez les listes **Type** de chaque zone et choisissez l'option **Nombre**, **Pourcentage**, **Formule** ou **Centile**.
  - Dans les zones **Valeur**, saisissez le nombre, le pourcentage, le centile ou créez la formule de calcul.

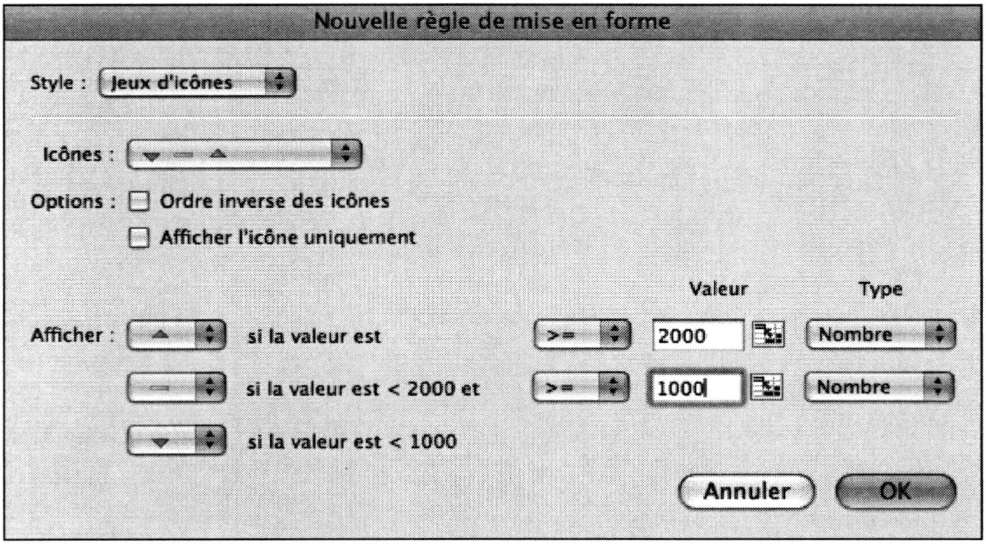


*L'icône ▲ apparaîtra dans les cellules dont la valeur est supérieure ou égale à 2000, l'icône ▬ apparaîtra pour les valeurs comprises entre 1000 et 2000 et l'icône ▼ apparaîtra pour les valeurs inférieures à 1000.*

*Il existe trois tailles d'icônes. La taille affichée dépend de la taille de police utilisée dans les cellules.*

- Cliquez sur le bouton **OK**.

## Formater des cellules en fonction de leur contenu

*La donnée sera alors mise en forme selon sa valeur (par exemple, les valeurs négatives apparaîtront en rouge et en gras).*

### Appliquer un format prédéfini

- Sélectionnez les cellules concernées par le format conditionnel.
- Activez l'onglet **Accueil** et ouvrez la liste associée à l'outil **Mise en forme conditionnelle** 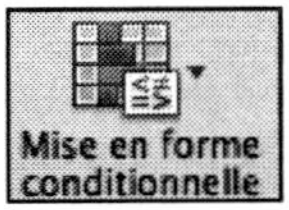

du groupe **Format**.
- Sélectionnez une des options proposées dans le sous-menu **Règles de mises en surbrillance des cellules** ou dans le sous-menu **Règles des valeurs plus/moins élevées.**

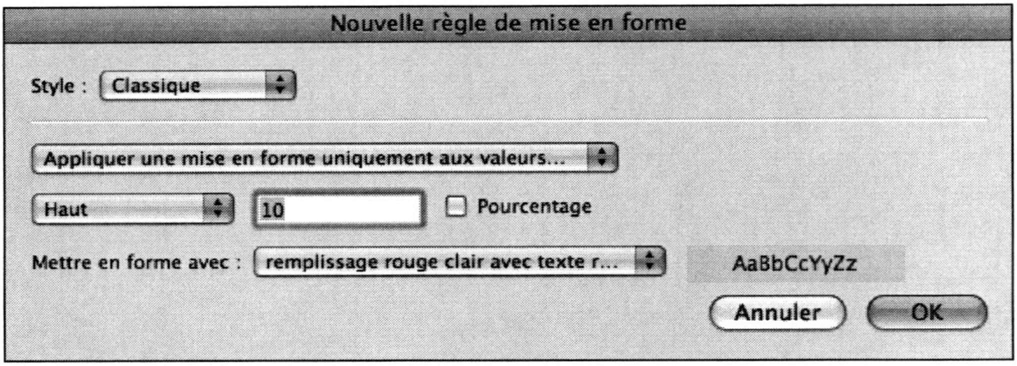


*En fonction de l'option choisie, la boîte de dialogue qui apparaît permet de saisir ou de modifier la donnée représentative de la règle à appliquer. Ici, vous pouvez appliquer un format aux N premières valeurs.*

- Modifiez ou saisissez les données correspondant au format à appliquer.
- Ouvrez la liste déroulante qui suit afin de choisir le format.
- Cliquez sur le bouton **OK**.

Personnaliser le format

- Sélectionnez les cellules concernées par le format conditionnel.
- Activez l'onglet **Accueil** et ouvrez la liste associée à l'outil **Mise en forme conditionnelle** 

du groupe **Style**.
- Cliquez sur l'option **Nouvelle règle.**

  Dans la liste **Style**, sélectionnez l'option **Classique**.
- Dans la zone déroulante qui suit, sélectionnez le type de règle que vous souhaitez créer, à savoir l'une des règles commençant par l'intitulé **Appliquer une mise en forme...** ou la règle **Utiliser une formule pour déterminer à quelles cellules la mise en forme sera appliquée.**
- Précisez enfin vos conditions d'application de la règle à l'aide des zones de liste et des zones de saisie.
- Dans la liste **Mettre en forme avec**, sélectionnez le format que vous souhaitez. L'option **Format personnalisé** ouvre la boîte de dialogue **Format de cellule** : activez les différents onglets afin de personnaliser le format des cellules dont les valeurs correspondent à la condition puis cliquez sur le bouton **OK**.
- Cliquez sur le bouton **OK**.

## Supprimer toutes les règles de mise en forme conditionnelle

*Cette technique vous montre comment supprimer les formats conditionnels (liés à des règles) appliqués dans une feuille ou sur une plage de cellules.*

- Activez la feuille de calcul contenant les mises en forme conditionnelles à effacer ou sélectionnez les cellules sur lesquelles sont appliquées les mises en forme conditionnelles à effacer.
- Activez l'onglet **Accueil** et ouvrez la liste associée à l'outil **Mise en forme conditionnelle** 

du groupe **Style**.
- Faites glisser la souris sur l'option **Effacer les règles** puis cliquez sur l'option **Effacer les règles des cellules sélectionnées** ou **Effacer les règles de la feuille entière** selon votre souhait.

## Gérer les règles de mise en forme conditionnelle

- Sélectionnez si besoin les cellules concernées par les mises en forme conditionnelles à modifier.
- Activez l'onglet **Accueil** et ouvrez la liste associée à l'outil **Mise en forme conditionnelle** 

 du groupe **Format**.
- Cliquez sur l'option **Gérer les règles.**

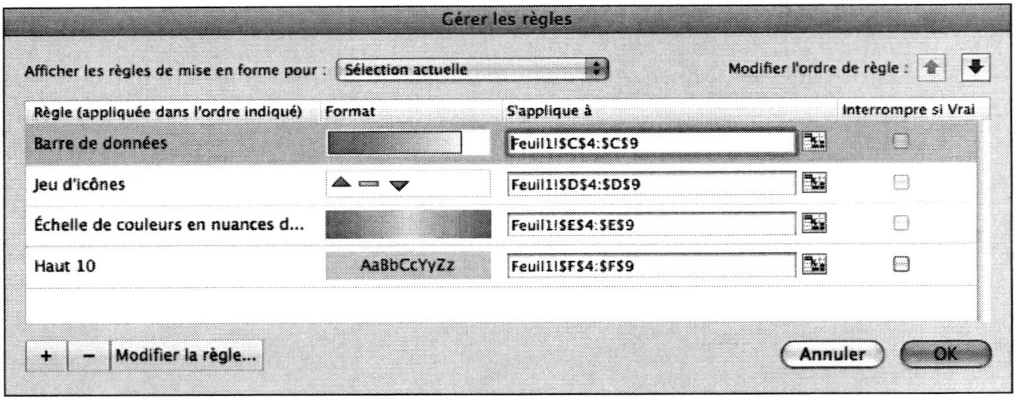


*La boîte de dialogue **Gérer les règles** affiche les différentes règles appliquées à la sélection (ici, quatre règles).*

- Ouvrez la liste **Afficher les règles de mise en forme pour** puis choisissez l'option **Sélection actuelle, Cette feuille** ou **Feuille : x** selon le cas.
- Pour sélectionner une règle, cliquez sur la ligne correspondante.
- Pour modifier une règle, sélectionnez-la et cliquez sur le bouton **Modifier la règle** ; apportez vos modifications dans la boîte de dialogue **Modifier la règle de mise en forme**, similaire à la boîte de dialogue **Nouvelle règle de mise en forme.**
- Pour supprimer une règle, sélectionnez-la et cliquez sur le bouton 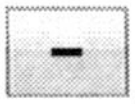.

- Pour modifier les cellules concernées par la règle, sélectionnez-la et utilisez le bouton de la zone **S'applique à** pour modifier la sélection. Celle-ci peut concerner des cellules situées sur une autre feuille de calcul du classeur actif.

  *Pour modifier la priorité des règles, sélectionnez une des règles concernées puis cliquez sur le bouton ou .*

  *Une règle placée plus haut dans la liste est prioritaire sur une règle placée plus bas. Par défaut, les nouvelles règles sont toujours ajoutées en haut de la liste et ont, par conséquent, un niveau de priorité plus élevé.*

- Activez la case à cocher **Interrompre si Vrai** pour que Excel ne teste pas les règles suivantes si la règle active est vérifiée.

  *La case à cocher **Interrompre si Vrai** permet aussi d'assurer la compatibilité avec les versions précédentes de Microsoft Excel qui ne prennent pas en charge plusieurs règles de mise en forme conditionnelle. Par exemple, si vous disposez de trois règles pour une plage de cellules, les versions d'Excel antérieures à Excel 2008 appliquent la dernière règle dans l'ordre de priorité. Si vous souhaitez que la première ou la seconde règle soit appliquée, activez la case à cocher **Interrompre si Vrai** pour cette règle.*

- Cliquez sur le bouton **OK** pour valider les modifications en fermant la boîte de dialogue **Gérer les régles** ou sur le bouton **Annuler** pour ne pas les valider.

## Appliquer un style de cellule

*Un style est une mise en valeur prédéfinie qui peut être appliquée sur n'importe quelle cellule. Vous pouvez créer vos propres styles de cellule.*

- Sélectionnez les cellules concernées par l'application du style.
- Activez l'onglet **Accueil** et cliquez sur le bouton **Styles** 

du groupe **Format.**

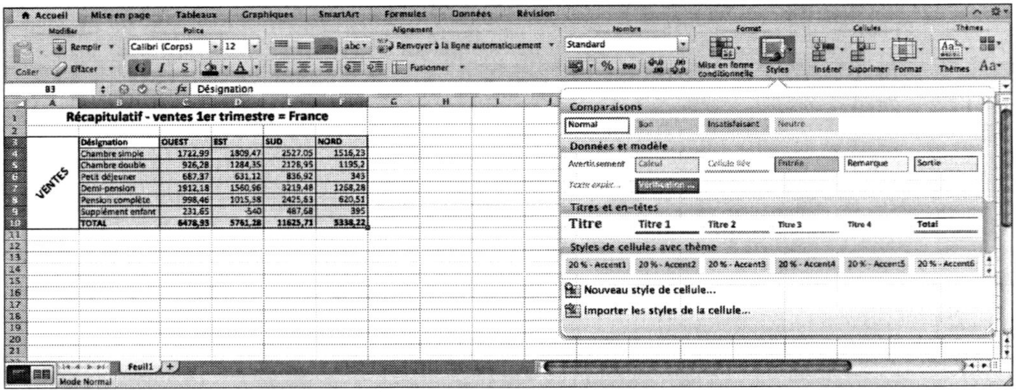


*La liste de tous les styles apparaît dans différentes catégories (**"Comparaisons"**, **"Données et modèle"**...).*

- Cliquez sur le style à appliquer.

Pour retrouver la mise en forme appliquée avant l'application d'un style, cliquez sur le bouton **Styles** 

du groupe **Format** et sélectionnez le style **Normal** de la catégorie **Comparaisons.**

## Créer un style de cellule

*Créer un style permet d'enregistrer la mise en forme d'une cellule afin de l'appliquer rapidement à d'autres cellules.*

- Activez la cellule dont la mise en forme doit être enregistrée dans le style.
- Activez l'onglet **Accueil** et cliquez sur le bouton **Styles** 

du groupe **Format** puis activez l'option **Nouveau style de cellule.**
- Saisissez le **Nom du style** à créer, dans la boîte de dialogue **Nouveau style de cellule.**

  *La description du style est affichée dans le cadre* ***Le style sélectionné met en forme les propriétés suivantes****.*
- Décochez les éventuelles mises en valeur à ne pas inclure dans le style.

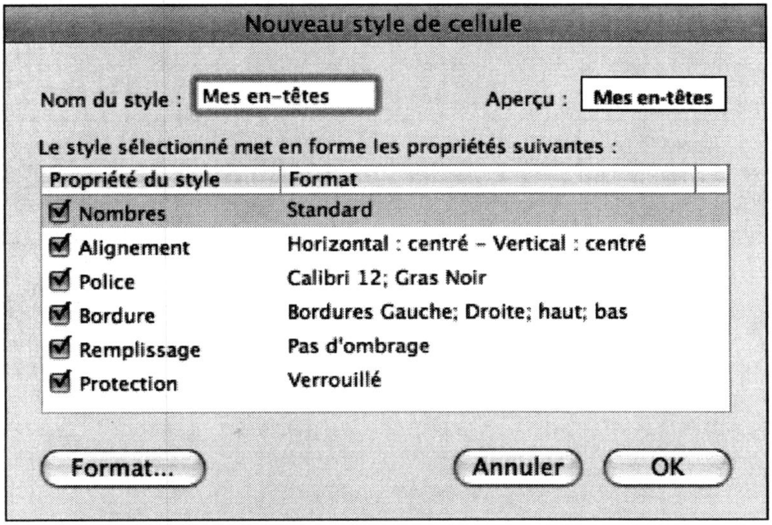


- Au besoin, modifiez certaines mises en valeur grâce au bouton **Format.**
- Validez par le bouton **OK.**

  *Notez que le style ainsi créé n'est pas appliqué à la cellule active, mais vous pouvez le faire (cf. titre précédent). Les styles sont définis uniquement pour le classeur actif.*

Les styles que vous avez créés apparaissent dans la liste **Styles**, catégorie **Personnalisé**.

## Gérer les styles de cellule

- Activez l'onglet **Accueil** et cliquez sur le bouton **Styles** 

du groupe **Format**.
- Pour modifier un style de cellule, appuyez sur la touche Ctrl et cliquez sur le style à modifier, puis cliquez sur l'option **Modifier**. Cliquez sur le bouton **Format** de la boîte de dialogue **Modifier le style de cellule**, apportez les modifications dans la boîte de dialogue **Format de cellule** puis validez par le bouton **OK**.

  *Toutes les cellules mises en forme avec le style sont immédiatement modifiées.*
- Pour supprimer un style de cellule, appuyez sur la touche Ctrl et cliquez sur le style à modifier, puis cliquez sur l'option **Supprimer**.

  *La suppression est immédiate : les cellules sur lesquelles le style avait été appliqué perdent leur mise en forme et retrouvent une mise en forme standard. Attention, la suppression d'un style ne peut pas être annulée.*
- Pour intégrer les styles de cellule d'un autre classeur (ce dernier doit être ouvert), cliquez sur l'option **Importer les styles de la cellule** du bouton **Style**, puis sélectionnez le classeur contenant les styles à utiliser. Cliquez sur le bouton **OK** ou sur le bouton **Annuler** pour fermer la fenêtre **Importer les styles de la cellule** sans apporter de modifications.

## Appliquer un thème au classeur

*Un thème est un ensemble d'éléments de mises en forme qui inclut des couleurs, des polices (y compris des polices d'en-tête et de corps de texte) et des effets graphiques (y compris des lignes et des effets de remplissage) qui donnent un aspect cohérent à votre classeur. Lorsque vous changez le thème, cela affecte immédiatement la présentation des cellules sur lesquelles des styles ont été appliqués.*

- Activez la feuille de calcul concernée par l'application du thème.
- Activez l'onglet **Accueil** et cliquez sur le bouton **Thèmes** 

du groupe **Thèmes**.

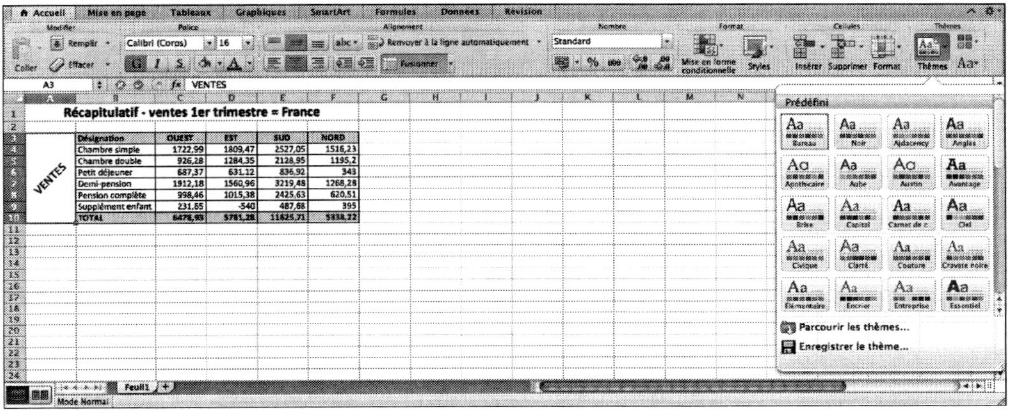


*La liste des thèmes prédéfinis apparaît.*

- Lorsque vous avez choisi le thème, cliquez sur son nom.

*Le thème appliqué modifie la présentation des cellules mises en forme avec des styles.*

Le thème utilisé par défaut est le thème nommé **Bureau.**

---

Si le thème que vous voulez utiliser n'est pas répertorié, cliquez sur l'option **Parcourir les thèmes** pour le trouver sur votre ordinateur ou sur un emplacement du réseau.

---

## Appliquer un jeu de couleurs

*Les couleurs du thème contiennent deux couleurs de texte, deux couleurs de fond de cellules, six couleurs d'accentuation et deux couleurs de lien hypertexte.*

- Activez l'onglet **Accueil** et cliquez sur le bouton 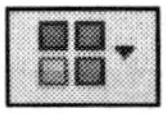 du groupe **Thèmes.**

*Huit couleurs apparaissent à gauche du nom de l'ensemble de couleurs lorsque vous ouvrez la liste.*

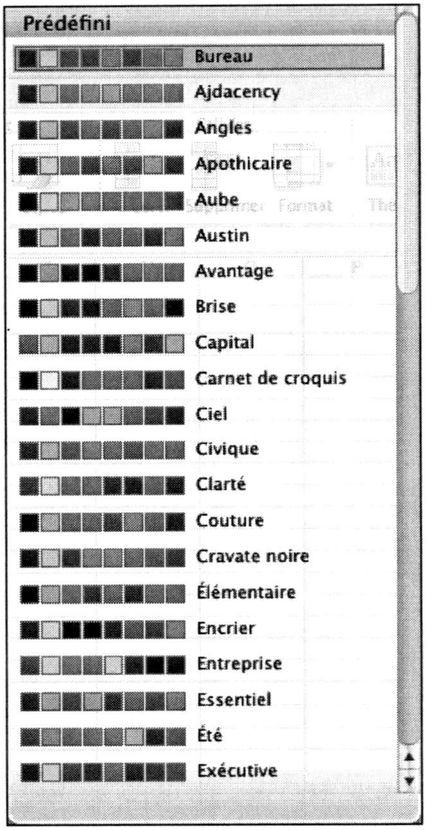


- Lorsque vous avez choisi l'ensemble de couleurs, cliquez sur son nom.

## Appliquer un jeu de polices

*Les polices du thème contiennent une police de titre et une police de corps de texte.*

- Activez l'onglet **Accueil** et cliquez sur le bouton  du groupe **Thèmes**.
- Lorsque vous l'avez choisi, cliquez sur le nom de la police souhaitée.

## Enregistrer un thème

*Tous les changements apportés aux couleurs, aux polices ou aux effets de ligne et de remplissage d'un thème peuvent être enregistrés en tant que thème personnalisé, que vous pouvez ensuite appliquer à d'autres classeurs.*

- Réalisez vos modifications sur le thème actif (personnalisez les couleurs, les polices, les effets).
- Activez l'onglet **Accueil** et cliquez sur le bouton **Thèmes** du groupe **Thèmes.**
- Cliquez sur l'option **Enregistrer le thème.**
- Saisissez le nom souhaité dans la zone **Enregistrer sous.**

  *Le dossier d'enregistrement des thèmes personnalisés est activé ; il s'agit du dossier :*

  *:Appareils:Utilisateurs:Nom_utilisateur:Bibliothèque:Application Support:Microsoft:Office:Modèles utilisateur:Mes thèmes*
- Cliquez sur le bouton **Enregistrer**.

Les thèmes personnalisés créés apparaissent dans la liste associée au bouton **Thèmes,** sous la catégorie **Personnalisé.**

## Trier les données d'un tableau selon un seul critère portant sur les valeurs

*Excel 2011 vous permet de trier rapidement un tableau d'après les valeurs contenues dans l'une de ses colonnes.*

- Sélectionnez, si besoin, les cellules à trier.

  *Si tout le tableau doit être trié et si celui-ci ne contient pas de ligne ou de colonne vierge ou de cellules fusionnées, il n'est pas nécessaire d'effectuer une sélection.*

- Cliquez dans une des cellules de la colonne en fonction de laquelle vous souhaitez trier ; si vous avez effectué une sélection, utilisez les touches 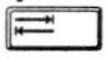 ou  pour accéder à cette colonne.

- Cliquez sur le bouton **Trier** de l'onglet **Données**, groupe **Trier et filtrer** puis sur l'option **Croissant** pour trier dans un ordre croissant (de A à Z ou de 0 à 9) ou sur l'option **Décroissant** pour trier dans un ordre décroissant (de Z à A ou de 9 à 0).

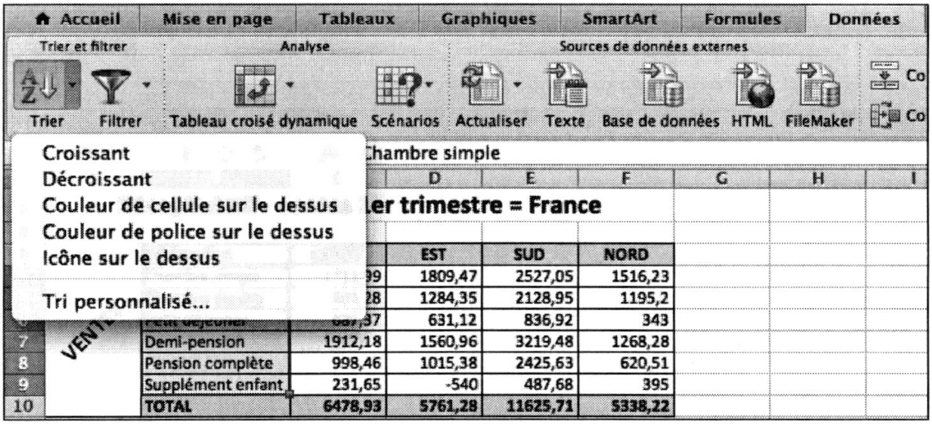


*Les autres options de cette liste permettent de trier en fonction de la couleur (des celulles ou des données) ou en fonction des icônes appliquées lors d'une mise en forme conditionnelle.*

Vous retrouvez les outils 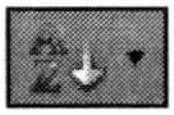 (ou ) dans la barre d'outils **Standard** ainsi qu'à partir des listes déroulantes d'un tableau de données (cf. Créer un tableau de données et/ou Activer le filtrage automatique).

Pour trier les données d'un tableau selon plusieurs critères, reportez-vous au titre correspondant, un peu plus loin dans ce chapitre.

Pour annuler un tri, vous pouvez cliquer sur le bouton **Annuler** de la barre d'outils **Sandard** ou utiliser le raccourci-clavier Ctrl **Z**.

## Trier les données selon une couleur de cellule, de police ou selon un jeu d'icônes

*Si vous avez appliqué une couleur de cellule ou de police à une plage de cellules ou à une colonne du tableau, vous pouvez effectuer un tri en fonction de ces couleurs. Vous pouvez aussi trier en fonction d'un jeu d'icônes créé par une mise en forme conditionnelle (voir chapitre correspondant).*

- Sélectionnez si besoin, les cellules à trier.
- Cliquez sur le bouton **Trier** de l'onglet **Données**, groupe **Trier et filtrer** puis sur l'option **Tri personnalisé**.

  *La boîte de dialogue Tri s'affiche.*
- Cochez l'option **Ma liste contient des en-têtes** si la première ligne de la sélection contient les intitulés des colonnes et ne doit donc pas être triée.
- Ouvrez la liste **Colonne** et choisissez la colonne qui contient la couleur ou les icônes qui doivent servir de critère de tri.
- Dans la liste **Trier sur**, activez l'une des options suivantes :

  **Couleur de cellule** pour effectuer un tri par couleur de cellule,

  **Couleur de police** pour effectuer un tri par couleur de police,

  **Icône de cellule** pour trier par jeu d'icônes.
- Ouvrez la liste déroulante de la zone **Ordre** et choisissez l'option **En haut** pour afficher les lignes correspondantes à la couleur ou à l'icône choisie vers le haut ou l'option **En bas** dans le cas contraire.
- Ouvrez la liste déroulante de la zone **Couleur/Icone** et choisissez, selon le type de tri, la couleur de cellule, la couleur de police ou l'icône selon laquelle les données doivent être triées.

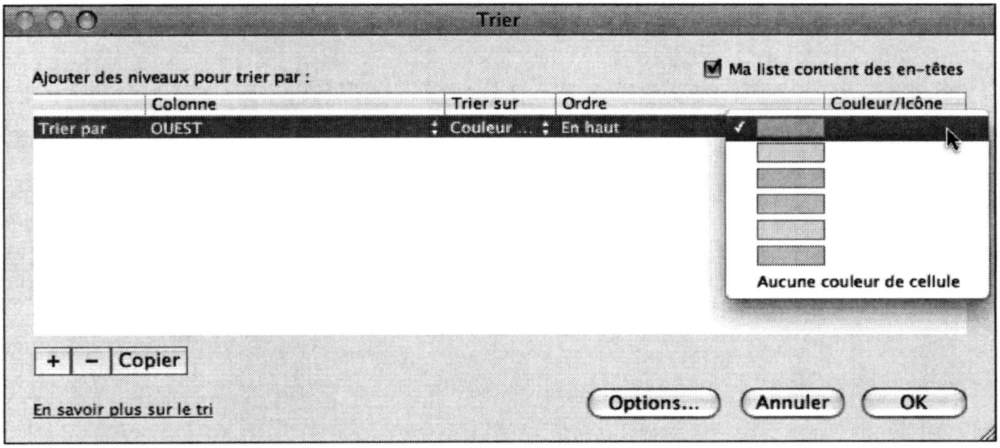


*Sur cet exemple, les lignes dont les cellules de la colonne **OUEST** sont oranges (première couleur de la liste **Couleur/Icône**) seront affichées en premier.*

- Cliquez sur le bouton **OK** pour lancer le tri.

Vous pouvez aussi utiliser les options **Couleur de cellule sur le dessus, Couleur de police sur le dessus** et **Icône sur le dessus** visibles dans la liste associée au bouton **Trier** pour regrouper ensemble les cellules de même couleur, même police ou possédant la même icône.

Ce type de tri peut aussi être effectué à partir des listes déroulantes d'un tableau de données (cf. Créer un tableau de données et/ou Activer le filtrage automatique).

## Trier les données d'un tableau selon plusieurs critères

*Avec Excel 2011, vous pouvez combiner jusqu'à 64 critères de tri.*

- Sélectionnez, si besoin, les cellules à trier.
- Cliquez sur le bouton **Trier** de l'onglet **Données**, groupe **Trier et filtrer** puis sur l'option **Tri personnalisé**.
- Cochez l'option **Ma liste contient des en-têtes** si la première ligne de la sélection contient les intitulés des colonnes et ne doit donc pas être triée.

## Trier selon plusieurs critères portant sur les valeurs

*Vous pouvez trier un tableau par rapport aux valeurs de plusieurs colonnes (par exemple, un tableau présentant des notes peut être trié par rapport aux notes, aux noms des élèves...*

- Accédez à la boîte de dialogue **Trier** : cliquez sur le bouton **Trier** de l'onglet **Données** - groupe **Trier et filtrer** puis sur l'option **Tri personnalisé.**
- Précisez le premier critère de tri :
  - ouvrez la liste **Colonne** et sélectionnez la colonne en fonction de laquelle il faut trier,
  - ouvrez, si besoin, la liste **Trier sur** et activez l'option **Valeurs**,
  - ouvrez la liste **Ordre** et choisissez l'ordre de tri :

    croissant : avec l'option **De A à Z** si la colonne contient du texte, l'option **Du plus petit au plus grand** si la colonne contient des valeurs numériques ou l'option **Du plus ancien au plus récent** si la colonne contient des dates ;

    décroissant : avec l'option **De Z à A** si la colonne contient du texte, l'option **Du plus grand au plus petit** si la colonne contient des valeurs numériques ou l'option **Du plus récent au plus ancien** si la colonne contient des dates.
- Cliquez sur **Ajouter un niveau**  pour afficher une seconde ligne de critères.
- Précisez le second critère de tri :
  - ouvrez la liste **Colonne** et choisissez la seconde colonne devant servir de critère de tri,
  - vérifiez que la liste **Trier sur** affiche l'option **Valeurs**,
  - précisez l'**Ordre** de tri.
- Reprenez les deux dernières manipulations si vous souhaitez définir d'autres critères.

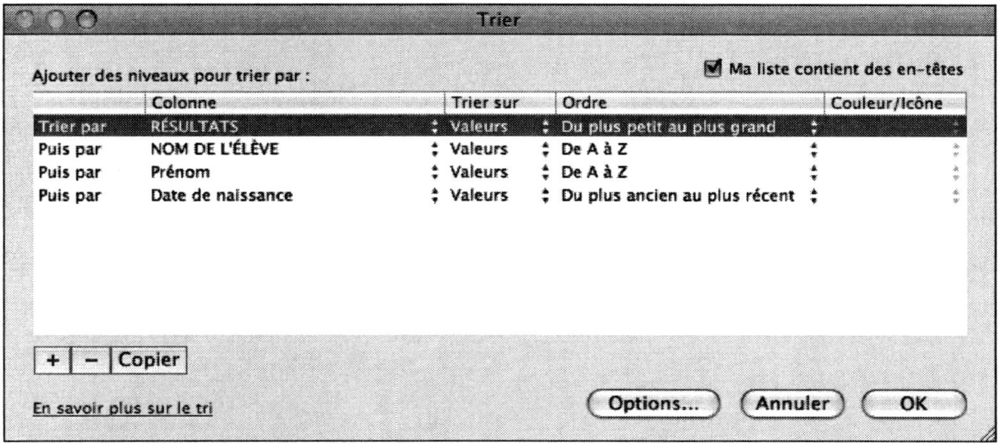


*Ici, le tableau sera trié en fonction des notes générales (colonne RÉSULTATS) puis, si deux élèves ont la même note, par nom puis par prénom et enfin par date de naissance.*

- Cliquez sur le bouton **OK** pour lancer le tri.

## Trier selon plusieurs critères de couleurs ou d'icônes

*Vous pouvez trier le tableau en fonction de plusieurs couleurs de cellules et/ou de police et de jeux d'icônes d'une même colonne.*

- Dans la boîte de dialogue **Trier**, précisez le premier critère de tri.
- Cliquez sur **Ajouter un niveau** [+] pour afficher une seconde ligne de critères.
- Précisez le second critère de tri :
  - ouvrez la liste **Colonne** et veillez à sélectionner la même colonne que pour le premier critère,
  - ouvrez la liste **Trier sur** et choisissez l'élément sur lequel le tri doit se faire,
  - précisez l'**Ordre** de tri.
- Reprenez les deux dernières manipulations si vous souhaitez ajouter d'autres critères.

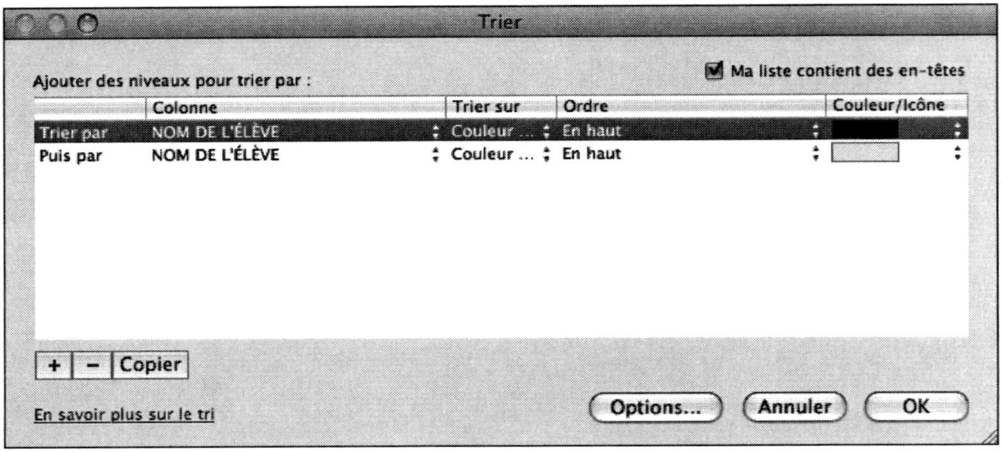


*Sur cet exemple, le tableau sera trié en fonction de deux des couleurs de fond des cellules de la colonne **NOM DE L'ÉLÈVE**.*

- Cliquez sur le bouton **OK** pour lancer le tri.
- Vous pouvez combiner plusieurs critères basés sur le contenu des cellules et/ou sur leurs mises en forme (couleur de fond, de police et/ou de jeu d'icônes).

## Gérer les critères de tri

- Accédez à la boîte de dialogue **Trier**.
- Pour sélectionner un critère, cliquez au début de la ligne (sur l'intitulé **Trier par** ou **Puis par**).
- Pour modifier l'ordre des critères, cliquez sur la ligne correspondant au critère à déplacer et sans relâcher, faites glisser de façon à ce qu'une ligne bleue s'affiche à l'endroit où vous souhaitez placer le critère. Relâchez alors la souris.
- Pour supprimer un critère, sélectionnez la ligne correspondante puis cliquez sur le bouton **Supprimer un niveau** .
- Pour copier un critère, sélectionnez-le puis cliquez sur le bouton **Copier**.
- Cliquez sur **OK**.
- Le bouton **Options** de la boîte de dialogue **Trier** permet d'activer l'option **Respecter la casse** pour différencier les majuscules des minuscules et/ou modifier l'**Orientation** afin de trier des colonnes plutôt que des lignes.

## Utiliser un plan

*Un plan vous permet de visualiser ou d'afficher et d'imprimer uniquement les résultats principaux d'un tableau, sans le détail des lignes ou colonnes.*

### Créer un plan automatiquement

*Si vous avez synthétisé votre tableau à l'aide de formules (somme, moyenne...), vous pouvez créer un plan automatique.*

- Sélectionnez le tableau concerné puis activez l'onglet **Données**, ouvrez la liste associée au bouton **Grouper** du groupe **Grouper et créer un plan**, et activez l'option **Plan automatique.**

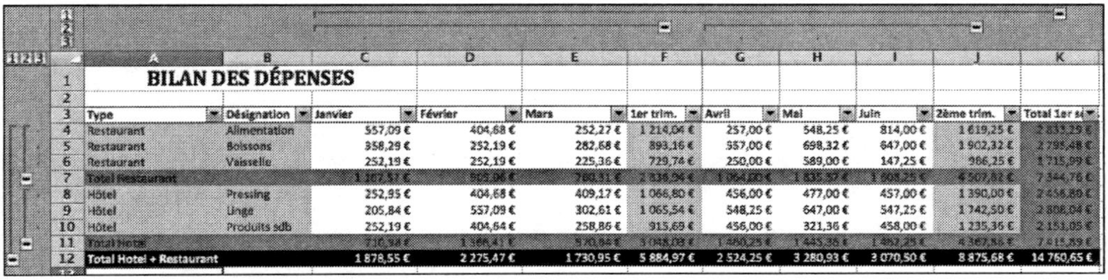


*Des boutons, permettant de gérer les différents niveaux du plan, apparaissent à gauche et/ou au-dessus de la feuille de calcul. Ce plan est composé de trois niveaux : le niveau 3 correspond aux lignes de détail (ligne 4 à 6 et 8 à 10), le niveau 2 correspond aux totaux par type de dépenses (lignes 7 et 11). Le niveau 1 correspond au total des dépenses (ligne 12). Tous les niveaux sont ici développés.*

Si vous ne visualisez pas les symboles du plan ⊟ et ⊞, cliquez sur le menu **Excel** puis sur l'option **Préférences** ; cliquez sur **Afficher** et cochez l'option **Symboles du plan.**

### Créer un plan manuellement

*Il s'agit de regrouper les lignes et/ou colonnes du tableau selon un ou plusieurs niveaux.*

- Sélectionnez les lignes (colonnes) adjacentes devant faire partie d'un même niveau de plan (sans inclure l'éventuelle ligne de synthèse associée à la sélection).
- Activez l'onglet **Données** et cliquez sur l'outil **Grouper** du groupe **Grouper et créer un plan.**

- Activez l'option **Lignes** ou **Colonnes** selon le type de groupement à effectuer puis validez par **OK**.
- Pour insérer ou retirer une colonne (ligne) dans le groupe de niveau précédent, sélectionnez la colonne (ou la ligne) puis cliquez à nouveau sur le bouton **Grouper** ou sur le bouton **Dissocier** selon le cas, du groupe **Grouper et créer un plan.**

  Activez l'option **Lignes** ou **Colonnes** selon le cas puis validez par **OK.**

## Exploiter le plan

- Pour masquer les colonnes ou les lignes subordonnées, cliquez sur le bouton [-] correspondant.
- Pour masquer tous les groupes de même niveau, cliquez sur le bouton numéroté correspondant au niveau.

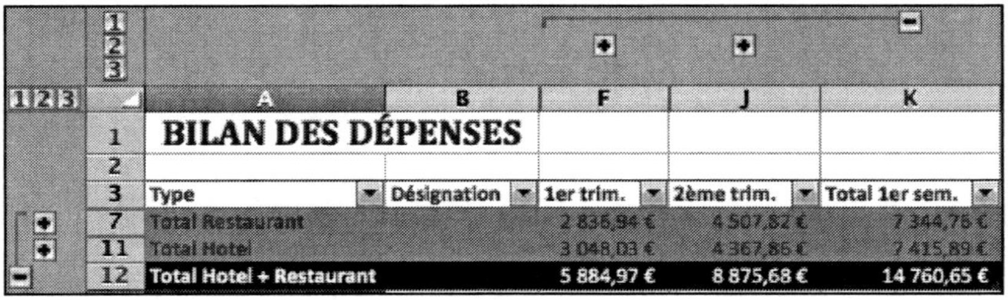


*Sur l'écran précédent, les lignes et les colonnes appartenant au niveau 3 ne sont plus visibles. Les boutons [-] se transforment en [+].*

- Pour afficher à nouveau les colonnes ou lignes subordonnées, cliquez sur chaque bouton [+] ou cliquez sur le bouton correspondant au niveau suivant.

## Supprimer un plan

- Activez la feuille contenant le plan.
- Dans l'onglet **Données**, ouvrez la liste associée au bouton **Dissocier** du groupe **Grouper et créer un plan** puis cliquez sur l'option **Effacer le plan.**

  Si vous supprimez un plan alors que les données de détail sont masquées, il est possible que les lignes ou les colonnes de détail restent masquées. Dans ce cas, pour afficher de nouveau les données, sélectionnez les lignes ou les colonnes visibles, ouvrez leur menu contextuel et activez l'option **Afficher.**

## Activer le filtrage automatique

*Le filtrage automatique vous permet de filtrer les données d'un tableau afin d'afficher uniquement les lignes qui correspondent aux critères que vous spécifiez.*

*Si la plage de cellules a été convertie en tableau de données (cf. Créer un tableau de données), la fonction **filtrage automatique** est déjà activée et les boutons de listes déroulantes apparaissent dans les en-têtes de colonnes.*

- Activez une des cellules de la plage de cellules concernée.
- Cliquez sur le bouton **Filtrer** de l'onglet **Données** - groupe **Trier et filtrer**.

| | A | B | C | D | E | F | G | H |
|---|---|---|---|---|---|---|---|---|
| 1 | Classe | NOM DE L'ÉLÈVE | Prénom | Date de naissance | Maths | Français | Sciences | RÉSULTATS |
| 2 | T101 | SANDRIN | Victoire | 08/12/98 | 11 | 10 | 10 | 31 |
| 3 | T101 | SOUBIRAN | Julien | 31/03/98 | 10 | 11 | 12 | 33 |
| 4 | T101 | KANTIN | Nathan | 01/07/98 | 13 | 12 | 10 | 35 |
| 5 | T101 | DUPONT | Michel | 30/11/98 | 14 | 15 | 11 | 40 |
| 6 | T302 | ECHARD | Benjamin | 21/04/98 | 14 | 13 | 13 | 40 |
| 7 | T302 | LILIAN | Audrey | 02/03/98 | 14 | 15 | 13 | 42 |
| 8 | T302 | BARNET | Linda | 05/04/98 | 15 | 16 | 15 | 46 |
| 9 | T302 | NAULLON | Dominique | 15/12/97 | 17 | 16 | 15 | 48 |
| 10 | T302 | ROLLAIN | Anne | 03/07/98 | 19 | 16 | 14 | 49 |
| 11 | T102 | ARDOIN | Mathilde | 10/08/98 | 18 | 17 | 15 | 50 |
| 12 | T302 | DUPONT | Michel | 12/04/98 | 20 | 17 | 15 | 52 |
| 13 | T102 | ROLLIN | Amélie | 14/12/98 | 18 | 19 | 16 | 53 |
| 14 | T102 | MARTIN | Marie | 15/01/98 | 19 | 19 | 17 | 55 |
| 15 | T301 | PULLAN | Pierrick | 24/04/98 | 20 | 18 | 17 | 55 |
| 16 | T301 | DUPONT | Paul | 17/03/98 | 22 | 19 | 18 | 59 |
| 17 | T101 | POTIER | Emma | 16/08/98 | 23 | 20 | 19 | 62 |

*Des boutons de listes déroulantes apparaissent dans chaque cellule d'en-tête de colonne : cela indique que le filtrage est activé mais aucun filtre n'est appliqué.*

- Créez les filtres souhaités (cf. ci-après Filtrer des données selon un contenu ou une mise en forme).

*Vous pouvez créer trois types de filtre : par valeurs de liste, par format ou par critères. Une fois les données filtrées, vous pouvez les copier, les modifier, les mettre en forme, les représenter sous forme de graphique et les imprimer sans les réorganiser ni les déplacer.*

- Pour désactiver le filtrage automatique, cliquez de nouveau sur le bouton **Filtrer** de l'onglet **Données** - groupe **Trier et filtrer**.

*Le fait de désactiver le filtrage automatique entraîne l'annulation d'éventuels filtres donc l'affichage de toutes les données.*

## Filtrer des données selon un contenu ou une mise en forme

*Grâce au filtre automatique, vous pouvez filtrer vos données en fonction du contenu des cellules, de leur couleur de fond, de leur couleur de police ou de leur mise en forme conditionnelle par jeu d'icônes.*

### Filtrer selon certaines valeurs de la colonne

- Activez le filtrage automatique.
- Ouvrez la liste déroulante associée à la colonne contenant les valeurs en fonction desquelles vous souhaitez filtrer.

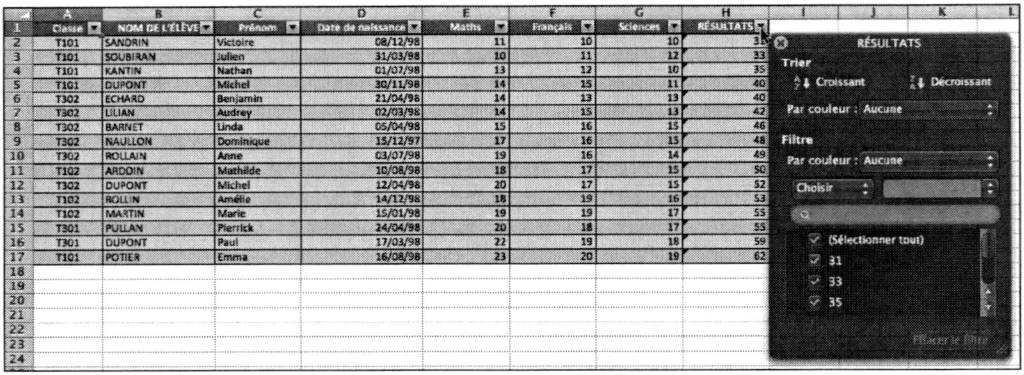

*Le menu **Filtre automatique** s'ouvre et affiche la liste de toutes les valeurs contenues dans la colonne active (jusqu'à 10 000 valeurs). Par défaut, les cases à cocher correspondantes sont activées : vous visualisez toutes les valeurs de la colonne. Vous retrouvez également dans ce menu, les options de tri.*

*Vous pouvez modifier les dimensions du menu **Filtre automatique** en faisant glisser la poignée située dans le cas inférieur droit.*

- Pour masquer certaines valeurs, décochez les cases à cocher correspondantes.
- Pour afficher quelques valeurs, il est plus rapide de décocher l'option **(Sélectionner tout)** puis de cocher les valeurs à afficher.
- Pour rechercher une valeur précise, saisissez-la dans la zone de recherche.

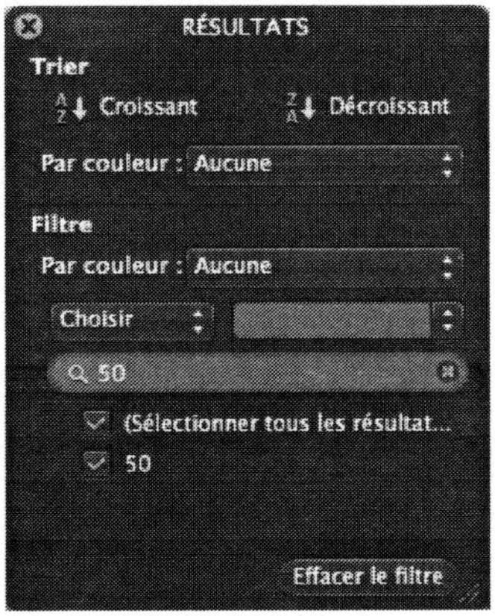


*Si la valeur existe dans la colonne, elle est aussitôt sélectionnée. Dans le cas contraire, le message* ***Aucun élément ne correspond à votre recherche*** *apparaît à la place de la liste des valeurs.*

- Pour afficher de nouveau la liste complète des valeurs, cliquez sur la croix située à droite de la zone de recherche.
- Pour filtrer les cellules non vides, activez l'option **(Sélectionner tout)** puis désactivez l'option **(Cellules vides)** située en bas de la liste des valeurs ; au contraire, pour filtrer les cellules vides, désactivez l'option **(Sélectionner tout)** et activez l'option **(Cellules vides)**.

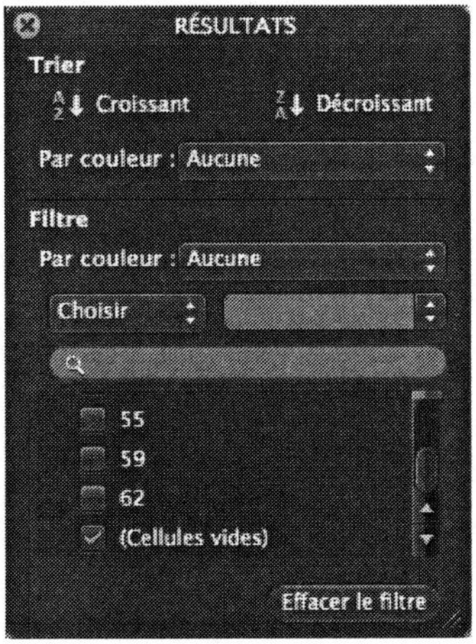

*L'option **(Cellules vides)** n'apparaît pas si la colonne ne contient pas de cellules vides.*

- Cliquez sur le bouton **OK**.

*Seules les lignes correspondant aux valeurs sélectionnées sont visibles. Le bouton de la liste déroulante apparaît sous la forme suivante :* .

*Vous pouvez personnaliser vos critères de filtre ou utiliser des filtres spécifiques aux données de type numérique, date...*

## Filtrer selon une couleur de cellule, de police ou un jeu d'icônes

*Si vous avez appliqué dans votre tableau une couleur de cellule ou de police, ou encore une mise en forme conditionnelle sous forme de jeu d'icônes, vous pouvez filtrer les données en fonction d'une de ces couleurs ou du jeu d'icônes.*

- Activez le filtrage automatique et ouvrez la liste déroulante associée à la colonne.
- Activez l'option **Par couleur**.

*Cette option n'est pas disponible si la colonne ne contient pas de couleur ou de jeu d'icônes.*

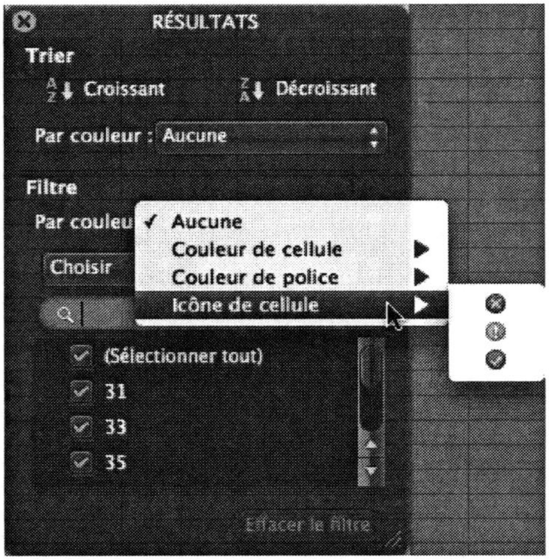


*Les options **Couleur de cellule**, **Couleur de police** et **Icône de cellule** s'affichent ou pas en fonction du type de format appliqué dans la colonne.*

- Selon le type de format, cliquez sur une couleur de cellule, une couleur de police ou une icône du jeu d'icônes.

Vous ne pouvez pas combiner ces trois types de filtre.

Filtrer selon le contenu ou la mise en forme de la cellule active

*Vous pouvez filtrer rapidement les données en fonction de la valeur contenue dans une cellule précise.*

- Activez le filtrage automatique.
- Ouvrez le menu contextuel sur une cellule contenant la valeur, la couleur, la couleur de police ou l'icône en fonction de laquelle les données doivent être filtrées.
- Activez l'option **Filtrer** et cliquez sur l'une des options suivantes :

  **Filtrer par la valeur de cellule** pour filtrer selon le contenu texte, nombre, date ou heure de la cellule,

  **Filtrer par la couleur de cellule** pour filtrer selon la couleur de la cellule sélectionnée,

  **Filtrer par la couleur de police de cellule** pour filtrer selon la couleur de police de la cellule sélectionnée,

  **Filtrer par icône** pour filtrer selon l'icône visible dans la cellule sélectionnée.

## Filtrer selon un critère personnalisé

*Il s'agit de filtrer les données selon certaines valeurs contenues dans la colonne ; en fonction du type de données de la colonne, Excel propose trois types de filtre : des filtres numériques (pour des données de type numérique), des filtres chronologiques (pour les données de type date) ou des filtres de texte (pour des données alphanumériques).*

- Activez le filtrage automatique et cliquez sur le triangle associé à la colonne contenant les données en fonction desquelles vous souhaitez filtrer.
- Cliquez sur la liste **Choisir** puis sélectionnez l'opérateur de comparaison (**Egal à, Supérieur à, Compris entre...**).
- Activez la zone suivante et saisissez ou sélectionnez la valeur de comparaison ; vous pouvez utiliser des caractères génériques tels que ? pour remplacer un seul caractère ou * pour remplacer une suite de caractères.

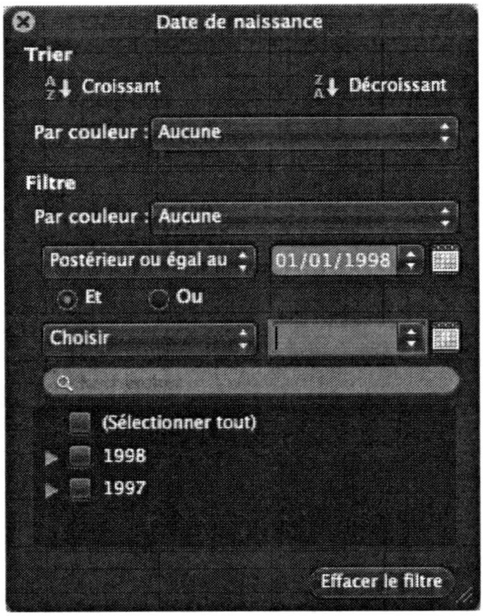


*Pour un filtre chronologique, vous pouvez cliquer sur le bouton **Sélecteur de dates** pour sélectionner une date à travers un calendrier déroulant.*

*Les options **Et** et **Ou** permettent de définir plusieurs critères de filtre (cf. Filtrer selon plusieurs critères).*

- Cliquez sur le bouton en haut à gauche.

## Utiliser des filtres spécifiques aux types de données

### Filtrer selon un intervalle de valeurs ou de dates (filtre numérique ou chronologique)

- Activez le filtrage automatique et cliquez sur le triangle associé à la colonne.
- Cliquez sur la liste **Choisir** puis sur l'option **Compris entre.**
- Précisez la valeur inférieure de l'intervalle en regard du premier opérateur de comparaison (**Postérieur ou égal au** ou **Supérieur ou égal à**).
- Vérifiez que l'option **Et** est active.

- Précisez la valeur supérieure de l'intervalle en regard du second opérateur de comparaison (**Antérieur ou égal au** ou **Inférieur ou égal à**).
- Cliquez sur le bouton en haut à gauche.

Filtrer selon les valeurs maximales ou minimales (filtre numérique)

- Activez le filtrage automatique et cliquez sur le triangle associé à la colonne.
- Cliquez sur la liste **Choisir** puis l'option **10 premiers** ou **10 derniers** selon votre choix.
- Précisez le nombre de lignes, correspondant à votre critère, qu'il faut afficher.
- Dans la dernière liste de la boîte de dialogue, choisissez l'option **Éléments** pour filtrer les lignes correspondant au critère ou l'option **Pourcentage** pour filtrer un nombre de lignes correspondant au pourcentage du nombre total de valeurs de la liste.

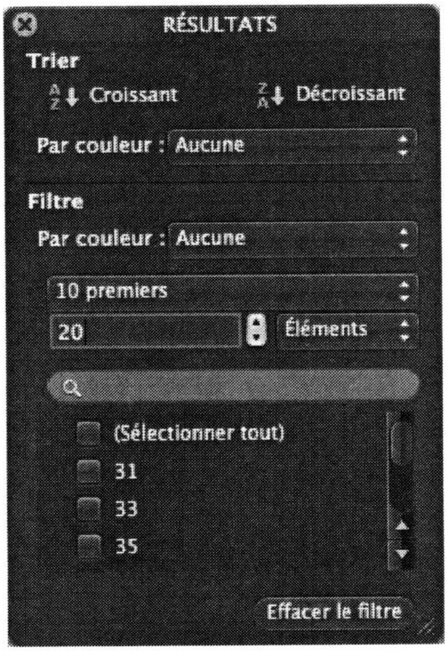


- Cliquez sur le bouton en haut à gauche.

Filtrer selon la moyenne des valeurs (filtre numérique)

- Activez le filtrage automatique et cliquez sur le triangle associé à la colonne.

- Cliquez sur la liste **Choisir** puis sélectionnez l'une des options suivantes :

| | |
|---|---|
| **Au-dessus de la moyenne** | Pour filtrer les données correspondant à des valeurs au-dessus de la moyenne. |
| **En dessous de la moyenne** | Pour filtrer les données correspondant à des valeurs en dessous de la moyenne. |

*Les nombres au-dessus et en dessous de la moyenne sont fonction de la plage de cellules ou de la colonne du tableau d'origine et non de l'éventuel sous-ensemble de données filtrées.*

- Cliquez sur le bouton en haut à gauche.

Utiliser un filtre dynamique (filtre chronologique)

*Avec un filtre dynamique, vous pouvez changer les critères lorsque vous réappliquez le filtre.*

- Activez le filtrage automatique et cliquez sur le triangle associé à la colonne.
- Activez l'option **Filtres chronologiques** puis cliquez sur l'une des options correspondant à une date prédéfinie (**Demain**, **Aujourd'hui**, **Hier**, **La semaine prochaine**...).

*L'option **Toutes les dates de cette période** permet de filtrer par période (par exemple, **Janvier** ou **Trimestre 3**).*

*L'option **Cette année** renvoie des dates dans le futur pour l'année actuelle, alors que l'option **Année à ce jour** ne renvoie que les dates jusqu'à la date du jour incluse.*

- Cliquez sur le bouton en haut à gauche.

## Filtrer selon plusieurs critères

Deux critères pour une même colonne

- Activez le filtrage automatique et cliquez sur le triangle associé à la colonne.
- Précisez le premier critère de filtre : précisez l'opérateur et la valeur de comparaison. Une fois la valeur saisie les options **Et** et **Ou** s'affichent ainsi qu'une nouvelle liste **Choisir**.

- Précisez comment doivent être reliés les deux critères :
  - par le **Et** logique pour que Excel filtre les données répondant simultanément à tous les critères.
  - Par le **Ou** logique pour que Excel filtre les données répondant à l'un ou à l'autre des critères.
- Précisez le deuxième critère de filtre sur la seconde ligne : précisez l'opérateur et la valeur de comparaison.

*Exemples :*

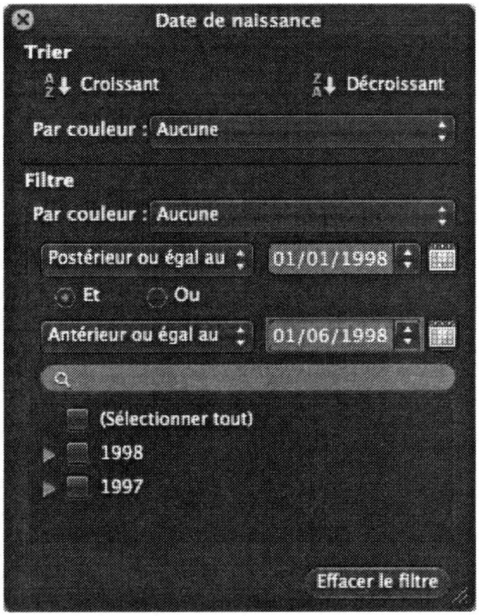


*Ici, seules les lignes dont la date de naissance est comprise entre le 01/01/1998 et le 01/06/1998 s'afficheront.*

*Ici, seules les lignes dont la date est égale au 01/01/1998 OU au 01/06/1998 s'afficheront.*

- Cliquez sur le bouton ⊗ en haut à gauche.

Vous ne pouvez pas poser un critère de contenu et un critère de mise en forme sur une même colonne.

Plusieurs critères sur des colonnes différentes

- Activez le filtrage automatique.
- Définissez chaque critère dans chaque colonne concernée.

  *Les filtres sont additifs, c'est-à-dire que chaque filtre supplémentaire est basé sur le filtre actif, ce qui réduit encore davantage le sous-ensemble de données.*

- Cliquez sur le bouton ⊗ en haut à gauche.

Vous pouvez poser un critère de contenu et un critère de mise en forme sur des colonnes différentes.

## Effacer un filtre

*Il s'agit tout simplement d'afficher de nouveau toutes les données.*

- Pour désactiver un filtre sur une colonne, ouvrez la liste déroulante associée à la colonne et activez l'option **Effacer le filtre de** suivie du nom de la colonne.
- Pour désactiver tous les filtres, désactivez le filtrage automatique ou cliquez sur le bouton **Trier et filtrer** du groupe **Édition** de l'onglet **Accueil** puis cliquez sur l'option **Effacer**.

## Filtrer des données à l'aide d'un filtre complexe

*Un filtre complexe nécessite la création d'une zone de critères dans laquelle vous allez vous-même saisir les critères de filtre. Vous pourrez ensuite filtrer les données directement dans le tableau mais aussi les copier à un autre endroit.*

### Créer une zone de critères

- Prévoyez quelques lignes et colonnes vierges au-dessus ou à côté du tableau à filtrer.
- Dans la première de ces lignes vides, saisissez ou copiez le nom des colonnes qui serviront à définir les critères.
- Sur les lignes situées en dessous, saisissez les critères à respecter en prêtant attention aux consignes suivantes :
  - pour relier des critères par le OU logique, saisissez-les sur plusieurs lignes,
  - pour relier des critères par le ET logique, saisissez-les sur plusieurs colonnes,
  - pour relier des critères par le ET et le OU logiques, saisissez-les sur plusieurs colonnes et lignes.

  *Exemples :*

| | |
|---|---|
| 20 | Classe |
| 21 | T302 |
| 22 | T101 |

*Cette zone de critères permet de filtrer les élèves qui sont dans les classes T302 ou T101.*

| 20 | Classe | NOM DE L'ÉLÈVE | Prénom | Date de naiss | Maths | Français | Sciences | RÉSULTATS |
|---|---|---|---|---|---|---|---|---|
| 21 | T302 | | | >=01/01/1998 | | | | >=50 |

*Cette zone de critères permet de filtrer les élèves de la classe T302 nés après le 1er janvier 1998 et qui ont un résultat supérieur ou égal à 50.*

| 20 | Classe | NOM DE L'ÉLÈVE | Prénom | Date de naiss | Maths | Français | Sciences | RÉSULTATS |
|---|---|---|---|---|---|---|---|---|
| 21 | T302 | | | >=01/01/1998 | | | | >=50 |
| 22 | T101 | | | >=01/01/1998 | | | | >=50 |

*Cette zone de critères permet de filtrer les élèves de la classe T302 et de la classe T101, nés après le 1er janvier 1998 et qui ont un résultat supérieur ou égal à 50.*

## Filtrer des données selon une zone de critères

- Cliquez dans l'une des cellules du tableau contenant les données à filtrer.
- Activez l'onglet **Données** et ouvrez la liste associée au bouton **Filtrer** (groupe **Trier et filtrer**) puis cliquez sur **Filtre avancé**.

  *La boîte de dialogue **Filtre avancé** s'affiche ; l'option **Filtrer la liste sur place** y est présélectionnée.*
- Précisez, si besoin, les références des cellules contenant les données à filtrer dans la zone **Plages**.
- Cliquez dans la zone **Zone de critères** puis cliquez sur le bouton pour sélectionner la zone de critères préalablement créée ; cliquez ensuite sur le bouton pour agrandir à nouveau la boîte de dialogue.

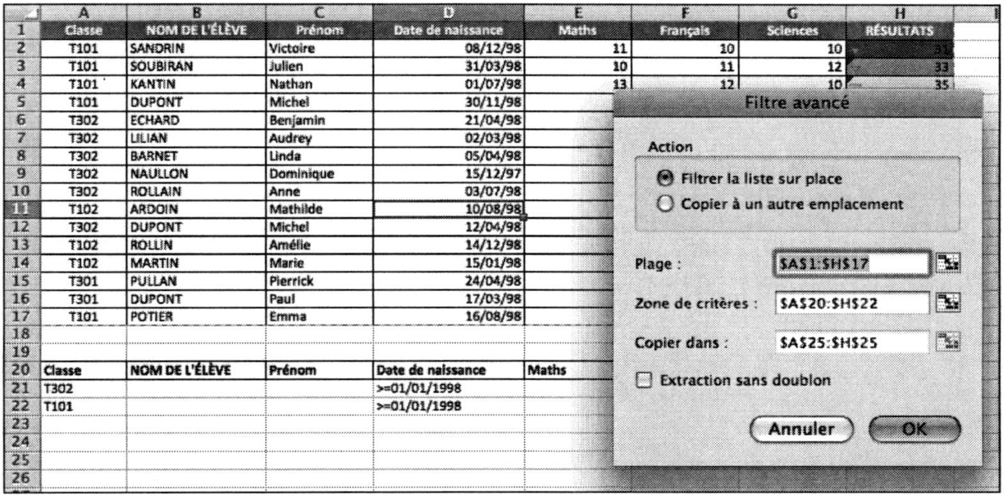


- Activez l'option **Extraction sans doublon** pour filtrer les fiches en retirant les doublons.
- Cliquez sur le bouton **OK**.

  *Seules les lignes répondant aux critères sont affichées.*
- Pour afficher à nouveau toutes les lignes, effacez le filtre : dans l'onglet **Données**, ouvrez la liste associée au bouton **Filtrer** (groupe **Trier et filtrer**) puis cliquez sur **Effacer le filtre**.

## Copier des données répondant à un filtre complexe

- Prévoyez un emplacement vierge, proche du tableau d'origine.
- Créez, si besoin, une zone de critères.
- Cliquez dans l'une des cellules du tableau contenant les données à filtrer et copier.
- Dans l'onglet **Données**, ouvrez la liste associée au bouton **Filtrer** (groupe **Trier et filtrer**) puis cliquez sur **Effacer le filtre**.
- Activez l'option **Copier vers un autre emplacement**.
- Précisez, si besoin, les références du tableau (**Plages**) et de la zone de critères (**Zone de critères**).

 

- Accédez à la zone **Copier dans** puis cliquez sur le bouton  pour sélectionner la cellule supérieure gauche de la zone dans laquelle vous souhaitez copier les données filtrées ; cliquez ensuite sur le bouton  pour agrandir à nouveau la boîte de dialogue.
- Cliquez sur le bouton **OK**.

## Modifier les options de mise en page

- Pour modifier les marges d'impression, cliquez sur le bouton **Marges** du groupe **Mise en page** puis choisissez des marges prédéfinies **Normales**, **Larges** ou **Étroites**, ou bien cliquez sur l'option **Marges personnalisées** pour définir les valeurs des marges dans les zones **Haut**, **Gauche**, **Droite** et/ou **Bas**. Dans ce cas, vous pouvez aussi activer l'option **Horizontalement** et/ou **Verticalement** pour centrer le tableau dans la largeur et/ou la hauteur de la page.

  Cliquez sur le bouton **OK** de la boîte de dialogue **Mise en page**.

---

Vous pouvez également activer le mode **Mise en page** (icône en bas à droite de la fenêtre) et pointer la bordure de la zone de marge à modifier dans la règle ; lorsque le pointeur de la souris apparaît sous la forme d'une flèche à deux têtes, cliquez et faites glisser de façon à dimensionner la marge comme vous le souhaitez (une info-bulle s'affiche et indique la valeur de la marge).

---

- Pour modifier l'orientation des pages, cliquez sur le bouton **Orientation** du groupe **Mise en page** puis choisissez l'option **Portrait** ou **Paysage**.
- Pour définir le format du papier, cliquez sur le bouton **Taille** du groupe **Mise en page**.

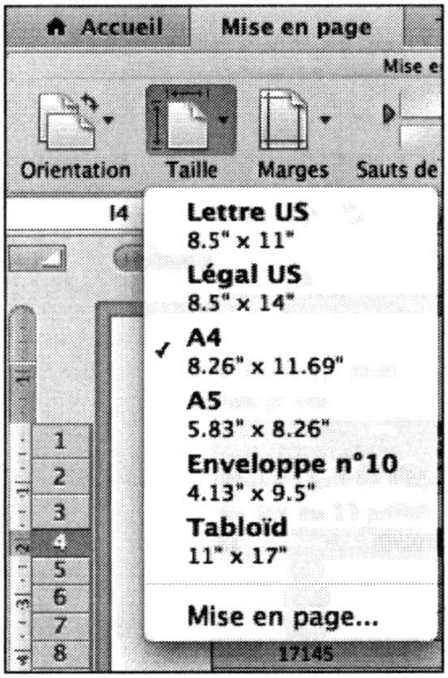

Choisissez parmi les options proposées ou cliquez sur l'option **Mise en page** pour ouvrir la boîte de dialogue **Mise en page** puis cliquez sur le bouton **Options** et choisissez l'option voulue dans la liste **Taille du papier**.

- Pour modifier l'échelle d'impression :
  - Pour réduire la largeur ou la hauteur de la page imprimée afin d'imprimer plusieurs pages par feuille, cochez l'option **Ajuster** du groupe **Imprimer** puis spécifiez le nombre de pages souhaité dans les listes associées : la première liste définit le nombre de page en largeur, la seconde le nombre de pages en hauteur.

    Par exemple, si votre tableau s'imprime sur deux feuilles et que vous préférez l'imprimer sur une seule, cochez l'option **Ajuster** et laissez les valeurs 1 dans les zones de saisie associées.
  - Pour agrandir ou réduire les données imprimées selon un pourcentage de la taille réelle, sélectionnez le pourcentage souhaité dans la zone **Echelle** du groupe **Imprimer**.

Pour retrouver les dimensions d'origine, décochez l'option **Ajuster** du groupe **Imprimer** puis spécifiez la valeur **100%** dans la liste **Echelle**.

- Pour imprimer le quadrillage de la feuille, activez l'option **Quadrillage** du groupe **Imprimer**.

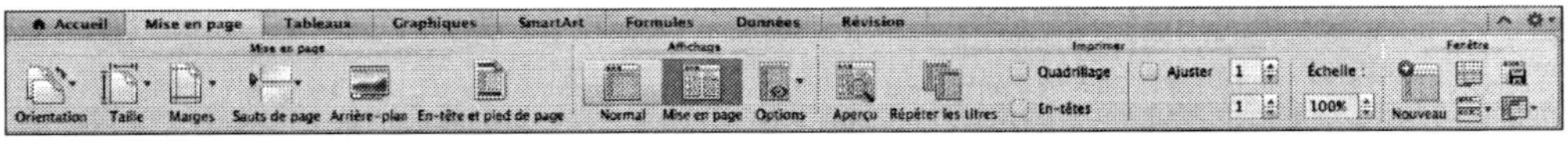


*Même si vous n'avez pas appliqué de bordures aux cellules, celles-ci seront imprimées avec une bordure simple.*

- Pour imprimer les lettres représentatives des colonnes et les numéros représentatifs des lignes, activez l'option **En-têtes** du groupe **Imprimer**.

Certaines fonctionnalités décrites ici sont également accessibles à partir du menu **Fichier** - **Imprimer** (cf. Imprimer un classeur/une feuille/une sélection).

## Créer une zone d'impression

*Si vous ne souhaitez pas imprimer toute la feuille de calcul, vous pouvez définir une zone d'impression ; cette zone correspond à la partie de la feuille qui sera imprimée.*

- Sélectionnez la zone à imprimer.

- Dans le menu **Fichier**, sélectionnez l'option **Zone d'impression** puis cliquez sur l'option **Définir.**

  *La zone d'impression ainsi définie apparaît entourée de pointillés. Lorsqu'une nouvelle zone d'impression est définie, Excel remplace la dernière zone créée par la nouvelle.*

- Pour ajouter une autre zone à imprimer, sélectionnez-la et sélectionnez l'option **Zone d'impression** dans le menu **Fichier**, puis cliquez sur l'option **Ajouter à la zone d'impression.** Faites la même chose pour chaque zone à ajouter.

  *Les différentes zones d'impression seront imprimées sur des pages différentes.*

- Pour supprimer la zone d'impression et imprimer de nouveau toute la feuille de calcul, sélectionnez l'option **Zone d'impression** dans le menu **Fichier**, puis cliquez sur l'option **Annuler.**

## Insérer/supprimer un saut de page manuel

*Lorsque vous imprimez un tableau relativement grand ou une feuille de calcul contenant plusieurs tableaux, vous pouvez insérer manuellement un saut de page pour répartir les données à imprimer sur plusieurs feuilles.*

- Activez la cellule à partir de laquelle les données seront imprimées sur une nouvelle feuille.

  *Le saut de page sera inséré au-dessus et à gauche de la cellule active.*

- Activez l'onglet **Mise en page** et cliquez sur le bouton **Sauts de page** du groupe **Mise en page** puis sur l'option **Insérer un saut de page.**

  *Des lignes de pointillés matérialisent ce saut de page.*

- Pour supprimer un saut de page, activez une cellule de la ligne et/ou de la colonne qui le suit, cliquez sur le bouton **Sauts de page** puis sur l'option **Supprimer le saut de page.**

- Pour supprimer tous les sauts de page manuels, activez n'importe quelle cellule de la feuille de calcul, cliquez sur le bouton **Sauts de page** puis sur l'option **Rétablir tous les sauts de page.**

## Répéter des lignes/des colonnes sur chaque page imprimée

*Lorsque vous imprimez un grand tableau sur plusieurs feuilles de papier, vous avez la possibilité de répéter les en-têtes de lignes ou de colonnes sur chaque page imprimée.*

- Activez l'onglet **Mise en page** et cliquez sur le bouton **Répéter les titres** du groupe **Imprimer.**

  *La boîte de dialogue **Mise en page** s'ouvre et l'onglet **Feuille** y est actif.*

- Cliquez sur le bouton  de la zone **Lignes à répéter en haut** et/ou de la zone **Colonnes à répéter à gauche**, selon le cas, puis sélectionnez dans la feuille, la ou les lignes ou colonnes à répéter.

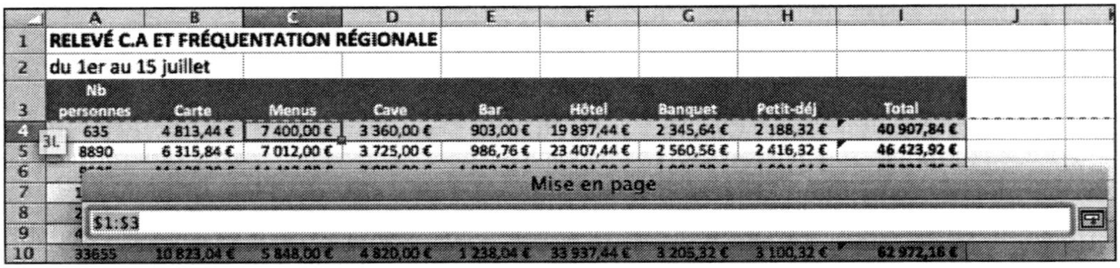


*Sur cet exemple, les lignes 1, 2 et 3 seront imprimées en haut de chaque page.*

- Cliquez sur le bouton  pour afficher à nouveau la boîte de dialogue en entier.
- Cliquez sur le bouton **OK.**

## Créer et gérer des en-têtes et des pieds de page

*Le contenu de l'en-tête est imprimé en haut de chaque page tandis que le contenu du pied de page est imprimé au bas de chaque page. Pour chaque en-tête ou pied de page, vous disposez de trois zones de texte : à gauche, au centre et à droite.*

### Accéder à la zone d'en-tête ou de pied de page

- Activez la feuille concernée.
- En mode **Mise en page**, cliquez dans la zone située au centre dans la marge du haut, dans laquelle apparaît le texte **Double-cliquez ici pour ajouter un en-tête** ou **Double-cliquez ici pour ajouter un pied de page.**

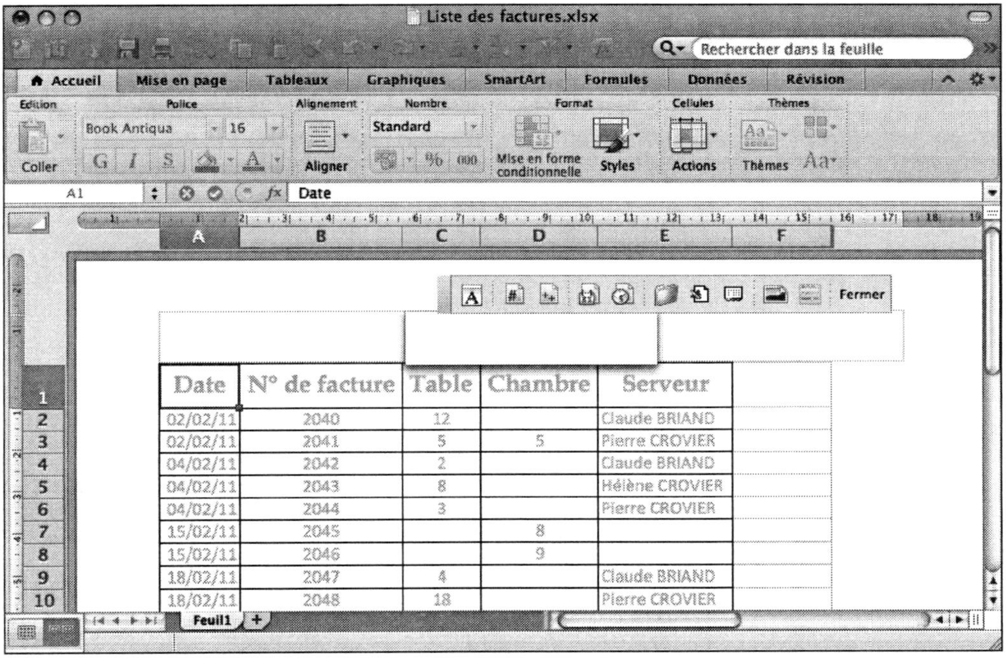


*Le point d'insertion clignote dans la zone centrale de l'**En-tête** et une barre d'outils s'affiche.*

- Pour activer une des deux autres zones de texte, cliquez à l'intérieur ou utilisez la touche ⇥.
- Pour quitter l'en-tête ou le pied de page, cliquez dans la feuille de calcul ou faites esc.

## Insérer un en-tête/pied de page prédéfini

- Dans l'onglet **Mise en page**, cliquez sur le bouton **En-tête et pied de page**.
- Pour insérer un en-tête, ouvrez la liste **En-tête** ; pour insérer un pied de page, ouvrez la liste **Pied de page**.

  *L'option **(aucun)** permet d'effacer l'en-tête ou le pied de page.*
- Cliquez sur l'en-tête ou le pied de page souhaité.

  *Quelle que soit la position de départ, Excel insère l'en-tête et/ou le pied de page dans des zones déterminées.*

- Cliquez sur le bouton **OK** pour fermer la fenêtre **Mise en page.**

## Insérer un en-tête/pied de page personnalisé

- Accédez à la zone d'en-tête ou de pied de page puis activez la zone de texte concernée en cliquant dessus.
- Saisissez le texte que vous souhaitez ; utilisez la touche ↵ pour créer plusieurs lignes.

  Pour insérer le signe & (et commercial) dans le texte d'un en-tête ou d'un pied de page, tapez-le à deux reprises. Par exemple, pour inclure "Sous-traitants & services" dans un en-tête, tapez **Sous-traitants && services.**
- Pour insérer des contenus particuliers, cliquez sur le bouton correspondant dans la barre d'outils qui s'ouvre : **Insérer le numéro de page** (1), **Insérer le nombre de pages** (2), **Insérer la date** (3), **Insérer l'heure** (4), **Insérer le chemin de fichier** (5), **Insérer le nom du fichier** (6), **Insérer le nom de la feuille** (7), **Insérer une image** (8).

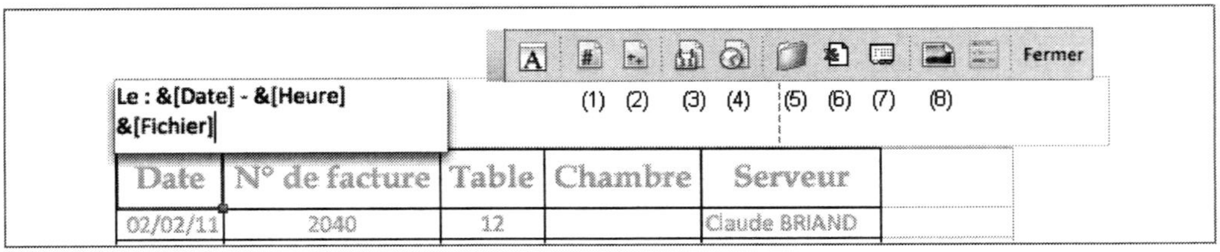


*Chaque contenu particulier correspond à un code qui apparaît entre crochets.*

- Pour mettre en valeur les caractères, sélectionnez-les et cliquez sur le bouton **Mettre le texte en forme** [A] de la barre d'outils qui s'affiche. Utilisez les options de la boîte de dialogue **Police.**

## Supprimer des en-têtes ou pieds de page

- Accédez à la zone d'en-tête ou de pied de page de la feuille concernée.
- Sélectionnez le contenu à supprimer à l'aide d'un cliqué-glissé et faites Suppr.

  ou

  Dans l'onglet **Mise en page**, cliquez sur le bouton **En-tête et pied de page** puis ouvrez la liste **En-tête** ou **Pied de page** et activez l'option **(aucun).**

## Créer un filigrane

*Contrairement à l'arrière-plan de feuille qui ne peut s'imprimer, Microsoft Excel 2011 vous offre la possibilité d'insérer une image en en-tête ou en pied de page afin de pouvoir l'imprimer derrière le texte de la feuille.*

- Accédez à la création ou à la modification de l'en-tête ou du pied de page pour la feuille de calcul concernée, puis cliquez dans la zone de texte qui contiendra l'image.
- Cliquez sur le bouton **Insérer une image**  de la barre d'outils qui s'affiche.

  *La boîte de dialogue **Sélectionner une image** s'affiche.*
- Accédez au dossier contenant l'image à mettre en filigrane puis faites un double clic sur le nom de l'image.
- Pour redimensionner l'image ou la mettre à l'échelle, cliquez sur le bouton **Format de l'image** de la barre d'outils qui s'affiche puis, dans la boîte de dialogue qui s'ouvre, sélectionnez les options désirées dans l'onglet **Dimension** ; cliquez sur le bouton **OK**.

## Utiliser la technique des vues

*Une vue permet de mémoriser une zone d'impression, des paramètres de mise en page, des paramètres de filtre, des lignes et colonnes masquées. En activant la vue, les options mémorisées sont automatiquement activées.*

### Créer une vue

- Préparez l'impression de la feuille (la mise en page, la zone d'impression, le masquage des colonnes...).
- Dans le menu **Affichage**, cliquez sur l'option **Affichages personnalisés**.
- Cliquez sur le bouton **Ajouter**.
- Saisissez le **Nom** de la vue en cours de création.

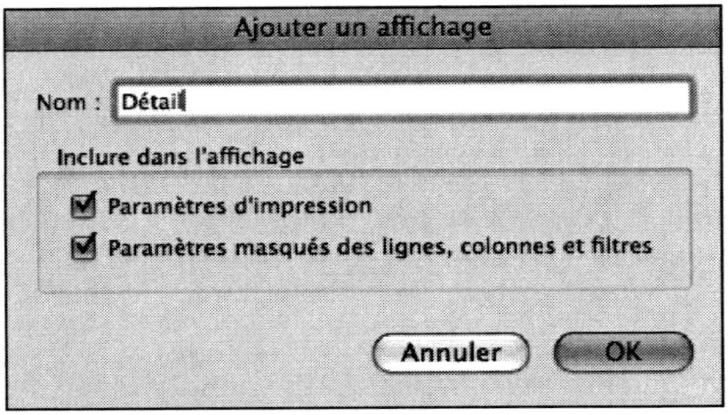


- Précisez si la vue doit mémoriser les **Paramètres d'impression** et les **Paramètres masqués des lignes, colonnes et filtres** en cochant la ou les options correspondantes.
- Cliquez sur le bouton **OK.**

## Utiliser une vue

- Dans le menu **Affichage**, cliquez sur l'option **Affichages personnalisés.**
- Cliquez sur le nom de la vue à utiliser puis sur le bouton **Afficher**.

Le bouton **Supprimer** permet de supprimer la vue sélectionnée de la liste **Affichages personnalisés.**

## Utiliser l'aperçu avant impression

*Il s'agit de visualiser les feuilles du classeur telles qu'elles seront imprimées.*

- Activez la feuille de calcul à visualiser.
- Cliquez sur le bouton **Aperçu** de l'onglet **Mise en page** - groupe **Imprimer**.

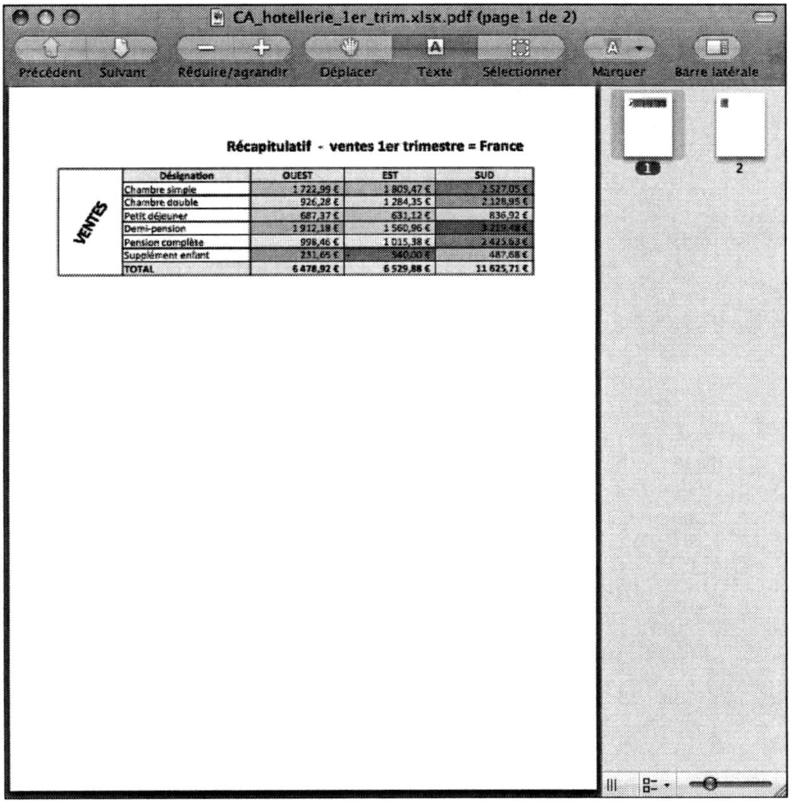


*L'image réduite de la feuille telle qu'elle sera imprimée s'ouvre dans l'application* ***Aperçu****. L'application* ***Aperçu*** *affiche dans la barre de titre le numéro de la page en cours et le nombre total de pages qui seront imprimées.*

- Pour zoomer un aperçu, cliquez sur le bouton **agrandir** situé en haut.
- Pour revenir en vision réduite, cliquez sur le bouton **Réduire** situé en haut.

- Pour afficher une autre page, utilisez les boutons **Précédent** et **Suivant** ou cliquez sur la miniature de la page dans la barre latérale.
- Refermez la fenêtre **Aperçu** en pressant Ctrl **Q.**

Pour afficher plusieurs feuilles de calcul, sélectionnez au préalable les feuilles à imprimer. Chaque feuille s'ouvrira dans une nouvelle fenêtre d'Aperçu.

## Imprimer un classeur/une feuille/une sélection

- Sélectionnez, si besoin est, les éléments à imprimer (cellules ou feuilles).
- Cliquez sur le menu **Fichier** puis sur l'option **Imprimer** ou faites cmd ⌘ **P.**

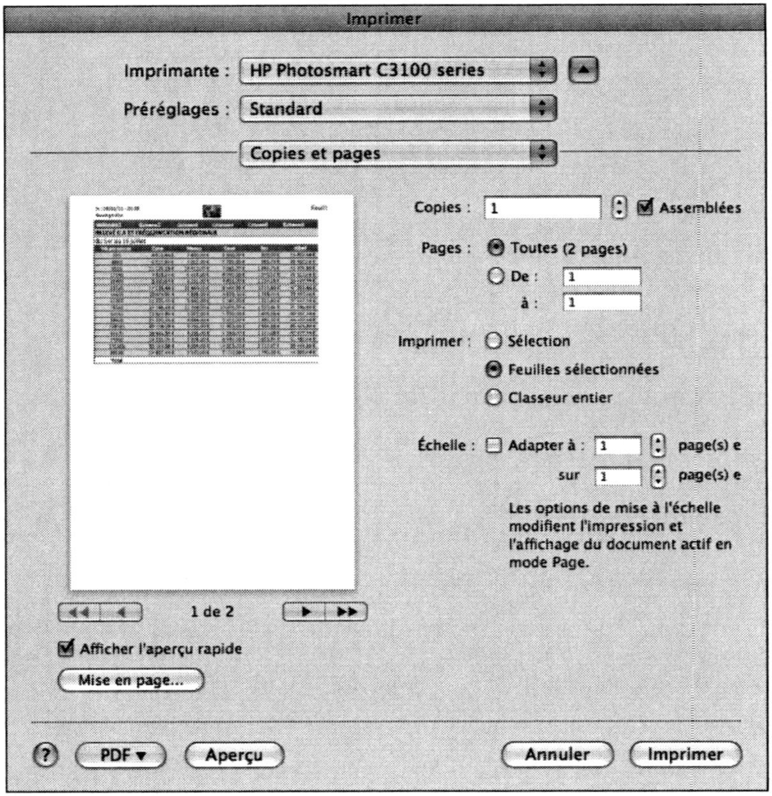

*Vous pouvez faire défiler les pages de l'aperçu rapide grâce aux boutons situés sous l'aperçu. Le bouton* ***Aperçu*** *ouvre l'application de même nom.*

- Pour sélectionner une autre imprimante que celle définie par défaut, ouvrez la liste **Imprimante** puis cliquez sur l'imprimante de votre choix.
- Pour n'imprimer que les cellules sélectionnées dans la feuille active, cliquez sur l'option **Sélection.**

  Vous pouvez aussi imprimer les **Feuilles sélectionnées** ou imprimer le **Classeur entier**.
- Pour imprimer un groupe de pages, saisissez le numéro de la première et de la dernière page dans les champs **De** et **à**.
- Si vous désirez plusieurs exemplaires de votre impression, dans le cadre **Copies**, saisissez le nombre de copies souhaitées.

  Si votre impression comporte plusieurs pages et que vous en demandez plusieurs exemplaires, l'option **Assemblé** permet l'impression d'un exemplaire complet avant l'impression de la première page de l'exemplaire suivant.
- Pour modifier les options d'impression, sélectionnez une des options (**Mise en page**, **Gestion du papier...**) dans la liste déroulante qui suit la liste **Préréglage**.
- Si vous souhaitez imprimer une feuille de calcul entière sur une seule page, vous pouvez la mettre à l'échelle. Pour cela, cochez l'option **Adapter** puis entrez le nombre de pages désiré.
- Lorsque tous les paramètres ont été définis, cliquez sur le bouton **Imprimer** pour lancer l'impression.

Pour lancer une impression de la feuille active selon les paramètres de mise en page actifs, cliquez sur l'outil **Impression rapide**  situé sur la barre d'outils **Standard**.

## Créer un graphique

- Sélectionnez les données à représenter sous forme graphique :
  - Si les cellules concernées sont adjacentes, sélectionnez-les par cliqué-glissé,
  - Si les cellules concernées ne sont pas adjacentes, sélectionnez-les par cliqué-glissé en utilisant la touche [cmd ⌘] ; veillez à ce que les différentes plages de cellules constituent à elles toutes seules une forme rectangulaire,
  - Si les cellules concernées sont présentées dans un tableau de données, cliquez dans l'une de ses cellules.

| Désignation | OUEST | EST |
|---|---|---|
| Chambre simple | 1 722,99 € | 1 809,47 € |
| Chambre double | 926,28 € | 1 284,35 € |
| Petit déjeuner | 687,37 € | 631,12 € |
| Demi-pension | 1 912,18 € | 1 560,96 € |
| Pension complète | 998,46 € | 1 015,38 € |

Excel considère les blocs sélectionnés comme un seul bloc rectangulaire →

| Désignation | EST |
|---|---|
| Chambre simple | 1 809,47 € |
| Chambre double | 1 284,35 € |
| Demi-pension | 1 560,96 € |
| Pension complète | 1 015,38 € |

*Dans l'exemple ci-dessus la cellule située en haut à gauche doit faire partie de la sélection afin que les blocs de cellules puissent former un rectangle.*

- Activez l'onglet **Graphique**.
- Dans le groupe **Insérer un graphique**, cliquez sur le bouton correspondant au type de graphique à créer : **Colonne** (pour insérer un histogramme), **Ligne**, **Secteurs**, **Barres**, **Aires**, **Nuages de points** ou **Autres** (pour insérer un graphique de type **Boursier**, **Surface**, **Anneau**, **Bulles** ou **Radar**).

*Le choix du type de graphique est primordial pour représenter les données ; voici quelques indications sur la finalité de chaque type de graphique :*

- *Les **histogrammes** permettent d'illustrer les variations des données sur une période donnée ou de comparer des éléments.*
- *Les **graphiques en courbes** permettent d'afficher des données continues sur une période donnée ; ils sont définis par rapport à une échelle courante et conviennent parfaitement pour représenter les tendances dans les données à des intervalles réguliers.*
- *Les **graphiques en secteur** représentent la taille des éléments d'une seule série de données par rapport à leur somme.*
- *Les **graphiques en barres** permettent de représenter les comparaisons entre différents éléments.*

- *Les* ***graphiques en aires*** *mettent en valeur l'amplitude des variations sur une période donnée et permettent d'attirer l'attention sur la valeur totale pour une tendance.*
- *Les* ***graphiques en nuages de points*** *représentent les relations entre les valeurs numériques de plusieurs séries de données.*
- *Les* ***graphiques boursiers*** *sont utilisés pour représenter la fluctuation des cotations boursières mais aussi pour représenter des données scientifiques.*
- *Les* ***graphiques en surface*** *permettent de rechercher les meilleures combinaisons entre deux ensembles de données.*
- *De même qu'un graphique en secteurs, un* ***graphique en anneaux*** *représente la relation des différentes parties au total, mais il peut contenir plusieurs séries de données.*
- *Les* ***graphiques en bulles*** *sont utilisés pour représenter des données agencées en colonnes (les valeurs X sont indiquées dans la première colonne, les valeurs Y correspondantes et les valeurs de la taille des bulles sont dans des colonnes adjacentes).*
- *Les* ***graphiques en radar*** *comparent les valeurs regroupées d'un certain nombre de séries de données.*

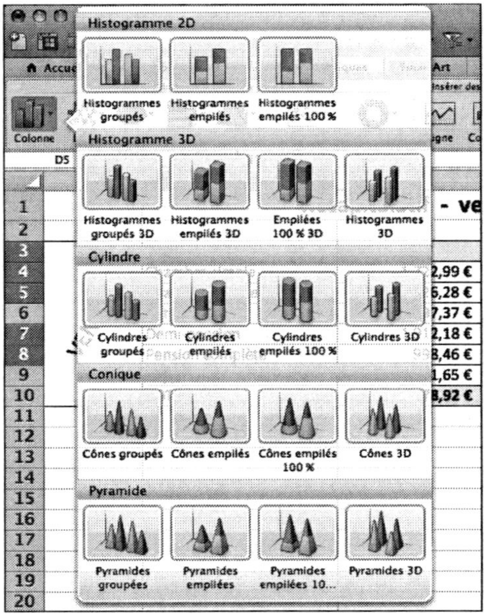

- Cliquez sur le sous-type de graphique à créer.

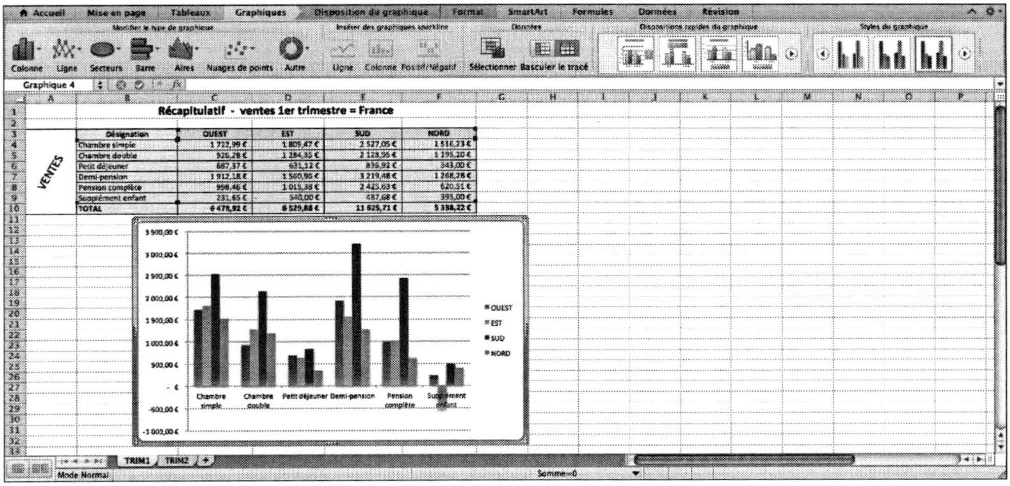


*Immédiatement, la **Zone de graphique** apparaît dans la feuille de calcul (ce graphique est appelé graphique incorporé). Les onglets spécifiques **Disposition du graphique et Format** associés à l'onglet **Outils de graphique** s'affichent.*

*Lorsqu'un graphique incorporé, créé à partir de données adjacentes, est sélectionné, des plages de cellules codées par des couleurs apparaissent ; elles mettent en valeur les données de la feuille de calcul utilisées dans le graphique :*

*- les séries sont entourées d'un rectangle vert (ici, les régions),*

*- les catégories sont entourées d'un rectangle violet (ici, les désignations),*

*- les points de données sont entourés d'un rectangle bleu (ici, les valeurs).*

- Déplacez, si besoin est, le graphique comme n'importe quel objet graphique : pointez un des bords extérieurs de l'objet (**Zone de graphique**) puis faites-le glisser. Vous pouvez aussi modifier ses dimensions en faisant glisser une des poignées.

Sauf intervention de votre part, toutes modifications apportées aux données sources sont répercutées dans le graphique car ils sont liés.

---

Pour créer rapidement un graphique se basant sur le type de graphique par défaut, sélectionnez les données à présenter puis appuyez sur Alt F1 pour créer un graphique incorporé.

---

## Activer/désactiver un graphique incorporé

- Pour activer un graphique incorporé, cliquez une fois dessus de façon à sélectionner l'objet graphique ou à sélectionner un des éléments du graphique.

  *Les onglets **Disposition du graphique** et **Format** s'affichent à nouveau.*

- Pour désactiver un graphique incorporé, cliquez dans une cellule en-dehors du graphique.

## Changer l'emplacement d'un graphique

*Par défaut, un graphique est créé dans un cadre nommé Zone graphique sur une feuille de calcul (on parle de graphique incorporé) ; vous pouvez changer son emplacement de manière à ce qu'il apparaisse dans une feuille à part entière (une feuille graphique) ou dans une autre feuille de calcul, en tant que graphique incorporé.*

- S'il s'agit d'un graphique incorporé, cliquez dessus pour le sélectionner ; s'il s'agit d'un graphique existant dans une feuille graphique, cliquez sur l'onglet de la feuille pour l'activer.
- Dans le menu **Graphique**, cliquez sur l'option **Déplacer le graphique**.

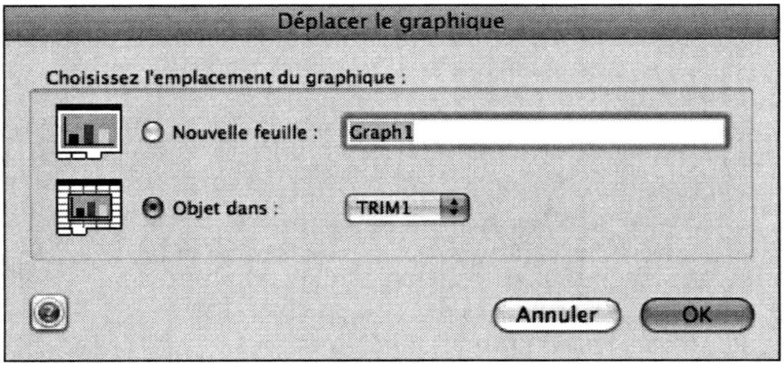


- Pour déplacer le graphique dans une feuille à part entière, activez l'option **Nouvelle feuille** et dans la zone de saisie qui suit, modifiez si besoin, le nom de cette nouvelle feuille.
- Pour déplacer le graphique dans une feuille existante en tant que graphique incorporé, ouvrez la liste **Objet dans** et sélectionnez la feuille voulue.
- Cliquez sur le bouton **OK**.

*Si vous avez choisi de transférer le graphique dans une nouvelle feuille, celle-ci est insérée avant la feuille active.*

## Inverser les données d'un graphique

*Il s'agit d'inverser les séries de données et les catégories.*

- Activez, si besoin est, le graphique.
- Activez l'onglet **Graphiques** et cliquez sur le bouton **Basculer le tracé** du groupe **Données.**

*Immédiatement, les données représentées en abscisse sont présentées en ordonnée et inversement.*

Vous pouvez aussi cliquer sur le bouton **Sélectionner** du groupe **Données** de l'onglet **Graphiques** puis, dans la boîte de dialogue **Sélectionner les données sources** qui s'affiche, cliquer sur le bouton **Changer de ligne ou de colonne.**

## Modifier la source de données du graphique

*Cette technique permet de modifier les références des cellules dont les données sont représentées dans le graphique.*

- Activez, si besoin est, le graphique.
- Activez l'onglet **Graphiques** et cliquez sur le bouton **Sélectionner les données sources** du groupe **Données.**
- Dans la boîte de dialogue **Sélectionner** qui s'affiche, cliquez sur le bouton associé à l'option **Plage de données** pour sélectionner les nouvelles données à représenter, puis cliquez sur le bouton pour retrouver l'affichage de la boîte de dialogue.
- Cliquez sur le bouton **OK.**

## Ajouter une ou plusieurs séries de données au graphique

### Première méthode

*Cette méthode est réservée au graphique incorporé ; si vous devez ajouter des séries de données, ces dernières doivent être contigües à celles existantes sur le graphique.*

- Sélectionnez la zone de graphique.

*Nous vous rappelons que sur la feuille de calcul, les cellules contenant les points de données sont entourées d'un rectangle bleu.*

- Faites glisser la poignée du rectangle bleu de façon à insérer ou à supprimer les valeurs des nouvelles données dans le rectangle bleu.

*Les titres des séries (entourés d'un rectangle vert) et les catégories (entourées d'un rectangle violet) accompagnent les modifications du rectangle bleu.*

### Deuxième méthode

- Activez, si besoin est, le graphique.
- Activez l'onglet **Graphiques** et cliquez sur le bouton **Sélectionner** du groupe **Données**.

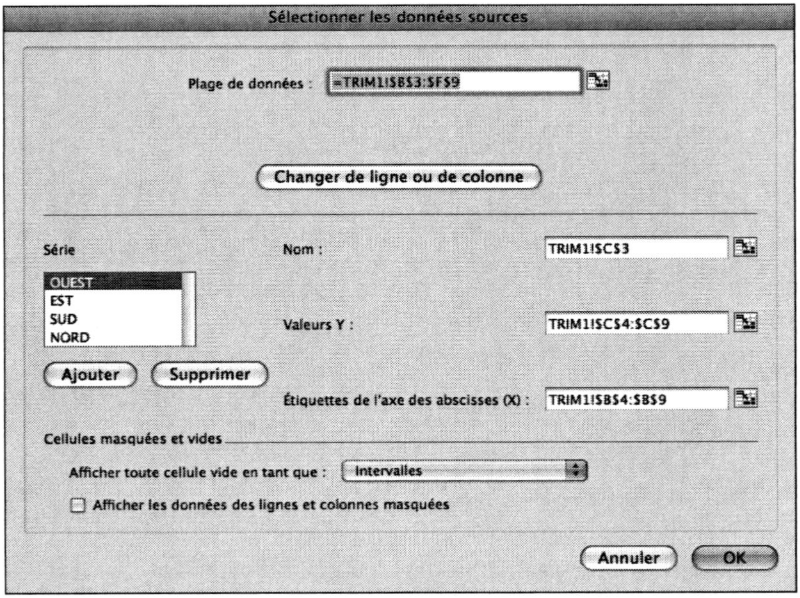

*Pour ajouter plusieurs séries en une seule fois, celles-ci doivent être dans des cellules adjacentes.*

- Cliquez sur le bouton **Ajouter** de la boîte de dialogue **Sélectionner les données sources**.
- Dans la zone **Nom**, utilisez le bouton pour sélectionner la ou les cellule(s) contenant les étiquettes de(s) série(s) à ajouter.
- Dans la zone **Valeurs Y**, utilisez le bouton pour sélectionner les cellules contenant les données numériques de(s) série(s) à ajouter.
- Cliquez sur le bouton **OK**.

## Supprimer une série de données du graphique

- Activez, si besoin est, le graphique et sélectionnez la série à supprimer en cliquant sur la série (barre, courbe...).
- Appuyez sur la touche Suppr.

Le bouton **Supprimer** de la boîte de dialogue **Sélectionner les données sources** permet aussi de supprimer la série sélectionnée dans la zone **Série**.

## Modifier l'ordre des séries de données du graphique

- Activez, si besoin est, le graphique.
- Cliquez sur une série du graphique puis sur le bouton **Mise en forme** de la sélection dans l'onglet **Disposition du graphique** (groupe **Sélection actuelle**).
- Cliquez sur l'option **Ordre** puis sélectionnez à l'aide des boutons **Déplacer vers le haut** et **Déplacer vers le bas**, afin de réorganiser la liste **Ordre des séries**.
- Cliquez sur le bouton **OK**.

## Modifier la source des étiquettes des abscisses

- Activez, si besoin est, le graphique.
- Activez l'onglet **Graphiques** et cliquez sur le bouton **Sélectionner** du groupe **Données**.
- Dans la partie **Étiquettes de l'axe des abscisses (X)**, utilisez le bouton pour sélectionner les cellules contenant les données des étiquettes.

- Cliquez sur le bouton **OK** de la boîte de dialogue **Sélectionner les données sources.**

Vous pouvez aussi sélectionner la première série du graphique puis modifier le deuxième argument de la fonction **SERIES()** visible dans la barre de formule.

## Gérer les modèles de graphique

*Créer un modèle de graphique permet de réutiliser un type de graphique que vous avez personnalisé.*

### Enregistrer un graphique comme modèle

- Cliquez sur le graphique à enregistrer en tant que modèle.
- Activez l'onglet **Graphiques** et cliquez sur le bouton **Autre** du groupe **Modifier le type de graphique**, cliquez sur l'option **Enregistrer en tant que modèle**.
- Dans la zone **Enregistrer sous**, saisissez le nom à attribuer au modèle de graphique.

  *Les modèles de graphique portent l'extension .crtx et sont enregistrés par défaut dans le dossier :Appareil:utilisateur:nom_utilisateur:Bibliothèque:Application Support:Microsoft:Office:Chart Templates.*
- Cliquez sur le bouton **Enregistrer**.

### Utiliser un modèle de graphique

- Pour créer ou modifier un graphique à partir d'un modèle, activez l'onglet **Graphiques**, cliquez sur le bouton **Autre** puis sélectionnez le modèle à appliquer dans la zone **Modèles**.

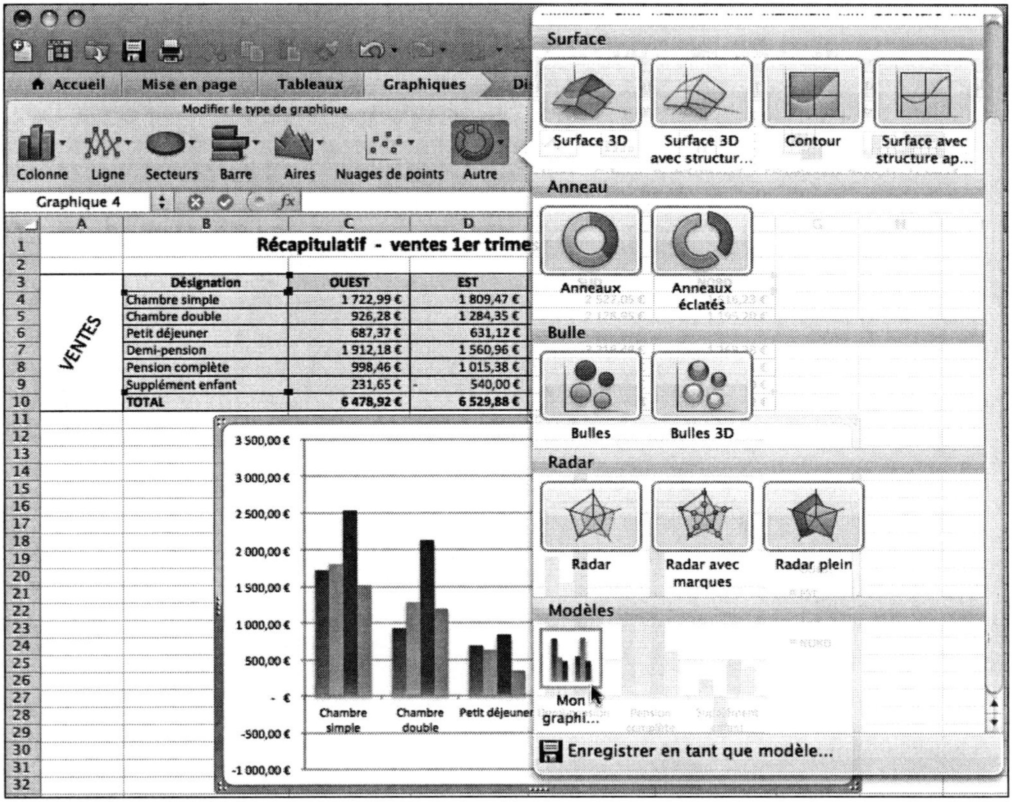


Cliquez sur le nom du modèle à utiliser.

## Supprimer un modèle de graphique

Ouvrez le **Finder** depuis le Dock, puis naviguez jusqu'à l'emplacement du dossier des modèles (:Appareil:utilisateur:nom_utilisateur:Bibliothèque:Application Support:Microsoft:Office:Chart Templates).

Cliquez sur le modèle à supprimer puis faites Suppr ou utilisez l'option **Placer dans la corbeille** de son menu contextuel.

Fermez la fenêtre du **Finder**.

La suppression d'un modèle personnalisé n'a pas d'incidence sur les graphiques ayant été basés sur ce modèle.

## Créer/supprimer des graphiques sparkline

*Pour obtenir une représentation visuelle et compacte des tendances de vos données directement dans une cellule, vous pouvez y insérer de minuscules graphiques appelés **graphiques sparkline**. Un des avantages non négligeables de ces graphiques sparkline, c'est que contrairement à des graphiques ordinaires, ils sont imprimés en même temps que la feuille de calcul dans laquelle ils se trouvent.*

- Sélectionnez une ou plusieurs cellules vides dans lesquelles vous souhaitez insérer un graphique sparkline (il est conseillé de placer les graphiques sparkline près des cellules contenant les données, mais ce n'est pas obligatoire).
- Activez l'onglet **Graphiques**.
- Dans le groupe **Insérer des graphiques sparkline**, cliquez sur le bouton correspondant au type de graphique sparkline à créer : **Ligne**, **Colonne** ou **Positif/Négatif**.
- Dans la boîte de dialogue **Insérer des graphiques sparkline** qui s'affiche, cliquez sur le bouton pour sélectionner la feuille contenant les données concernées par les graphiques, sélectionnez-les puis cliquez sur le bouton pour retrouver l'affichage de la boîte de dialogue.
- Selon le même principe, modifiez si nécessaire le champ **Sélectionnez l'emplacement des graphiques sparkline**.

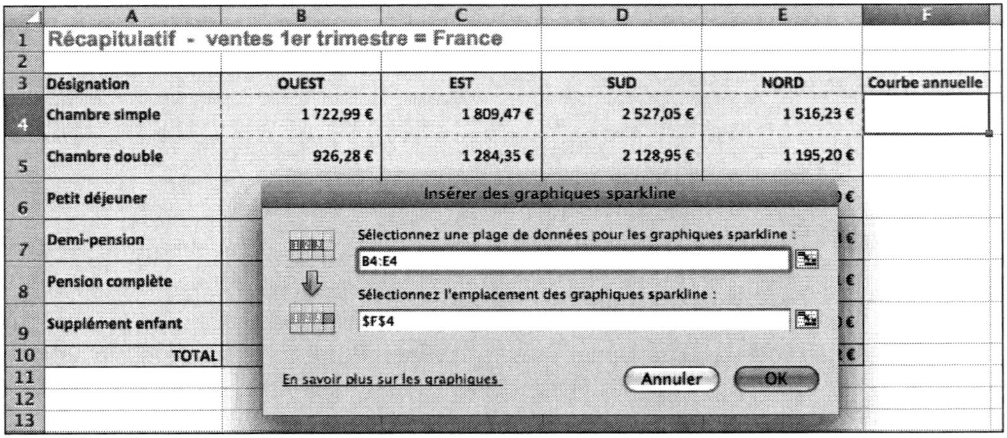


- Cliquez sur **OK** pour valider.

| 3 | Désignation | OUEST | EST | SUD | NORD | Courbe annuelle |
|---|---|---|---|---|---|---|
| 4 | Chambre simple | 1 722,99 € | 1 809,47 € | 2 527,05 € | 1 516,23 € | |
| 5 | Chambre double | 926,28 € | 1 284,35 € | 2 128,95 € | 1 195,20 € | |
| 6 | Petit déjeuner | 687,37 € | 631,12 € | 836,92 € | 343,00 € | |
| 7 | Demi-pension | 1 912,18 € | 1 560,96 € | 3 219,48 € | 1 268,28 € | |
| 8 | Pension complète | 998,46 € | 1 015,38 € | 2 425,63 € | 620,51 € | |
| 9 | Supplément enfant | 231,65 € | 228,60 € | 487,68 € | 395,00 € | |
| 10 | TOTAL | 6 478,92 € | 6 529,88 € | 11 625,71 € | 5 338,22 € | |

*Le petit graphique apparaît en arrière-plan de la ou des cellules choisies. Contrairement à un graphique ordinaire, le graphique sparkline n'est pas un objet, il est juste imbriqué dans une cellule. Vous pouvez donc, si besoin, saisir un texte dans la cellule contenant le graphique en arrière-plan comme vous le feriez dans une cellule ordinaire :*

- Ajustez si besoin la hauteur de la ou les lignes pour mieux visualiser le graphique.
- Pour reproduire un graphique sparkline sur les cellules adjacentes, vous pouvez utiliser la poignée de recopie située dans l'angle inférieur droit de la cellule contenant le premier graphique sparkline.

| 3 | Désignation | OUEST | EST | SUD | NORD | Courbe annuelle |
|---|---|---|---|---|---|---|
| 4 | Chambre simple | 1 722,99 € | 1 809,47 € | 2 527,05 € | 1 516,23 € | |
| 5 | Chambre double | 926,28 € | 1 284,35 € | 2 128,95 € | 1 195,20 € | |
| 6 | Petit déjeuner | 687,37 € | 631,12 € | 836,92 € | 343,00 € | |
| 7 | Demi-pension | 1 912,18 € | 1 560,96 € | 3 219,48 € | 1 268,28 € | |
| 8 | Pension complète | 998,46 € | 1 015,38 € | 2 425,63 € | 620,51 € | |
| 9 | Supplément enfant | 231,65 € | 228,60 € | 487,68 € | 395,00 € | |
| 10 | TOTAL | 6 478,92 € | 6 529,88 € | 11 625,71 € | 5 338,22 € | |
| 11 | | | | | | |
| 12 | | | | | | |

- Pour sélectionner un graphique sparkline, cliquez sur la cellule dans laquelle il apparaît en arrière-plan.

*Si le graphique sparkline fait partie d'un groupe, un cadre bleu entoure ce groupe de graphiques sparkline (ce qui est le cas dans notre exemple). Notez que dans ce cas, les modifications de mise en forme apportées à l'un des graphiques seront reproduites sur tous les graphiques sparkline du groupe.*

*Lorsque vous cliquez sur une cellule contenant un graphique sparkline, un onglet spécifique **Graphiques sparkline** contenant les groupes **Données**, **Modifier le type**, **Marqueurs**, **Format** et **Modifier** apparaît.*

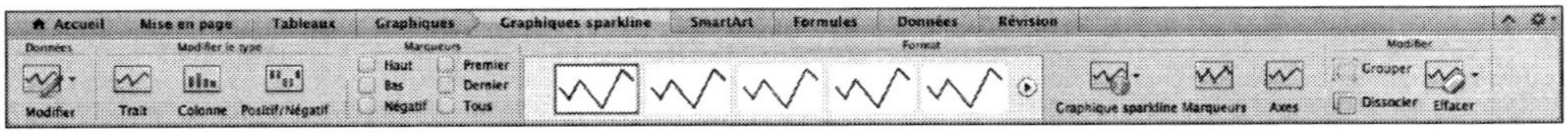


⊟ Pour supprimer un graphique sparkline ou un groupe de graphiques sparkline, sélectionnez le ou les éléments concernés, activez l'onglet **Graphiques sparkline** puis ouvrez la liste associée à l'outil **Effacer** du groupe **Modifier**. Cliquez sur l'option **Supprimer les graphiques sparkline sélectionnés** ou **Supprimer les groupes de graphiques sparkline sélectionnés.**

## Modifier un graphique sparkline

⊟ Pour sélectionner un graphique sparkline, cliquez sur le graphique concerné (s'il fait partie d'un groupe et que seul le graphique sélectionné doit être modifié, alors dissociez-le au préalable).

*Lorsqu'un graphique sparkline est sélectionné l'onglet **Graphiques sparkline** contenant les groupes **Données**, **Modifier le type**, **Marqueurs**, **Format** et **Modifier** apparaît.*

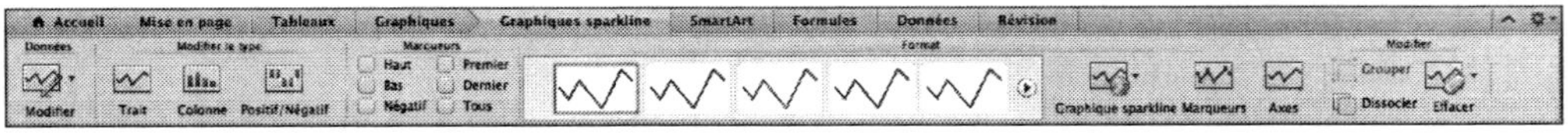


⊟ Pour dissocier un des graphiques sparkline du groupe, sélectionnez le graphique concerné (le groupe est alors entouré d'un trait bleu), activez l'onglet **Graphiques sparkline** et cliquez sur l'outil **Dissocier** du groupe **Modifier**.

*Une fois dissocié du groupe, le graphique sparkline peut être modifié indépendamment des autres.*

- Pour modifier le type d'un graphique sparkline ou d'un groupe de graphiques sparkline, sélectionnez un des graphiques concernés, puis cliquez sur le bouton **Ligne**, **Colonne** ou **Positif/Négatif** du groupe **Modifier le type** de l'onglet **Graphiques sparkline**.
- Pour appliquer un style prédéfini sur un graphique sparkline, sélectionnez un des graphiques concernés, puis cliquez sur le style souhaité qui apparaît dans le groupe **Format** de l'onglet **Graphiques sparkline** (les flèches à droite et à gauche des styles vous donne accès à des styles complémentaires).
- Si la plage de données relative au graphique sparkline contient des dates, vous pouvez organiser les points de données dans ce graphique afin d'identifier les périodes irrégulières. Pour cela, cliquez sur le bouton **Axe** du groupe **Format** de l'onglet **Graphiques sparkline.** Dans la boîte de dialogue **Axes**, sélectionnez l'option **Date sur les axes**, renseignez le champ **Sélectionnez la plage de dates pour le graphique sparkline** puis validez par **OK.**
- Pour afficher ou masquer certains marqueurs de données individuels (valeurs) dans un graphique sparkline de type Ligne, dans le groupe **Marqueurs** de l'onglet **Graphiques sparkline**, cochez ou décochez les options **Haut** (valeur la plus haute), **Bas** (valeur la plus basse), **Négatif** (valeurs négatives) ou **Premier** (première valeur), **Dernier** (dernière valeur) ou **Tous** selon les points de valeur à afficher ou à masquer.
- Pour **Modifier le groupe de graphique sparkline** ou pour **Modifier le graphique Sparkline unique**, cliquez sur le graphique (du groupe ou individuel) puis cliquez sur le bouton **Modifier** du groupe **Données**, et enfin cliquez sur l'option souhaitée :

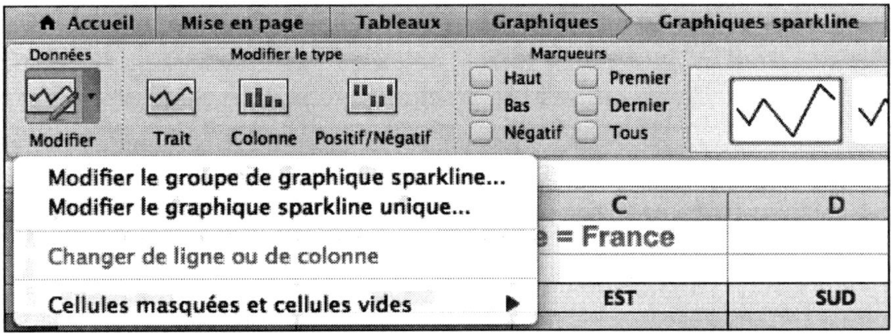


Renseignez le ou les champs demandés dans la boîte de dialogue **Modifier les graphiques sparkline** ou **Modifier le graphique sparkline** selon le cas, puis validez par **OK.**

- Pour déterminer la façon dont le graphique sparkline doit gérer les cellules vides de la plage de cellules source, cliquez sur le bouton **Modifier** du groupe **Données** de l'onglet **Graphiques sparkline**, puis sélectionnez l'option **Cellules masquées et cellules vides.**

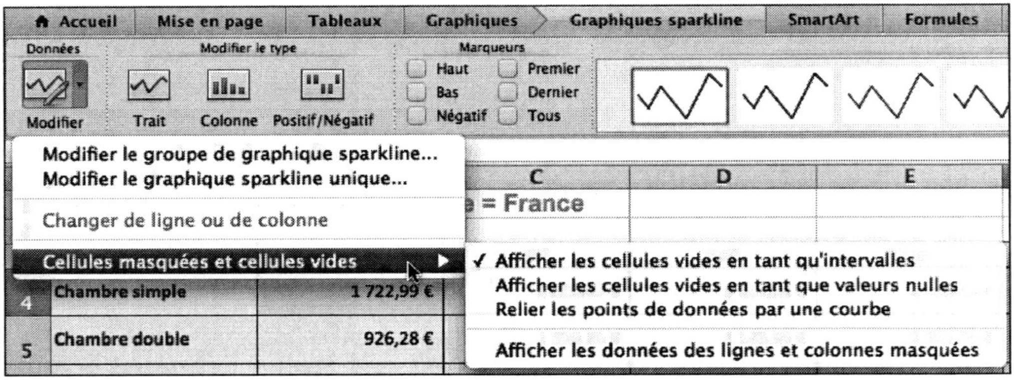


- Pour définir l'affichage des cellules vides dans le graphique sparkline, activez l'option :
  - **Affichez les cellules vides en tant qu'intervalles** : pour insérer une zone vide à la place de la donnée manquante et des éventuelles séries précédentes.

*Dans cet exemple, aucun chiffre n'ayant été saisi dans la colonne Trim2, le graphique sparkline occulte totalement ce champ ainsi que la série précédente (Trim1).*

| 3 | Désignation | Trim 1 | Trim 2 | Trim 3 | Trim 4 | Courbe annuelle |
|---|---|---|---|---|---|---|
| 4 | Chambre simple | 1 722,99 € | | 2 527,05 € | 1 516,23 € | |

  - **Afficher les cellules vides en tant que valeurs nulles** pour représenter la cellule vide par zéro.

*Ici, la valeur manquante est remplacée par la valeur zéro. Notez que dans ce cas, la ou les valeurs des séries précédentes sont représentées dans le graphique sparkline.*

| 3 | Désignation | Trim 1 | Trim 2 | Trim 3 | Trim 4 | Courbe annuelle |
|---|---|---|---|---|---|---|
| 4 | Chambre simple | 1 722,99 € | | 2 527,05 € | 1 516,23 € | |

- **Relier les points de données par une courbe** sans tenir compte de la valeur manquante :

| 3 | Désignation | Trim 1 | Trim 2 | Trim 3 | Trim 4 | Courbe annuelle |
|---|---|---|---|---|---|---|
| 4 | Chambre simple | 1 722,99 € | | 2 527,05 € | 1 516,23 € | |

☐ Pour intégrer dans le graphique sparkline les valeurs des cellules masquées, cochez l'option **Afficher les données des lignes et colonnes masquées.**

☐ Validez par **OK.**

## Sélectionner les éléments d'un graphique

- Activez, si besoin est, le graphique.
- Pointez l'élément que vous souhaitez sélectionner et cliquez.

*Lorsqu'un élément est sélectionné, il est entouré de poignées de sélection.*

- Pour sélectionner un point d'une série, cliquez d'abord sur la série puis sur le point à sélectionner.
- Sélectionner tous les éléments d'un graphique revient à sélectionner l'élément intitulé **Zone de graphique**.

Vous pouvez aussi activer l'onglet **Disposition du graphique**, ouvrir la liste du groupe **Sélection actuelle** et cliquer sur l'élément de graphique que vous souhaitez sélectionner.

## Modifier le type du graphique/d'une série

- Pour modifier l'ensemble du graphique, activez simplement le graphique ; pour modifier une série de données du graphique, sélectionnez-la.
- Activez l'onglet **Graphiques** et cliquez sur un type de graphique du groupe **Modifier le type de graphique**.

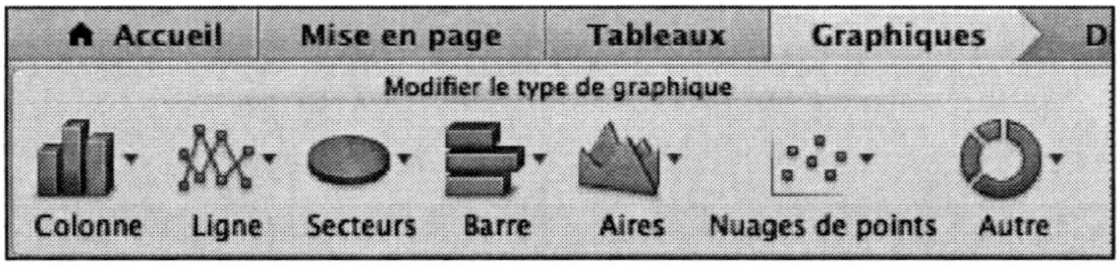


- Cliquez sur le sous-type de graphique souhaité, dans la liste qui s'ouvre.

## Appliquer une mise en forme prédéfinie au graphique

*Les différents modèles de disposition proposés par défaut permettent d'afficher un emplacement pour le titre du graphique, la légende, la table des données...*

- Activez, si besoin est, le graphique concerné puis l'onglet **Graphiques**.
- Cliquez sur la mise en forme désirée dans le groupe **Dispositions rapides du graphique**.

*Par exemple, la disposition nommée **Mise en forme 5** permet d'afficher la table des données dans l'espace réservé au graphique.*

## Afficher/masquer les éléments du graphique

*Il s'agit d'afficher (en choisissant une position d'affichage prédéfinie) ou de masquer le titre du graphique, les titres des axes, la légende, les étiquettes de données, la table des données, les axes, le quadrillage...*

- Activez, si besoin est, le graphique concerné puis l'onglet **Disposition du graphique**.
- Pour afficher un élément ou modifier son emplacement, cliquez sur le bouton correspondant à l'élément concerné et choisissez l'option correspondant à la position souhaitée :

| | |
|---|---|
| **Titre du graphique** | Pour afficher une zone de texte modifiable, superposée et centrée dans le graphique ou au-dessus du graphique ; pour saisir le titre du graphique, il suffit de cliquer dans la zone de texte puis de saisir le texte. |
| **Titres des axes** | Pour afficher une zone de texte modifiable correspondant à l'axe horizontal et une zone de texte modifiable correspondant à l'axe vertical. |
| **Légende** | Pour afficher le titre des séries de données ; par défaut, cet élément est affiché à droite du graphique. |
| **Étiquettes de données** | Pour afficher les valeurs de la série de données sélectionnée ; si aucune série n'est sélectionnée, Excel affiche les étiquettes pour toutes les séries. |
| **Table de données** | Pour afficher le tableau correspondant aux données source du graphique, sous ce dernier. |
| **Axes** | Pour afficher l'axe horizontal principal avec ou sans les étiquettes et/ou l'axe vertical principal en choisissant son échelle de valeurs (en milliers, en millions, en milliards...). |
| **Grille** | Pour afficher le quadrillage horizontal et/ou vertical principal et/ou secondaire. |

- Pour masquer un élément, cliquez sur le bouton correspondant à l'élément et choisissez l'option **Aucun** (ou **Aucune**) suivie du nom de l'élément.

Le fait d'appliquer certaines dispositions prédéfinies permet aussi d'afficher ou de masquer certains éléments.

Pour masquer un élément, vous pouvez aussi le sélectionner et appuyer sur la touche [Suppr].

Certains éléments, comme les titres, la légende... peuvent être déplacés par un cliqué-glissé. Ces mêmes éléments, ou bien d'autres (zone de traçage, légende...), peuvent être dimensionnés en faisant glisser une des poignées de sélection qui apparaissent autour de l'élément lorsque celui-ci est sélectionné.

## Modifier les options de l'axe des abscisses

*L'axe des abscisses est aussi appelé l'axe des X ou l'axe des catégories.*

*Cette manipulation permet de modifier la position des graduations, des étiquettes, l'intersection de l'axe vertical et de l'axe horizontal...*

- Activez, si besoin est, le graphique concerné puis l'onglet **Disposition du graphique.**
- Cliquez sur le bouton **Axes** du groupe **Axes**, activez l'option **Axe horizontal** puis l'option **Options d'axe.**

  *Pour ouvrir cette boîte de dialogue, vous pouvez également cliquer sur le graphique, ouvrir la liste déroulante du groupe **Sélection actuelle** (onglet **Disposition du graphique**), afin de choisir l'option **Axe Horizontal (Catégorie)**, puis cliquer sur le bouton **Mise en forme de la sélection** (groupe **Sélection actuelle**).*
- Dans la catégorie **Echelle**, précisez dans la zone **Intervalle entre les graduations** le nombre de catégories de données à afficher entre les marques de graduation de l'axe.

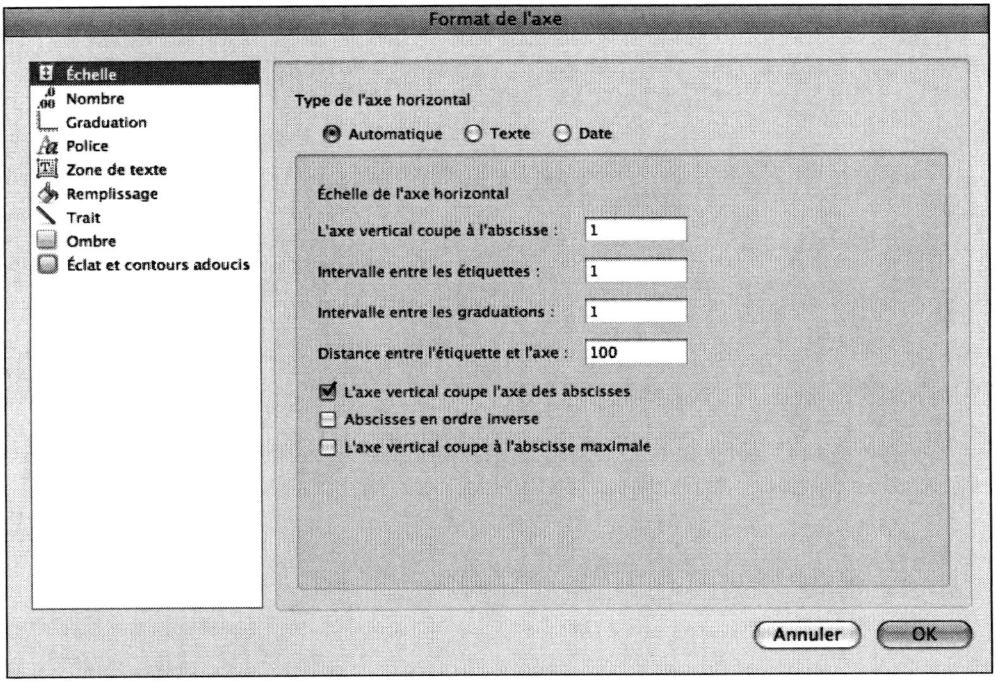


Pour définir le **Type de l'axe horizontal**, maintenez l'option **Automatique** si vous souhaitez que le type d'axe utilisé corresponde au mieux à vos données, ou activez l'option :

- **Texte** pour espacer de façon égale les points des données et le texte sur l'axe.
- **Dates** pour présenter les dates par ordre chronologique à intervalles définis ou sur une base d'unités (nombre de jours, nombre de mois...) même lorsque les dates de la feuille de calcul ne sont pas dans l'ordre ou n'ont pas la même unité de temps.

Si vous souhaitez modifier le point de croisement de l'axe des ordonnées et de l'axe des abscisses, dans le champ **L'axe vertical coupe à l'abscisse**, saisissez le nombre souhaité.

Si vous souhaitez préciser l'intervalle entre les étiquettes des marques de graduation, saisissez, dans la zone **Intervalle entre les étiquettes**, le nombre correspondant à l'intervalle souhaité ; par exemple, tapez **2** pour afficher une étiquette sur deux.

De la même façon, vous pouvez modifier l'**Intervalle entre les graduations**.

- Si vous souhaitez placer les étiquettes à une distance plus ou moins proche des axes, cliquez dans la zone de saisie **Distance entre l'étiquette et l'axe** puis saisissez un nombre moins élevé pour rapprocher l'étiquette de l'axe, et inversement, un nombre plus élevé pour espacer l'étiquette de l'axe.
- Cochez l'option **L'axe vertical coupe à l'abscisse maximale** pour que l'axe des ordonnées (axe Y) coupe l'axe des abscisses (axe X) après la dernière catégorie de l'axe X.

  *L'option **L'axe vertical coupe l'axe des abscisses** est activée par défaut.*
- Cochez l'option **Abscisses en ordre inverse** si vous souhaitez inverser l'ordre des abscisses.
- Pour définir la position des marques de graduation principales, cliquez sur la catégorie **Graduation principale** puis, dans le cadre **Graduation**, choisissez : **Extérieur**, **Intérieur** ou **Croix**.

  Pour définir la position des marques de graduation secondaires, choisissez leur position (**Extérieur**, **Intérieur**, **Croix**) dans le cadre **Graduation secondaire**.
- Pour définir la position du texte des étiquettes de graduation, cliquez sur la catégorie **Graduation** puis, dans le cadre **Etiquette des axes,** choisissez leur position (**Haut**, **Bas**, **A côté de l'axe**).
- Lorsque vos modifications sont terminées, cliquez sur le bouton **OK**.

Pour modifier la profondeur de chevauchement ou d'écart des séries, vous pouvez double cliquer sur une série de données puis définir les paramètres de votre choix dans la catégorie **Options**.

## Modifier les options de l'axe des ordonnées

*L'axe des ordonnées est aussi appelé axe vertical, axe des Y ou axe des valeurs. Cette technique permet de modifier l'échelle du graphique, la position des graduations, des étiquettes, l'intersection de l'axe horizontal et de l'axe vertical...*

- Activez, si besoin est, le graphique concerné puis l'onglet **Disposition du graphique**.
- Cliquez sur le bouton **Axes** du groupe **Axes** et activez l'option **Axe vertical** puis l'option **Options d'axe**.

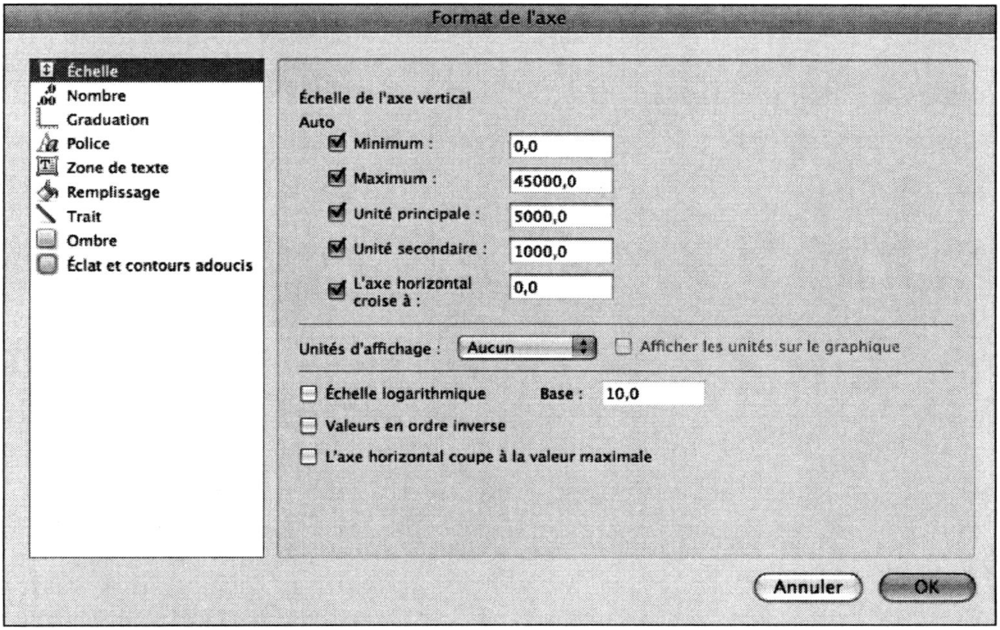


*Pour ouvrir cette boîte de dialogue, vous pouvez également cliquer sur le graphique, ouvrir la liste déroulante du groupe **Sélection actuelle** (onglet **Disposition du graphique**) afin de choisir l'option **Axe Vertical (Valeur)**, puis cliquer sur le bouton **Mise en forme de la sélection** (groupe **Sélection actuelle**).*

- Pour modifier la valeur d'échelle, dans la catégorie **Echelle**, décochez les options **Minimum** et/ou **Maximum**, puis saisissez la valeur souhaitée dans les zones de saisie qui leur sont associées.
- Pour modifier l'intervalle des marques de graduation et des quadrillages du graphique, dans la catégorie **Echelle**, décochez les options **Unité principale** et/ou **Unité secondaire** puis saisissez la valeur souhaitée dans les zones de saisie qui leur sont associées.
- Pour inverser l'ordre des valeurs, cochez l'option **Valeurs en ordre inverse.**

*Sachez que si vous changez l'ordre des valeurs sur l'axe des ordonnées en partant du bas vers le haut, les étiquettes des catégories sur l'axe des abscisses apparaitront en haut du graphique, et non plus en bas. De même, si vous changez l'ordre des catégories en partant de la gauche vers la droite, les étiquettes des valeurs apparaitront sur la droite et non à gauche du graphique.*

- Lorsque les valeurs représentées dans le graphique couvrent une plage très importante, vous avez la possibilité de remplacer l'axe des valeurs par une échelle logarithmique. Pour cela, cochez l'option **Echelle logarithmique** puis modifiez, si besoin, la **Base** qui lui est associée.

  *Notez qu'il est impossible d'utiliser une telle échelle pour les valeurs négatives ou nulles.*

- Pour modifier si nécessaire les **Unités d'affichage**, ouvrez la liste déroulante correspondante puis cliquez sur l'option de votre choix :

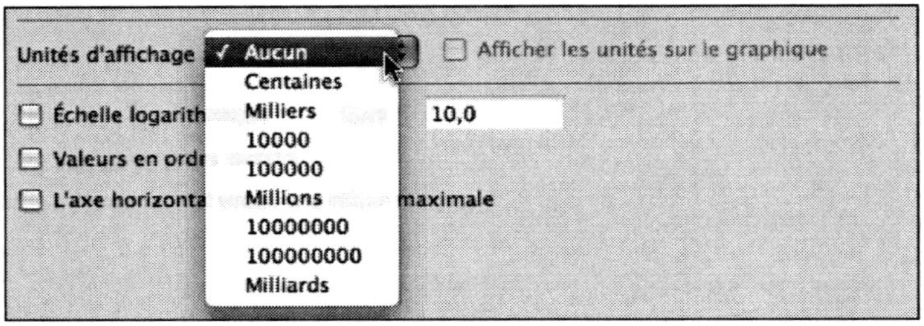


  *Par défaut, l'option **Aucun** est sélectionnée.*

- Si vous avez choisi une des unités d'affichage (pour remplacer par exemple de grandes valeurs par de plus petites), vous pouvez alors **Afficher les unités sur le graphique** en cochant l'option correspondante pour ajouter une étiquette indiquant l'unité utilisée.

- Si vous souhaitez modifier le point d'intersection de l'axe des ordonnées et de l'axe des abscisses, décochez l'option **L'axe horizontal croise à** puis saisissez dans le champ associé le nombre souhaité.

- Cochez l'option **L'axe horizontal coupe à la valeur maximale** pour que l'axe des abscisses (axe X) croise l'axe des ordonnées (axe Y) au niveau de la valeur la plus élevée. Dans ce cas, les étiquettes des catégories sont placées sur le côté opposé dans le graphique.

- Comme pour l'axe des abscisses, utilisez les options de la catégorie **Graduation** pour modifier la position des marques de graduation principales, secondaires, ainsi que le texte des étiquettes.

- Lorsque vos modifications sont terminées, cliquez sur le bouton **Fermer**.

## Ajouter un axe vertical secondaire

*Cette technique permet de représenter sur un même graphique des données complètement différentes, de par leur échelle et/ou leur unité. Sur cet exemple, les quatre premières séries sont représentées par des barres d'histogramme associées à l'axe vertical principal tandis que la dernière, qui représente les valeurs totales, est représentée par une courbe associée à l'axe vertical secondaire :*

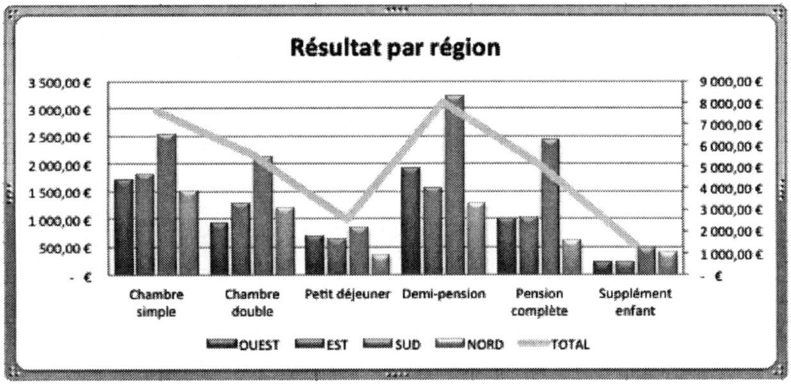


- Sélectionnez la série de données que vous voulez associer à l'axe vertical secondaire.
- Activez l'onglet **Disposition du graphique**, cliquez sur la liste déroulante du groupe **Sélection actuelle**, puis cliquez sur le bouton **Mise en forme de la sélection** du groupe **Sélection actuelle**.
- Dans la catégorie **Axe**, activez l'option **Axe secondaire** du cadre **Tracer la série avec.**
- Cliquez sur le bouton **OK.**

Pour modifier les paramètres de l'axe vertical secondaire, vous pouvez cliquer sur le graphique, ouvrir la liste déroulante du groupe **Sélection actuelle** (onglet **Disposition du graphique**), afin de choisir l'option **Axe Secondaire Vertical (Valeur)**, puis cliquer sur le bouton **Mise en forme de la sélection** (groupe **Sélection actuelle**). Effectuez alors les modifications comme vous le feriez pour un axe vertical (cf. Modifier les options de l'axe des ordonnées).

 

## Modifier les étiquettes de données

*Il s'agit de modifier l'affichage des valeurs correspondant aux données de chaque série.*

- Dans le graphique, affichez, si besoin, les étiquettes de données pour la ou les séries concernées (cf. Afficher/masquer les éléments du graphique).
- Activez l'onglet **Disposition du graphique.**
- Cliquez sur le bouton **Étiquettes de données** du groupe **Intitulés** et cliquez sur l'option **Options d'étiquettes de données.**

  Cliquez sur la catégorie **Etiquettes.**

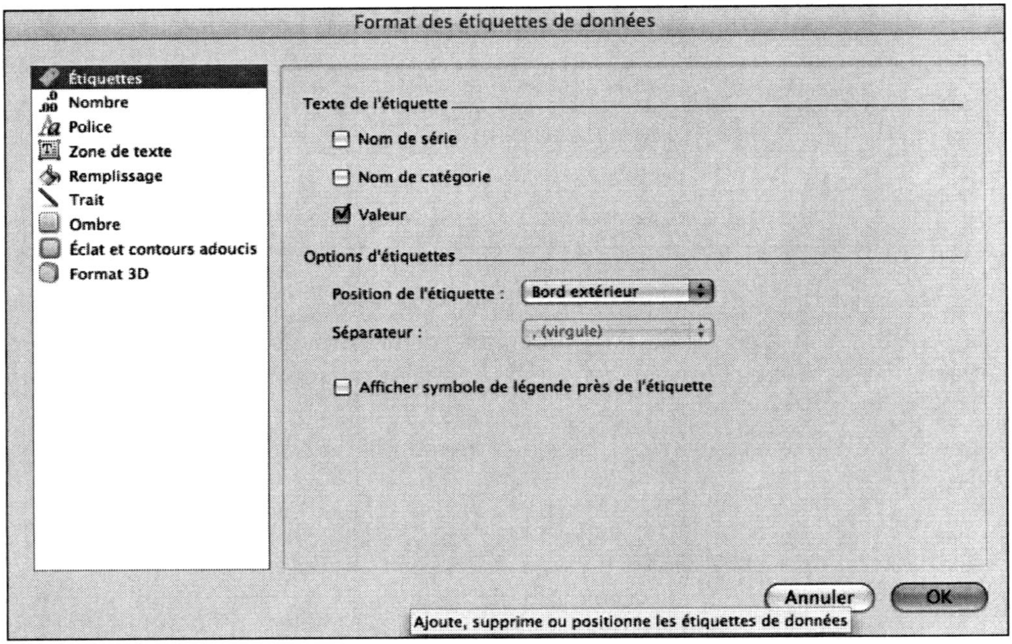


- Précisez ce que doit afficher les étiquettes dans la zone **Texte de l'étiquette.**
- Choisissez la disposition des étiquettes par rapport à la représentation des séries (barres, courbes..) dans la liste **Position de l'étiquette**.
- Pour afficher aussi le symbole de la légende dans l'étiquette, activez l'option **Afficher symbole de légende près de l'étiquette**.

- Cliquez sur le bouton **OK**.

Pour supprimer l'affichage de toutes les étiquettes, choisissez l'option **Aucune étiquette de données** dans la liste associée au bouton **Etiquettes des données** (onglet **Disposition du graphique** (groupe **Intitulés**). Pour supprimer l'affichage d'une étiquette en particulier, cliquez sur la zone correspondante dans le graphique afin de la sélectionner, puis appuyez sur la touche Suppr en fonction du clavier.

## Appliquer un style rapide au graphique

*Un style rapide est un ensemble prédéfini de couleurs, de remplissage et de contours appliqué aux éléments du graphique.*

- Cliquez sur le style voulu dans le groupe **Styles du graphique** de l'onglet **Graphique** ; pour visualiser tous les styles disponibles en même temps, cliquez sur le bouton de ce même groupe.

Il est possible d'appliquer un style rapide à un élément du graphique en particulier.

## Modifier le format des valeurs numériques dans un graphique

- Sélectionnez l'élément du graphique contenant les valeurs numériques à modifier.
- Activez l'onglet **Disposition du graphique** et cliquez sur le bouton **Mise en forme de la sélection** du groupe **Sélection actuelle**.
- Activez la catégorie **Nombre**.
- Décochez l'option **Lier à la source** de façon à pouvoir modifier le format.
- Choisissez la **Catégorie** et précisez ses options.

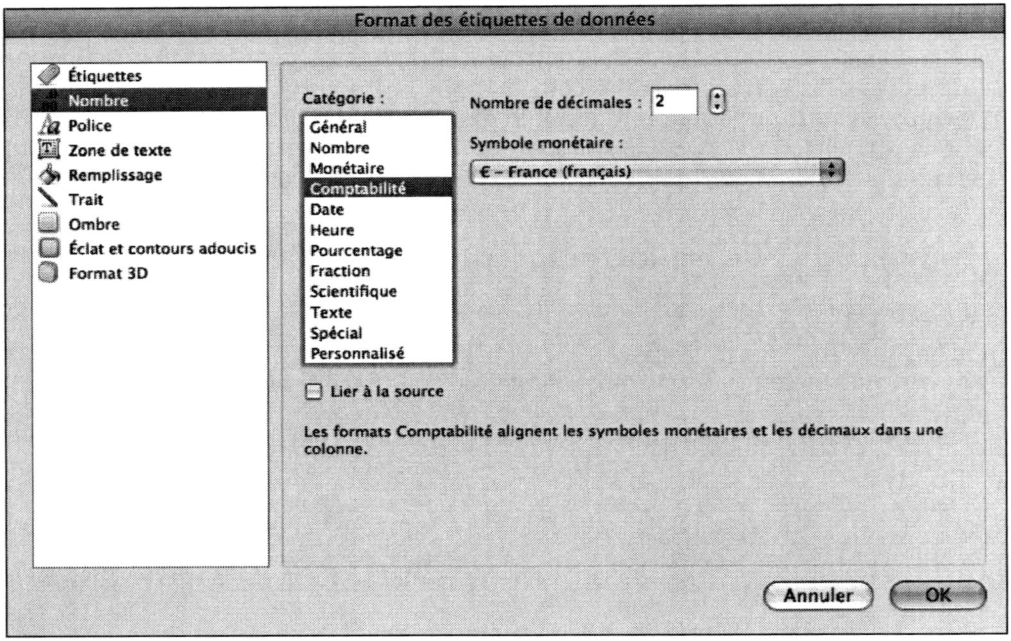


- Cliquez sur le bouton **OK**.

## Ajouter une courbe de tendance à un graphique

*La courbe de tendance associée (obligatoirement) à une série de données, permet d'illustrer les tendances des données existantes ou des prévisions de données futures. Cet outil permet de faire une analyse de régression utilisée pour faire des prévisions.*

*Selon le type d'analyse souhaité, vous pouvez par exemple étendre une courbe de tendance dans un graphique au-delà des données existantes afin de prévoir des valeurs futures. Mais vous pouvez aussi créer une moyenne mobile qui permet de lisser les fluctuations de données et illustrer ainsi plus précisément la tendance.*

*Notez qu'il est impossible d'ajouter une courbe de tendance dans un graphique 3D, empilé, en radar, en secteurs, en surface ou en anneau.*

- Sélectionnez la série pour laquelle vous souhaitez ajouter une courbe de tendance.

☐ Cliquez sur le bouton **Courbe de tendance** du groupe **Analyse** de l'onglet **Disposition du graphique.**

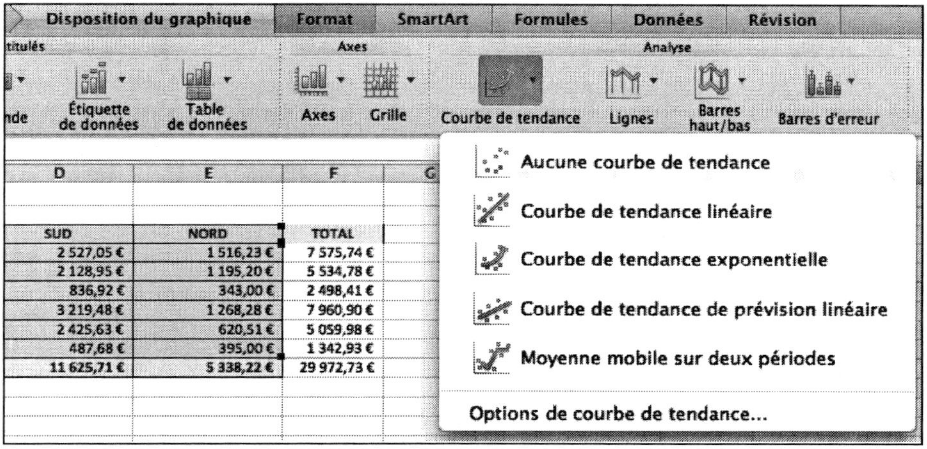


☐ Choisissez l'une des courbes de tendance prédéfinies ou cliquez sur l'option **Options de courbe de tendance** pour en définir les paramètres.

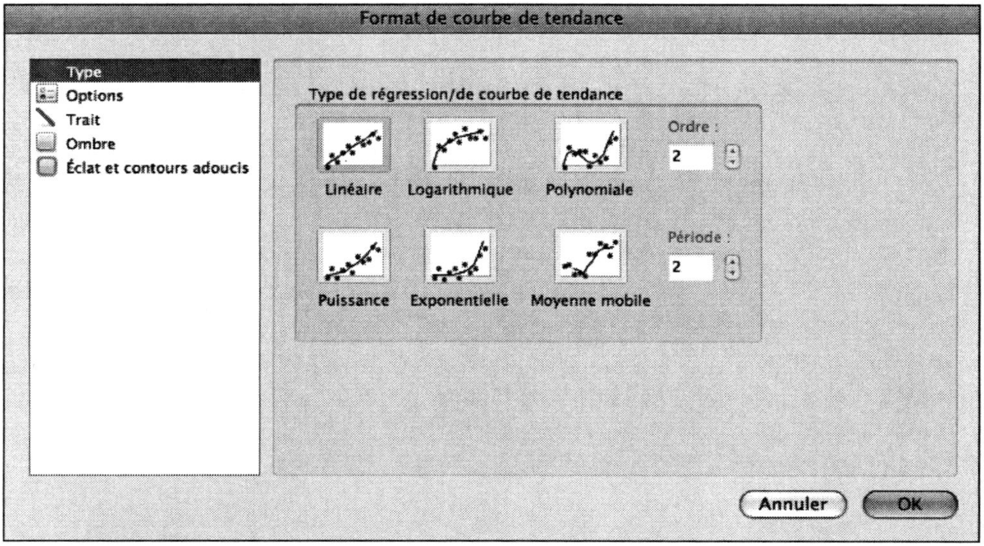

*Pour ouvrir cette boîte de dialogue, vous pouvez aussi ouvrir le menu contextuel de la série de données concernée puis cliquer sur l'option* ***Ajouter une courbe de tendance****.*

*Microsoft Excel vous propose six types de courbes de tendance ou de régression. Le choix pour telle ou telle courbe de tendance dépendra du type de données dont vous disposez.*

Choisissez le **Type de régression/de courbe de tendance** en activant l'option :

- **Exponentielle** pour obtenir une ligne courbe à partir de valeurs qui augmentent ou diminuent de manière constante. Les valeurs nulles ou négatives ne peuvent pas être utilisées dans une courbe de tendance exponentielle. Choisissez ce type de courbe si vous utilisez une équation du type $y= ce^{bx}$ (*c* et *b* étant des constantes et e la base du logarithme népérien) pour calculer les moindres carrés.
- **Linéaire** pour obtenir une ligne droite pondérée à partir d'ensembles de données linéaires simples. C'est le cas si le motif des points de vos données ressemble à une ligne. Choisissez ce type de courbe si vous utilisez une équation du type $y = ax + b$ (*a* étant la pente et *b* l'ordonnée à l'origine) pour calculer les moindres carrés pour une ligne.
- **Logarithmique** pour obtenir une courbe la plus exacte possible dans le cas où la fréquence de modification des données varie rapidement, puis se stabilise. Des valeurs négatives et/ou positives peuvent être utilisées dans une courbe de tendance logarithmique. Choisissez ce type de courbe si vous utilisez une équation du type $y = c\ln x + b$ (*c* et *b* étant des constantes et ln la fonction du logarithme népérien) pour calculer les moindres carrés.
- **Polynomiale** pour représenter généralement des fluctuations (telles que des pertes et des profits par exemple) sur un grand nombre de données. L'ordre de cette courbe peut être déterminé par le nombre de fluctuations dans les données ou le nombre de courbures de courbe. Choisissez ce type de courbe si vous utilisez une équation du type $y = b + c_1x + c_2x^2 + c_3x^3 + \ldots c_6x^6$ (où *b* et $c_1 \ldots c_6$ sont des constantes) pour calculer les moindres carrés. Après avoir activé l'option **Polynomiale**, définissez la puissance la plus élevée pour la variable indépendante dans la zone **Ordre**.
- **Puissance** si, par exemple, l'ensemble de vos données comparent des mesures qui augmentent à une vitesse spécifique (telle qu'une accélération d'un dragster toutes les secondes). Les valeurs nulles ou négatives ne peuvent être utilisées dans une courbe de tendance de puissance. Choisissez ce type de courbe si vous utilisez une équation du type $y = cx^b$ (où *c* et *b* sont des constantes) pour calculer les moindres carrés.

- **Moyenne mobile** : ce type de courbe de tendance égalise les fluctuations des données afin de mettre en évidence un motif ou une tendance. Elle utilise un nombre spécifique de points de données (défini par la valeur de l'option **Ordre**), calcule une moyenne puis utilise cette valeur comme un point de la courbe de tendance. Choisissez ce type de courbe si vous utilisez une équation du type :

$$Ft = \frac{At + At\text{-}1 + ...At - n+1}{n}$$

- Notez que le nombre de points de ce type de courbe est égal au nombre total de points de la série moins le nombre spécifié pour l'**Ordre**, ce dernier correspondant aux périodes à utiliser pour calculer la moyenne mobile.
- Pour modifier le **Nom de la courbe de tendance** attribué automatiquement par Excel, cliquez sur la catégorie **Options**, cliquez sur l'option **Personnalisé** puis saisissez le nom de votre choix.
- Pour spécifier le nombre de périodes à inclure dans une prévision sur un graphique 2D, en aire non empilées, en barres, en histogrammes, en courbes, en nuages de points (XY) ou en bulles, dans la catégorie **Options**, saisissez dans le champ **Avancer** ou **Reculer** la valeur des **Périodes** à inclure.
- Si vous utilisez une courbe de tendance exponentielle, linéaire ou polynomiale, vous pouvez, si vous le souhaitez, spécifier le point où la courbe de tendance coupe l'axe des ordonnées (vertical) sur un graphique 2D, en aire non empilées, en barres, en histogrammes, en courbes, en nuages de points (XY) ou en bulles. Pour cela, dans la catégorie **Options**, cochez l'option **Définir l'interception** puis saisissez dans le champ qui lui est associé, la valeur indiquant le point où la courbe de tendance croise l'axe des ordonnées (vertical).
- Pour afficher l'équation de la courbe de tendance sur un graphique 2D, en aires non empilées, en histogrammes, en courbes, en nuages de points (XY) ou en bulles, cochez l'option **Afficher l'équation sur le graphique**.
- Rappelons, si besoin est, qu'une courbe de tendance est plus juste lorsque son coefficient de détermination ($R^2$) est égal ou proche de 1. Sachez que Excel calcule automatiquement la valeur de la racine carrée de la courbe de tendance que vous aurez appliquée à vos données. Pour afficher le coefficient de détermination d'une courbe de tendance sur un graphique 2D, en aires non empilées, en barres, en histogrammes, en courbes, en nuages de points (XY) ou en bulles, dans la catégorie **Options**, cochez l'option **Afficher le coefficient de détermination ($R^2$) sur le graphique**.

- Pour modifier/vérifier la mise en forme de la courbe de tendance, utilisez les paramètres proposés dans les différentes catégories d'options du volet gauche (**Trait**, **Ombre** et **Eclat et contours adoucis**).
- Validez par le bouton **OK**.

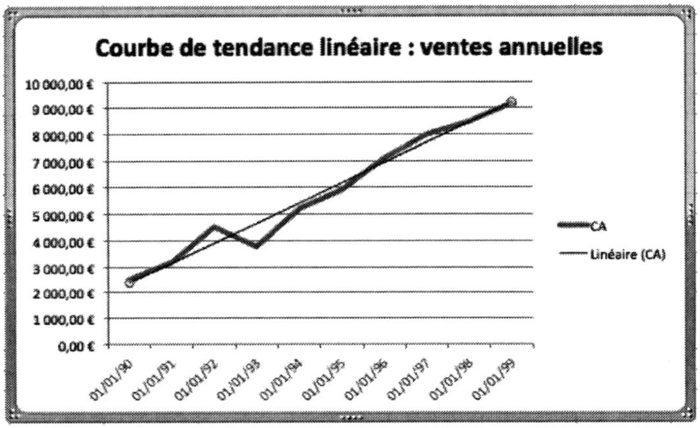


- Pour supprimer une courbe de tendance, cliquez sur la courbe pour la sélectionner puis appuyez sur la touche Suppr en fonction du clavier.

## Modifier l'orientation du texte dans un élément

- Sélectionnez l'élément du graphique contenant le texte à modifier.
- Activez l'onglet **Disposition du graphique** et cliquez sur le bouton **Mise en forme de la sélection** du groupe **Sélection actuelle**.
- Activez la catégorie **Zone de texte**.
- Ouvrez la liste **Orientation du texte** et choisissez l'option **Faire pivoter à droite de 90°** ou l'option **Faire pivoter de 90° à gauche** ou encore l'option **Empilées** pour afficher les caractères les uns sous les autres.

  ou

  Conservez l'option **Horizontal** dans la liste **Orientation du texte** et précisez un degré d'inclinaison dans la zone **Angle personnalisé**.

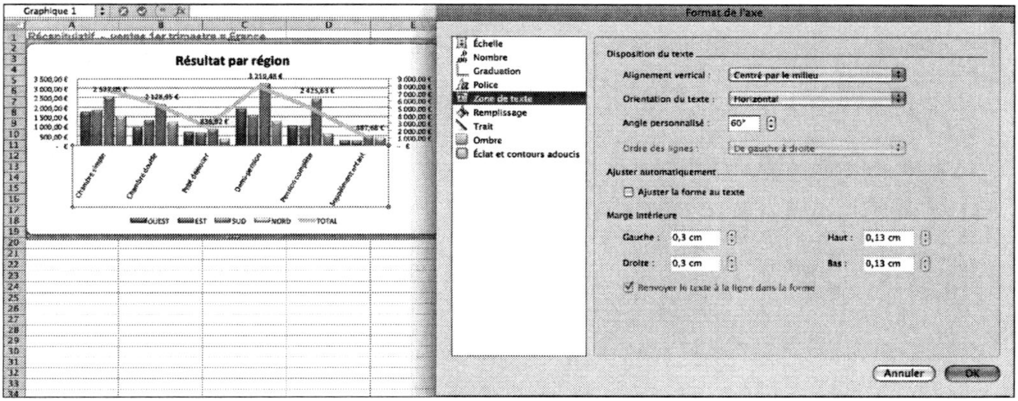


*Sur cet exemple, les étiquettes de l'axe des abscisses sont orientées à 60°.*

- Cliquez sur le bouton **OK**.

Vous pouvez modifier la présentation des caractères d'un élément du graphique (cf. chapitre Gestion des objets - Mettre en valeur les caractères d'un objet).

De même, vous pouvez modifier le remplissage ou la bordure d'un élément mais aussi lui appliquer un effet de profondeur (cf. chapitre Gestion des objets - Modifier le remplissage/la bordure/l'effet de profondeur d'un objet).

## Modifier le format 3D d'un élément

*Ces options vous permettent de mettre en forme l'élément de graphique sélectionné avec un effet en trois dimensions.*

- Sélectionnez l'élément du graphique concerné.
- Activez l'onglet **Disposition du graphique** et cliquez sur le bouton **Mise en forme de la sélection** du groupe **Sélection actuelle**.
- Activez la catégorie **Format 3D**.

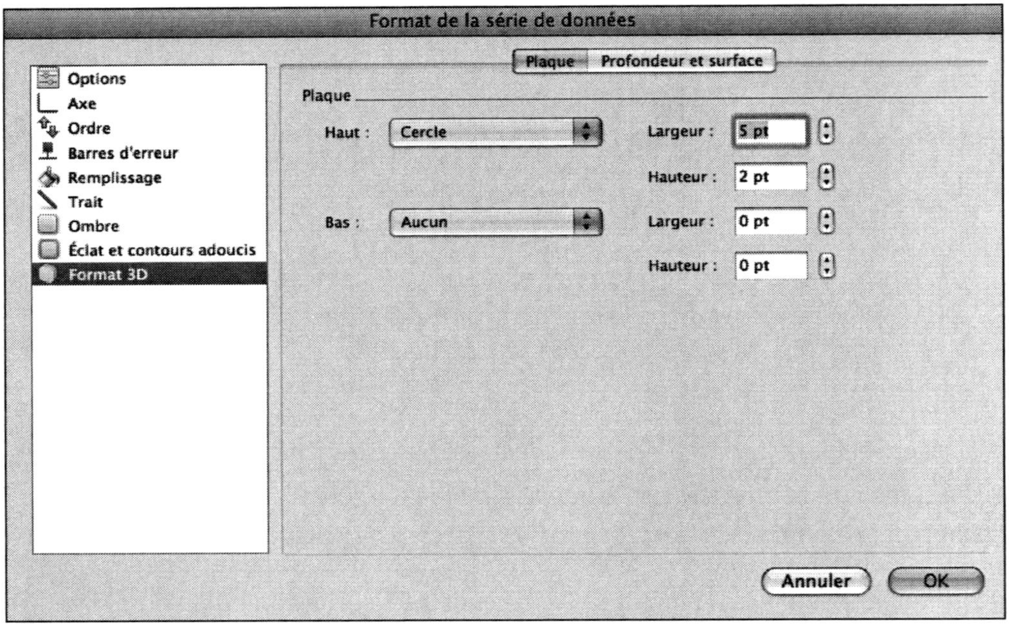


*Certaines options de mise en forme 3D ne sont pas disponibles avec certains graphiques.*

- Pour obtenir un effet en 3D sur la bordure supérieure ou inférieure d'un élément, ouvrez, dans l'onglet **Plaque**, la liste **Haut** ou **Bas** selon le cas et sélectionnez l'option voulue ; définissez ensuite la **Largeur** et la **Hauteur** de la bordure supérieure.

*Un effet de biseau semble faire apparaître le contour en relief grâce à l'ajout d'ombres et de lumières autour de l'élément.*

- Dans l'onglet **Profondeur et surface**, choisissez ensuite (si possible) la **Couleur de profondeur** et la **Profondeur** de l'effet 3D.
- Pour modifier l'apparence de l'élément en modifiant sa brillance spéculaire, choisissez dans les listes **Matériel** et **Éclairage** le modèle souhaité puis définissez si besoin l'**Angle** (degré) de réflexion de la lumière.

*Les brillances spéculaires rendent les objets plus ou moins brillants. L'utilisation d'un effet de la liste **Matériel** permet de rendre les éléments plus ternes, plastiques, métalliques ou transparents.*

- Cliquez sur le bouton **OK**.

## Modifier l'orientation/la perspective d'un graphique en 3D

- Sélectionnez l'élément concerné.
- Activez l'onglet **Disposition du graphique** et cliquez sur le bouton **Mise en forme de la sélection** du groupe **Sélection actuelle**.
- Activez la catégorie **Rotation 3D**.

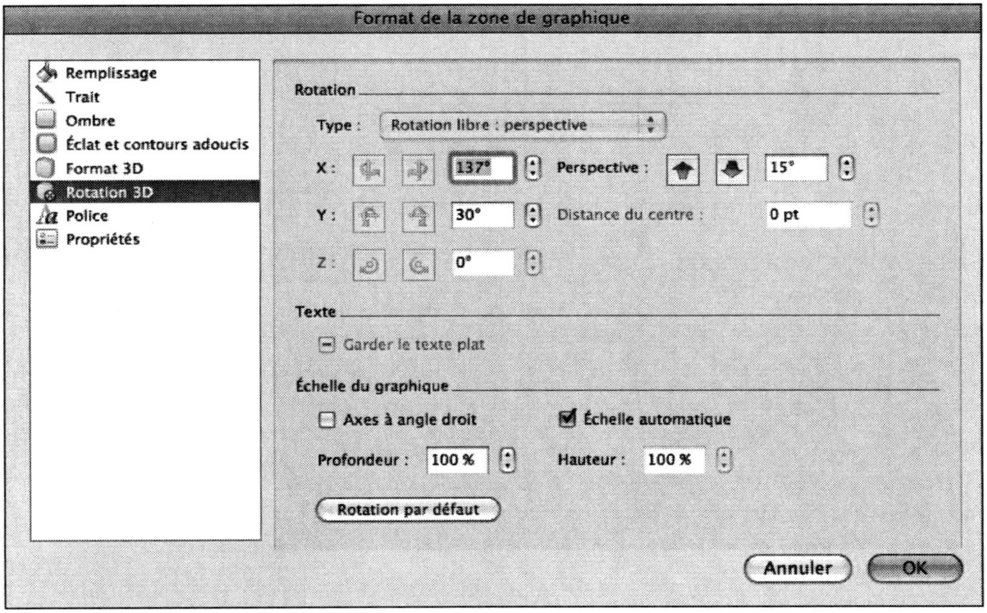


- Pour modifier l'orientation (la rotation) et la position de la caméra (vue) utilisée pour visualiser les éléments, précisez vos valeurs dans les zones :

  **X** pour modifier l'orientation de l'axe horizontal,

  **Y** pour modifier l'orientation de l'axe vertical,

  **Z** pour modifier la position des formes au-dessus ou en dessous d'autres formes.
- Pour modifier l'apparence de la profondeur de l'effet 3D, entrez une valeur dans la zone **Perspective**.

*La valeur minimale (0) revient à avoir une caméra parallèle et la valeur maximale (120), produit la perspective la plus exagérée, similaire à celle que génère une caméra grand-angle.*

- Pour déplacer la forme vers l'avant ou vers l'arrière dans un espace en 3D, saisissez une valeur dans la zone **Distance du centre**.
- Activez l'option **Garder le texte plat** pour éviter que le texte à l'intérieur d'une forme n'effectue une rotation lorsque vous faites pivoter la forme.

  *Lorsque cette option est sélectionnée, le texte reste toujours au-dessus de la forme. Si elle ne l'est pas, le texte inséré dans la forme suit le mouvement de rotation de la face avant de la forme.*
- Cliquez sur le bouton **OK**.

Le bouton **Rotation par défaut** annule les effets de rotation 3D et de perspective appliqués à l'élément.

## Modifier un graphique sectoriel

*Vous pouvez réaliser une rotation d'un graphique sectoriel ou encore éclater une ou plusieurs de ses parts.*

- Sélectionnez la série complète du graphique ou une de ses données.
- Activez l'onglet **Disposition du graphique** et cliquez sur le bouton **Mise en forme de la sélection** du groupe **Sélection actuelle** puis activez, si besoin, la catégorie **Options**.

  *Si vous avez sélectionné l'ensemble de la série du graphique, l'intitulé de la boîte de dialogue est **Format de la série de données** ; si la sélection ne concerne qu'une seule donnée, la boîte de dialogue se nomme **Format de point de données**.*
- Pour imposer une rotation au graphique sectoriel, faites glisser le curseur de la zone **Angle du premier secteur** ou saisissez un degré de rotation dans la zone de saisie située sous ce curseur.
- Pour éclater les parts du graphique, faites glisser le curseur de la zone **Éclatement de point**.

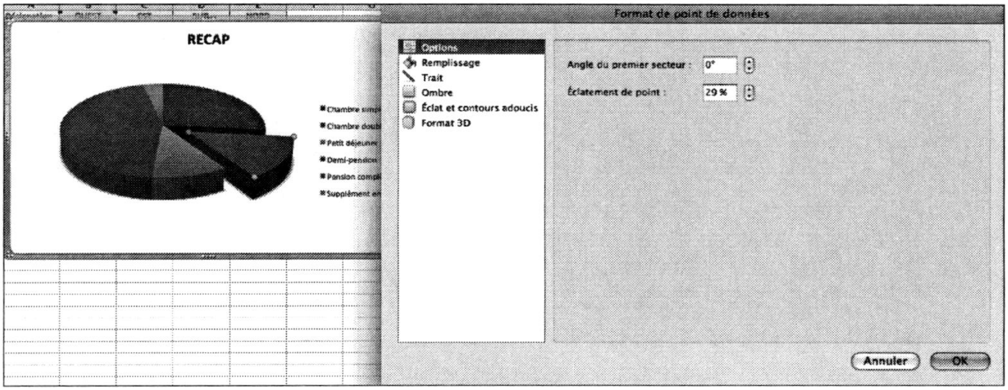


*Dans cet exemple, une seule part a été éclatée.*

Cliquez sur le bouton **OK**.

---

Pour mettre en évidence une des parts du graphique, vous pouvez aussi la faire éclater indépendamment des autres parts : cliquez deux fois sur la part concernée pour la sélectionner et réalisez un cliqué-glissé vers l'extérieur du graphique.

---

*Les graphiques en secteurs sont pratiques pour afficher des points de données sous forme de pourcentage, mais lorsque ces points représentent un faible pourcentage, il peut devenir difficile de les distinguer. Dans ce cas, il est possible d'utiliser un sous-type de graphique : Secteurs de secteur et Barres de secteur.*

## Utiliser un graphique Secteurs de secteur et Barres de secteur

*Ce sous-type de graphique sectoriel sépare les plus petits secteurs du graphique principal et les affiche dans un graphique sectoriel ou un graphique en barres empilées supplémentaire.*

Pour modifier le type du graphique, sélectionnez le graphique puis dans le groupe **Modifier le type de graphique** (onglet **Graphiques**), cliquez sur le bouton **Secteurs** puis cliquez sur le modèle **Secteurs de secteur** 

ou **Barres de secteur** 

selon le type souhaité.

- Pour modifier ce type de graphique, sélectionnez la série complète ou une des données du graphique puis cliquez sur le bouton **Mise en forme de la sélection** (groupe **Sélection actuelle**), cliquez sur la catégorie **Options.**

  *Si vous avez sélectionné l'ensemble de la série du graphique, l'intitulé de la boîte de dialogue est* ***Format de la série de données*** *; si la sélection ne concerne qu'une seule donnée, la boîte de dialogue se nomme* ***Format de point de données****.*

- Ouvrez la liste déroulante **Séparer les séries de** puis choisissez le critère en fonction duquel Excel doit séparer les données (**Position, Valeur, Valeur de pourcentage, Personnalisé**).

  *Selon l'option choisie, un complément d'informations est demandé. Pour l'option* ***Valeur de pourcentage****, vous êtes invité à définir dans la zone* ***Le second tracé contient toutes les valeurs inférieures à****, la valeur du pourcentage de référence.*

  Renseignez le complément d'informations associé au critère de séparation de données.

- Pour éclater les parts du graphique, saisissez un pourcentage dans la zone de saisie **Eclatement de point.**

- Faites varier, si besoin, la distance qui sépare les deux graphiques en saisissant la largeur d'intervalle en pourcentage de la taille du graphique secondaire dans la zone de saisie **Largeur de l'intervalle.**

- Modifiez, si besoin, la **Dimension du second tracé** en saisissant la taille en pourcentage de la taille du graphique principal.

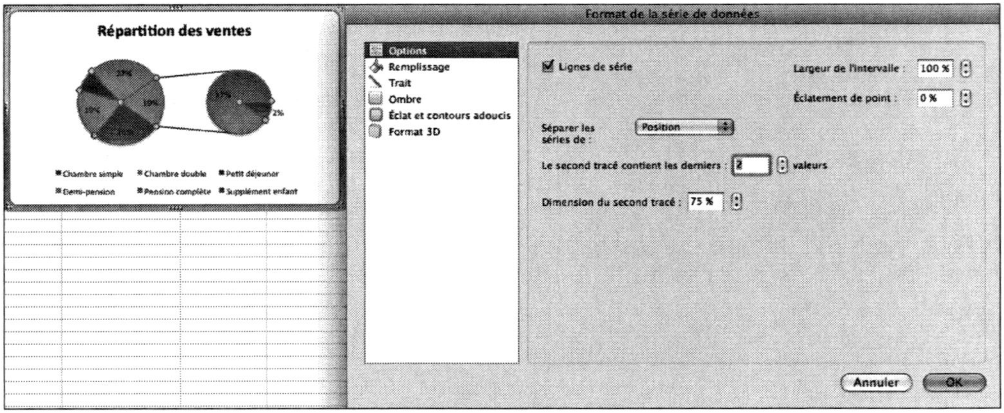

*Les deux graphiques sont toujours positionnés l'un à côté de l'autre horizontalement. Le graphique de gauche correspond au graphique principal et celui de droite, au graphique secondaire.*

*Le graphique secondaire présente les secteurs répondant aux critères définis (le second tracé contient les deux dernières valeurs dans notre exemple), et le total de ces secteurs est présenté globalement dans le graphique principal. Les lignes de connexion permettent de mieux visualiser l'association entre les deux graphiques.*

- Cliquez sur le bouton **OK** pour valider les modifications.

Créer un graphique demi-lune

*Le principe de ce type de graphique consiste à intégrer dans le graphique sectoriel la colonne Total qui prendra la moitié du graphique sectoriel et qu'il suffira de masquer pour obtenir un graphique demi-lune.*

- Sélectionnez les données à représenter sans les titres puis créez un graphique sectoriel selon la procédure habituelle (onglet **Graphiques**).
- Cliquez sur le bouton **Sélectionner** de l'onglet **Graphiques** puis cliquez sur le champ **Etiquettes de l'axe des abscisses (X).**
- Sélectionnez les cellules contenant les étiquettes sauf celle du total puis cliquez sur **OK.**
- Cliquez sur les données du graphique pour l'activer, cliquez sur le bouton **Mise en forme de la sélection** (onglet **Disposition du graphique**) puis cliquez sur la catégorie **Options.**
- Appliquez une rotation de **270** à l'**Angle du premier secteur.**

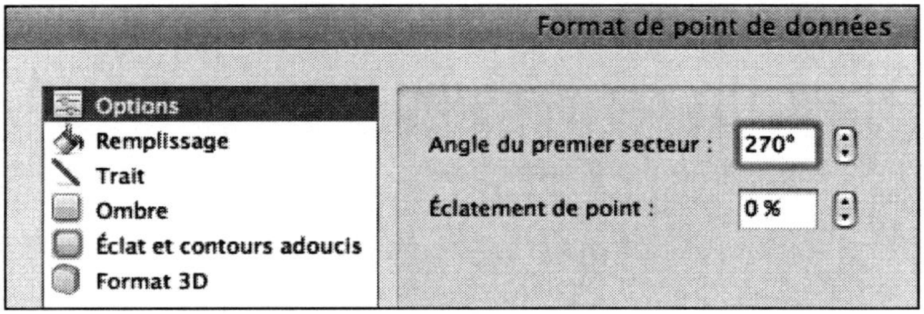


- Cliquez sur le bouton **OK.**
- Pour masquer la partie inférieure du graphique, sélectionnez-la, cliquez sur le bouton **Remplissage** de l'onglet **Format** puis cliquez sur l'option **Aucun remplissage.**

- Pour supprimer le contour du demi-cercle, il vous faut masquer son ombre : sélectionnez la partie inférieure du graphique, cliquez sur le bouton **Effets** (onglet **Format** - groupe **Styles de l'élement graphique**) puis sélectionnez **Ombre** et cliquez sur l'option **Aucune ombre**.

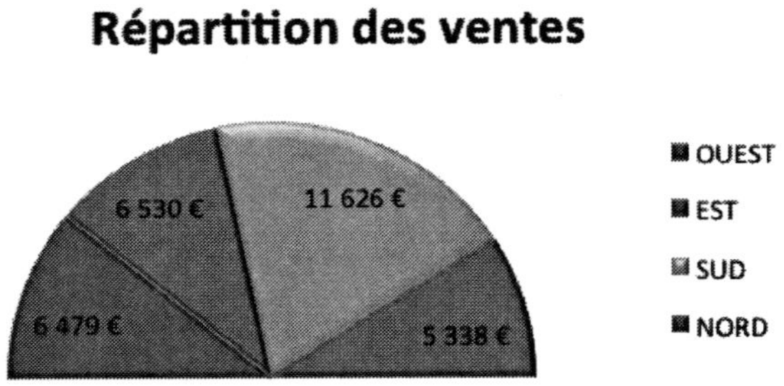


- Affinez la présentation du graphique demi-lune en lui ajoutant un effet 3D, des étiquettes de données (éviter les pourcentages car ils ne seraient pas cohérents dans la mesure où la moitié du graphique est masqué)...

## Relier les points d'un graphique de type Courbes

- Sélectionnez le graphique.
- Activez l'onglet **Disposition du graphique**.
- Pour afficher des lignes entre les points, cliquez sur le bouton **Lignes** du groupe **Analyse**, choisissez :

| | |
|---|---|
| **Lignes de projection** | Pour afficher des lignes qui partent de l'ordonnée la plus haute et se terminent sur l'axe des abscisses. |
| **Lignes haut-bas** | Pour afficher des lignes qui relient l'ordonnée la plus haute et l'ordonnée la plus basse. |

- Pour afficher des barres entre les points, cliquez sur le bouton **Barres haut/bas** du groupe **Analyse** et activez l'option du même nom.

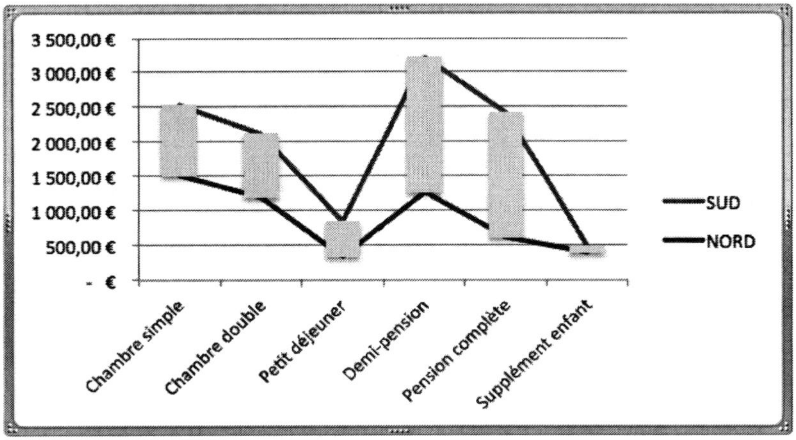


*Sur cet exemple, des lignes de projection et des barres haut/bas apparaissent.*

## Créer un objet graphique

Tracer une forme

- Cliquez sur le menu **Insertion** et cliquez sur l'option **Formes**.

  *Le volet **Média** apparaît.*

- Cliquez sur la forme à dessiner.
- Cliquez à l'endroit de la feuille où vous souhaitez voir apparaître la forme pour la dessiner avec des dimensions prédéfinies, ou faites un cliqué-glissé seul ou accompagné de l'une des touches suivantes dans la feuille de calcul de façon à tracer la forme :
  - utilisez la touche [cmd ⌘] pour aligner la forme sur les cellules,
  - utilisez la touche [⇧] pour dessiner un carré, un cercle ou pour contraindre les dimensions des autres formes.

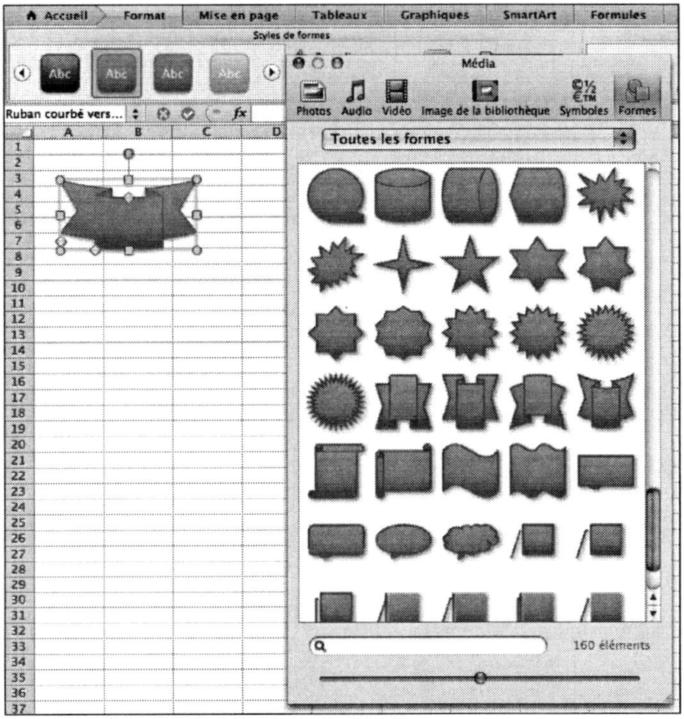

- Saisissez, éventuellement, le texte qui doit apparaître dans la forme ; utilisez la touche [Entrée] pour passer à la ligne et la touche [esc] pour mettre fin à la saisie.
- Pour mettre en valeur le texte saisi, utilisez les outils de l'onglet **Format** ou de l'onglet **Accueil**.

Vous pouvez ajouter des formes à un graphique ou ajouter des formes sur un diagramme pour les personnaliser.

Pour ajouter du texte à une forme déjà créée, cliquez dessus pour la sélectionner puis saisissez le texte voulu.

## Tracer une zone de texte

*Une zone de texte est un objet graphique, par défaut sans fond ni contour, destiné à afficher du texte ; elle permet de saisir du texte en dehors d'une cellule.*

- Ouvrez le menu **Insertion** et cliquez sur l'option **Zone de texte**.
- Cliquez à l'endroit où vous souhaitez créer la zone de texte,

  ou

  faites un cliqué-glissé seul ou accompagné de l'une des touches suivantes dans la feuille de calcul de façon à tracer la zone de texte :

  - utilisez la touche [cmd ⌘] pour aligner la zone de texte sur les cellules,
  - utilisez la touche [⇧] pour dessiner la zone de texte avec la forme d'un carré.

  *Aussitôt l'onglet **Format** apparaît, vous donnant ainsi accès aux outils spécifiques.*

- Saisissez le texte voulu sans vous préoccuper des fins de ligne ; appuyez sur la touche [Entrée] pour créer un nouveau paragraphe.

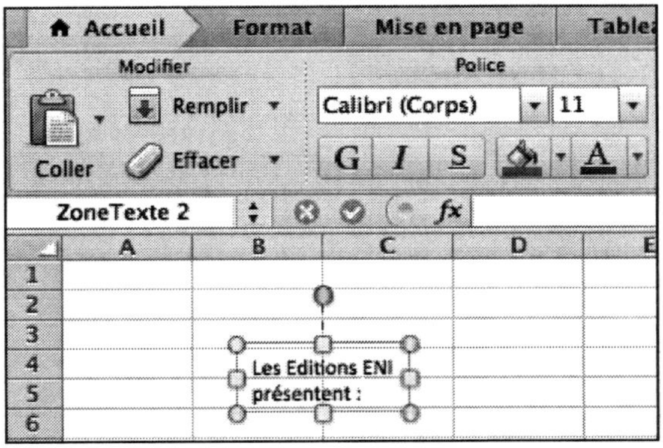

- Pour mettre en valeur le texte saisi, utilisez les outils de l'onglet **Accueil** ou ceux de l'onglet **Format.**
- Lorsque la zone de texte est terminée, cliquez en dehors.

Si vous souhaitez sélectionner une zone de texte, cliquez dessus et faites esc ; en effet, un seul clic sur la zone permet d'activer son contenu afin de le modifier.

Insérer un objet WordArt

*Un objet WordArt est un objet graphique destiné à contenir des caractères présentés avec un effet décoratif. Exemple :*

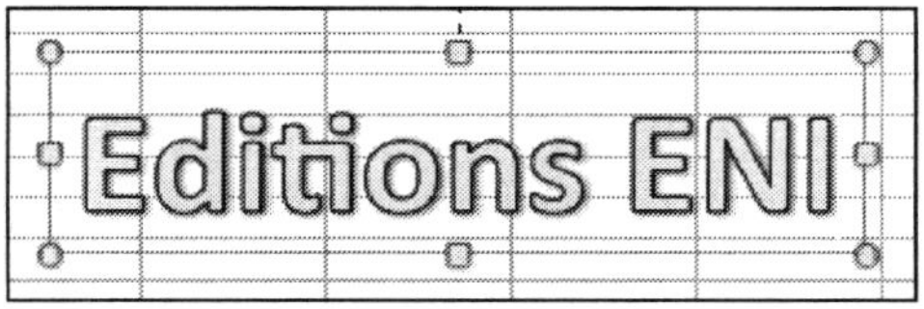


- Ouvrez le menu **Insertion** et cliquez sur l'option **WordArt.**

*L'objet s'affiche dans la feuille de calcul avec comme contenu : **Votre texte ici**.*

- Saisissez le texte sur lequel l'effet WordArt va s'appliquer ; utilisez la touche ↵ pour imposer un saut de ligne. Pour donner un effet au texte, sélectionnez-le puis dans l'onglet **Format**, cliquez sur le bouton **Effets** (groupe **Styles de textes**), sélectionnez un style d'effet puis cliquez sur l'effet de votre choix.
- Pour mettre en valeur le texte saisi, utilisez les outils de l'onglet **Format** ou de l'onglet **Accueil.**

Si vous souhaitez sélectionner un objet WordArt, cliquez dessus et faites esc ; en effet, un seul clic sur l'objet permet d'activer son contenu afin de le modifier.

## Insérer un fichier image

- Ouvrez le menu **Insertion** et sélectionnez l'option **Photo** puis cliquez sur **Image à partir d'un fichier.**

*La boîte de dialogue **Sélectionner une image** s'ouvre.*

- Accédez à l'unité et au dossier contenant le fichier image à insérer.
- Faites un double clic sur le nom du fichier Image.

Pour modifier/supprimer une image, veuillez vous référer à la partie Gestion des objets de cet ouvrage.

## Insérer un clipart

*Un clipart est une image, un son ou une vidéo, disponible dans l'application **Clip Gallery**.*

- Pour insérer un élément, sélectionnez la cellule où vous désirez insérer votre élément puis cliquez sur le menu **Insertion** et sélectionnez l'option **Images ClipArt** puis cliquez sur **Bibliothèque d'images**.

  *Le volet **Média** apparaît.*

- Saisissez un ou plusieurs mots clés dans la zone **Rechercher**.
- Pour limiter le type d'éléments recherché, dans la liste **Afficher**, sélectionnez les types d'éléments correspondant à votre recherche : **Toutes les images**, **Tous les clips animés** ou **Tous les sons.**

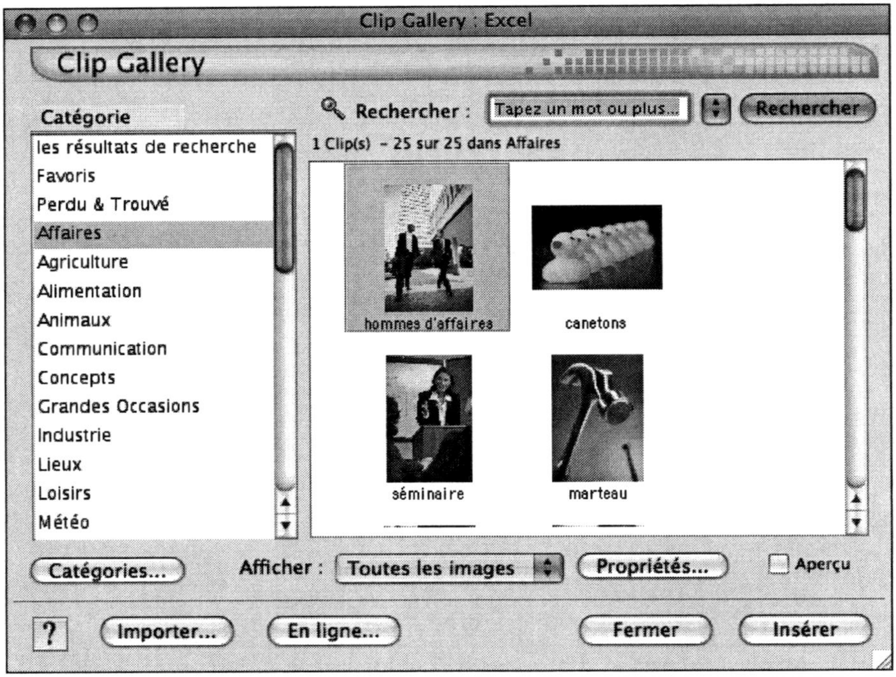


- Cliquez sur le bouton **Importer** afin de chercher une image sur votre ordinateur et la copier, la déplacer ou ajouter son alias dans Clip Gallery.

- Cliquez sur le bouton **En ligne** pour ouvrir le site de Microsoft et ainsi télécharger de nouvelles images clipart.
- Cliquez sur le bouton **Rechercher** pour lancer la recherche.

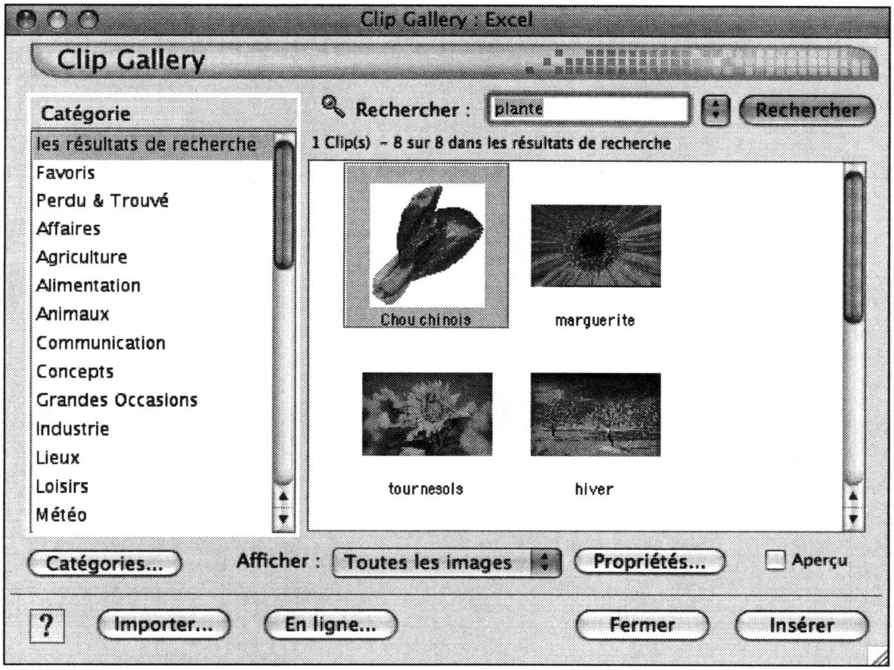


- Pour insérer un des éléments trouvés dans la feuille active, cliquez sur ce dernier dans l'application **Clip Gallery**. Si vous avez plusieurs éléments à insérer, double cliquez sur chaque élément à insérer, une fois l'ajout terminé cliquez sur le bouton **Fermer**.

Lorsque vous ouvrez le menu contextuel d'une image, son contenu varie selon le type de l'élément. Vous pouvez ainsi, par exemple, **Copier** l'élément, le **Supprimer**, l'**Ajouter aux Favoris**, obtenir ses **Propriétés**...

- Si besoin, fermez le volet **Clip Gallery** en cliquant sur le bouton x.

Vous pouvez également vous servir de l'option **Navigateur d'images clipart** (menu **Insérer** - option **Images clipart**) pour insérer un clipart.

## Insérer un diagramme (SmartArt)

*Un diagramme, appelé aussi graphique **SmartArt**, est une représentation graphique de vos informations et idées, tel que par exemple, un organigramme.*

- Activez l'onglet **SmartArt**.

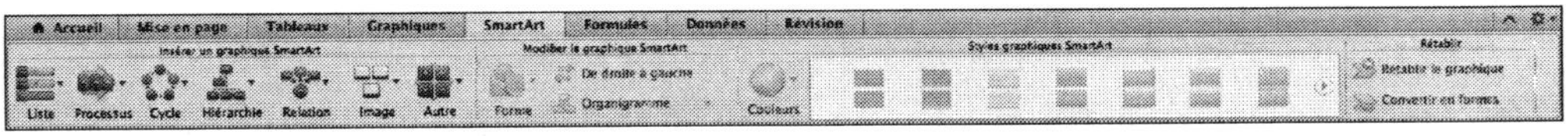


- Choisissez, dans le groupe **Insérer un graphique SmartArt**, le type de diagramme souhaité ; puis cliquez sur le sous-type de diagramme ; l'option **Autre** regroupe d'autres dispositions de diagrammes.

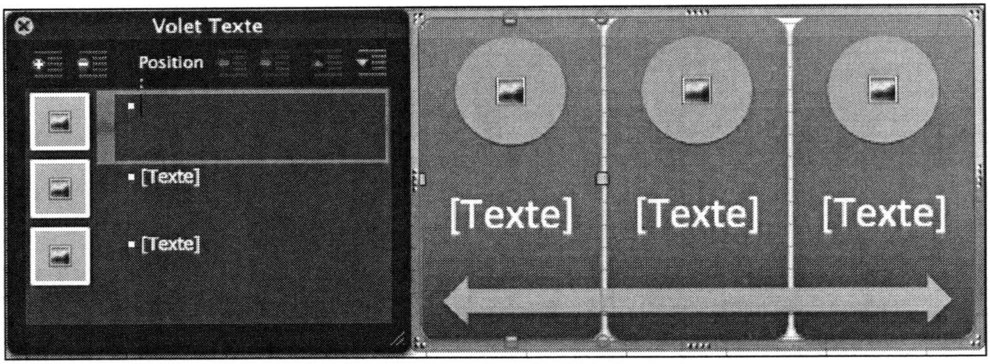


*Le diagramme vide de texte apparaît, accompagné à gauche d'un Volet Texte qui va permettre de le compléter. Le point d'insertion clignote dans le volet, dans le premier espace réservé au texte, appelé puce, et correspondant à la première forme à remplir. L'onglet **Format** s'affiche.*

- Dans le Volet Texte, cliquez sur l'espace réservé **[Texte]** que vous souhaitez compléter et saisissez le texte voulu.

*Le Volet Texte peut être comparé à un plan ou à une liste à puce. Chaque puce du Volet Texte correspond à des informations utilisées pour organiser le diagramme : à mesure que vous saisissez le texte, le diagramme se met automatiquement à jour. Plus vous ajoutez du texte, plus la taille des caractères diminue dans la forme active mais aussi dans les autres formes.*

*Lorsque le diagramme peut être agrémenté d'une image (ce qui est le cas dans notre exemple), l'icône [image] apparaît au centre de la forme dans laquelle elle peut être intégrée.*

- Pour insérer une image dans une forme, double cliquez sur l'icône [image] puis dans la boîte de dialogue **Sélectionnez une image**, sélectionnez l'image souhaitée avant de valider par le bouton **Insérer**.
- Pour supprimer l'image, cliquez sur celle-ci afin de la sélectionner puis appuyez sur [Suppr].

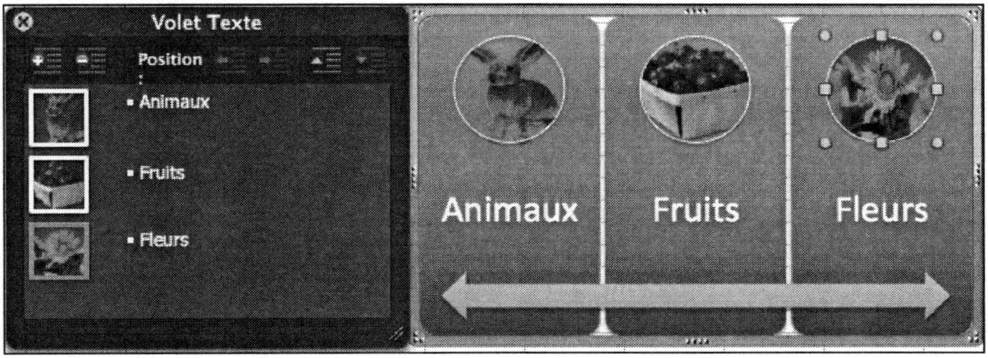


## Ajouter des puces à une forme

*Chaque puce du Volet Texte correspond à des informations utilisées pour organiser un diagramme. Chaque diagramme définit ses propres correspondances entre les puces du Volet Texte et son propre jeu de formes.*

- Cliquez sur la forme dans laquelle vous souhaitez ajouter des puces.
- Cliquez sur le bouton [bouton] dans le Volet Texte.

*En fonction du type de diagramme choisi, chaque puce ajoutée sera représentée soit par une nouvelle forme, soit par une puce insérée dans une forme. Une puce insérée dans une forme indique que le texte correspondant se trouve à un niveau inférieur par rapport au texte qui le précède. Exemple : sur ce premier diagramme, une puce a été ajoutée à partir de la première forme :*

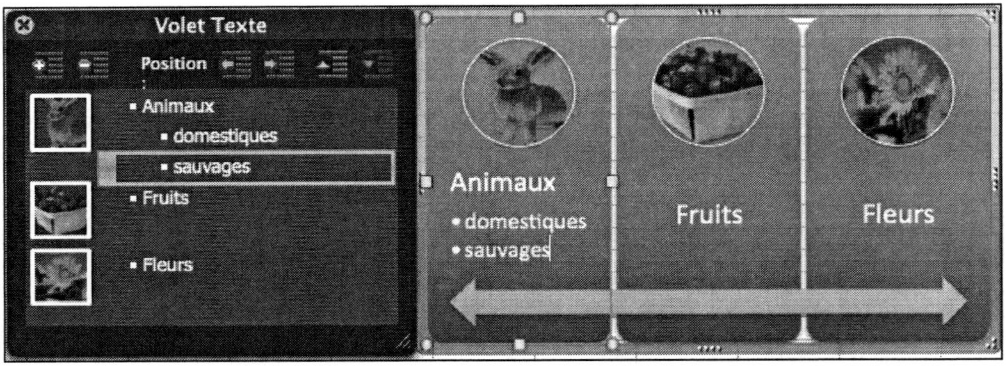


## Afficher/masquer le Volet Texte

- Pour fermer le Volet Texte, cliquez sur son bouton de fermeture ou sur le bouton de la fenêtre du diagramme SmartArt.
- Pour afficher à nouveau le Volet Texte, cliquez sur le bouton.

# Gérer les formes d'un diagramme

*Plusieurs solutions s'offrent à vous : vous pouvez travailler dans le Volet Texte, donc sur les lignes de texte à puce, ou directement sur les formes dans le diagramme.*

## Modifier une forme

- Sélectionnez la forme à modifier puis cliquez sur le bouton **Forme** du groupe **Modifier le graphique SmartArt** (onglet **SmartArt**), sélectionnez le type de forme voulu puis cliquez sur le sous-type de forme souhaitée.

  *Pour ajouter une forme en fin de liste, vous pouvez aussi, dans le Volet Texte, cliquer à la fin de la ligne de texte à puce après laquelle vous souhaitez ajouter une nouvelle ligne et appuyez sur la touche* ⏎.

*Cela a pour conséquence de créer une nouvelle forme dans le diagramme ou de créer une puce à l'intérieur d'une forme. Pour les diagrammes qui contiennent un nombre fixe de formes, un X rouge apparaît dans le Volet Texte et la forme ne se créée pas dans le diagramme :*

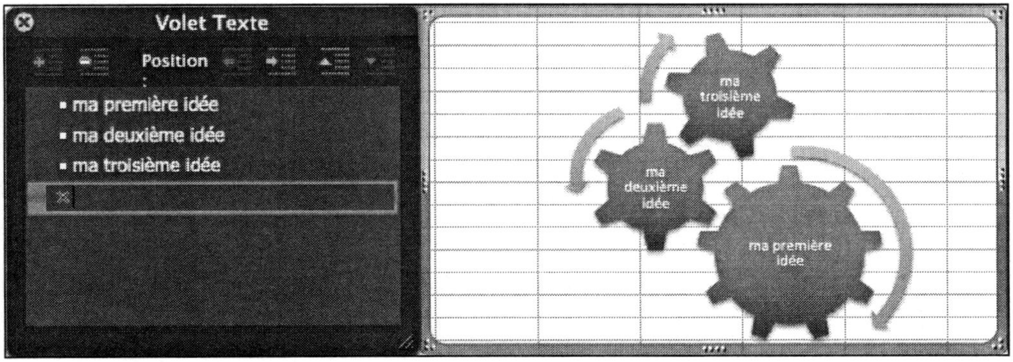


*Pour remédier à cela, changez la disposition du diagramme (cf. titre suivant).*

## Modifier le niveau d'une forme

- Pour diminuer le niveau d'une forme, c'est-à-dire mettre en retrait une ligne de puce, à partir du Volet Texte, cliquez dans la ligne concernée puis appuyez sur la touche ⇥ ou cliquez sur le bouton du Volet Texte.
- Pour augmenter le niveau d'une forme, c'est-à-dire diminuer le retrait d'une ligne du Volet Texte, cliquez dans cette ligne puis faites ⇧ ⇥ ou cliquez sur le bouton du Volet Texte.

  *Le diagramme est mis à jour automatiquement. Vous ne pouvez pas abaisser le texte de plusieurs niveaux par rapport à la ligne supérieure, ni abaisser la forme de premier niveau.*

## Supprimer une forme

- Sélectionnez la forme à supprimer dans le diagramme ou sélectionnez la ligne de texte correspondante dans le Volet Texte puis appuyez sur la touche Suppr.

### Déplacer des formes ou une image dans le diagramme

- Sélectionnez la forme ou l'image à déplacer dans le diagramme ; si vous devez en déplacer plusieurs, utilisez la touche [cmd ⌘] pour les sélectionner.
- Faites glisser la sélection à l'endroit voulu dans la zone du diagramme.
- Pour inverser des formes, sélectionnez l'une d'entre elles et cliquez sur le bouton **De droite à gauche** du groupe **Modifier le graphique SmartArt** dans l'onglet **SmartArt**.

## Modifier la présentation générale d'un diagramme

*Vous pouvez changer la disposition, le type, les couleurs d'un diagramme ou encore lui appliquer un style rapide.*

- Cliquez, si besoin, sur le diagramme concerné.
- Pour modifier la disposition ou le type du diagramme, sélectionnez le modèle directement dans le groupe **Modifier le graphique SmartArt** de l'onglet **SmartArt**.

  *Vous pouvez aussi modifier le style et la couleur appliqués en utilisant les outils du groupe **Styles graphiques SmartArt** (onglet **ClipArt**).*

- Pour transformer le diagramme en objet graphique classique, cliquez sur le bouton **Convertir en formes** (onglet **SmartArt** - groupe **Rétablir**).
- Pour personnaliser la présentation de chacune des formes d'un diagramme (couleurs, effets, taille...), vous pouvez utiliser les boutons de l'onglet **Format.**
- Pour retrouver la présentation d'origine, cliquez sur le bouton **Rétablir le graphique** du groupe **Rétablir** (onglet **SmartArt**).

## Sélectionner des objets

*Les techniques abordées dans ce chapitre sont valables pour les objets graphiques mais aussi pour les graphiques (hors graphique sparkline) et, pour ce qui concerne la présentation, pour les éléments d'un graphique.*

- Pour sélectionner un objet, cliquez dessus.

*Attention : pour une zone de texte ou un objet WordArt, faites* esc *pour sélectionner l'objet en entier et non son contenu. Pour un diagramme, faites* esc *deux fois si vous avez sélectionné une forme en cliquant dessus.*

*Lorsqu'un objet est sélectionné (hormis un diagramme ou un graphique), un cadre fictif apparaît autour contenant des* ***poignées de sélection****, matérialisées par des petits carrés sur les côtés et des cercles sur les angles :*

*Lorsque vous pointez ces poignées, le pointeur de la souris prend l'aspect d'une flèche double verticale, horizontale ou oblique, en fonction de la poignée.*

*Certains objets affichent aussi un rond vert au-dessus, appelé* ***poignée de rotation*** *(cf. Gérer les objets). Quant à un diagramme ou à un graphique sélectionné, il est entouré d'un cadre plus élaboré mais le principe des poignées reste identique.*

- Pour sélectionner plusieurs objets en même temps, sélectionnez le premier puis cliquez sur chaque objet en maintenant la touche ⇧ enfoncée.

## Gérer les objets

- Pour supprimer, déplacer, redimensionner, faire pivoter, grouper ou dissocier... des objets, sélectionnez les objets concernés.
- Pour supprimer les objets sélectionnés, appuyez sur la touche Suppr selon le clavier.
- Pour déplacer des objets, pointez l'un des bords de la sélection jusqu'à ce que le pointeur de la souris prenne l'aspect d'une flèche à quatre têtes puis faites un cliqué-glissé vers le nouvel emplacement.

- Pour dimensionner des objets, faites glisser l'une des poignées de sélection.

  *Vous pouvez aussi préciser les dimensions exactes dans les zones **Hauteur** et **Largeur** du groupe **Taille** de l'onglet **Format**.*

- Pour faire pivoter un objet, pointez le rond vert situé en haut de l'objet puis faites-le glisser pour le faire pivoter.

  *Vous pouvez faire pivoter une zone de texte, une forme, un objet WordArt, une image mais aussi une forme à l'intérieur d'un diagramme.*

---

Vous pouvez aussi utiliser l'outil  situé dans le groupe **Réorganiser** de l'onglet **Format**.

---

- Pour grouper/dissocier des objets afin de pouvoir les déplacer, les dimensionner, les mettre en valeur en une seule manipulation, activez l'onglet **Format** puis cliquez sur l'outil 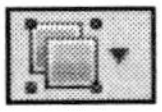 du groupe **Réorganiser** et activez l'option **Grouper**.

  *Un seul cadre entoure à présent les objets. Notez que la zone de nom de la barre de formule affiche désormais le terme **Groupe N**.*

---

Pour dissocier des objets groupés, sélectionnez le groupe puis cliquez sur l'outil 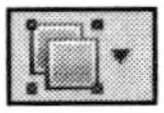 et choisissez l'option **Dissocier**.

---

- Pour aligner des objets entre eux par rapport à leur bord supérieur, inférieur, gauche, droit ou leur centre horizontal ou vertical, activez l'onglet **Format** puis cliquez sur l'outil **Aligner** 

du groupe **Réorganiser** et activez l'une des six premières options, correspondant à l'alignement voulu.

Les options **Distribuer horizontalement** et **Distribuer verticalement** de ce sous-menu permettent d'uniformiser l'espace existant entre chaque objet de la sélection.

- Pour modifier l'ordre de superposition des objets, activez l'onglet **Format** et choisissez l'une des options suivantes :

  - Cliquez sur le bouton **Réorganiser** 

 du groupe **Réorganiser** et activez l'option **Amener au premier plan** pour placer l'objet devant tous les autres ou l'option **Avancer** pour placer l'objet devant celui qui le précède.

  - Cliquez sur le bouton **Réorganiser** 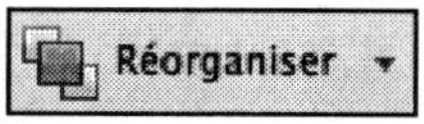

 du groupe **Réorganiser** et activez l'option **Envoyer à l'arrière plan** pour placer l'objet derrière tous les autres ou l'option **Reculer** pour placer l'objet derrière celui qui le suit.

## Modifier la mise en forme d'un objet

- Pour appliquer un style prédéfini aux objets sélectionnés (zone de texte, forme, objet WordArt, ou forme à l'intérieur d'un diagramme ou encore élément de graphique), activez l'onglet **Format** puis cliquez sur le style voulu dans le groupe **Styles de formes.**

- Pour modifier le remplissage des objets sélectionnés (zones de texte, formes, objets WordArt, formes à l'intérieur d'un diagramme ou le diagramme en entier ou encore un élément de graphique), activez l'onglet **Format** puis cliquez sur le bouton **Remplissage** du groupe **Styles de formes** pour modifier le fond de la sélection :

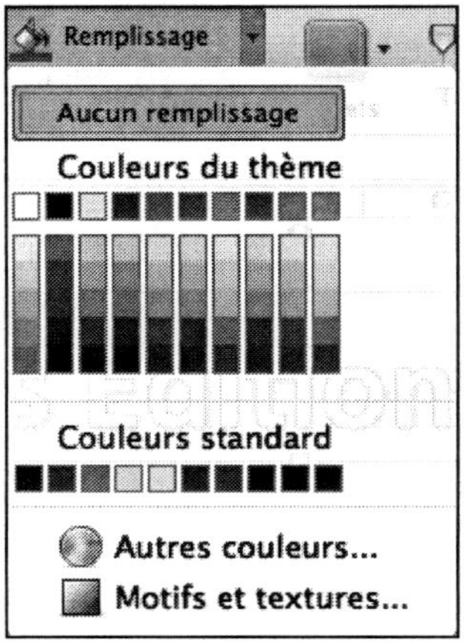

Réalisez l'une des manipulations suivantes :

- Cliquez sur une pastille parmi les **Couleurs du thème** ou les **Couleurs standard** pour remplir l'objet avec la couleur choisie.

*L'option **Autres couleurs** permet de créer vos propres couleurs.*

- Cliquez sur l'option **Motifs et textures** pour remplir l'objet d'une couleur, d'un dégradé, d'un fichier image ou d'un motif.

Pour modifier la bordure de la sélection, cliquez sur le bouton **Trait** du groupe **Styles de formes** :

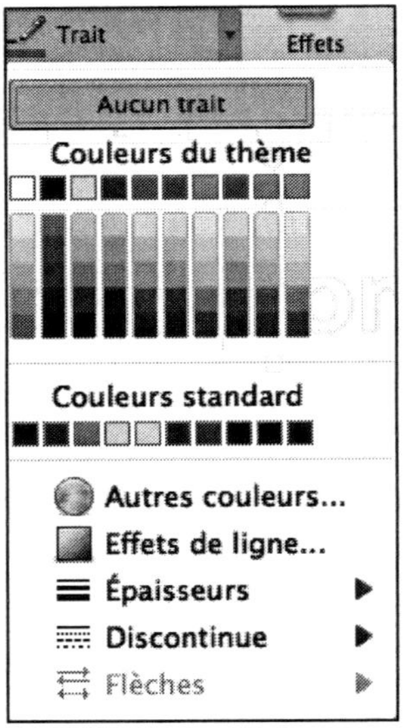


Réalisez l'une des manipulations suivantes :

- Cliquez sur une pastille parmi les **Couleurs du thème** ou les **Couleurs standard** pour appliquer cette couleur à la bordure de l'objet.

*L'option **Autres couleurs** permet de créer vos propres couleurs.*

- Cliquez sur l'option **Effets de ligne** pour ouvrir la boîte de dialogue **Format d'objet**.
- Cliquez sur l'option **Épaisseurs** pour modifier l'épaisseur de la bordure.
- Cliquez sur l'option **Dicontinue** pour changer le style de la bordure.

Pour appliquer un effet de profondeur, cliquez sur le bouton **Effets** du groupe **Styles de formes** puis activez une des options proposées dans les différents sous-menus :

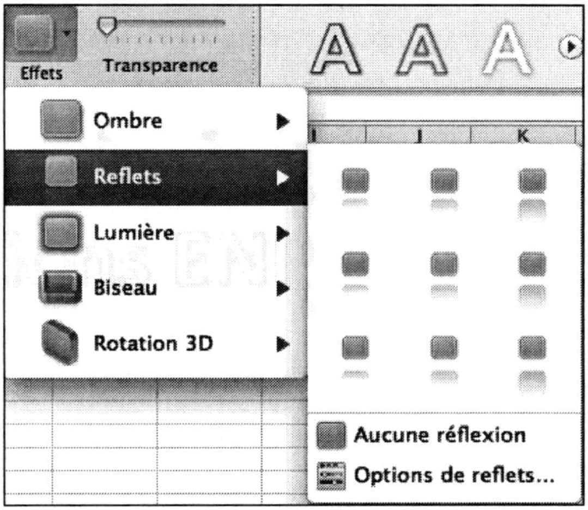


Vous retrouvez ces options dans la boîte de dialogue **Format d'objet** que vous ouvrez en cliquant sur le menu **Format** puis sur **Forme.**

L'option **Aucun remplissage** du bouton **Remplissage** permet de supprimer le remplissage de l'objet sélectionné ; l'option **Aucun trait** du bouton **Trait** permet de supprimer la bordure de l'objet ; enfin, chaque sous-menu du bouton **Effets** comporte une option de type **Aucune (Aucune ombre, Aucune réflexion...)** qui permet d'annuler un effet.

## Modifier le format d'une image

Sélectionnez l'image concernée par un simple clic ou, si besoin, par un double clic de manière à afficher l'onglet **Format de l'image.**

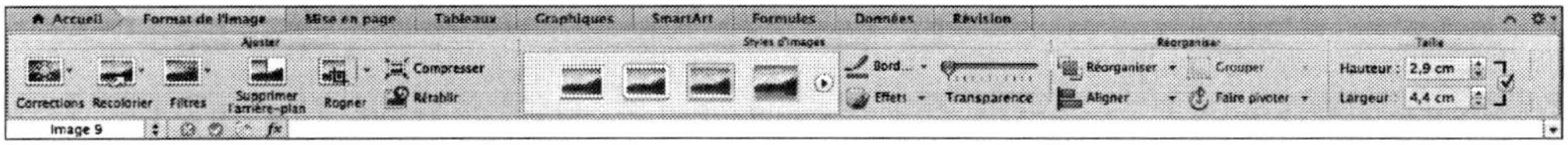


Pour appliquer un style prédéfini à l'image, ouvrez la liste principale du groupe **Styles d'images** et choisissez la forme dans laquelle l'image va s'inscrire.

- Pour modifier la bordure de l'image, cliquez sur le bouton **Bord** du groupe **Styles d'images** et choisissez la couleur, l'épaisseur et le style de la bordure.
- Pour appliquer un effet particulier à l'image, cliquez sur le bouton **Effets** du groupe **Styles d'images**, choisissez le type d'effet (**Ombre**, **Reflets**, **Eclat**, **Biseau** ou **Rotation 3D**) puis cliquez sur le sous-type souhaité.
- Pour modifier la luminosité et le contraste de l'image, cliquez sur le bouton **Corrections** du groupe **Ajuster**.
- Pour modifier les paramètres des couleurs d'une image, cliquez sur le bouton **Recolorier** du groupe **Ajuster.**

  Pointez l'un des modèles pour en voir les effets sur l'image sélectionnée puis cliquez sur le modèle souhaité,

  ou

  cliquez sur **Options de couleur de l'image** pour définir la **Saturation**, la **Température** des couleurs. Cliquez ensuite sur **OK.**
- Pour rendre transparente une couleur de l'image sélectionnée, cliquez sur le bouton **Recolorier** du groupe **Ajuster** puis cliquez sur **Couleur transparente.**

  *Le pointeur de la souris prend la forme d'une pointe de flèche.*

  Cliquez alors sur la zone de l'image contenant la couleur à effacer.
- Pour appliquer un des **Filtres** artistiques disponibles, cliquez sur le bouton correspondant du groupe **Ajuster** puis cliquez sur le modèle souhaité.

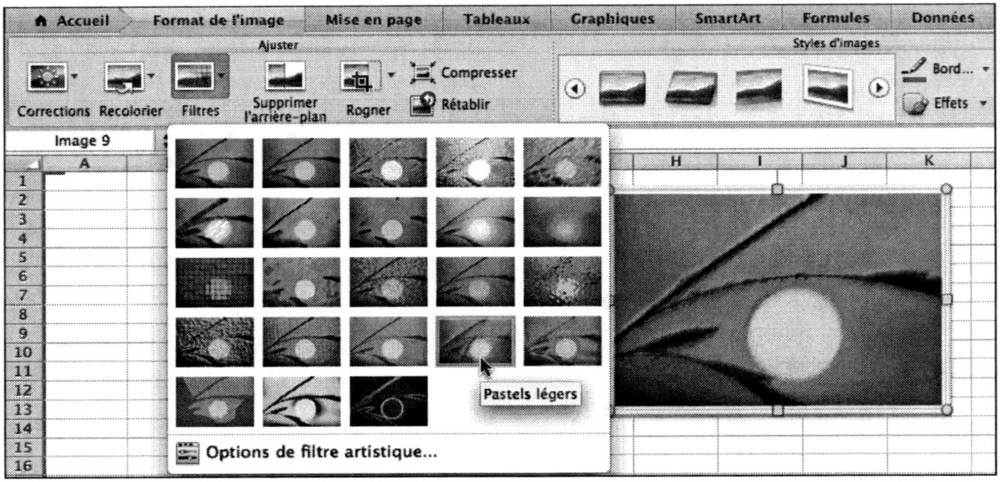

*Vous pouvez modifier les paramètres d'un effet artistique à partir de l'option* ***Options de filtre artistique.***

- Cliquez sur le bouton **Rétablir** du groupe **Ajuster** pour annuler les mises en forme de l'image (sauf les changements de taille).

Pour modifier les dimensions d'une image, reportez-vous au titre Gérer les objets, au début de ce chapitre.

## Rogner une image

*Rogner une image consiste à masquer certaines zones de l'image.*

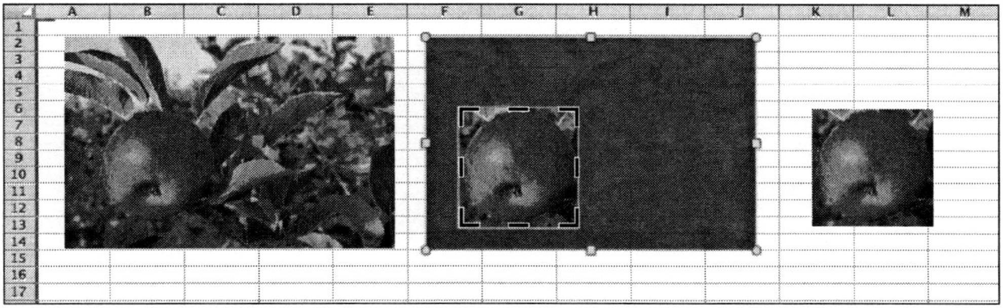

- Sélectionnez l'image concernée.
- Dans l'onglet **Format de l'image**, cliquez sur le bouton **Rogner** du groupe **Ajuster**, pointez le côté ou l'angle de l'image correspondant à la partie à effacer et faites glisser la souris vers l'intérieur de l'image. Ajustez le cadre de rognage si nécessaire à l'aide d'un cliqué-glissé.
- Pour rogner l'image selon une forme particulière, cliquez sur la flèche associée au bouton **Rogner** (groupe **Ajuster** - onglet **Format de l'image**), pointez l'option **Masque vers la forme** puis cliquez sur la forme selon laquelle vous souhaitez rogner l'image.
- Pointez l'option **Rapport hauteur-largeur** puis cliquez sur le rapport de votre choix.
- Lorsque vous avez terminé, faites [esc] ou cliquez à nouveau sur le bouton **Rogner**.

Pour annuler le rognage effectué, utilisez l'outil **Annuler** situé dans la barre d'outils **Standard** (ou faites [cmd ⌘] **Z**).

Si après avoir rogné une image, vous souhaitez que celle-ci s'affiche entièrement dans la zone d'image, cliquez sur l'option **Rogner pour remplir** associée au bouton **Rogner** ; pour conserver les proportions de l'image, cliquez sur l'option **Rogner pour ajuster**.

*Image d'origine*

*Image rognée (outil **Rogner**)*

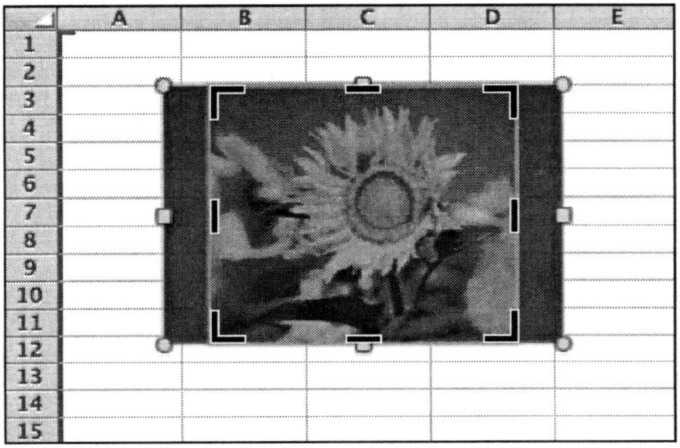

*Image rognée sur laquelle le comportement **Rogner pour remplir** a été appliqué*

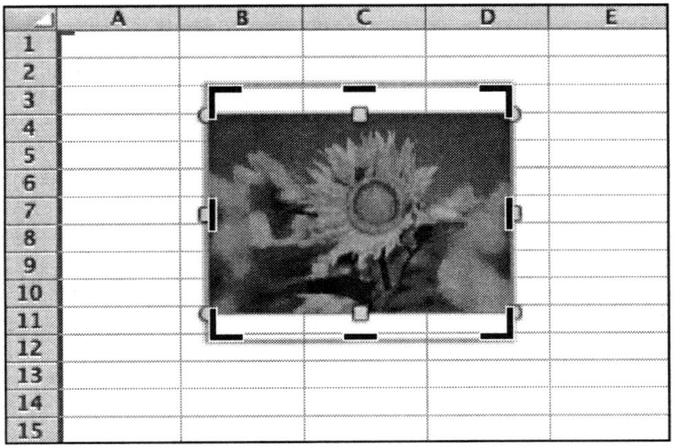

*Image rognée sur laquelle le comportement **Rogner pour ajuster** a été appliqué*

## Supprimer l'arrière-plan d'une image

- Sélectionnez l'image concernée.
- Cliquez sur le bouton **Supprimer l'arrière-plan** du groupe **Ajuster** de l'onglet **Format de l'image.**

- Faites glisser le contour de sélection de façon à inclure ou exclure les zones à conserver ou à supprimer.

*Notez que la zone de l'arrière-plan sélectionné apparaît en violet.*

- Si besoin, faites les modifications suivantes :

  Marquez les zones à conserver par un simple clic ou un cliqué-glissé sur les zones à ne pas supprimer automatiquement.

  Marquez les zones à supprimer pour indiquer (selon le même principe) les zones à supprimer en même temps que les zones marquées automatiquement.

  Supprimez une marque pour annuler le marquage de la zone qu'elle ait été conservée (signe +) ou supprimée (signe -) ; pour cela, cliquez sur le signe + ou - de la marque à supprimer.

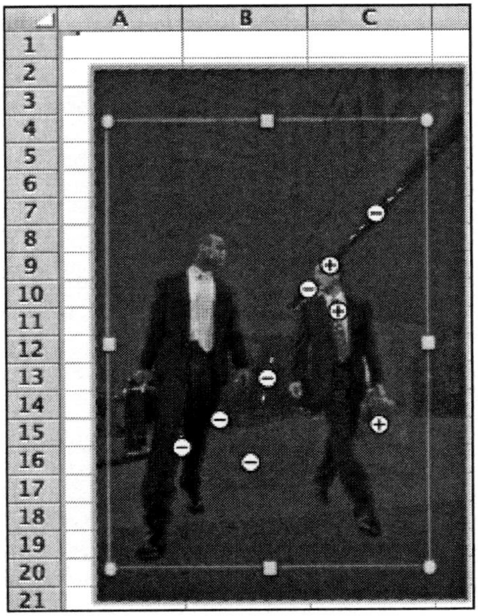


- Pour sortir du processus de suppression de l'arrière-plan, validez par la touche [Entrée] ou ignorer toutes les modifications par la touche [esc] selon votre souhait.

## Modifier la résolution des images

*Il peut s'avérer intéressant de modifier la résolution ainsi que la qualité ou bien de compresser une image pour en diminuer la taille afin que le fichier correspondant occupe moins de place sur votre disque dur ou afin de réduire le temps de téléchargement.*

### Modifier la résolution par défaut des images

- Pour modifier la résolution appliquée par défaut aux images insérées dans un classeur, ouvrez le classeur Excel concerné.
- Cliquez sur le menu **Fichier** puis sur l'option **Réduire la taille du fichier**.
- Ouvrez, si nécessaire, la liste déroulante associée au champ **Qualité de l'image** puis sélectionnez la résolution choisie.

- Cochez ou non l'option **Supprimer les régions rognées de l'image** selon votre choix.

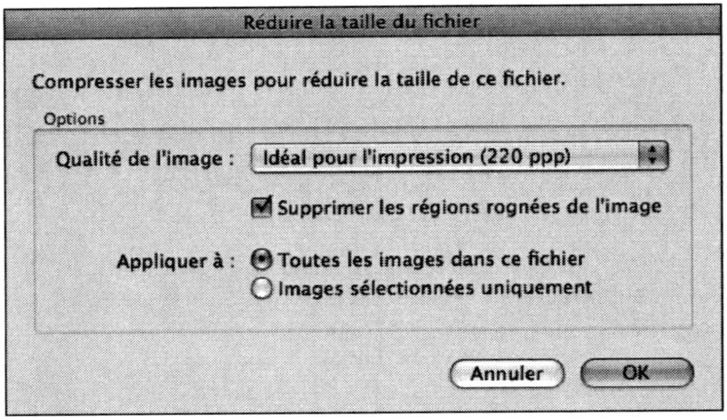


*Par défaut, la résolution définie est de 220 ppp. Cette résolution est généralement appliquée aux images destinées à une impression de qualité haute. Pour un affichage écran on une qualité normale d'impression, vous pouvez choisir une résolution inférieure.*

- Cliquez sur **OK.**

## Modifier la résolution de la ou des images sélectionnées

- Sélectionnez la ou les images concernées.
- Cliquez sur le menu **Fichier** puis sur l'option **Réduire la taille du fichier.**
- Sélectionnez l'option **Toutes les images dans ce fichier** si vous souhaitez appliquer à toutes les images de votre fichier la qualité spécifiée dans la liste **Qualité de l'image**, sinon sélectionnez l'option **Images sélectionnées uniquement.**

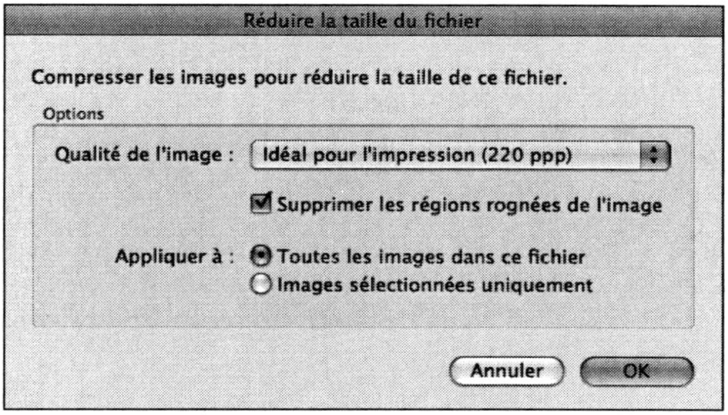


- Validez par **OK**.
- Pour réduire la taille du fichier d'image, vous pouvez aussi supprimer les éventuelles zones de rognage de l'image (cf. Rogner une image).

## Mettre en valeur les caractères d'un objet

*Ces techniques permettent de modifier l'apparence des caractères d'une zone de texte, d'une forme, d'un objet WordArt mais aussi d'une forme à l'intérieur d'un diagramme, ou encore d'un élément de graphique.*

- Sélectionnez le ou les objets contenant le texte à mettre en valeur.
- Utilisez les outils et boutons du groupe **Police** de l'onglet **Accueil** pour modifier la police, la taille, les mises en valeur, la couleur des caractères.
- Pour appliquer des effets spéciaux, activez l'onglet **Format** et utilisez les boutons suivants du groupe **Styles de textes** :

**Styles rapides** pour appliquer un effet de caractère de type WordArt.

pour appliquer une couleur, un dégradé, une image ou une texture au fond des caractères.

pour appliquer un contour aux caractères.

pour appliquer un effet spécial aux caractères (ombre, lumière...).

## Créer un tableau de données

*Un **tableau de données**, aussi appelé liste de données (dans les anciennes versions d'Excel), est un ensemble de lignes et de colonnes qui contiennent des données connexes gérées indépendamment des données des autres lignes et colonnes de la feuille de calcul ; il permet de gérer, d'analyser, de filtrer ces données plus facilement.*

*Il ne faut pas confondre un tableau de données avec une table de données qui fait partie d'une suite de commandes d'analyse de scénarios.*

- Sélectionnez la plage de cellules que vous voulez définir comme un tableau de données.
- Cliquez sur l'onglet **Tableaux**, puis ouvrez la liste associée au bouton **Nouveau** du groupe **Options du tableau.**
- Cliquez sur l'option **Insérer un tableau avec des en-têtes** si la plage de cellules sélectionnée contient les en-têtes des colonnes sinon cliquez sur l'option **Insérer un tableau sans en-tête.**

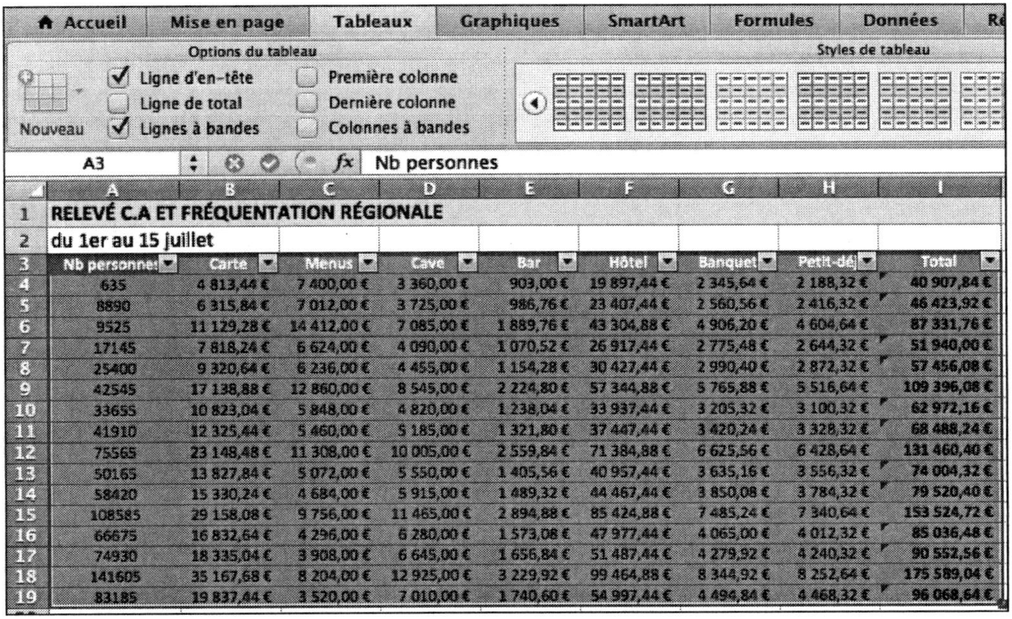


| | A | B | C | D | E | F | G | H | I |
|---|---|---|---|---|---|---|---|---|---|
| 1 | RELEVÉ C.A ET FRÉQUENTATION RÉGIONALE | | | | | | | | |
| 2 | du 1er au 15 juillet | | | | | | | | |
| 3 | Nb personnes | Carte | Menus | Cave | Bar | Hôtel | Banquet | Petit-déj | Total |
| 4 | 635 | 4 813,44 € | 7 400,00 € | 3 360,00 € | 903,00 € | 19 897,44 € | 2 345,64 € | 2 188,32 € | 40 907,84 € |
| 5 | 8890 | 6 315,84 € | 7 012,00 € | 3 725,00 € | 986,76 € | 23 407,44 € | 2 560,56 € | 2 416,32 € | 46 423,92 € |
| 6 | 9525 | 11 129,28 € | 14 412,00 € | 7 085,00 € | 1 889,76 € | 43 304,88 € | 4 906,20 € | 4 604,64 € | 87 331,76 € |
| 7 | 17145 | 7 818,24 € | 6 624,00 € | 4 090,00 € | 1 070,52 € | 26 917,44 € | 2 775,48 € | 2 644,32 € | 51 940,00 € |
| 8 | 25400 | 9 320,64 € | 6 236,00 € | 4 455,00 € | 1 154,28 € | 30 427,44 € | 2 990,40 € | 2 872,32 € | 57 456,08 € |
| 9 | 42545 | 17 138,88 € | 12 860,00 € | 8 545,00 € | 2 224,80 € | 57 344,88 € | 5 765,88 € | 5 516,64 € | 109 396,08 € |
| 10 | 33655 | 10 823,04 € | 5 848,00 € | 4 820,00 € | 1 238,04 € | 33 937,44 € | 3 205,32 € | 3 100,32 € | 62 972,16 € |
| 11 | 41910 | 12 325,44 € | 5 460,00 € | 5 185,00 € | 1 321,80 € | 37 447,44 € | 3 420,24 € | 3 328,32 € | 68 488,24 € |
| 12 | 75565 | 23 148,48 € | 11 308,00 € | 10 005,00 € | 2 559,84 € | 71 384,88 € | 6 625,56 € | 6 428,64 € | 131 460,40 € |
| 13 | 50165 | 13 827,84 € | 5 072,00 € | 5 550,00 € | 1 405,56 € | 40 957,44 € | 3 635,16 € | 3 556,32 € | 74 004,32 € |
| 14 | 58420 | 15 330,24 € | 4 684,00 € | 5 915,00 € | 1 489,32 € | 44 467,44 € | 3 850,08 € | 3 784,32 € | 79 520,40 € |
| 15 | 108585 | 29 158,08 € | 9 756,00 € | 11 465,00 € | 2 894,88 € | 85 424,88 € | 7 485,24 € | 7 340,64 € | 153 524,72 € |
| 16 | 66675 | 16 832,64 € | 4 296,00 € | 6 280,00 € | 1 573,08 € | 47 977,44 € | 4 065,00 € | 4 012,32 € | 85 036,48 € |
| 17 | 74930 | 18 335,04 € | 3 908,00 € | 6 645,00 € | 1 656,84 € | 51 487,44 € | 4 279,92 € | 4 240,32 € | 90 552,56 € |
| 18 | 141605 | 35 167,68 € | 8 204,00 € | 12 925,00 € | 3 229,92 € | 99 464,88 € | 8 344,92 € | 8 252,64 € | 175 589,04 € |
| 19 | 83185 | 19 837,44 € | 3 520,00 € | 7 010,00 € | 1 740,60 € | 54 997,44 € | 4 494,84 € | 4 468,32 € | 96 068,64 € |

*Les en-têtes du tableau présentent maintenant un bouton permettant d'ouvrir une liste déroulante pour filtrer ou trier les données. Vous pouvez utiliser les outils de l'onglet **Tableaux** pour personnaliser ou modifier le tableau.*

Pour créer un tableau, vous pouvez aussi sélectionner les cellules concernées et leur appliquer un style de tableau en sélectionnant un des **Styles de tableau** dans le groupe correspondant de l'onglet **Tableaux**.

## Renommer un tableau de données

- Cliquez sur une des cellules du tableau de données.
- Cliquez sur le bouton **Renommer** du groupe **Outils** (onglet **Tableaux**) ou sélectionnez votre tableau et cliquez dans la zone **Nom** dans la barre de formule.
- Saisissez le nom que vous souhaitez donner à votre tableau.

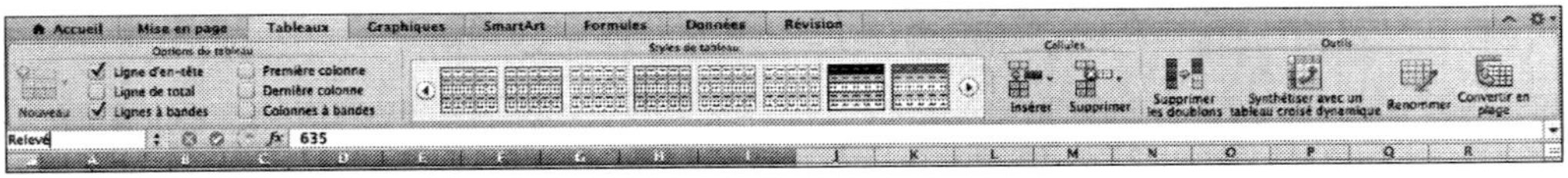


*Si des tableaux croisés dynamiques font référence à ce tableau de données, sachez que le nom ainsi modifié est automatiquement mis à jour afin d'éviter l'affichage d'alerte quant à l'existence de références non valides.*

## Afficher/masquer les en-têtes d'un tableau de données

- Cliquez n'importe où dans le tableau.
- Activez l'onglet **Tableaux.**
- Pour afficher les en-têtes du tableau, cochez l'option **Ligne d'en-tête** du groupe **Options du tableau** ; pour les masquer, désactivez cette option.

Lorsque vous désactivez les en-têtes, les filtres automatiques d'en-tête, ainsi que les autres filtres éventuellement appliqués, sont supprimés du tableau.

## Ajouter une ligne/une colonne à un tableau de données

- Pour ajouter une ligne au tableau, saisissez une donnée dans une cellule placée juste sous le tableau.
- Pour ajouter une colonne au tableau, saisissez une donnée dans une cellule placée immédiatement à droite du tableau.
- Pour ajouter des lignes et/ou des colonnes, vous pouvez aussi faire glisser la poignée de redimensionnement (coin inférieur droit du tableau) vers le bas et/ou la droite pour sélectionner des lignes et/ou des colonnes.
- Pour ajouter une ligne vide dans le bas du tableau de données, cliquez dans la dernière cellule du tableau et appuyez sur la touche [Tab].

  *S'il existe une ligne de totaux dans le tableau, placez-vous dans la dernière cellule de la ligne qui précède celle des totaux.*

Pour insérer et/ou supprimer des lignes/des colonnes dans un tableau de données, procédez comme dans la feuille de calcul (cf. chapitre Lignes/Colonnes/Cellules).

## Sélectionner des lignes/des colonnes dans un tableau de données

- Pour sélectionner les données d'une colonne d'un tableau, pointez le bord supérieur de l'en-tête de la colonne (le pointeur de la souris prend la forme : ↓) et cliquez, ou activez l'une des cellules de la colonne et faites [Ctrl] [Espace].

  Pour sélectionner toute la colonne (avec l'en-tête et le total), faites un double clic ou utilisez deux fois le raccourci-clavier [Ctrl] [Espace].
- Pour sélectionner les données d'une ligne d'un tableau, pointez le bord gauche de la ligne (le pointeur de la souris prend la forme : ➔) et cliquez, ou activez l'une des cellules de la ligne puis faites [⇧] [Espace].
- Pour sélectionner toutes les données d'un tableau, pointez le bord supérieur gauche du tableau (le pointeur de la souris prend la forme : ↘) et cliquez, ou activez l'une des cellules et faites [Ctrl] [⇧] [Espace] ou [cmd ⌘] **A**.

  Pour sélectionner tout le tableau (avec ses en-têtes), faites un double clic ou utilisez deux fois un des raccourcis-clavier.

## Afficher une ligne de total dans un tableau de données

*Vous pouvez rapidement totaliser les données d'un tableau en affichant une ligne de total à la fin du tableau puis en utilisant les fonctions disponibles dans les listes déroulantes de chaque cellule de cette ligne de total.*

- Cliquez n'importe où dans le tableau.
- Activez, si besoin, l'onglet **Tableaux** et cochez l'option **Ligne de total** du groupe **Options du tableau.**

  *La ligne de total s'affiche dans la dernière ligne du tableau et affiche la mention **Total** dans la cellule située à l'extrême gauche.*

- Pour afficher le résultat d'un autre calcul ou d'une autre colonne, cliquez sur la cellule de la colonne concernée, puis ouvrez la liste déroulante associée.

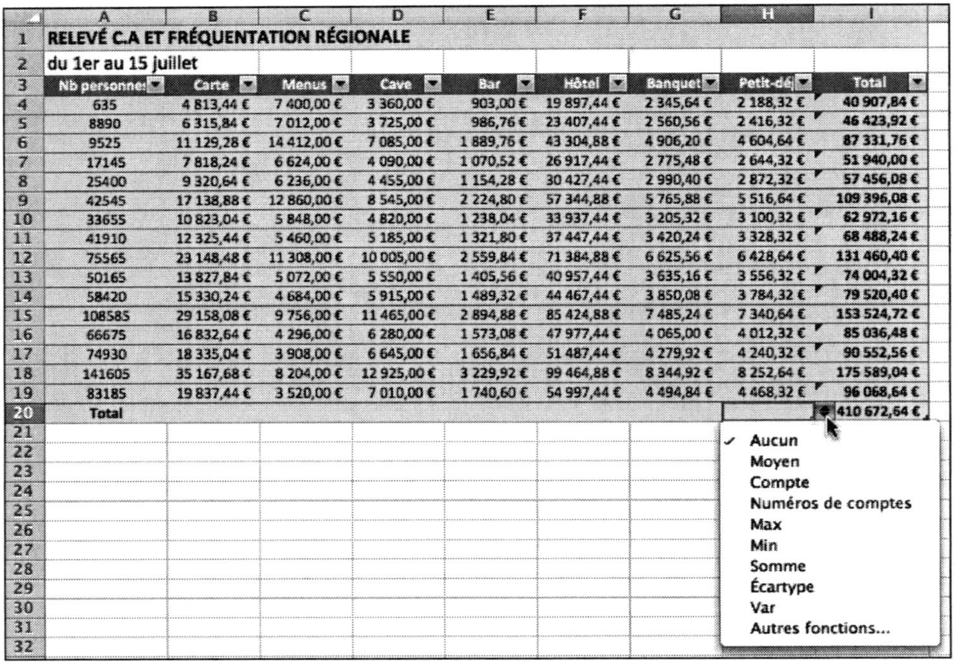

| | A | B | C | D | E | F | G | H | I |
|---|---|---|---|---|---|---|---|---|---|
| 1 | RELEVÉ C.A ET FRÉQUENTATION RÉGIONALE | | | | | | | | |
| 2 | du 1er au 15 juillet | | | | | | | | |
| 3 | Nb personne | Carte | Menus | Cave | Bar | Hôtel | Banquet | Petit-dé | Total |
| 4 | 635 | 4 813,44 € | 7 400,00 € | 3 360,00 € | 903,00 € | 19 897,44 € | 2 345,64 € | 2 188,32 € | 40 907,84 € |
| 5 | 8890 | 6 315,84 € | 7 012,00 € | 3 725,00 € | 986,76 € | 23 407,44 € | 2 560,56 € | 2 416,32 € | 46 423,92 € |
| 6 | 9525 | 11 129,28 € | 14 412,00 € | 7 085,00 € | 1 889,76 € | 43 304,88 € | 4 906,20 € | 4 604,64 € | 87 331,76 € |
| 7 | 17145 | 7 818,24 € | 6 624,00 € | 4 090,00 € | 1 070,52 € | 26 917,44 € | 2 775,48 € | 2 644,32 € | 51 940,00 € |
| 8 | 25400 | 9 320,64 € | 6 236,00 € | 4 455,00 € | 1 154,28 € | 30 427,44 € | 2 990,40 € | 2 872,32 € | 57 456,08 € |
| 9 | 42545 | 17 138,88 € | 12 860,00 € | 8 545,00 € | 2 224,80 € | 57 344,88 € | 5 765,88 € | 5 516,64 € | 109 396,08 € |
| 10 | 33655 | 10 823,04 € | 5 848,00 € | 4 820,00 € | 1 238,04 € | 33 937,44 € | 3 205,32 € | 3 100,32 € | 62 972,16 € |
| 11 | 41910 | 12 325,44 € | 5 460,00 € | 5 185,00 € | 1 321,80 € | 37 447,44 € | 3 420,24 € | 3 328,32 € | 68 488,24 € |
| 12 | 75565 | 23 148,48 € | 11 308,00 € | 10 005,00 € | 2 559,84 € | 71 384,88 € | 6 625,56 € | 6 428,64 € | 131 460,40 € |
| 13 | 50165 | 13 827,84 € | 5 072,00 € | 5 550,00 € | 1 405,56 € | 40 957,44 € | 3 635,16 € | 3 556,32 € | 74 004,32 € |
| 14 | 58420 | 15 330,24 € | 4 684,00 € | 5 915,00 € | 1 489,32 € | 44 467,44 € | 3 850,08 € | 3 784,32 € | 79 520,40 € |
| 15 | 108585 | 29 158,08 € | 9 756,00 € | 11 465,00 € | 2 894,88 € | 85 424,88 € | 7 485,24 € | 7 340,64 € | 153 524,72 € |
| 16 | 66675 | 16 832,64 € | 4 296,00 € | 6 280,00 € | 1 573,08 € | 47 977,44 € | 4 065,00 € | 4 012,32 € | 85 036,48 € |
| 17 | 74930 | 18 335,04 € | 3 908,00 € | 6 645,00 € | 1 656,84 € | 51 487,44 € | 4 279,92 € | 4 240,32 € | 90 552,56 € |
| 18 | 141605 | 35 167,68 € | 8 204,00 € | 12 925,00 € | 3 229,92 € | 99 464,88 € | 8 344,92 € | 8 252,64 € | 175 589,04 € |
| 19 | 83185 | 19 837,44 € | 3 520,00 € | 7 010,00 € | 1 740,60 € | 54 997,44 € | 4 494,84 € | 4 468,32 € | 96 068,64 € |
| 20 | Total | | | | | | | | 410 672,64 € |



*Excel propose les fonctions de calcul courantes ; vous pouvez aussi saisir la formule de votre choix directement dans une cellule de la ligne de total.*

Cliquez sur la fonction que vous souhaitez utiliser.

- Pour masquer la ligne des totaux, désactivez l'option **Ligne de total** du groupe **Options du tableau.**

## Créer une colonne calculée dans un tableau de données

- Cliquez dans une cellule d'une colonne vide du tableau que vous souhaitez transformer en colonne calculée.
- Saisissez la formule voulue.

  *La formule spécifiée est automatiquement insérée dans toutes les cellules de la colonne.*

Pour supprimer une colonne calculée, procédez comme pour n'importe quelle colonne.

Pour modifier une colonne calculée, il suffit de modifier l'une des formules de calcul de la colonne : les autres cellules sont automatiquement mises à jour.

## Appliquer un style de tableau à un tableau de données

- Cliquez n'importe où dans le tableau.
- Activez, si besoin, l'onglet **Tableaux** et cliquez sur un des styles du groupe **Styles de tableau.**

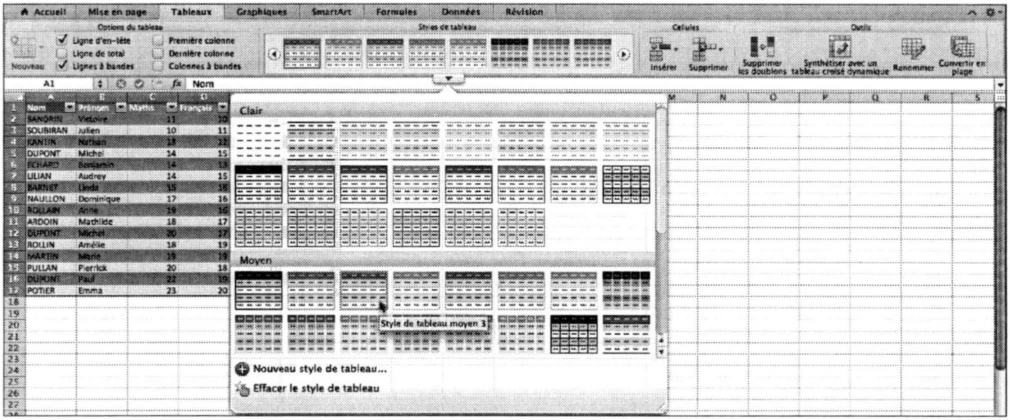

## Convertir un tableau de données en plage de cellules

*Lorsque vous n'avez plus besoin d'un tableau de données, vous pouvez le convertir en plage de cellules classique, tout en conservant ses mises en forme.*

- Cliquez n'importe où dans le tableau de données.
- Cliquez sur le bouton **Convertir en plage** du groupe **Outils** de l'onglet **Tableaux** ou utilisez l'option **Convertir en plage** du menu contextuel du tableau.
- Confirmez la conversion du tableau en plage de cellules en cliquant sur le bouton **Oui**.

## Supprimer un tableau et ses données

- Cliquez sur une des cellules du tableau de données puis appuyez sur les touches [cmd ⌘] **A** à deux reprises pour sélectionner l'intégralité du tableau.
- Appuyez sur la touche [Suppr].

*Si vous ne souhaitez plus exploiter vos données dans un tableau de données, vous pouvez le convertir en plage de cellules classique tout en conservant ses mises en forme (cf. Convertir un tableau de données en plage de cellules).*

## Créer un tableau croisé dynamique

*Un tableau croisé dynamique permet de résumer, d'analyser, d'explorer et de présenter des données de synthèse.*

- Si la plage de cellules concernée par le tableau croisé dynamique contient des en-têtes de colonnes ou est déjà organisé en tableau de données, cliquez dans l'une des cellules, activez l'onglet **Tableaux** et cliquez sur le bouton **Synthétiser avec un tableau croisé dynamique** du groupe.

  Sinon, sélectionnez la plage de cellules à traiter dans le tableau croisé dynamique, activez l'onglet **Données**, cliquez sur la flèche du bouton **Tableau croisé dynamique** du groupe **Analyse** puis sélectionnez l'option **Créer un tableau croisé dynamique manuel**.

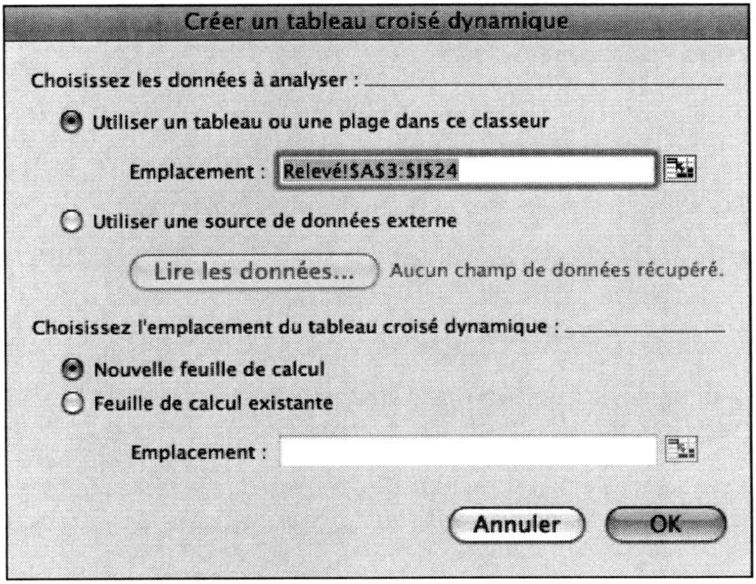


- Vérifiez que la zone **Utiliser un tableau ou une plage dans ce classeur** contient bien les données à analyser ; sinon, utilisez le bouton  pour les sélectionner.

- Choisissez l'emplacement du tableau croisé dynamique : sur une **Nouvelle feuille de calcul** ou sur une **Feuille de calcul existante** ; si vous avez choisi cette dernière option, utilisez le bouton pour activer la première cellule destinatrice du tableau croisé à créer.
- Cliquez sur le bouton **OK.**

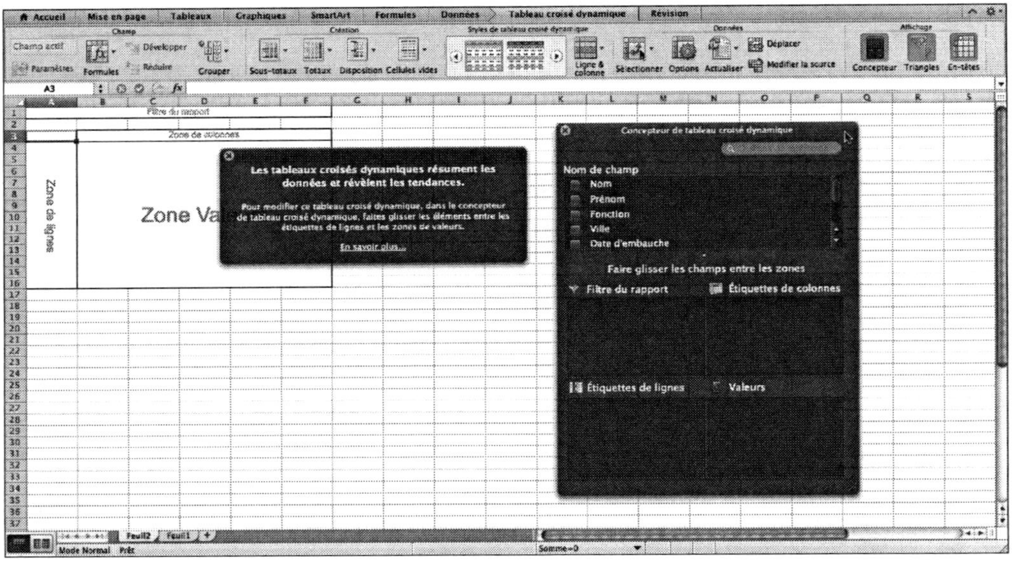


*Un tableau croisé dynamique vide est inséré à l'emplacement indiqué (ici, en cellule **A3** d'une nouvelle feuille nommée **Feuil1**) et la fenêtre **Concepteur de tableau croisé dynamique** apparaît à droite afin que vous puissiez commencer à ajouter des champs, à créer une disposition et à personnaliser le rapport. Ce volet comporte deux sections : la partie supérieure, appelée section **Champ**, qui affiche la liste des champs et la partie inférieure, appelée section **Disposition**, qui permet de réorganiser et repositionner les champs dans l'une des quatre zones du tableau croisé dynamique.*

*L'onglet **Tableau croisé dynamique** apparaît.*

Si vous avez cliqué en dehors du tableau croisé dynamique, la fenêtre **Concepteur de tableau croisé dynamique** disparaît. Pour afficher à nouveau la liste des champs, cliquez à l'intérieur du tableau.

- À vous ensuite d'ajouter les champs pour créer le tableau croisé dynamique (cf. titre suivant).
- Pour nommer un tableau croisé dynamique, cliquez sur le bouton **Options** de l'onglet **Tableau croisé dynamique**, modifiez le **Nom du tableau croisé dynamique** dans le champ correspondant et validez.

*Vous pouvez redimensionner la taille de la zone **Champ et Disposition** de la fenêtre **Concepteur de tableau croisé dynamique** en faisant un cliqué-glissé entre les deux zones (le pointeur prend la forme d'une double flèche).*

## Gérer les champs d'un tableau croisé dynamique

### Ajouter/supprimer un champ

- Faites glisser le champ dans une des zones de la section **Disposition** visible sous la liste des champs :

| | |
|---|---|
| **Etiquettes de lignes** | Pour que les valeurs de ce champ deviennent les en-têtes de ligne du tableau. |
| **Etiquettes de colonnes** | Pour que les valeurs de ce champ deviennent les en-têtes de colonnes du tableau. |
| **Valeurs** | Pour que les valeurs de ce champ soient utilisées pour remplir les différentes cellules du tableau croisé dynamique. Par défaut, Excel utilise la fonction SOMME pour synthétiser les données numériques, et la fonction NB pour les données de type texte. Notez qu'il est possible de modifier cette fonction de synthèse comme il est également possible d'effectuer un calcul personnalisé sur ces données (cf. Modifier la fonction de synthèse ou le calcul personnalisé d'un champ). |

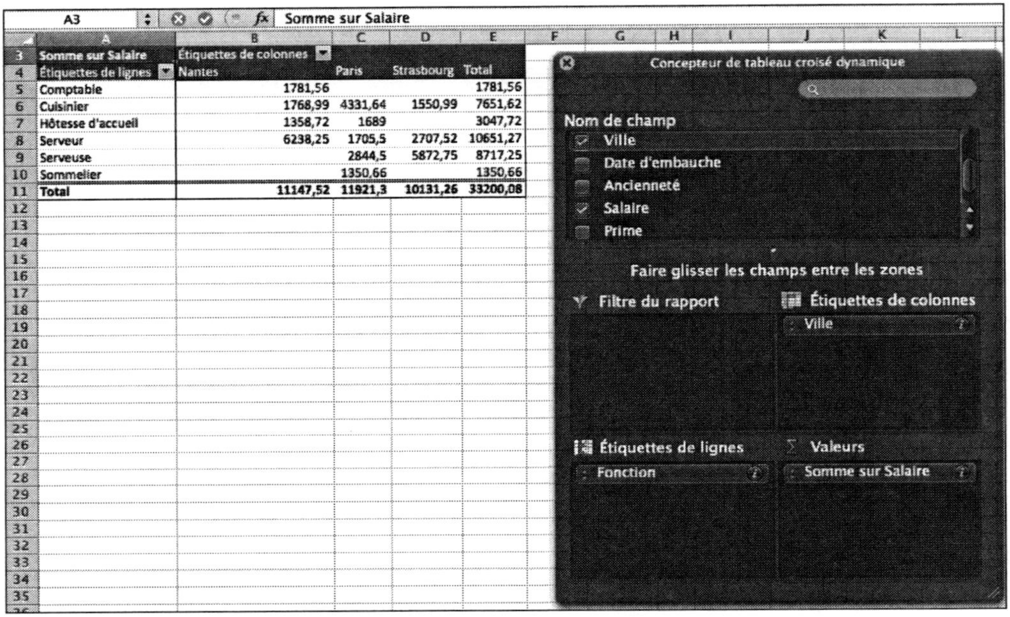

*Ce tableau croisé dynamique permet d'afficher la somme des salaires par fonction et par ville. Les champs placés dans le tableau croisé dynamique apparaissent dans les zones correspondantes de la section* ***Disposition****.*

- Pour supprimer un champ du tableau croisé dynamique, désactivez sa case à cocher dans la liste **Nom de champ**.
- Pour afficher ou masquer alternativement les en-têtes de champ, cliquez sur le bouton **En-têtes** du groupe **Affichage** de l'onglet **Tableau croisé dynamique**.
- Pour créer plusieurs niveaux de lignes ou de colonnes dans le tableau croisé dynamique, ajoutez le ou les champs concernés dans les zones voulues selon la procédure décrite précédemment.

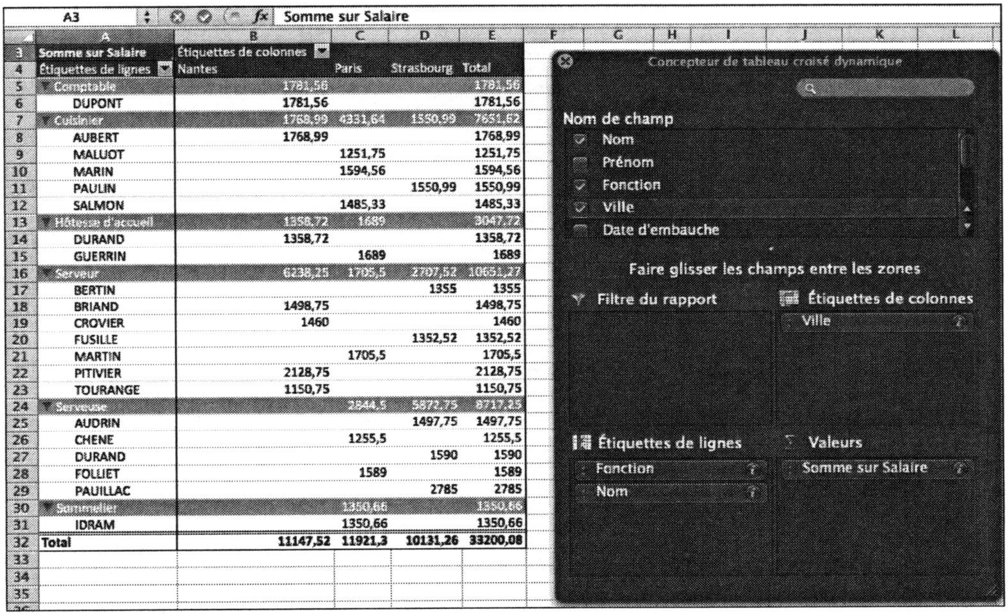


| Somme sur Salaire | Étiquettes de colonnes | | | |
|---|---|---|---|---|
| Étiquettes de lignes | Nantes | Paris | Strasbourg | Total |
| Comptable | 1781,56 | | | 1781,56 |
| DUPONT | 1781,56 | | | 1781,56 |
| Cuisinier | 1768,99 | 4331,64 | 1550,99 | 7651,62 |
| AUBERT | 1768,99 | | | 1768,99 |
| MALUOT | | 1251,75 | | 1251,75 |
| MARIN | | 1594,56 | | 1594,56 |
| PAULIN | | | 1550,99 | 1550,99 |
| SALMON | | 1485,33 | | 1485,33 |
| Hôtesse d'accueil | 1358,72 | 1689 | | 3047,72 |
| DURAND | 1358,72 | | | 1358,72 |
| GUERRIN | | 1689 | | 1689 |
| Serveur | 6238,25 | 1705,5 | 2707,52 | 10651,27 |
| BERTIN | | | 1355 | 1355 |
| BRIAND | 1498,75 | | | 1498,75 |
| CROVIER | 1460 | | | 1460 |
| FUSILLE | | | 1352,52 | 1352,52 |
| MARTIN | | 1705,5 | | 1705,5 |
| PITIVIER | 2128,75 | | | 2128,75 |
| TOURANGE | 1150,75 | | | 1150,75 |
| Serveuse | | 2844,5 | 5872,75 | 8717,25 |
| AUDRIN | | | 1497,75 | 1497,75 |
| CHENE | | 1255,5 | | 1255,5 |
| DURAND | | | 1590 | 1590 |
| FOLLIET | | 1589 | | 1589 |
| PAUILLAC | | | 2785 | 2785 |
| Sommelier | | 1350,66 | | 1350,66 |
| IDRAM | | 1350,66 | | 1350,66 |
| Total | 11147,52 | 11921,3 | 10131,26 | 33200,08 |

*Dans cet exemple, nous avons ajouté le champ **Nom** en deuxième niveau des **Étiquettes de lignes** (voir le cadre **Étiquettes de lignes** de la zone **Disposition**) ; les étiquettes de lignes du tableau sont désormais précédées d'un triangle ▶ signalant la présence d'un niveau supplémentaire.*

- Pour masquer/afficher les triangles de niveaux, vous pouvez cliquer sur le bouton **Triangles** (onglet **Tableau croisé dynamique** - groupe **Affichage**).
- Pour développer ou réduire l'affichage d'un niveau, faites un clic sur le triangle situé à gauche de l'élément concerné.

*Vous pouvez également agrandir/réduire le champ en double cliquant sur celui-ci.*

## Réorganiser les champs

- Cliquez sur le nom du champ concerné dans l'une des quatre zones de la section **Disposition** puis faites-le glisser dans une autre zone ; si la zone contient plusieurs champs, vous pouvez aussi faire glisser le champ dans la même zone pour modifier l'ordre des champs.

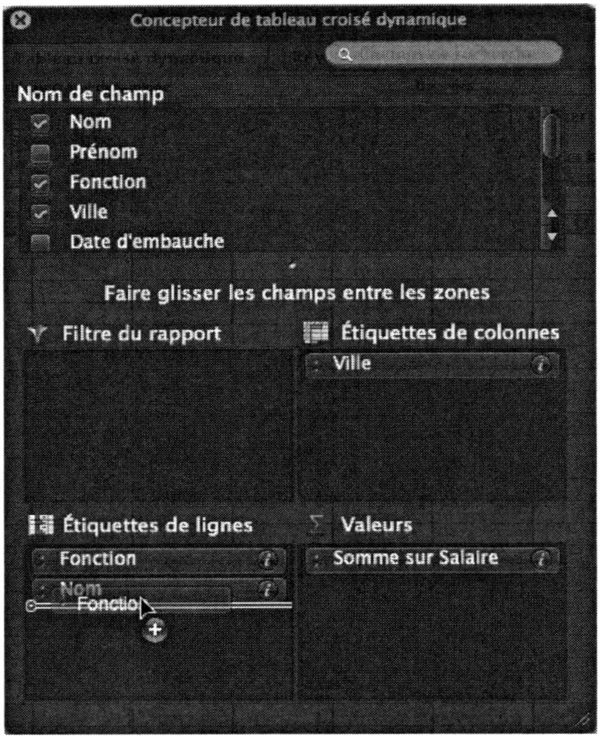


*Ces modifications sont reportées automatiquement dans le tableau croisé dynamique.*

## Insérer un champ calculé

Pour ajouter un champ calculé au tableau croisé dynamique, cliquez dans le tableau croisé pour activer les outils spécifiques, cliquez ensuite sur le bouton **Formules** de l'onglet **Tableau croisé dynamique** puis sur l'option **Champs calculés**.

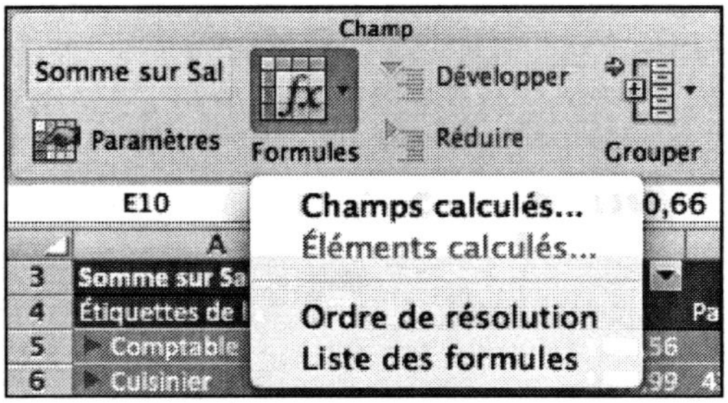


- Dans la boîte de dialogue **Insère le champ calculé**, saisissez le **Nom** du nouveau champ calculé.
- Tapez la **Formule** de votre choix ; pour y intégrer un des champs existants, sélectionnez le champ concerné dans la liste **Champs** puis cliquez sur le bouton **Insérer le champ.** Complétez la formule selon le calcul à effectuer.

*Pour illustrer cette fonctionnalité, nous allons calculer le montant des charges patronales, soit 45 % du salaire brut.*

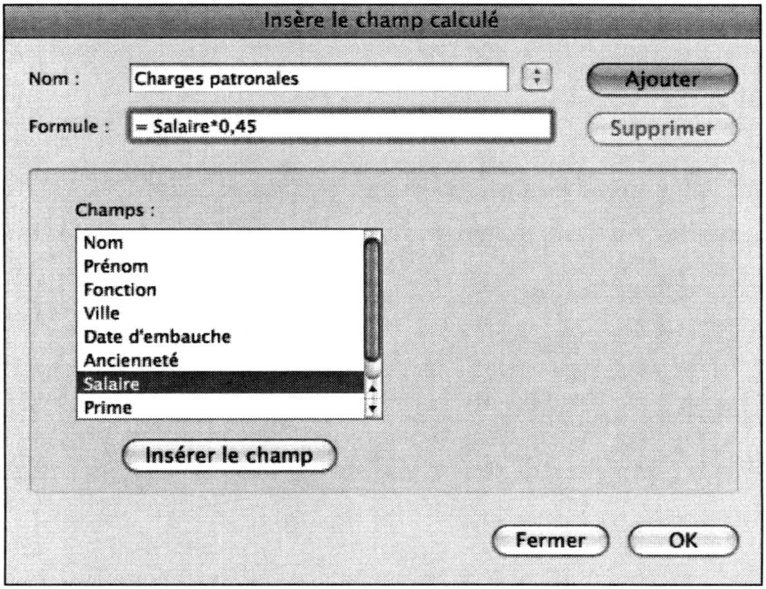


- Cliquez sur le bouton **OK** pour valider votre saisie.

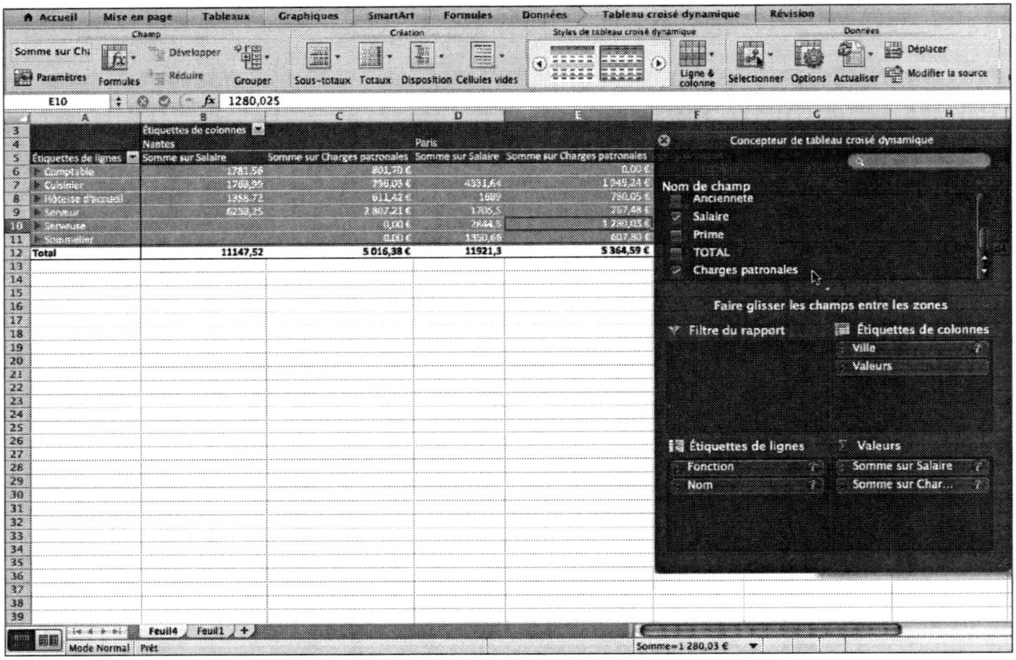


*Les valeurs du champ calculé apparaissent dans le tableau, le nom du nouveau champ est visible dans la liste des champs. Notez également que, par défaut, la fonction SOMME a été appliquée automatiquement à ce champ numérique.*

Pour supprimer un champ calculé, cliquez dans le tableau croisé, cliquez ensuite sur le bouton **Formules** de l'onglet **Tableau croisé dynamique** puis sur l'option **Champs calculés**. Dans la liste **Nom**, sélectionnez le nom du champ à supprimer puis cliquez sur le bouton **Supprimer**.

## Modifier la fonction de synthèse ou le calcul personnalisé d'un champ

*Rappelons que par défaut, Excel applique la fonction SOMME aux données numériques de la zone Valeurs et la fonction NB aux données de type texte.*

- Pour modifier la fonction de synthèse utilisée ou effectuer un calcul personnalisé pour traiter les données d'un champ de la zone **Valeurs**, cliquez sur le nom du champ concerné dans cette zone (section **Disposition**), puis cliquez sur le bouton  pour afficher la boîte de dialogue **Champ dynamique.**

  *Vous pouvez également accéder à cette boîte de dialogue après avoir sélectionné le champ dans le tableau croisé dynamique, en cliquant sur le bouton **Paramètres** du groupe **Champ** (onglet **Tableau croisé dynamique**).*

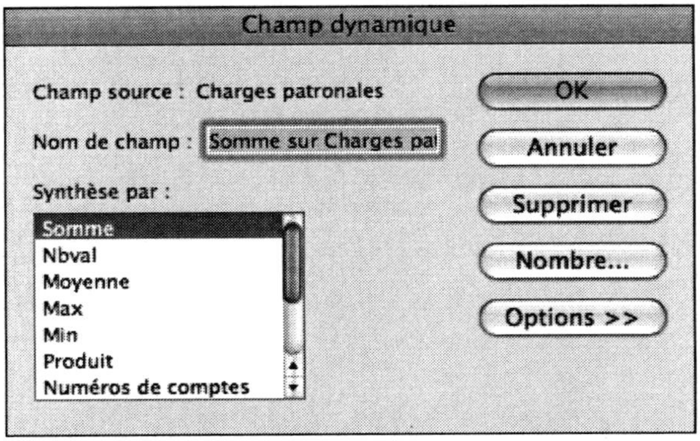


*Le champ **Nom de champ** contient le nom du champ actif ou le nom de la source lorsqu'aucun nom personnalisé n'a été défini, précédé du type de calcul effectué.*

- Pour modifier la fonction de synthèse, dans le cadre **Synthèse par**, cliquez sur la fonction de synthèse souhaitée.
- Pour utiliser un calcul personnalisé, cliquez sur le bouton **Options** puis ouvrez la liste déroulante **Afficher les données.**

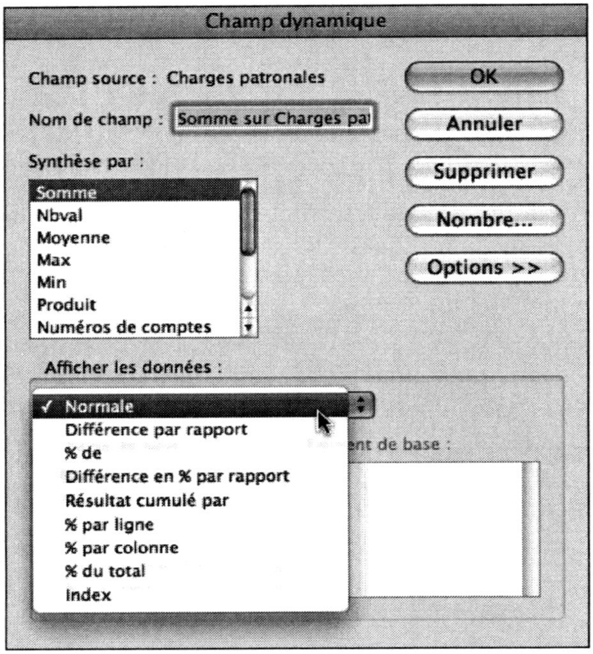


Cliquez sur le calcul personnalisé de votre choix :

- **% de ...** : pour afficher la valeur sous forme de pourcentage de la valeur de l'**Elément de base** dans le **Champ de base.**
- **Différence par rapport** ou **Différence en % par rapport** : pour afficher la valeur en nombre ou en pourcentage, correspondant à la différence par rapport à la valeur de l'**Elément de base** dans le Champ de base.
- **Résultat cumulé par** : pour afficher les valeurs pour des éléments successifs dans le **Champ de base** sous la forme de total cumulé.
- **% par ligne** ou **% par colonne** : pour afficher les valeurs de chaque ligne (ou catégorie), ou chaque colonne (ou série) en pourcentage du total de la ligne (ou catégorie) ou de la colonne (ou série).
- **% du total** : pour afficher une valeur en pourcentage du total général de toutes les données ou points de données du rapport.
- **Index** : pour calculer une valeur selon cette formule : *((valeur dans la cellule) x (Total général)) / ((Total général de la ligne) x (Total général de la colonne)).*

*L'option **Normale** désactive le calcul personnalisé.*

- Selon le type de calcul demandé, vous pouvez ensuite sélectionner un **Champ de base** et un **Elément de base** en sachant que le **Champ de base** doit être différent de celui sélectionné en tout début de procédure (zone **Valeurs**).

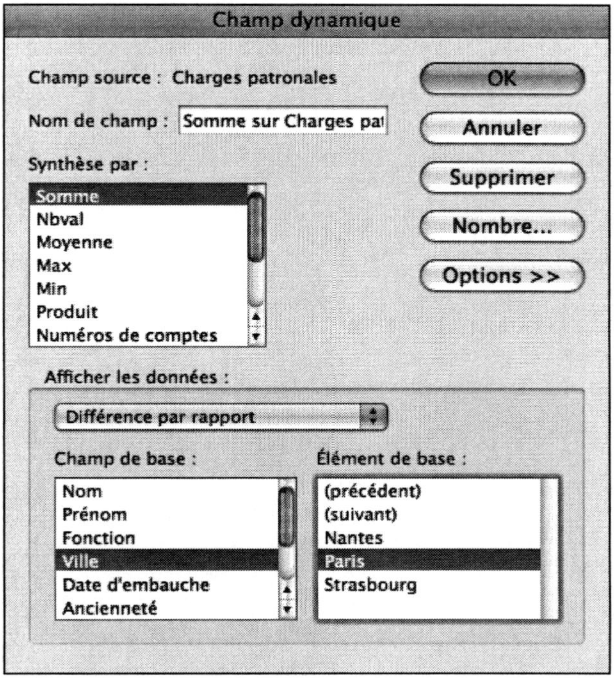


*Ici, nous demandons d'afficher la différence de Charges patronales par rapport à la Ville de Paris.*

Pour modifier le format des résultats du calcul, cliquez sur le bouton **Nombre**.

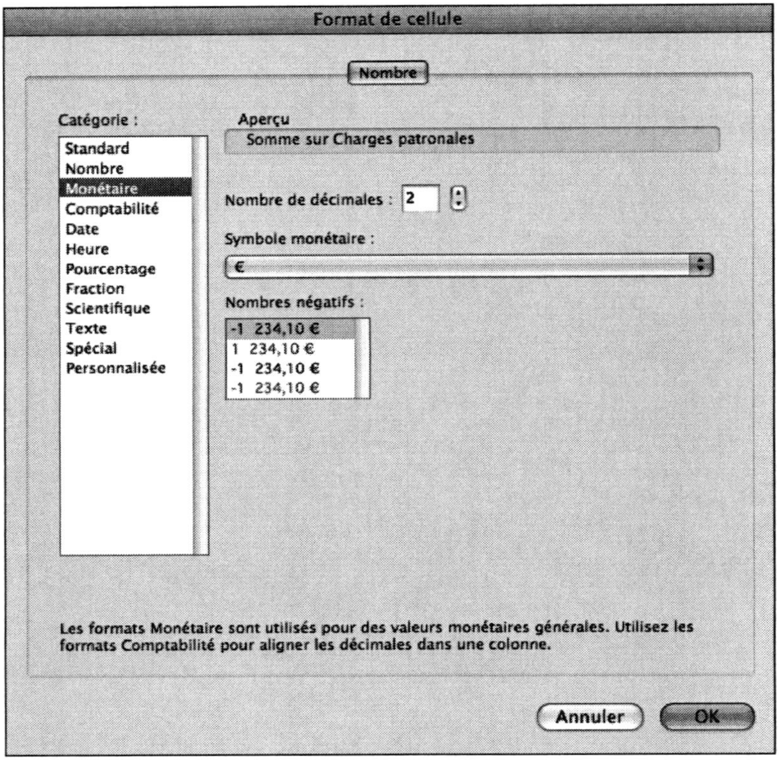


Choisissez la **Catégorie** de nombre à affecter au résultat puis modifiez si nécessaire les options qui lui sont associées dans le volet droit de la boîte de dialogue. Validez par le bouton **OK**.

- Cliquez sur le bouton **OK** de la boîte de dialogue **Champ dynamique** pour valider les modifications.

| | A | B | C | D | E |
|---|---|---|---|---|---|
| 3 | | Étiquettes de colonnes | | | |
| 4 | | Nantes | | Paris | |
| 5 | Étiquettes de lignes | Somme sur Salaire | Somme sur Charges patronales | Somme sur Salaire | Somme sur Charges patronales |
| 6 | Comptable | 1781,56 | 801,70 € | | |
| 7 | Cuisinier | 1768,99 | -1 153,19 € | 4331,64 | |
| 8 | Hôtesse d'accueil | 1358,72 | -148,63 € | 1689 | |
| 9 | Serveur | 6238,25 | 2 039,74 € | 1705,5 | |
| 10 | Serveuse | | -1 280,03 € | 2844,5 | |
| 11 | Sommelier | | -607,80 € | 1350,66 | |
| 12 | **Total** | **11147,52** | **-348,20 €** | **11921,3** | |

*Dans cet extrait de tableau, nous pouvons voir que la colonne **Somme sur Charges patronales** présente bien la différence (en euros) des charges de Nantes par rapport aux charges de Paris (colonne vide puisqu'il s'agit de notre valeur de référence).*

Si vous souhaitez utiliser plusieurs méthodes de synthèse pour un champ en particulier, vous pouvez ajouter une nouvelle fois le champ en question depuis la fenêtre **Concepteur de tableau croisé dynamique**, puis suivre cette même procédure pour lui affecter une autre fonction de synthèse.

## Utiliser les champs de totaux et de sous-totaux

*Pour illustrer ce titre, nous allons utiliser un tableau croisé dynamique simple dans lequel sont calculées par défaut les sommes des salaires et des primes (champ **TOTAL**) par Fonction du personnel et par Ville.*

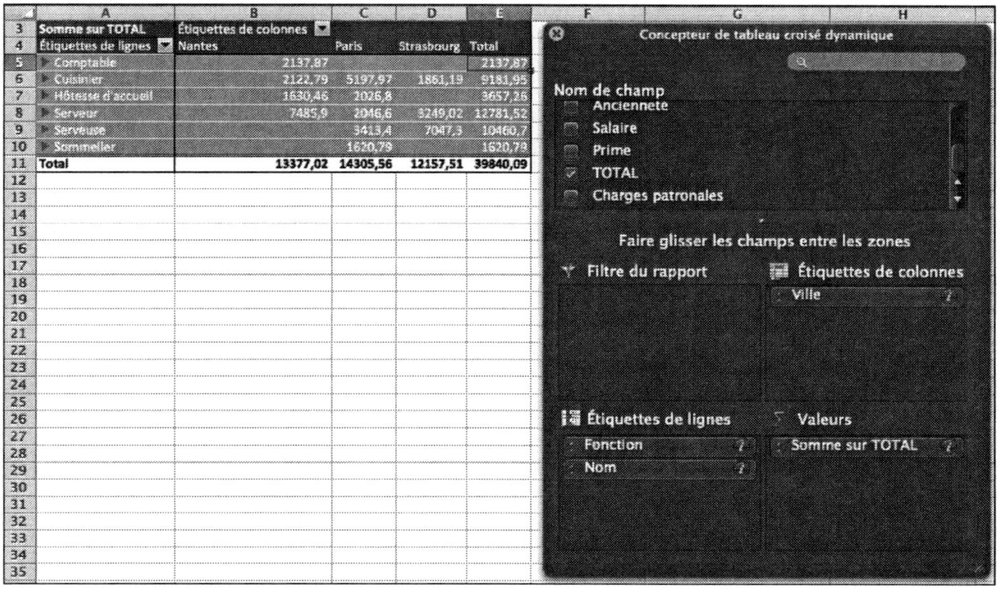


Sélectionnez un des éléments du champ de ligne ou de colonne pour lequel vous souhaitez ajouter des sous-totaux ou totaux.

Cliquez sur le bouton **Paramètres** (onglet **Tableau croisé dynamique** - groupe **Champ**).

 

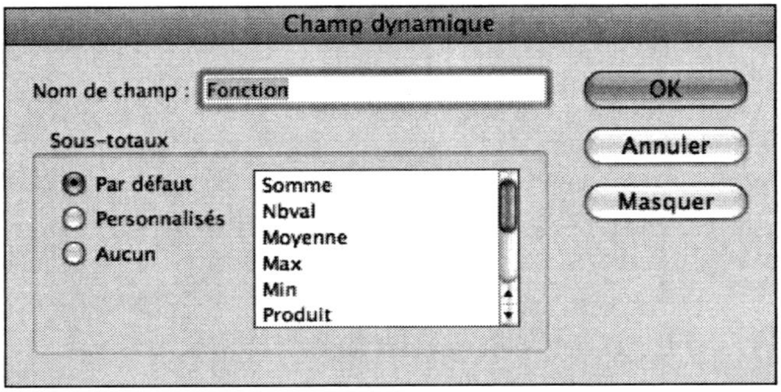


- Pour calculer le sous-total de l'étiquette de ligne ou de colonne sélectionnée à l'aide de la fonction de synthèse par défaut (Somme pour les valeurs numériques, Nbval pour les données de type texte), activez l'option **Par défaut** de la zone **Sous-totaux**.
- Pour calculer des sous-totaux à l'aide d'une fonction différente, ou bien calculer plusieurs types de sous-totaux, activez l'option **Personnalisés** puis choisissez la ou les fonctions à utiliser à l'aide de [cmd ⌘] clics si besoin.
- Cliquez sur le bouton **OK** pour valider.

| | A | B | C | D | E |
|---|---|---|---|---|---|
| 3 | Somme sur TOTAL | Étiquettes de colonnes | | | |
| 4 | Étiquettes de lignes | Nantes | Paris | Strasbourg | Total |
| 5 | ▼ Comptable | | | | |
| 6 | DUPONT | 2137,87 | | | 2137,87 |
| 7 | Somme Comptable | 2137,87 | | | 2137,87 |
| 8 | Moyenne Comptable | 2137,87 | | | 2137,87 |
| 9 | ▼ Cuisinier | | | | |
| 10 | AUBERT | 2122,79 | | | 2122,79 |
| 11 | MALUOT | | 1502,1 | | 1502,1 |
| 12 | MARIN | | 1913,47 | | 1913,47 |
| 13 | PAULIN | | | 1861,19 | 1861,19 |
| 14 | SALMON | | 1782,4 | | 1782,4 |
| 15 | Somme Cuisinier | 2122,79 | 5197,97 | 1861,19 | 9181,95 |
| 16 | Moyenne Cuisinier | 2122,79 | 1732,656667 | 1861,19 | 1836,39 |
| 17 | ▼ Hôtesse d'accueil | | | | |
| 18 | DURAND | 1630,46 | | | 1630,46 |
| 19 | GUERRIN | | 2026,8 | | 2026,8 |
| 20 | Somme Hôtesse d'accueil | 1630,46 | 2026,8 | | 3657,26 |
| 21 | Moyenne Hôtesse d'accueil | 1630,46 | 2026,8 | | 1828,63 |

*Ici, nous avons ajouté les sous-totaux de type **Somme** et **Moyenne** par étiquette de ligne.*

Pour modifier l'affichage des totaux généraux, vous pouvez cliquer sur le bouton **Totaux** du groupe **Création** (onglet **Tableau croisé dynamique**), activer l'option **Afficher les lignes** et/ou **Afficher les colonnes** pour afficher le total pour les lignes et/ou les colonnes.

Pour modifier l'affichage des sous-totaux, vous pouvez cliquer sur le bouton **Sous-totaux** du groupe **Création** (onglet **Tableau croisé dynamique**), activer l'option **Afficher en bas** si elle n'est pas déjà activée, sinon activer l'option **Afficher en haut.**

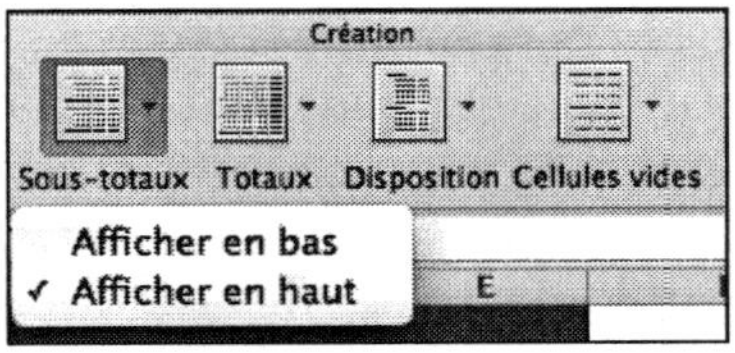


## Filtrer un tableau croisé dynamique

*Vous pouvez filtrer les données d'un tableau croisé dynamique sur un ou plusieurs champs.*

Le champ utilisé pour filtrer fait partie du tableau

Cliquez sur le bouton situé à droite de **Étiquettes de lignes** ou **Étiquettes de colonnes.**

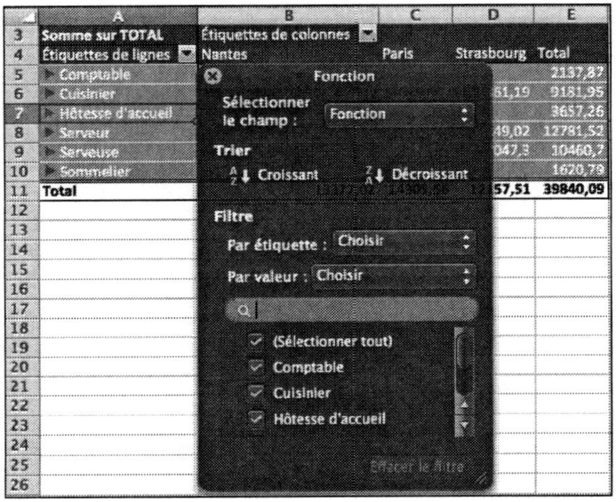

*Un menu apparaît ; la liste des valeurs du champ est visible, chaque valeur est cochée car affichée dans le tableau.*

- Pour retirer une ou plusieurs valeurs du tableau, décochez l'option correspondante. Pour conserver une seule valeur, décochez l'option **(Sélectionner tout)** puis cochez la valeur à afficher.
- Cliquez sur ⊗ .

| | A | B | C | D |
|---|---|---|---|---|
| 3 | Somme sur TOTAL | Étiquettes de colonnes | | |
| 4 | Étiquettes de lignes | Nantes | Strasbourg | Total |
| 5 | Comptable | 2137,87 | | 2137,87 |
| 6 | Cuisinier | 2122,79 | 1861,19 | 3983,98 |
| 7 | Hôtesse d'accueil | 1630,46 | | 1630,46 |
| 8 | Serveur | 7485,9 | 3249,02 | 10734,92 |
| 9 | Serveuse | | 7047,3 | 7047,3 |
| 10 | Total | 13377,02 | 12157,51 | 25534,53 |

*La colonne Paris n'est plus visible dans le tableau. Le bouton visible à droite de **Étiquettes de colonnes** indique qu'un filtre est appliqué à ce champ. Ce symbole est visible aussi dans la liste des champs du tableau croisé dynamique.*

- Pour annuler ce filtre, cliquez sur le bouton puis sur l'option **Effacer le filtre.**
- Pour filtrer en fonction des valeurs du tableau croisé dynamique, cliquez sur le bouton puis sur l'option **Par valeur :**

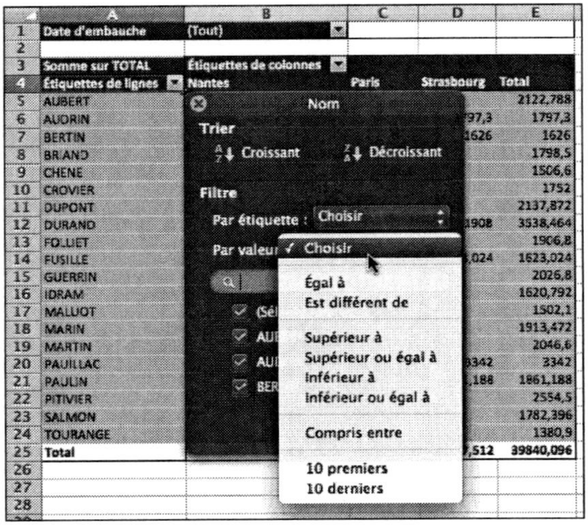

- Cliquez alors sur l'option vous permettant de définir l'intervalle de valeurs sur lesquelles vous souhaitez filtrer. Par exemple, pour filtrer les valeurs comprises entre 1000 et 1500, cliquez sur **Compris entre**, précisez les bornes de l'intervalle puis cliquez sur .

L'option **Par étiquettes** permet, selon le même principe, de filtrer en fonction d'un intervalle défini sur les données des étiquettes de lignes ou de colonnes. Si les données sont des dates, vous pouvez ainsi filtrer sur une période donnée ; si ce sont des textes, vous pouvez filtrer les données qui **Commence par**, **Se termine par...**

Le champ utilisé pour filtrer ne fait pas partie du tableau

- Faites glisser le champ correspondant de la liste des champs vers la zone **Filtre du rapport** de la zone **Disposition.**

*L'élément correspondant apparaît au-dessus du tableau croisé dynamique (pour notre exemple, nous avons utilisé le champ **Date d'embauche**).*

- Cliquez sur le bouton  associé à ce champ.

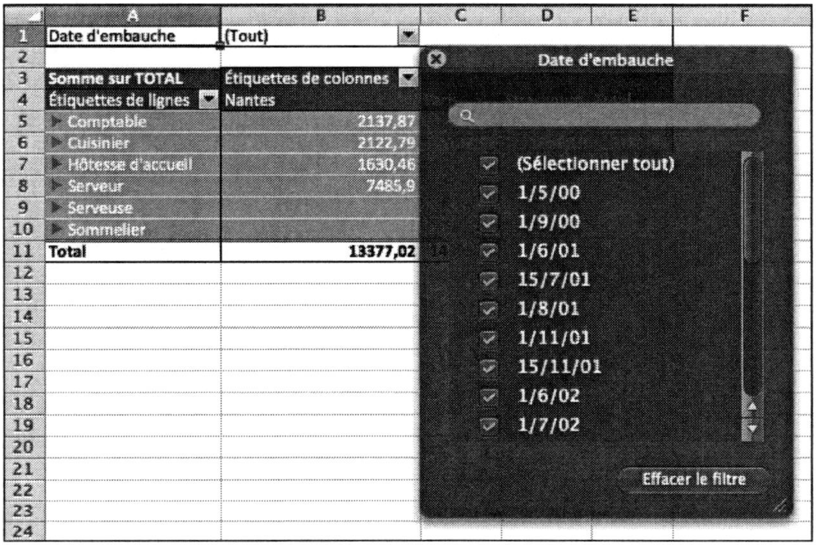


*La liste des valeurs du champ apparaît.*

- Cochez les valeurs en fonction desquelles vous souhaitez filtrer et décochez les autres.
- Cliquez sur .

*Le contenu du tableau croisé dynamique se modifie ; le bouton  apparaît à la place du bouton .*

- Pour modifier ce filtre, cliquez de nouveau sur . Pour retirer ce champ de filtre, décochez le champ dans la liste des champs.

*Le symbole  est toujours visible dans la liste des champs : si vous déplacez le champ dans la zone **Filtre du rapport**, le filtre préalablement défini s'appliquera automatiquement.*

## Grouper des données d'un tableau croisé dynamique

*Cette fonctionnalité vous permet de regrouper des valeurs d'un ou plusieurs champs à l'aide de regroupements par sélection ou par champ.*

*Prenons l'exemple d'un tableau croisé dynamique reprenant le total des salaires et des primes par **Fonction** de salarié, et présenté par **Ville** et **Date d'embauche**.*

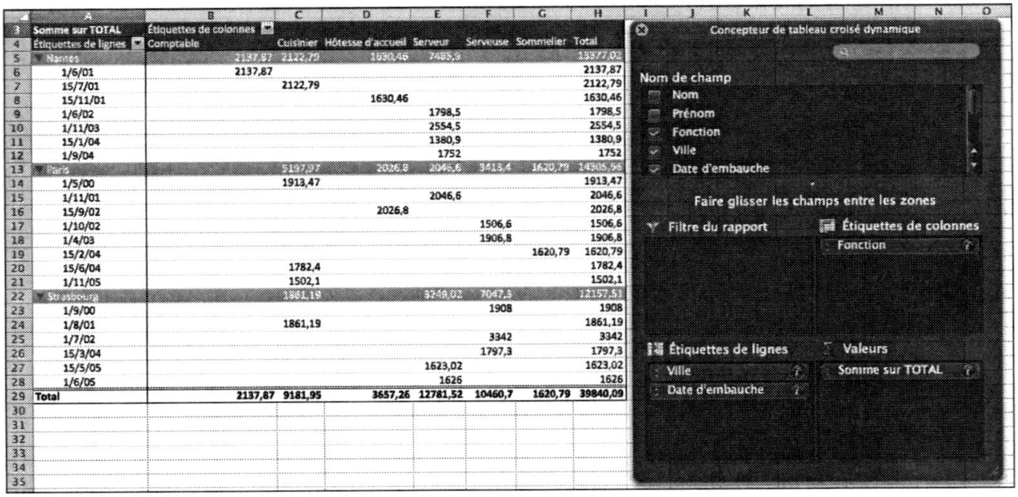

## Regroupér par champ

- Pour synthétiser des éléments de type numérique ou Date dans le rapport, cliquez sur une des étiquettes de lignes ou de colonnes correspondant au champ du tableau croisé dynamique.

  *Dans notre exemple, nous allons regrouper le champ **Date d'embauche** par année.*

- Activez, si besoin, l'onglet **Tableau croisé dynamique** puis cliquez sur le bouton **Grouper**.

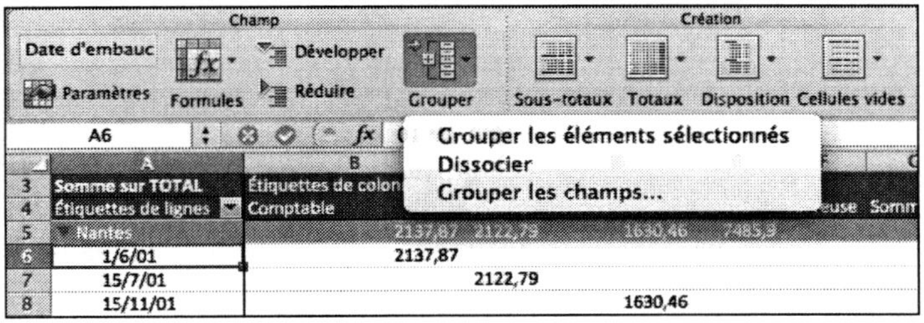


  Cliquez sur l'option **Grouper les champs.**

- Dans la boîte de dialogue **Grouper**, modifiez si besoin la première valeur à intégrer dans le regroupement (nombre, date ou heure) dans la zone **Début** et la dernière dans la zone **Fin.**

  *Les valeurs proposées par défaut correspondent aux valeurs minimale et maximale du champ.*

- Dans la zone **Par**, en fonction du type de regroupement, réalisez l'une des manipulations suivantes :
  - pour un regroupement concernant des valeurs numériques, tapez la valeur représentant l'intervalle de chaque groupe,
  - pour un regroupement concernant des dates ou des heures, cliquez sur la ou les unités de temps à appliquer aux groupes (pour désactiver une des unités sélectionnées, cliquez de nouveau sur son nom).

*Dans notre exemple, les colonnes du tableau croisé dynamique seront regroupées par années entre le 01/05/2000 et le 02/11/2005.*

- Cliquez sur le bouton **OK**.

| | A | B | C | D | E | F | G | H |
|---|---|---|---|---|---|---|---|---|
| 3 | Somme sur TOTAL | Étiquettes de colonnes | | | | | | |
| 4 | Étiquettes de lignes | Comptable | Cuisinier | Hôtesse d'accueil | Serveur | Serveuse | Sommelier | Total |
| 5 | Nantes | 2137,87 | 2122,79 | 1630,46 | 7485,9 | | | 13377,02 |
| 6 | 2001 | 2137,87 | 2122,79 | 1630,46 | | | | 5891,12 |
| 7 | 2002 | | | | 1798,5 | | | 1798,5 |
| 8 | 2003 | | | | 2554,5 | | | 2554,5 |
| 9 | 2004 | | | | 3132,9 | | | 3132,9 |
| 10 | Paris | | 5197,97 | 2026,8 | 2046,6 | 3413,4 | 1620,79 | 14305,56 |
| 11 | 2000 | | 1913,47 | | | | | 1913,47 |
| 12 | 2001 | | | | 2046,6 | | | 2046,6 |
| 13 | 2002 | | | 2026,8 | | 1506,6 | | 3533,4 |
| 14 | 2003 | | | | | 1906,8 | | 1906,8 |
| 15 | 2004 | | 1782,4 | | | | 1620,79 | 3403,19 |
| 16 | 2005 | | 1502,1 | | | | | 1502,1 |
| 17 | Strasbourg | | 1861,19 | | 3249,02 | 7047,3 | | 12157,51 |
| 18 | 2000 | | | | | 1908 | | 1908 |
| 19 | 2001 | | 1861,19 | | | | | 1861,19 |
| 20 | 2002 | | | | | 3342 | | 3342 |
| 21 | 2004 | | | | | 1797,3 | | 1797,3 |
| 22 | 2005 | | | | 3249,02 | | | 3249,02 |
| 23 | Total | 2137,87 | 9181,95 | 3657,26 | 12781,52 | 10460,7 | 1620,79 | 39840,09 |

Pour annuler le regroupement, dissociez les éléments : cliquez sur une des valeurs du regroupement, cliquez sur le bouton **Grouper** puis sur l'option **Dissocier**.

## Regrouper par sélection

*Cette fonctionnalité permet de créer un ensemble à partir d'éléments sélectionnés dans le rapport afin de pouvoir afficher le total des éléments constitutifs ou, au contraire, d'en afficher chaque valeur.*

- Sélectionnez à l'aide d'un cliqué-glissé ou de [cmd ⌘] clics, le ou les étiquettes de champs que vous souhaitez regrouper.

*Pour illustrer cette fonction, nous allons créer un premier groupe avec les champs* ***Serveur et Serveuse.***

| | A | B | C | D | E | F | G | H |
|---|---|---|---|---|---|---|---|---|
| 3 | Somme sur TOTAL | Étiquettes de colonnes | | | | | | |
| 4 | Étiquettes de lignes | Comptable | Cuisinier | Hôtesse d'accueil | Serveur | Serveuse | Sommelier | Total |
| 5 | Nantes | 2137,87 | 2122,79 | 1630,46 | 7485,9 | | | 13377,02 |
| 6 | 2001 | 2137,87 | 2122,79 | 1630,46 | | | | 5891,12 |
| 7 | 2002 | | | | 1798,5 | | | 1798,5 |
| 8 | 2003 | | | | 2554,5 | | | 2554,5 |
| 9 | 2004 | | | | 3132,9 | | | 3132,9 |

- Cliquez sur le bouton **Grouper** puis sur l'option **Grouper les élements sélectionnés.**

  *Vous pouvez également ouvrir le menu contextuel puis sélectionner dans* ***Grouper et créer un plan****, l'option* ***Grouper****.*

- Renouvelez cette manipulation pour chaque groupe souhaité.

| | A | B | C | D | E | F | G | H |
|---|---|---|---|---|---|---|---|---|
| 3 | Somme sur TOTAL | Étiquettes de colonnes | | | | | | |
| 4 | | Comptable | Groupe2 | | Groupe1 | | Sommelier | Total |
| 5 | Étiquettes de lignes | | Cuisinier | Hôtesse d'accueil | Serveur | Serveuse | | |
| 6 | Nantes | 2137,87 | 2122,79 | 1630,46 | 7485,9 | | | 13377,02 |
| 7 | 2001 | 2137,87 | 2122,79 | 1630,46 | | | | 5891,12 |
| 8 | 2002 | | | | 1798,5 | | | 1798,5 |
| 9 | 2003 | | | | 2554,5 | | | 2554,5 |

*Ici, un nouveau niveau de regroupement a été créé contenant les deux groupes :* ***Groupe2*** *pour les champs* ***Cuisinier et Hôtesse d'accueil*** *et* ***Groupe1*** *pour les champs* ***Serveur et Serveuse.***

Pour réduire ou développer l'affichage du groupe, cliquez sur le triangle précédant le nom du groupe.

Pour annuler le regroupement, dissocier les éléments : cliquez sur le nom du groupe, cliquez sur le bouton **Grouper** puis sur l'option **Dissocier** ou ouvrez le menu contextuel puis sélectionnez dans **Grouper et créer un plan**, l'option **Dissocier.**

## Modifier la disposition/la présentation d'un tableau croisé dynamique

### Modifier le format du tableau croisé dynamique

- Pour modifier le format du tableau croisé, activez l'onglet **Tableau croisé dynamique** puis cliquez sur le bouton **Disposition** du groupe **Création** et enfin activez l'option :
  - **Disposition compactée** pour maintenir les champs de gauche dans une colonne tout en les mettant en retrait afin de montrer la relation d'imbrication avec les données connexes (format activé par défaut).
  - **Mode Plan** pour présenter les données dans le style de tableau croisé dynamique classique.
  - **Disposition tabulaire** pour présenter les données dans un format de tableau traditionnel.

### Modifier la disposition et la mise en forme du tableau

- Pour modifier la disposition et mise en forme du tableau, vous pouvez cliquer sur le bouton **Options** puis sélectionnez **Options** (onglet **Tableau croisé dynamique**) pour afficher la boîte de dialogue de même nom.

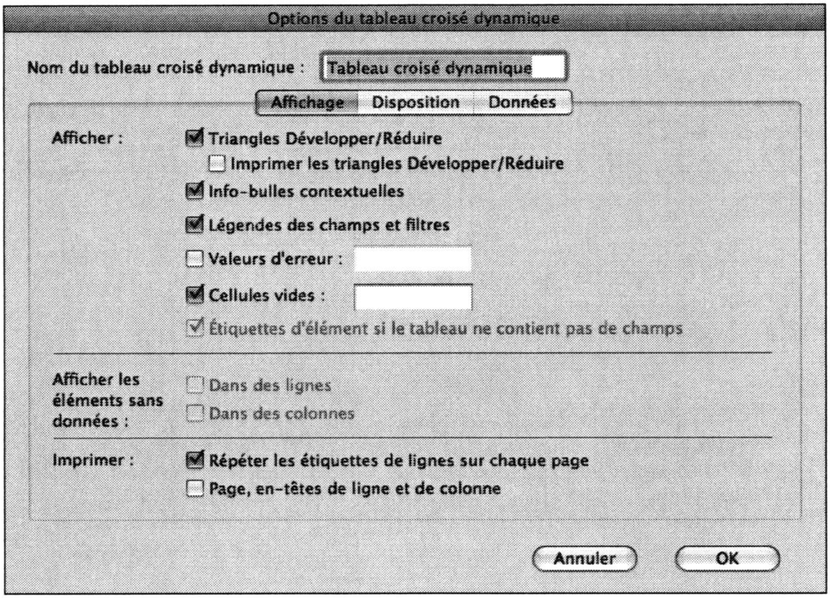

- Dans l'onglet **Affichage**, définissez le **Format** des valeurs d'erreur ou des cellules vides. Ainsi par exemple, pour remplacer les cellules vides par des zéros, vous pouvez cocher l'option **Cellules vides** puis taper **0** dans le champ qui lui est associé.
- Activez l'onglet **Disposition** puis définissez la **Disposition** des cellules.
- Validez les modifications par **OK**.

Modifier le style du tableau croisé dynamique

- Pour modifier les options de style du tableau croisé dynamique, cliquez sur la ou les options de votre choix associées au bouton **Ligne & colonne** :

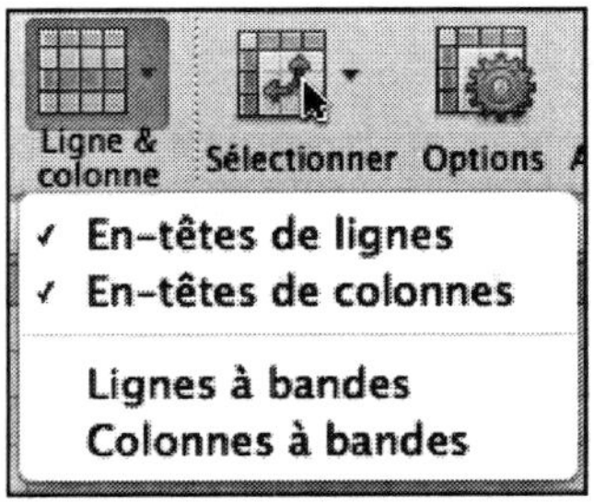


  - **Lignes à bandes** et/ou **Colonnes à bandes** pour appliquer alternativement une couleur claire puis une couleur sombre aux lignes et/ou aux colonnes.
  - **En-têtes de lignes** et/ou **En-têtes de colonnes** pour inclure les en-têtes de lignes et/ou de colonnes dans le style des bandes.
- Pour appliquer ou modifier le style du tableau, sélectionnez-le dans le groupe **Styles de tableau croisé dynamique** (onglet **Tableau croisé dynamique**).

## Recalculer un tableau croisé dynamique

*Lorsque la plage de cellules, source du tableau croisé dynamique, est modifiée, ces changements ne sont pas reportés dans le tableau : il vous faut le mettre à jour.*

- Cliquez si besoin, dans le tableau croisé dynamique.
- Activez l'onglet **Tableau croisé dynamique** puis ouvrez la liste associée au bouton **Actualiser** du groupe **Données**.

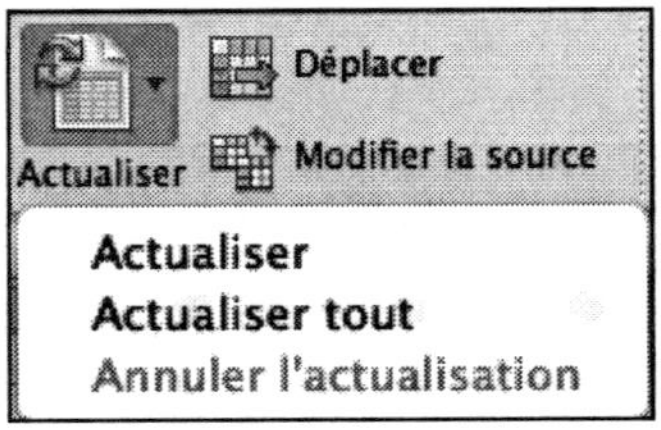


- Cliquez sur l'option **Actualiser** pour mettre à jour les informations du classeur qui proviennent de la source de données ou l'option **Actualiser tout** pour mettre à jour toutes les informations qui proviennent de la source de données.

## Supprimer un tableau croisé dynamique

- Sélectionnez tout le tableau croisé dynamique (par exemple en appuyant deux fois sur cmd ⌘ **A**).
- Activez, si besoin, l'onglet **Accueil**.
- Cliquez sur le bouton **Effacer** du groupe **Modifier** et sur l'option **Tout**.

## Protéger un classeur à l'aide d'un mot de passe

*Pour autoriser uniquement certains utilisateurs à afficher et/ou à modifier vos données, vous pouvez sécuriser un classeur avec un mot de passe.*

- Ouvrez le classeur à protéger puis accédez à la boîte de dialogue **Enregistrer sous** (cliquez sur le menu **Fichier** puis sur l'option **Enregistrer sous**).
- Cliquez sur le bouton **Options.**
- Pour protéger le classeur en lecture, c'est-à-dire pour demander un mot de passe à l'utilisateur à l'ouverture du classeur, saisissez un mot de passe dans la zone **Mot de passe pour la lecture.**

*Par défaut, cette fonctionnalité utilise le chiffrement avancé, une méthode standard utilisée pour sécuriser vos fichiers.*

- Pour protéger le classeur en écriture, c'est-à-dire pour demander un mot de passe à l'utilisateur à l'ouverture du classeur permettant l'enregistrement des modifications, saisissez ce mot de passe dans la zone **Mot de passe pour la modification.**

*Il ne s'agit pas, dans ce cas, d'une fonctionnalité de sécurité proprement dite, mais d'une simple protection car il n'y a pas de cryptage du contenu du classeur. Ce mot de passe permet à l'utilisateur d'ouvrir le classeur en lecture seule : il ne pourra pas modifier le contenu du classeur d'origine mais pourra, malgré tout, lui apporter des modifications et l'enregistrer sous un autre nom.*

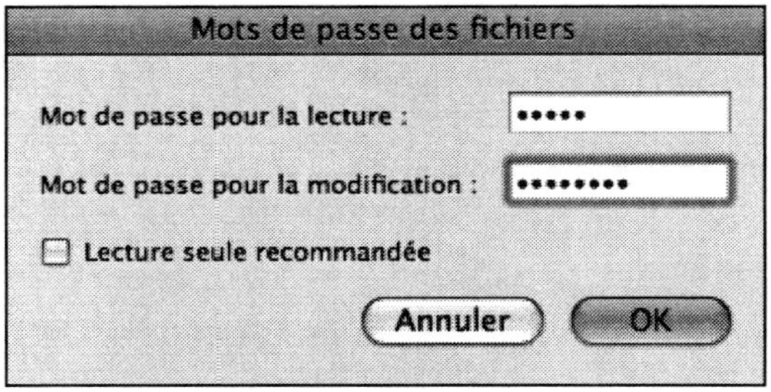


*Il est conseillé d'utiliser des mots de passe "forts", qui associent des lettres majuscules et minuscules, des nombres et des symboles ; les mots de passe doivent contenir au moins huit caractères.*

- Pour renforcer la protection, activez l'option **Lecture seule recommandée.** Ainsi, lors de l'ouverture du classeur, il sera demandé aux utilisateurs s'ils souhaitent ouvrir le fichier en lecture seule.

*Cette option peut être combinée avec la demande d'un mot de passe en écriture. Si ce dernier est demandé, la procédure d'ouverture du classeur en sera légèrement modifiée : même si vous connaissez le mot de passe, Excel vous proposera tout de même d'ouvrir le classeur en lecture seule (dans ce cas, il vous faudra cliquer sur le bouton* ***Oui*** *pour l'ouvrir en lecture seule ou sur le bouton* ***Non*** *dans le cas contraire).*

- Cliquez sur le bouton **OK**.
- À l'invite, saisissez à nouveau vos mots de passe pour les confirmer puis cliquez sur le bouton **OK**.
- Cliquez sur le bouton **Enregistrer**.
- Si besoin, cliquez sur le bouton **Remplacer** pour remplacer le classeur existant.

Attention : n'oubliez pas vos mots de passe car il n'est pas possible de les récupérer ! Notez-les dans un endroit sûr, loin des informations qu'ils protègent.

Pour supprimer un mot de passe, sélectionnez à l'aide d'un cliqué-glissé le contenu des zones **Mot de passe pour la lecture** et/ou **Mot de passe pour la modification** puis appuyez sur la touche [Suppr] selon le clavier.

## Protéger les éléments d'un classeur

*Il s'agit de protéger les modifications portant sur la structure des feuilles de calcul ainsi que leur taille et position.*

- Activez l'onglet **Révision** et cliquez sur le bouton **Classeur** du groupe **Protection**.
- Pour empêcher les utilisateurs d'afficher les feuilles de calcul masquées, de déplacer, supprimer, masquer ou renommer les feuilles de calcul et d'insérer de nouvelles feuilles de calcul, activez l'option **Protéger la structure**.
- Pour empêcher les utilisateurs de modifier la taille ou la position des feuilles de calcul, activez l'option **Protéger les fenêtres**.
- Pour empêcher les utilisateurs non autorisés de supprimer la protection du classeur, saisissez un mot de passe dans la zone **Mot de passe (facultatif)**.

  Saisissez de nouveau le mot de passe pour le confirmer dans la zone **Vérifier**.

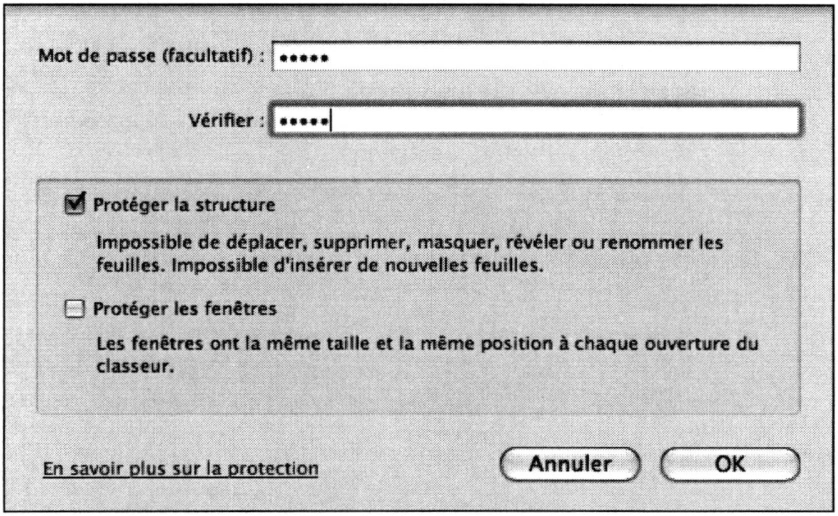


- Cliquez sur le bouton **OK**.

Pour supprimer la protection du classeur, cliquez à nouveau sur le bouton **Classeur** du groupe **Protection** de l'onglet **Révision** puis saisissez l'éventuel mot de passe dans la boîte de dialogue et validez.

## Protéger les cellules d'une feuille de calcul

*Si vous désirez autoriser la saisie de données uniquement dans certaines cellules d'une feuille de calcul, vous devez au préalable annuler l'état de protection de ces cellules (état actif par défaut) puis protéger la feuille entière.*

### Déverrouiller une plage de cellules

- Sélectionnez les cellules dans lesquelles la saisie sera autorisée.
- Ouvrez le menu **Format** puis cliquez sur l'option **Cellule** ou faites cmd ⌘ **1**.
- Dans la boîte de dialogue **Format de cellule** qui apparaît, activez l'onglet **Protection**.
- Désactivez l'option **Verrouillée**.
- Cliquez sur le bouton **OK**.

## Activer l'état de protection de la feuille

- Activez l'onglet **Révision** et cliquez sur le bouton **Feuille** du groupe **Protection.**
- Cochez (ou décochez) les options correspondant aux actions qui pourront être réalisées par les utilisateurs dans la liste **Permettre aux utilisateurs de cette feuille d'effectuer les tâches suivantes.**

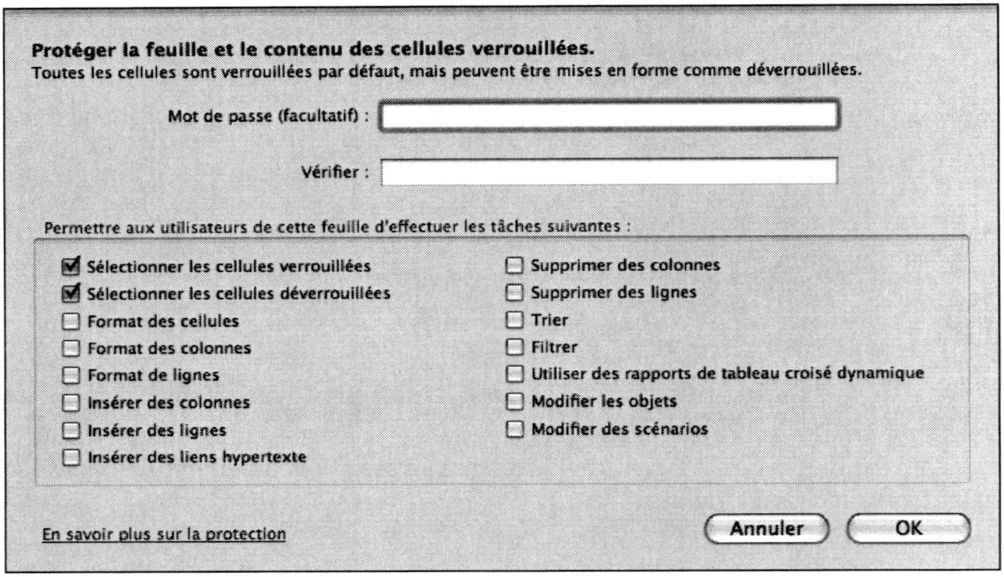


- Pour que la protection de la feuille puisse être désactivée par les utilisateurs autorisés, entrez un mot de passe dans la zone **Mot de passe (facultatif).**
- Si besoin, saisissez à nouveau le mot de passe pour le confirmer dans la zone **Vérifier** puis cliquez sur le bouton **OK.**

*Si vous tentez de saisir dans une cellule protégée, le message d'alerte suivant s'affiche :*

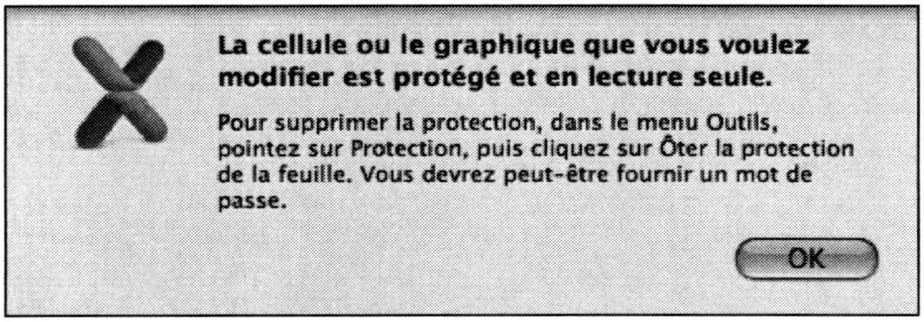


Cliquez sur le bouton **OK** pour fermer cette boîte de dialogue.

Selon les autorisations accordées aux utilisateurs, certaines options des différents onglets ne sont plus disponibles sur la feuille protégée (les boutons correspondants sont grisés).

Pour annuler la protection de la feuille, cliquez sur le bouton **Feuille** du groupe **Protection** de l'onglet **Révision** ; saisissez si besoin, le mot de passe et validez.

## Introduction

*Il existe plusieurs façons de partager, d'analyser et de communiquer des informations et des données dans Microsoft Excel 2011. L'une d'entre elles, étudiée dans ce chapitre, consiste à autoriser plusieurs utilisateurs à modifier simultanément le même classeur.*

*Le principe consiste à enregistrer le classeur en tant que classeur "partagé" à un emplacement accessible par les utilisateurs, par exemple dans un dossier partagé sur le réseau. Sachez que lorsqu'un classeur est partagé, les fonctionnalités suivantes ne peuvent pas être modifiées : fusion de cellules, mises en forme conditionnelles, validation de données, graphiques, images, objets graphiques, liens hypertexte, scénarios, plans, sous-totaux, tableaux de données, rapports de tableau croisé dynamique, protection de classeur et de feuille de calcul, macros.*

## Autoriser plusieurs utilisateurs à modifier simultanément le même classeur

*Cette manipulation est réalisée par le propriétaire du classeur qui souhaite que d'autres personnes l'utilisent.*

### Partager un classeur

- Enregistrez le classeur sur le réseau, dans un dossier partagé.
- Activez l'onglet **Révision**, cliquez sur le bouton **Partager le classeur** du groupe **Partager**, puis sélectionnez l'option **Partager le classeur**.
- Cochez l'option **Permettre une modification par plusieurs utilisateurs.**

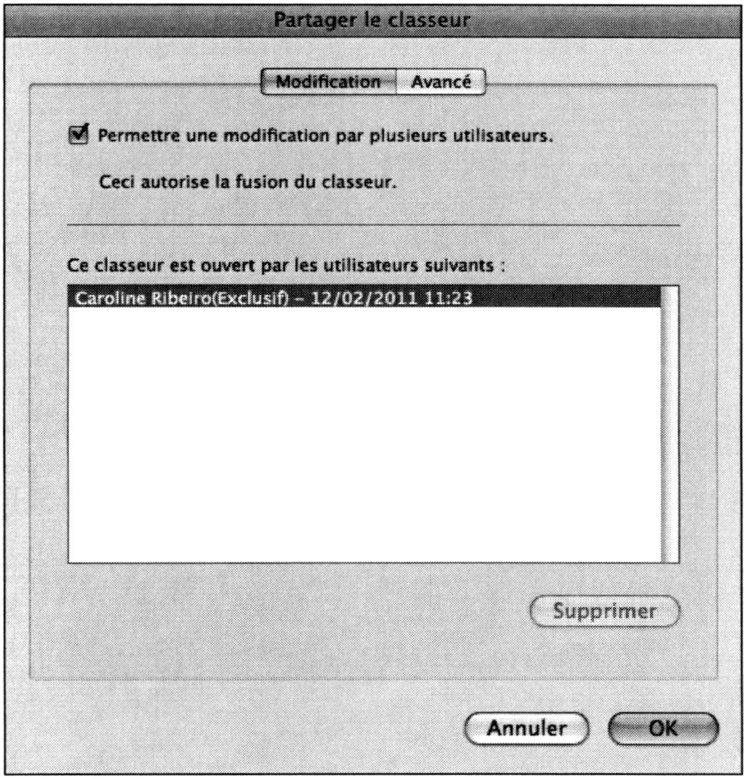


Cliquez sur l'onglet **Avancé**.

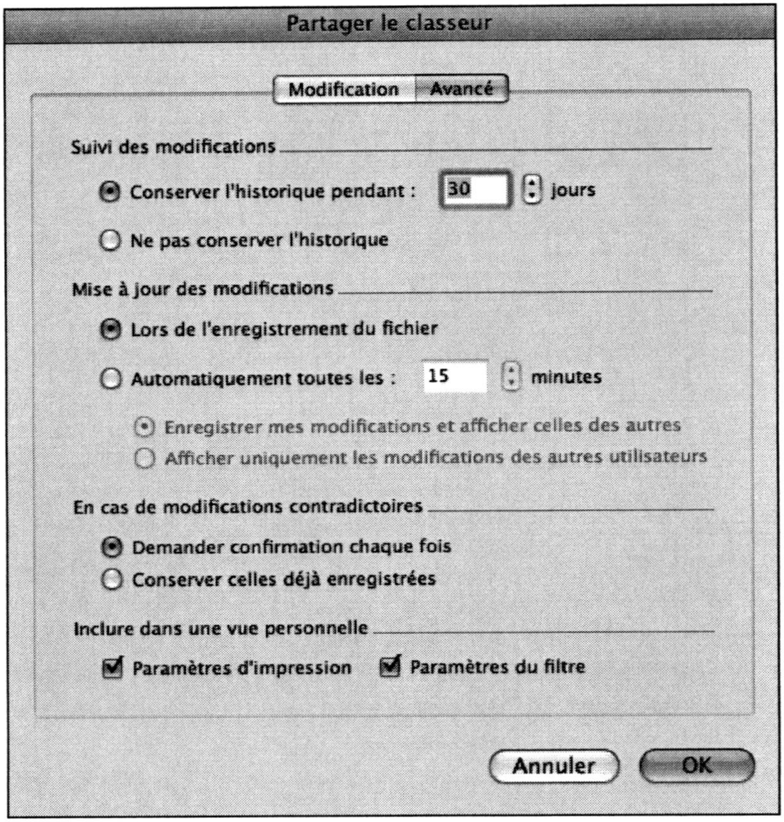


Sélectionnez les options à utiliser pour suivre et actualiser les modifications.

**Suivi des modifications** : précisez la durée de conservation des modifications ou activez l'option **Ne pas conserver l'historique** pour ne pas avoir la possibilité de suivre les modifications.

**Mise à jour des modifications** : précisez si les mises à jour doivent intervenir à chaque enregistrement du classeur (**Lors de l'enregistrement du fichier**) ou périodiquement **Automatiquement toutes les** puis précisez la fréquence.

**En cas de modifications contradictoires** : activez l'option **Conserver celles déjà enregistrées** pour ne pas afficher la boîte de dialogue **Résolution des conflits** et rester prioritaire en cas de conflit.

**Inclure dans une vue personnelle** : laissez les options **Paramètres d'impression** et/ou **Paramètres du filtre** actives si vous souhaitez utiliser vos paramètres de filtre et/ou d'impression.

- Cliquez sur le bouton **OK**.
- Cliquez à nouveau sur le bouton **OK** du message vous proposant d'enregistrer le classeur.

*Le nom du classeur, suivi du terme **[Partagé]** apparaît dans la barre de titre.*

## Protéger un classeur partagé

*Tous les utilisateurs ayant accès au dossier partagé sur le réseau ont un accès total au classeur partagé sauf si vous verrouillez des cellules et si vous protégez la feuille de calcul pour restreindre l'accès. Il est donc recommandé de protéger un classeur partagé.*

- Activez si besoin l'onglet **Révision** puis cliquez sur le bouton **Protéger le classeur** du groupe **Partager**, puis sélectionnez l'option **Protéger le classeur.**
- Cochez l'option **Partage avec suivi des modifications.**
- Cliquez sur le bouton **OK.**

Pour supprimer la protection d'un classeur partagé, cliquez sur le bouton **Partager le classeur** puis sélectionnez l'option **Ôter la protection de partage.**

Les options de protection sont également accessibles à partir du menu **Outils - Protection.**

## Modifier un classeur partagé

*Après avoir ouvert un classeur partagé, vous pouvez entrer et modifier les données comme dans n'importe quel classeur standard.*

- Ouvrez le classeur partagé : utilisez la commande habituelle pour ouvrir un classeur mais allez le chercher à l'emplacement réseau où il a été enregistré.

*Le nom du classeur suivi du terme **[Partagé]** dans la barre de titre vous indique que vous allez travailler sur un classeur partagé.*

- Cliquez sur le menu **Excel** puis sur l'option **Préférences.**

- Cliquez sur le bouton **Général** puis, dans la zone **Nom d'utilisateur**, saisissez votre nom d'utilisateur afin que les modifications que vous allez apporter au classeur soient identifiées :

Cliquez sur le bouton **OK**.

- Saisissez et modifiez les données souhaitées comme vous le faites habituellement.

*Rappelez-vous que vous ne pouvez pas modifier tous les éléments (cf. Introduction du chapitre).*

- Définissez tous les paramètres de filtre et d'impression souhaités pour votre utilisation personnelle. Par défaut, les paramètres de chaque utilisateur sont enregistrés individuellement.

Pour utiliser les paramètres de filtre ou d'impression créés par le propriétaire du classeur chaque fois que vous ouvrez le classeur, cliquez sur le bouton **Partager le classeur** du groupe **Partager**, puis sélectionnez l'onglet **Partager le classeur**. Activez l'onglet **Avancé** afin de désactiver les options **Paramètres d'impression** et/ou **Paramètres du filtre** dans la partie **Inclure dans une vue personnelle** puis cliquez sur le bouton **OK**.

- Enregistrez les modifications que vous avez apportées au classeur en utilisant la technique habituelle : cliquez sur l'outil **Enregistrer** de la barre d'outils **Standard** ou faites cmd ⌘ **S**.

*Si la boîte de dialogue* ***Résolution des conflits*** *s'affiche, résolvez les conflits (cf. titre suivant).*

Vous pouvez voir les autres personnes qui ont ouvert le classeur dans l'onglet **Modification** de la boîte de dialogue **Partager le classeur** (onglet **Révision** - groupe **Partager** - bouton **Partager le classeur** - option **Partager le classeur**).

Vous pouvez choisir d'obtenir périodiquement des mises à jour automatiques des modifications des autres utilisateurs, avec ou sans enregistrement, dans la partie **Mise à jour des modifications** de l'onglet **Avancé** de la boîte de dialogue **Options de partage du fichier** (onglet **Révision** - groupe **Partager** - bouton **Partager le classeur**).

## Résoudre les conflits de modification

*Lorsque vous enregistrez un classeur partagé après avoir modifié les mêmes cellules qu'un autre utilisateur, les modifications sont en conflit. Excel affiche alors une boîte de dialogue vous permettant de choisir les modifications à conserver.*

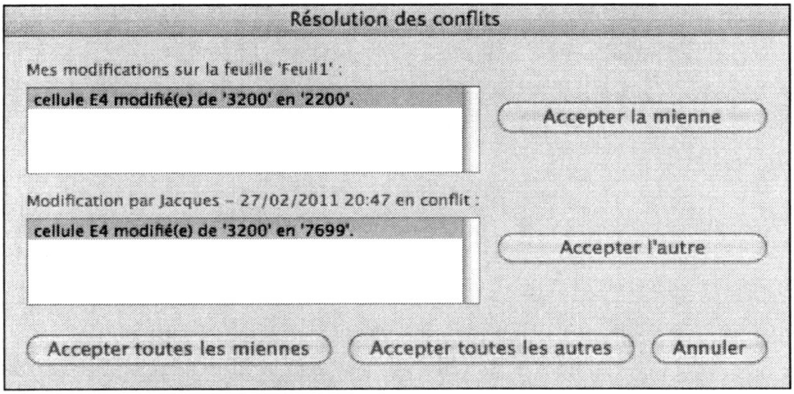


- Pour traiter chaque conflit de modification, cliquez sur le bouton **Accepter la mienne** ou sur le bouton **Accepter l'autre** pour accepter respectivement votre modification ou celle de l'autre utilisateur et passez ensuite à la modification contradictoire suivante.
- Pour accepter toutes vos modifications ou celles du ou des autres utilisateurs, cliquez respectivement sur le bouton **Accepter toutes les miennes** ou sur le bouton **Accepter toutes les autres.**

Si vous voulez que vos modifications soient prioritaires sur celles des autres utilisateurs et qu'ainsi la boîte de dialogue **Résolution des conflits** ne s'affiche plus, cliquez sur le bouton **Partager le classeur** du groupe **Partager le classeur** (groupe **Partager** - onglet **Révision**) puis activez l'option **Conserver celles déjà enregistrées** de l'onglet **Avancé.**

## Effectuer le suivi des modifications

*Vous pouvez ainsi connaître les modifications effectuées par tel ou tel utilisateur.*

- Ouvrez le classeur partagé ayant fait l'objet de modifications.
- Activez, si besoin, l'onglet **Révision** puis cliquez sur le bouton **Suivi des modifications** du groupe **Partager** et cliquez sur l'option **Afficher les modifications.**

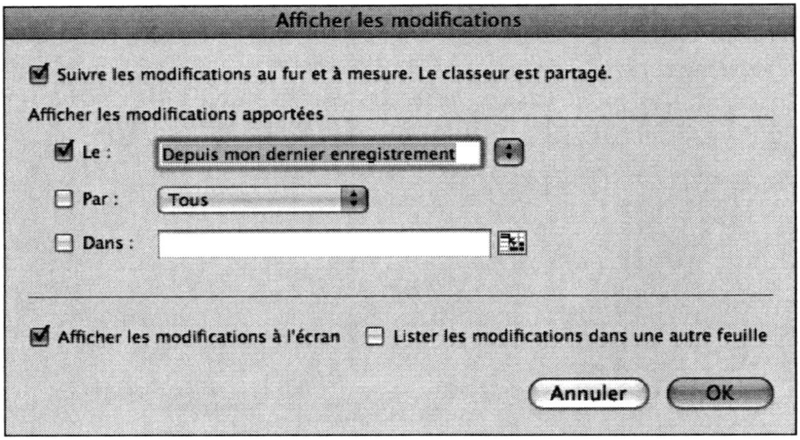


- Pour afficher les modifications apportées pendant un intervalle de temps précis, cochez l'option **Le** et sélectionnez cet intervalle dans la liste qui suit :

| | |
|---|---|
| **Depuis mon dernier enregistrement** | Surligne seulement les modifications apportées depuis le dernier enregistrement du classeur. |
| **Tous** | Surligne toutes les modifications apportées au classeur. |
| **Pas encore révisé** | Surligne les modifications qui n'ont pas été acceptées ou refusées. |
| **Depuis la date du ...** | Surligne les modifications apportées après la date saisie dans la zone **Le**. |

- Pour surligner les modifications apportées par un utilisateur précis, cochez l'option **Par** et sélectionnez l'utilisateur dans la liste qui suit.
- Cochez, si besoin est, l'option **Dans** puis sélectionnez la plage de cellules pour laquelle les modifications doivent être visibles.

  *Si aucune des trois options de la zone **Afficher les modifications apportées** n'est active, Excel surligne toutes les modifications apportées au classeur partagé (les vôtres et celles des autres utilisateurs).*

- Cochez l'option **Afficher les modifications à l'écran** pour visualiser les modifications surlignées directement dans les cellules.

*En activant cette option, Excel affiche un triangle de couleur différente pour chaque utilisateur, dans le coin supérieur gauche de chaque cellule modifiée. Lorsque vous pointez ce triangle, les détails et le nom de l'utilisateur de la modification apparaissent dans une info-bulle :*

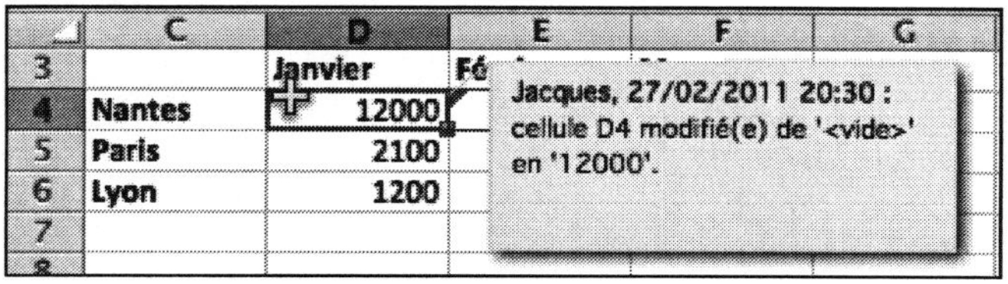


- Activez la case à cocher **Lister les modifications dans une autre feuille** pour afficher les modifications dans une feuille nommée **Historique.**

  *Cette feuille affiche toutes les modifications sous forme de liste, en colonnes ; cette liste peut être filtrée. Les modifications conflictuelles finalement conservées sont signalées comme* ***Gagnant*** *dans la colonne* ***Type d'action****. Les numéros de ligne affichés dans la colonne* ***Perte d'action*** *identifient les lignes contenant des informations relatives à des modifications contradictoires qui n'ont pas été conservées, y compris les données supprimées.*

- Cliquez sur le bouton **OK**.

Par défaut, l'historique du suivi des modifications est conservé pendant 30 jours ; pour modifier cette valeur, cliquez sur le bouton **Partager le classeur** puis sur l'option **Partager le classeur** (onglet **Avancé**) du groupe **Partager** de l'onglet **Révision** et modifiez le nombre de jours dans la zone **Conserver l'historique pendant.**

## Accepter ou refuser les modifications

- Ouvrez le classeur partagé ayant fait l'objet de modifications.
- Activez, si besoin, l'onglet **Révision** puis cliquez sur le bouton **Suivi des modifications** du groupe **Partager** et cliquez sur l'option **Accepter ou refuser les modifications.**

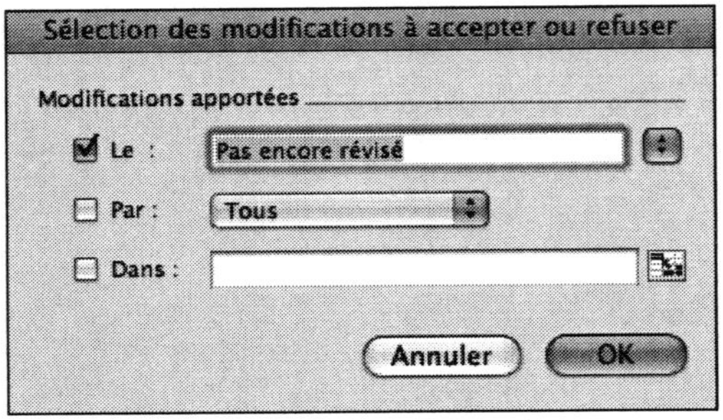


- Modifiez si besoin, l'intervalle de temps dans la liste **Le**.

| | |
|---|---|
| **Pas encore révisé** | Sélectionne les modifications que vous n'avez pas encore révisées. |
| **Depuis la date du ...** | Révise les modifications apportées au classeur après la date saisie dans la zone **Le**. |

- Cochez l'option **Par** pour réviser les modifications apportées au classeur par le ou les utilisateurs sélectionnés dans la liste associée à cette option.
- Cochez, si besoin est, l'option **Dans** puis sélectionnez la plage de cellules pour laquelle les modifications doivent être révisées.

  *Si aucune des trois options n'est cochée, toutes les modifications apportées au classeur partagé seront révisées.*
- Cliquez sur le bouton **OK**.

  *Le détail de la première modification apparaît dans la boîte de dialogue **Accepter ou refuser les modifications** ; la première modification est surlignée dans le classeur.*

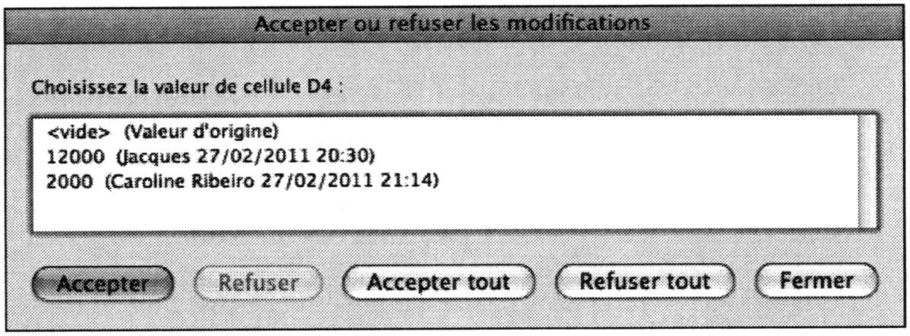


- Pour contrôler chaque modification, vous pouvez choisir d'**Accepter** ou de **Refuser** la modification en cours. Excel affiche automatiquement la modification suivante.

*Si plusieurs modifications ont été effectuées dans une même cellule, Excel vous propose de choisir la valeur ; dans ce cas, cliquez sur la valeur souhaitée puis sur le bouton **Accepter**.*

- Pour traiter toutes les modifications en une seule fois, vous pouvez choisir d'**Accepter tout** ce qui a été modifié dans le classeur ou de **Refuser tout.**

## Supprimer un utilisateur d'un classeur partagé

*Si nécessaire, vous pouvez déconnecter des utilisateurs d'un classeur partagé. Avant cela, assurez-vous qu'ils ont terminé leur travail dans le classeur ; en effet, si vous supprimez un utilisateur actif, le travail qui n'a pas été enregistré est perdu.*

- Dans l'onglet **Révision**, cliquez sur le bouton **Partager le classeur** du groupe **Partager.**
- Activez l'onglet **Modification** puis cliquez sur le nom de l'utilisateur à déconnecter dans la liste **Ce classeur est ouvert par les utilisateurs suivants.**
- Cliquez sur le bouton **Supprimer.**
- Pour supprimer les paramètres d'affichage personnels de l'utilisateur supprimé, ouvrez le menu **Affichage** puis cliquez sur l'option **Affichages personnalisés** ; dans la liste **Affichages**, sélectionnez l'affichage de l'utilisateur concerné et cliquez sur le bouton **Supprimer.** Validez en cliquant sur **Oui** dans le message qui s'affiche.

## Arrêter le partage d'un classeur

*Il est préférable de vérifier que vous êtes bien le seul utilisateur (cf. titre précédent), sinon le travail des autres utilisateurs sera perdu.*

- Si besoin, enlevez la protection du classeur partagé en cliquant sur le bouton **Partager le classeur** puis sur l'option **Ôter la protection de partage** du groupe **Partager** de l'onglet **Révision.**
- Dans l'onglet **Révision**, cliquez sur le bouton **Partager le classeur** puis sur l'option **Partager le classeur** du groupe **Partager.**
- Activez l'onglet **Modification** puis désactivez la case à cocher **Permettre une modification par plusieurs utilisateurs.**
- Cliquez sur le bouton **OK.** Confirmez votre choix en cliquant sur **Oui** dans la boîte de dialogue qui s'ouvre.

## Créer une série de données personnalisée

### Saisir une nouvelle série

- Cliquez sur le menu **Excel** puis sur l'option **Préférences.**
- Sélectionnez la catégorie **Listes personnalisées.**
- Pour saisir une nouvelle série, cliquez dans la zone **Listes personnalisées** sur l'option **Nouvelle liste** même si ce choix est déjà sélectionné puis saisissez chacune de vos données dans la zone **Entrées de la liste**, en les séparant par la touche ↵.

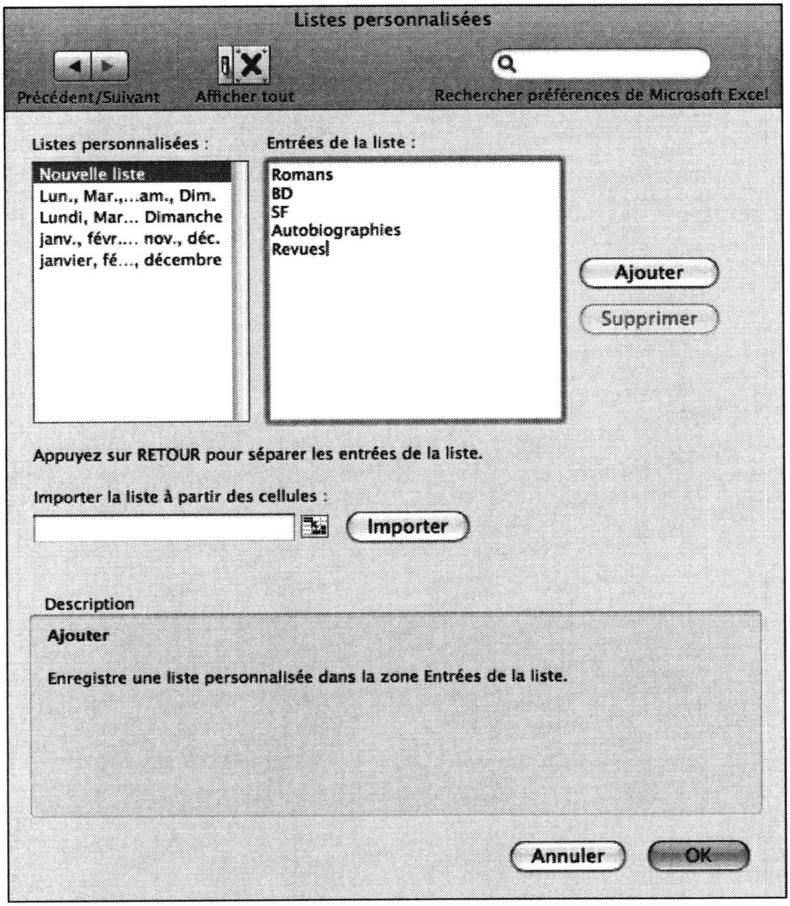

- Cliquez sur le bouton **Ajouter**.
- Pour importer une nouvelle série à partir d'une feuille de calcul, cliquez sur le bouton situé à l'extrémité droite du champ **Importer la liste à partir des cellules** ; sélectionnez les cellules contenant la série que vous souhaitez récupérer.

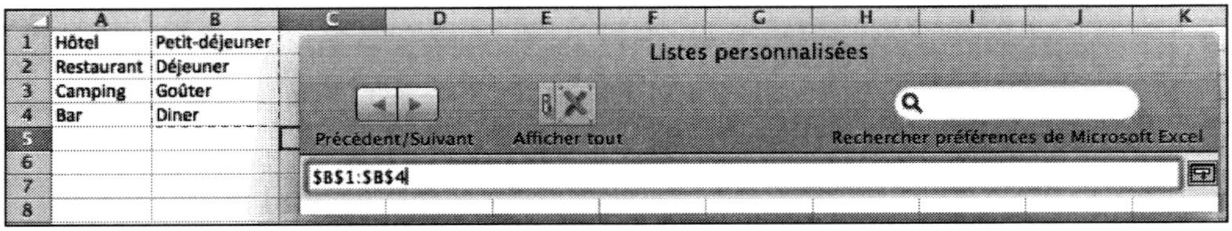


Lorsque la sélection vous convient, cliquez sur le bouton pour valider et afficher de nouveau la boîte de dialogue **Listes personnalisées.** Cliquez sur le bouton **Importer** pour ajouter la nouvelle liste à la suite des **Listes personnalisées.**

*La nouvelle liste s'affiche à la suite des séries existantes et chaque donnée est séparée de la suivante par une virgule.*

- Cliquez sur le bouton **OK** pour fermer la boîte de dialogue **Listes personnalisées.**

Une série de données personnalisée s'utilise comme n'importe quelle série de données simple : saisissez la première valeur de la série dans une cellule et faites glisser la poignée de recopie de cette cellule pour faire apparaître les autres éléments de la série.

## Modifier/supprimer une série de données personnalisée

- Accédez à la boîte de dialogue **Listes personnalisées** (menu **Excel** - option **Préférences** - catégorie **Listes personnalisées**).
- Pour modifier une série personnalisée, cliquez dessus dans la partie **Listes personnalisées.**

  Faites vos modifications dans la partie **Entrées de la liste** : ajoutez, supprimez des caractères ou des entrées.
- Pour supprimer une série personnalisée, cliquez dessus dans la partie **Listes personnalisées** puis cliquez sur le bouton **Supprimer** ; confirmez la suppression définitive en cliquant sur le bouton **OK.**
- Cliquez sur le bouton **OK** pour fermer la boîte de dialogue **Listes personnalisées.**

## Créer une liste déroulante de valeurs

*Cette manipulation permet de créer une liste déroulante dans une cellule à partir de données saisies dans des cellules situées ailleurs dans le classeur. La cellule qui contient la liste déroulante affiche, lorsqu'elle est active, un bouton permettant d'ouvrir la liste. Pour entrer des informations dans cette cellule, cliquez sur la flèche, puis sur l'entrée voulue.*

- Saisissez chaque entrée de la liste déroulante dans une cellule, sur une seule ligne ou une seule colonne, délimitée par une cellule vide.

  *Vous pouvez trier les données dans l'ordre dans lequel vous voulez qu'elles apparaissent dans la liste déroulante.*

- Si vous souhaitez créer la liste sur une autre feuille de calcul que celle où se trouvent les entrées, nommez les cellules contenant les entrées (cf. Zones nommées).
- Sélectionnez la ou les cellules dans lesquelles vous voulez afficher la liste déroulante.
- Activez l'onglet **Données**, ouvrez la liste associée au bouton **Valider** puis cliquez sur l'option **Validation des données** du groupe **Outils**.

  *La boîte de dialogue **Validation des données** s'affiche.*

- Dans l'onglet **Paramètres**, ouvrez la liste **Autoriser** et choisissez l'option **Liste**.
- Pour sélectionner les cellules contenant les entrées de la liste se situant dans une autre feuille, activez la zone de saisie **Source** et tapez le signe = suivi du nom attribué aux cellules ; pour sélectionner les entrées de la liste se situant dans la même feuille, cliquez sur le bouton  de la zone **Source**, sélectionnez les cellules contenant les entrées de la liste déroulante puis cliquez sur le bouton  pour agrandir à nouveau la boîte de dialogue.

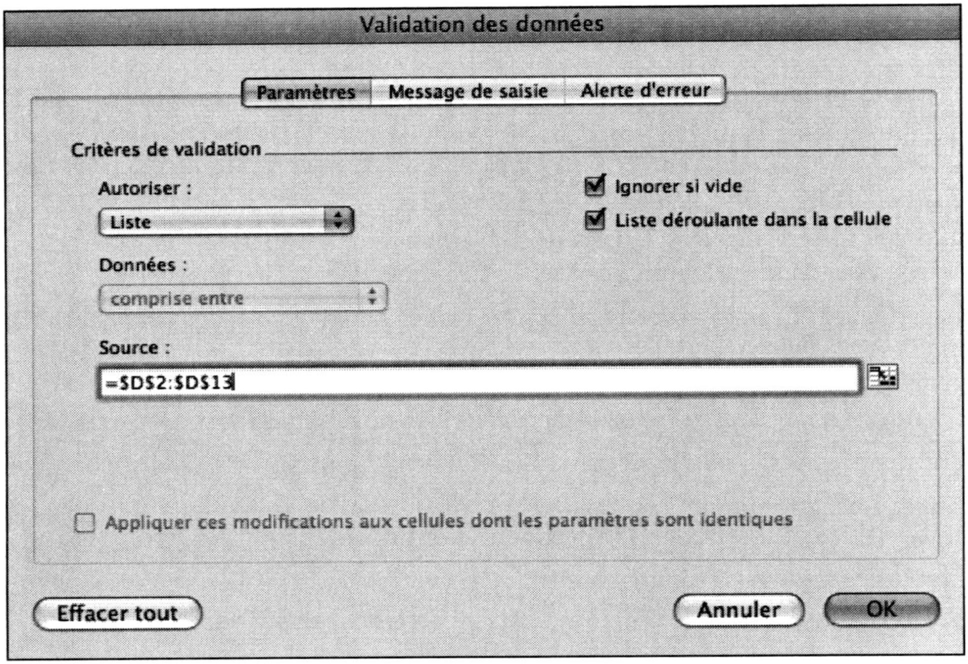


*Quelle que soit la solution choisie, le nom ou la plage de cellules est précédée du signe =.*

- Pour indiquer que la cellule peut être vide, laissez l'option **Ignorer si vide** active.
- Pour indiquer le message qui apparaîtra dans une info-bulle lorsque vous activerez la cellule contenant la liste déroulante, cliquez sur l'onglet **Message de saisie** et vérifiez que l'option **Afficher ce message de saisie quand la cellule est sélectionnée** est active.

  Saisissez l'intitulé du message dans la zone **Titre** et le texte du message (jusqu'à 225 caractères) dans la zone **Message de saisie**.

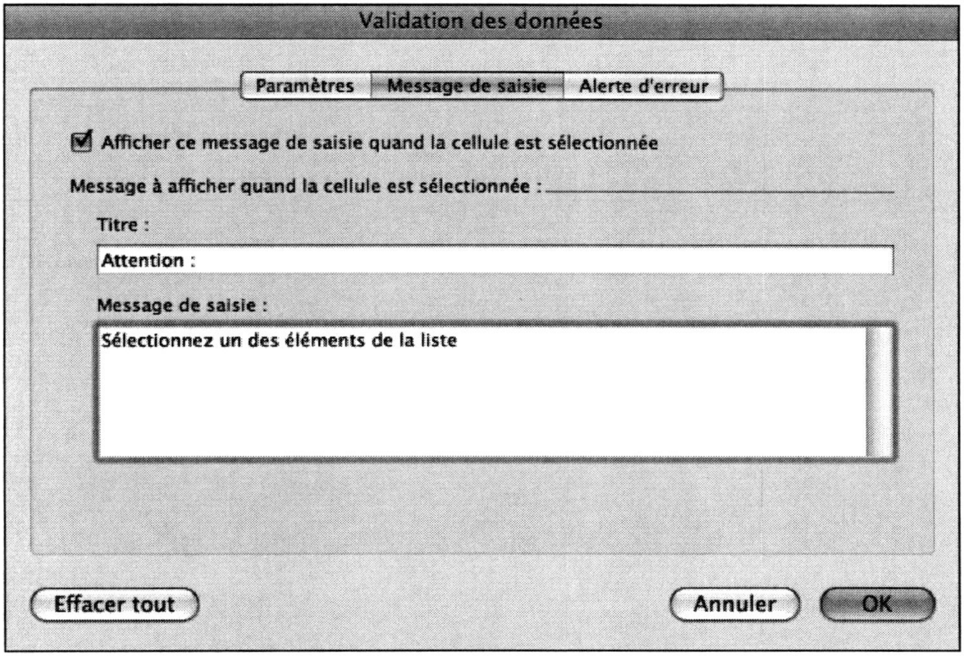


- Pour indiquer l'action à effectuer en cas de saisie de données non incluses dans la liste déroulante, cliquez sur l'onglet **Alerte d'erreur** et vérifiez que l'option **Tapez le message d'erreur qui s'affichera quand des données non valides seront entrées** est active.

  Sélectionnez l'une des options suivantes dans la liste **Style** :

| | |
|---|---|
| **Arrêt** | Pour afficher un message et empêcher la saisie des données n'appartenant pas à la liste déroulante. |
| **Avertissement** | Pour afficher un message d'avertissement, ce qui n'empêche pas la saisie des données n'appartenant pas à la liste déroulante. |
| **Informations** | Pour afficher un message d'informations tout en acceptant la saisie de données n'appartenant pas à la liste déroulante. |

  Saisissez l'intitulé du message dans la zone **Titre** et le texte du message dans la zone **Message d'erreur**.

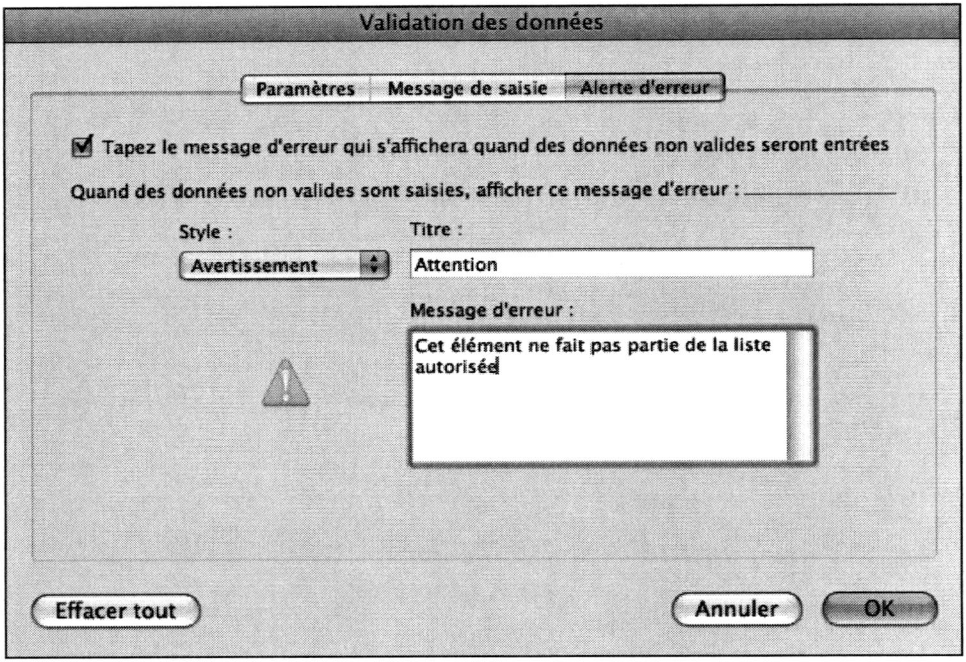


Cliquez sur **OK**.

*Si vous ne précisez rien en cas de données non valides, voici le message affiché par défaut :*

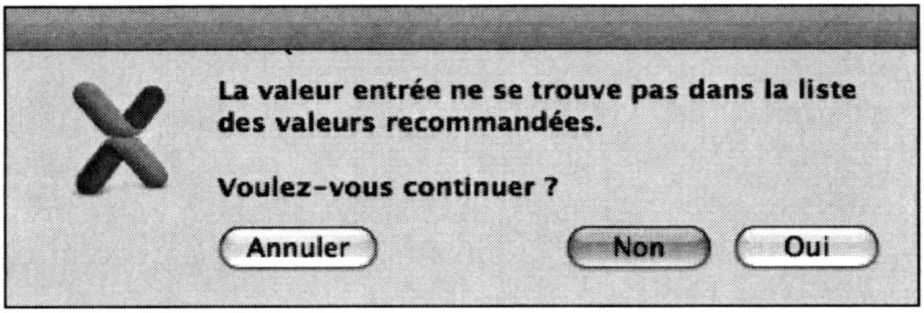


*Vous ne pourrez pas saisir une donnée n'existant pas dans la liste déroulante.*

La largeur de la liste déroulante est déterminée par la largeur de la cellule contenant la liste déroulante.

Pour supprimer une liste déroulante, activez la boîte de dialogue **Validation des données** (onglet **Données** - groupe **Outils** - bouton **Valider** - option **Validation des données**) pour la cellule contenant la liste à supprimer et cliquez sur le bouton **Effacer tout** visible dans un des onglets de la boîte de dialogue.

Si les entrées de la liste déroulante se trouvent dans une autre feuille et que vous souhaitez empêcher les utilisateurs d'y accéder, masquez et/ou protégez cette feuille de calcul.

## Définir les données autorisées

*Cette manipulation permet de limiter le type de données autorisées dans une ou plusieurs cellules en définissant des critères de validation.*

### Définir les critères de validation

- Sélectionnez les cellules concernées.
- Activez l'onglet **Données** et cliquez sur le bouton **Valider** puis sur l'option **Validation des données** du groupe **Outils**.

  *La boîte de dialogue **Validation des données** s'affiche.*
- Dans l'onglet **Paramètres**, ouvrez la liste **Autoriser** et choisissez une option en fonction du type de données que vous souhaitez autoriser dans la cellule :

| | |
|---|---|
| **Tout** | Pas de restriction. |
| **Nombre entier** | La donnée doit être un nombre entier. |
| **Décimale** | La donnée doit être un nombre ou une fraction. |
| **Liste** | La donnée doit être déjà choisie dans une cellule (cf. titre précédent). |
| **Date** | La donnée doit être une date. |
| **Heure** | La donnée doit être une heure. |
| **Longueur du texte** | Cette option permet de préciser le nombre de caractères autorisé pour la donnée. |
| **Personnalisés** | Cette option permet d'entrer une formule pour définir les données autorisées. |

- Pour les choix **Nombre entier, Décimale**, **Date**, **Heure**, **Longueur du texte**, choisissez un opérateur dans la liste **Données** puis complétez les options en fonction de l'opérateur sélectionné.

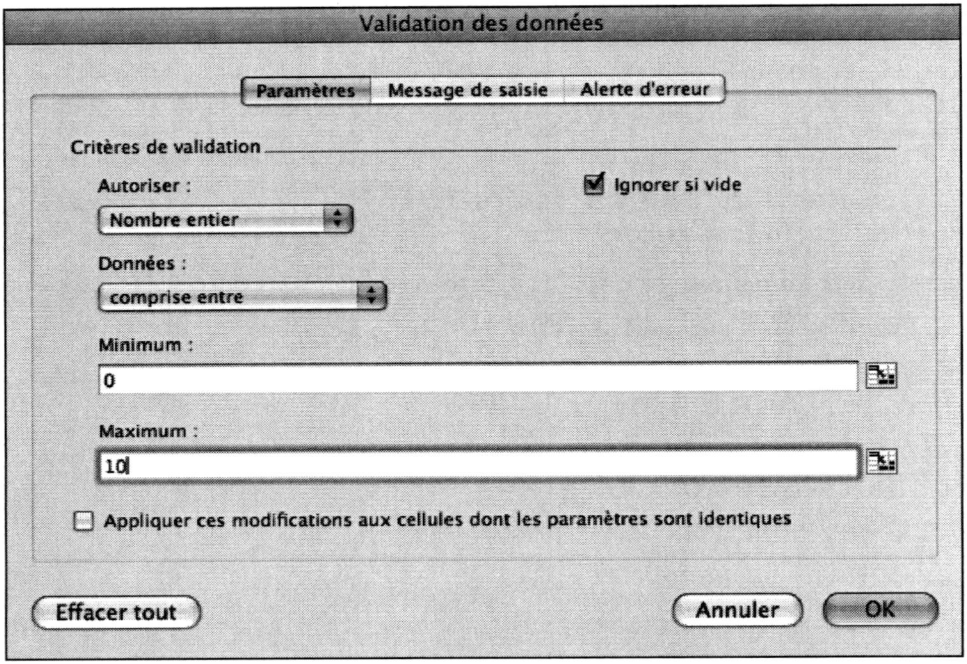


*Ces critères de validation autorisent la saisie d'un nombre entier ou décimal compris entre 0 et 10.*

- Si vous choisissez **Personnalisés**, entrez la formule de calcul dans la zone **Formule** en commençant par le signe égal (=). Cette formule doit être une formule de type logique, de résultat VRAI ou FAUX.
- Quel que soit le type de données, laissez active l'option **Ignorer si vide** si vous acceptez que la cellule reste vide.
- Pour préciser le message qui apparaîtra dans une info-bulle lorsque vous activerez la cellule concernée, cliquez sur l'onglet **Message de saisie** et vérifiez que l'option **Afficher ce message de saisie quand la cellule est sélectionnée** est active.

  Saisissez l'intitulé du message dans la zone **Titre** et le texte du message dans la zone **Message de saisie**.

- Pour indiquer l'action à effectuer en cas de saisie de données non valides, cliquez sur l'onglet **Alerte d'erreur** et vérifiez que l'option **Tapez le message d'erreur qui s'affichera quand les données non valides seront entrées** est active.

  Sélectionnez une des options suivantes dans la liste **Style** :

| | |
|---|---|
| **Arrêt** | Pour afficher un message et empêcher la saisie des données non valides. |
| **Avertissement** | Pour afficher un message d'avertissement et éventuellement forcer la saisie non autorisée. |
| **Informations** | Pour afficher un message d'informations et accepter la saisie de données non valides. |

  Saisissez l'intitulé du message dans la zone **Titre** et le texte du message dans la zone **Message d'erreur**.

- Cliquez sur **OK**.

  *Les boutons visibles dans le message d'erreur sont différents en fonction du style choisi, donnant ainsi la possibilité de forcer ou non la saisie.*

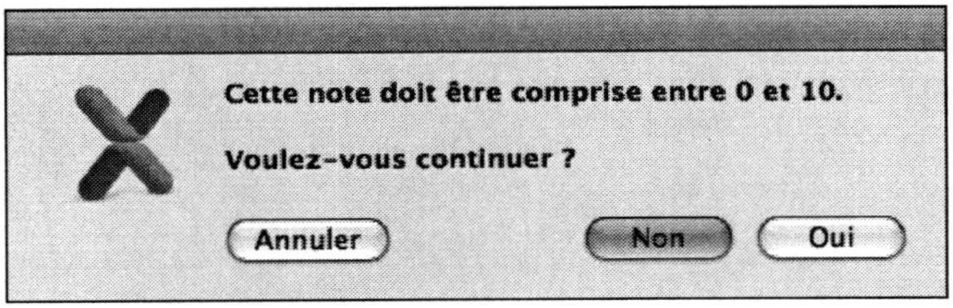


*Sur cet exemple, il s'agit d'un message d'avertissement : l'utilisateur peut forcer la saisie en cliquant sur le bouton **Oui**.*

## Entourer les données non valides

*Il s'agit d'entourer de cercles rouges les données ne correspondant pas aux critères de validation demandés.*

- Activez l'onglet **Données** et ouvrez la liste du bouton **Valider** du groupe **Outils**.
- Cliquez sur l'option **Entourer les données non valides**.

| | SEMESTRE 1 | | | | | |
|---|---|---|---|---|---|---|
| NOM DE L'ÉLÈVE | Expression | Expression écrite | Lecture | Ecriture | Projet (10) | RÉSULTAT DU SEMESTRE |
| ARDOUIN Mathilde | 18 | 17 | 15 | 16 | 10 | 76 |
| BARNET Linda | 15 | 16 | 15 | 12 | 8 | 66 |
| DA SILVA Paola | 22 | 19 | 18 | 20 | 9 | 88 |
| EGREFIN Mélissa | 14 | 15 | 11 | 12 | 11 | 63 |
| KANTIN Nathalie | 13 | 12 | 10 | 12 | 6 | 53 |
| LILIAN Lola | 14 | 15 | 13 | 13 | 7 | 62 |
| MARTIN Marie | 19 | 19 | 17 | 18 | 8 | 81 |
| NAULLON Dorine | 17 | 16 | 15 | 14 | 7 | 69 |
| POTIER Emma | 23 | 20 | 19 | 24 | 9 | 95 |
| PULLAN Gaëlle | 20 | 18 | 17 | 22 | 12 | 89 |
| ROLLIN Amélie | 18 | 19 | 16 | 17 | 7 | 77 |
| RECHARD Sarah | 14 | 13 | 13 | 14 | 7 | 61 |
| SANDRIN Victoire | 11 | 10 | 9 | 10 | 8 | 48 |
| SOUBIRAN Jessica | 9 | 8 | 10 | 10 | 5 | 42 |
| TIERRY Sylvie | 20 | 17 | 15 | 14 | 6 | 72 |
| UNTEL Anne | 19 | 16 | 14 | 13 | 7 | 69 |

*Sur cet exemple, les notes doivent êtres comprises entre 0 et 10.*

- Pour masquer les cercles rouges, activez l'onglet **Données**, ouvrez la liste du bouton **Valider** du groupe **Outils** et cliquez sur l'option **Effacer les cercles de validation.**

## Associer un commentaire à une cellule

### Créer le commentaire

- Activez la cellule concernée.
- Activez l'onglet **Révision** et cliquez sur le bouton **Nouveau** du groupe **Commentaires.**
- Renseignez le texte du commentaire.

  *Le commentaire est saisi directement dans l'info-bulle. Un changement de ligne est possible par la touche* [↵].
- Appuyez sur la touche [esc] ou cliquez ailleurs pour interrompre la saisie.

| | | | | |
|---|---|---|---|---|
| 8 | T302 | BARNET | Linda | 05/04/98 |
| 9 | T302 | NAULLON | Dominique | 15/12/97 |
| 10 | T302 | ROLLAIN | Anne | 03/07/98 |
| 11 | T102 | ARDOIN | Mathilde | 10/08/98 |
| 12 | T302 | DUPONT | Michel | 12/04/98 |

**Caroline Ribeiro:**
Date de naissance à vérifier

*Une info-bulle apparaît avec le nom de l'utilisateur.*

*Par défaut, en haut à droite de la cellule, un petit triangle rouge matérialise l'existence d'un commentaire.*

Visualiser les commentaires

- Pour visualiser un commentaire, pointez tout simplement le triangle rouge.
- Pour afficher les commentaires les uns après les autres, cliquez sur les boutons **Précédent** et/ou **Suivant** du groupe **Commentaires** de l'onglet **Révision.**
- Pour afficher tous les commentaires simultanément, cliquez sur le bouton **Afficher tout** du groupe **Commentaires** de l'onglet **Révision.**
- Pour modifier l'affichage général des commentaires, cliquez sur le menu **Excel** puis sur l'option **Préférences** - catégorie **Afficher** - zone **Pour des commentaires, afficher** ; activez l'option **Aucun commentaire ou indicateur, Indicateur seul, et commentaires au survol** ou **Commentaires et indicateurs** puis validez.

Pour modifier un commentaire, cliquez sur la cellule contenant le commentaire à modifier, cliquez sur le bouton **Afficher** (groupe **Commentaires** de l'onglet **Révision**), apportez vos modifications puis faites [esc].

Pour supprimer un commentaire, cliquez sur la cellule contenant le commentaire à supprimer puis cliquez sur le bouton **Supprimer** du groupe **Commentaires** de l'onglet **Révision.**

## Répartir le contenu d'une cellule sur plusieurs cellules

*Cette technique utilise l'**Assistant Conversion** afin de répartir dans différentes cellules le contenu d'une cellule, en fonction d'un séparateur tel qu'un espace, une virgule, un point, un point-virgule ou un saut de colonne.*

- Prévoyez une ou plusieurs colonnes vides à droite des cellules dont le contenu va être réparti.

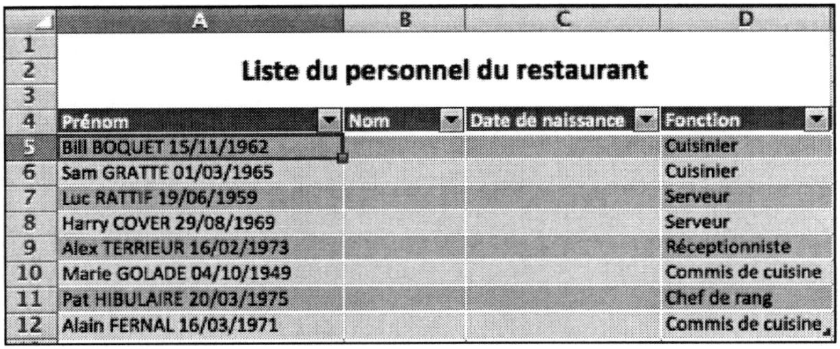

| | A | B | C | D |
|---|---|---|---|---|
| 1 | | | | |
| 2 | Liste du personnel du restaurant | | | |
| 3 | | | | |
| 4 | Prénom | Nom | Date de naissance | Fonction |
| 5 | Bill BOQUET 15/11/1962 | | | Cuisinier |
| 6 | Sam GRATTE 01/03/1965 | | | Cuisinier |
| 7 | Luc RATTIF 19/06/1959 | | | Serveur |
| 8 | Harry COVER 29/08/1969 | | | Serveur |
| 9 | Alex TERRIEUR 16/02/1973 | | | Réceptionniste |
| 10 | Marie GOLADE 04/10/1949 | | | Commis de cuisine |
| 11 | Pat HIBULAIRE 20/03/1975 | | | Chef de rang |
| 12 | Alain FERNAL 16/03/1971 | | | Commis de cuisine |

*Sur cet exemple, nous souhaitons répartir les données des cellules A5 à A16 sur les cellules A5 à C16 : les prénoms dans la colonne A (à la place des données actuelles) les noms dans la colonne B et les dates de naissance dans la colonne C.*

- Sélectionnez la plage de cellules concernées.
- Activez l'onglet **Données** et cliquez sur le bouton **Convertir** du groupe **Outils.**

*La première étape de l'**Assistant Conversion** apparaît.*

- Activez si besoin, l'option **Délimité**, puis cliquez sur le bouton **Suivant.**
- À l'étape 2, dans le cadre **Séparateurs**, activez l'option en fonction du séparateur utilisé pour effectuer la répartition.

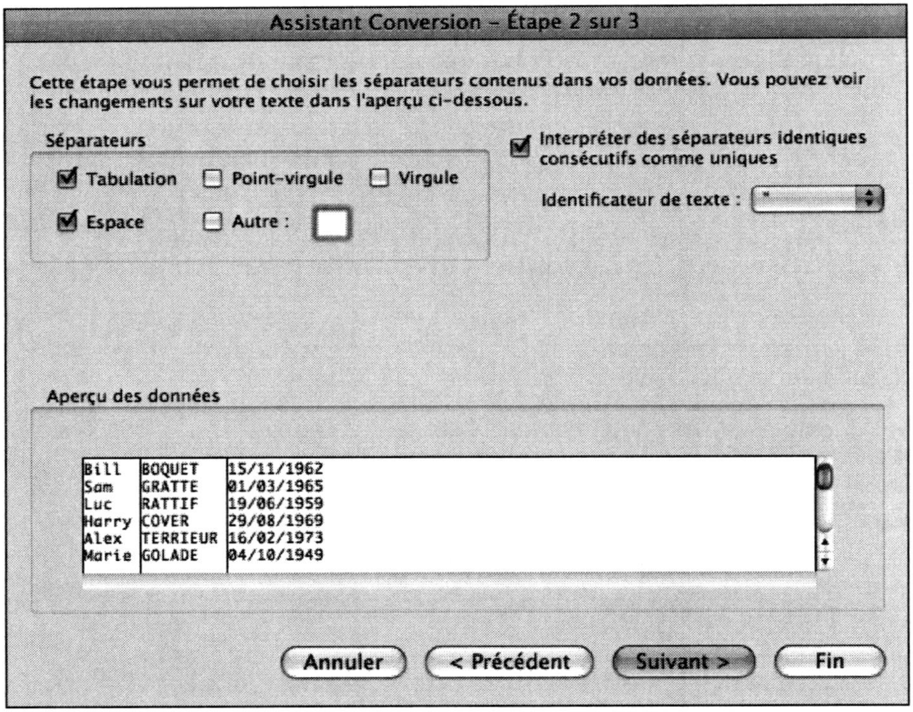


*La zone **Aperçu des données** affiche dans des colonnes distinctes, la façon dont seront séparées les données. Sur cet exemple, les données séparées par un espace ou une tabulation seront placées dans des colonnes différentes.*

- Cliquez sur le bouton **Suivant.**

- À l'étape 3, précisez le format de chaque colonne :
  - dans la zone **Aperçu des données**, cliquez sur la colonne concernée pour la sélectionner,
  - choisissez le format à appliquer dans le cadre **Format des données en colonne.**
- Précisez l'endroit où vont apparaître les données réparties : utilisez le bouton de la zone **Destination** pour préciser la référence de la première cellule de destination. Dans ce cas, les cellules d'origine restent intactes et les données fractionnées apparaissent à côté.

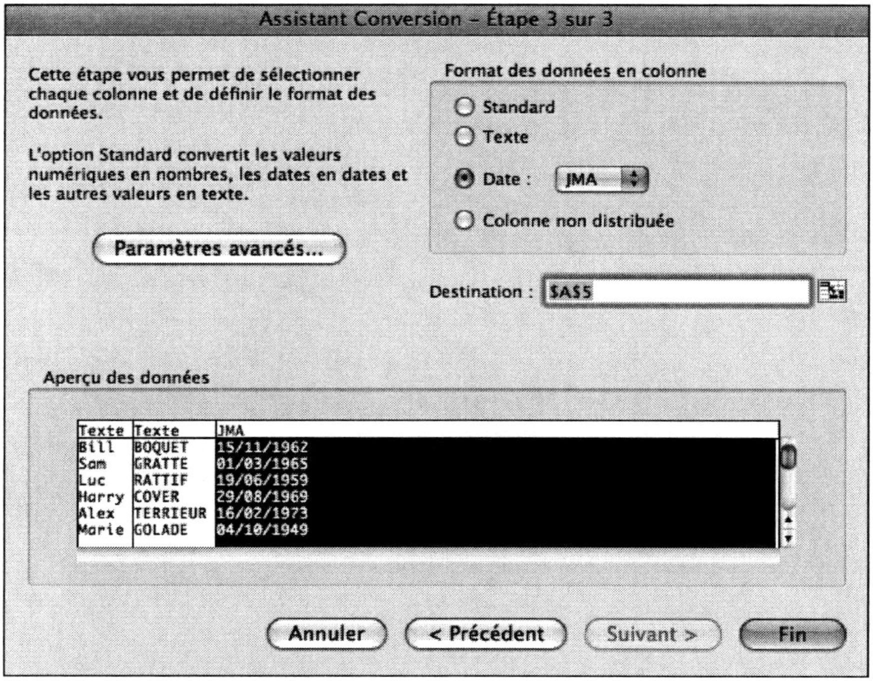


*Si vous ne précisez pas cette destination, les données d'origine seront remplacées.*

- Cliquez sur le bouton **Fin**.

## Créer un lien hypertexte

*Pour accéder rapidement à des informations situées dans un autre emplacement du classeur ou dans un autre fichier ou une page Web, vous pouvez insérer un lien hypertexte dans une cellule ou sur un objet graphique.*

- Cliquez dans la cellule ou sélectionnez l'objet graphique qui doit être associé au lien hypertexte à créer.

  *S'il s'agit d'une cellule, celle-ci peut contenir des données et des formats.*

- Ouvrez le menu **Insertion** et cliquez sur l'option **Lien hypertexte** ou faites cmd ⌘ **K**.

Créer un lien vers une page Web

- Cliquez sur le bouton **Page Web** situé dans la boîte de dialogue **Insérer un lien hypertexte**.

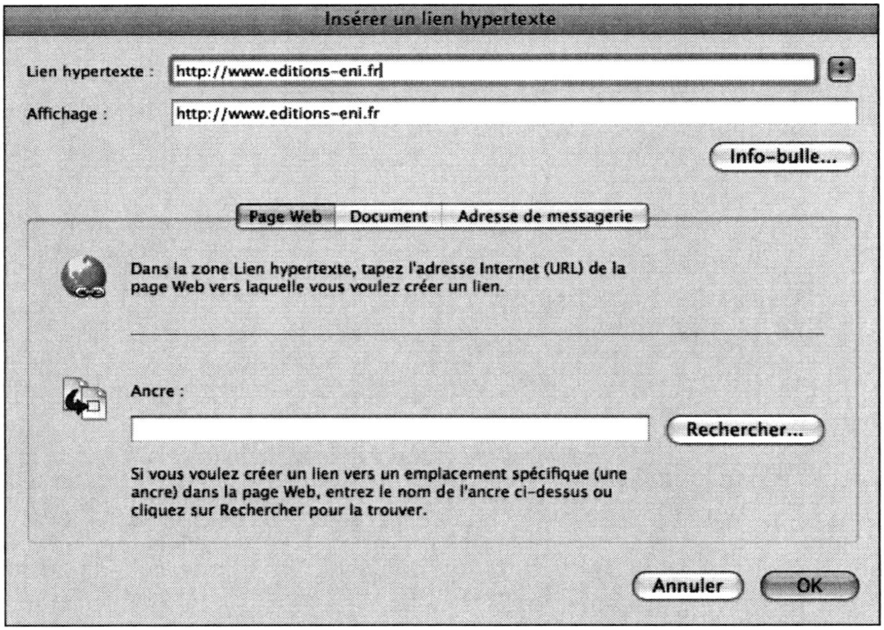


- Saisissez directement l'adresse de la page web dans le champ **Lien hypertexte**.
- Dans le champ **Affichage**, saisissez le texte que la cellule doit afficher (ceci modifiera le contenu initial de la cellule).

- Cliquez, si vous le souhaitez, sur le bouton **Info-bulle** puis saisissez le texte que vous souhaitez afficher (dans une info-bulle) lorsque le pointeur se trouvera sur le lien hypertexte.

  Validez par le bouton **OK**.

  *Si vous ne renseignez pas le texte de l'info-bulle, Excel affichera par défaut l'adresse complète de la page Web.*

- Si vous souhaitez préciser une ancre à l'intérieur de la page Web sélectionnée, cliquez sur le bouton **Rechercher** puis **Sélectionnez un signet dans la page Web** dans la zone correspondante. Validez par le bouton **OK**.
- Cliquez sur le bouton **OK** pour valider la création du lien.

Vous pouvez aussi créer un lien hypertexte vers une page Web en entrant directement son adresse dans la cellule.

## Créer un lien vers un fichier existant

- Cliquez sur le bouton **Document** situé dans la boîte de dialogue **Insérer un lien hypertexte.**

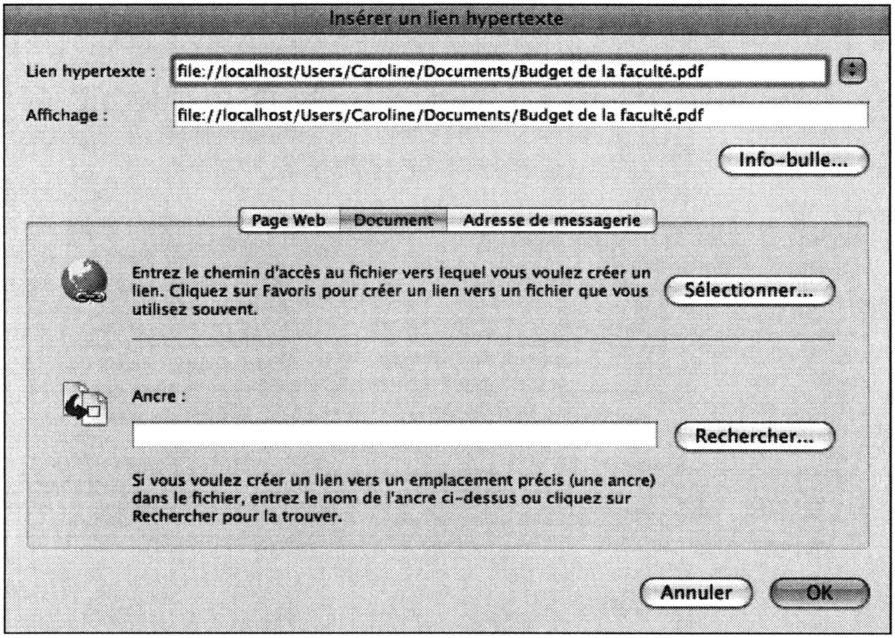

- Cliquez sur le bouton **Sélectionner** afin de sélectionner le fichier cible du lien.
- Dans le champ **Affichage**, saisissez le texte que la cellule doit afficher (ceci modifiera le contenu initial de la cellule).
- Cliquez, si vous le souhaitez, sur le bouton **Info-bulle** puis saisissez le texte que vous souhaitez afficher (dans une info-bulle) lorsque le pointeur se trouvera sur le lien hypertexte.

  Validez par le bouton **OK**.

  *Si vous ne renseignez pas le texte de l'info-bulle, Excel affichera par défaut l'adresse complète du document.*
- Si vous souhaitez préciser une ancre à l'intérieur du document sélectionné, cliquez sur le bouton **Rechercher** puis **Tapez la référence de la cellule** dans le champ correspondant ou sélectionnez un emplacement dans le document. Validez par le bouton **OK**.
- Cliquez sur le bouton **OK** pour valider la création du lien.

## Créer un lien vers une adresse de messagerie

*Dans ce cas, un clic sur le lien ouvre une fenêtre de message avec l'adresse de messagerie définie comme cible.*

- Cliquez sur le bouton **Adresse de messagerie** situé dans la boîte de dialogue **Insérer un lien hypertexte**.
- Précisez l'adresse de messagerie dans le champ **A** et l'**Objet** du message.

  *Le bouton* ***Lancer l'application de messagerie*** *permet d'ouvrir votre application de messagerie par défaut.*

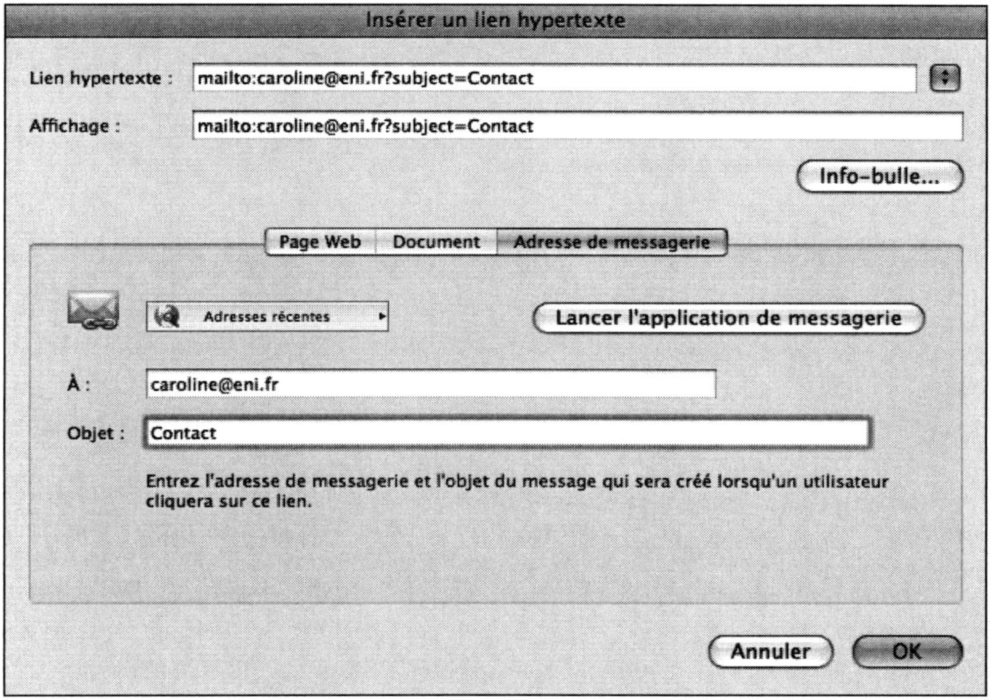


*Si vous avez déjà créé des liens hypertextes avec des adresses de messagerie, celles-ci sont disponibles dans la liste du bouton **Adresses récentes**. Si vous sélectionnez une de ces adresses, la fenêtre **Insérer un lien hypertexte** se remplit automatiquement des informations liées au lien hypertexte contenant cette adresse. Modifiez les informations si besoin.*

- Dans le champ **Affichage**, saisissez le texte que la cellule doit afficher (ceci modifiera le contenu initial de la cellule).
- Cliquez sur le bouton **OK** de la boîte de dialogue **Insérer un lien hypertexte** pour le créer.

*Lorsque vous cliquerez sur ce lien, une fenêtre de votre logiciel de messagerie s'ouvrira vous permettant ainsi de compléter le message et de l'envoyer (l'adresse et l'objet du message seront pré-remplis).*

Si vous avez inséré un lien hypertexte dans une cellule vide, le texte correspondant au contenu du lien (chemin complet du fichier ou emplacement dans le classeur) est inséré dans cette cellule. Pour le modifier, saisissez dans le champ **Affichage**, le texte que la cellule doit afficher.

Vous pouvez aussi créer un lien hypertexte vers une adresse de messagerie en entrant directement cette adresse dans la cellule.

## Activer un lien hypertexte

- Pointez le lien hypertexte à activer.

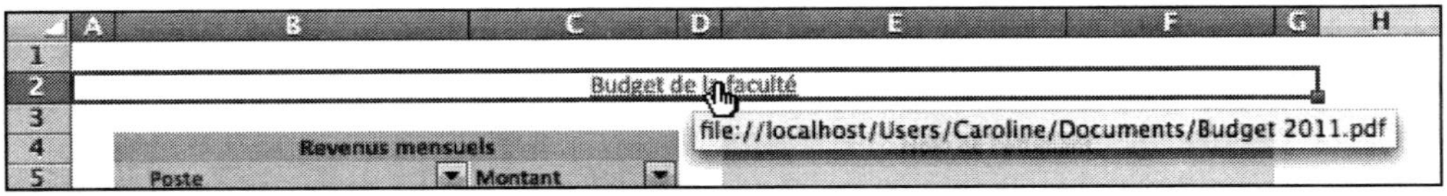


*Lorsque vous pointez le lien inséré dans une cellule ou sur un objet graphique, le pointeur de la souris prend la forme d'une main ; si vous n'avez pas renseigné de texte pour l'info-bulle lors de la création du lien, l'info-bulle affiche l'adresse complète du document ou le nom du classeur actif suivi de l'emplacement à atteindre.*

- Lorsque vous visualisez la main, cliquez pour activer le lien hypertexte.

*Si le lien hypertexte conduit à l'ouverture d'un fichier, il se peut qu'un message d'alerte vous demande d'être prudent quant à l'utilisation de certains fichiers :*

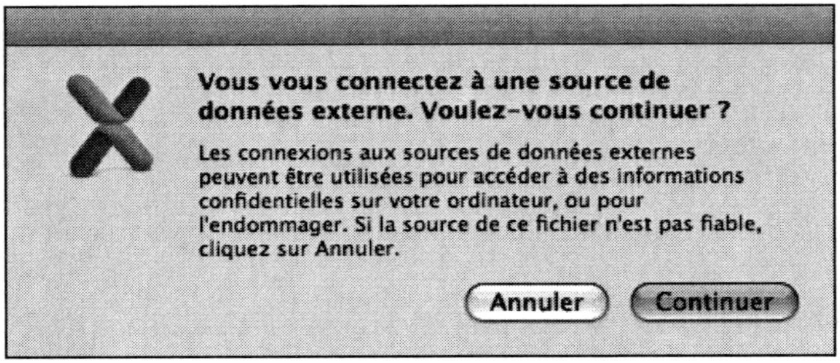


Si le fichier à ouvrir est de source fiable, cliquez sur le bouton **OK** pour l'ouvrir ; sinon, cliquez sur le bouton **Annuler**.

Lorsque le lien hypertexte a été activé au moins une fois, il change de couleur.

## Modifier/supprimer un lien hypertexte

### Sélectionner une cellule/un objet sans activer le lien hypertexte

- Pour sélectionner une cellule contenant un lien hypertexte, pointez-la et cliquez en maintenant quelques instants le bouton de la souris enfoncé, relâchez la souris.

  *Vous pouvez aussi utiliser les touches de déplacement pour activer la cellule.*

- Pour sélectionner un objet auquel est associé un lien hypertexte, appuyez sur la touche Ctrl, maintenez-la enfoncée et cliquez sur l'objet.

### Modifier la destination d'un lien hypertexte

- Sélectionnez la cellule ou l'objet graphique contenant le lien hypertexte concerné.
- Dans le menu **Insertion**, cliquez sur l'option **Lien hypertexte** ou faites cmd ⌘ **K**.

  *Vous pouvez aussi ouvrir le menu contextuel de la cellule ou du contour de l'objet et activer l'option **Lien hypertexte**.*

- Apportez les modifications nécessaires et validez.

### Modifier le texte ou l'objet graphique d'un lien hypertexte

- Pour modifier le texte d'une cellule contenant un lien hypertexte, sélectionnez la cellule et saisissez le nouveau texte ou apportez vos modifications directement dans la barre de formule puis validez.
- Pour modifier l'objet graphique, sélectionnez-le puis faites un double clic dessus pour afficher l'onglet spécifique à la modification de l'objet.

### Supprimer un lien hypertexte

- Sélectionnez la cellule contenant le lien hypertexte concerné.
- Cliquez avec le bouton droit de la souris sur la cellule pour afficher son menu contextuel puis cliquez sur l'option **Supprimer un lien hypertexte**.
- Dans le cas d'un objet graphique, ouvrez la boîte de dialogue **Modifier le lien hypertexte** puis cliquez sur **Supprimer le lien**.

Pour modifier l'apparence des liens hypertexte, modifiez les styles **Lien hypertexte** et **Lien hypertexte visité** (cf. chapitre Styles et thèmes - Gérer les styles de cellules existants).

Pour ne pas transformer une adresse Internet ou une adresse e-mail saisie dans une cellule en lien hypertexte, cliquez sur le menu **Excel** puis sur l'option **Préférences**, cliquez sur la catégorie **Correction** ; activez l'onglet **Correction en cours de frappe** et pour terminer, désactivez l'option **Remplacer les chemins d'accès Internet et réseau par des liens hypertexte**.

## Importer des données d'un fichier Texte

*Il s'agit ici d'importer des données d'un fichier au format Texte, avec la possibilité de mettre à jour ces données dans Excel.*

- Ouvrez, si besoin, le classeur qui doit contenir les données importées et activez la première cellule destinatrice de l'importation.
- Activez l'onglet **Données** et cliquez sur le bouton **Texte**.
- Dans la boîte de dialogue **Sélectionner un fichier** qui s'affiche, accédez au dossier contenant le fichier à importer et double cliquez sur son nom.

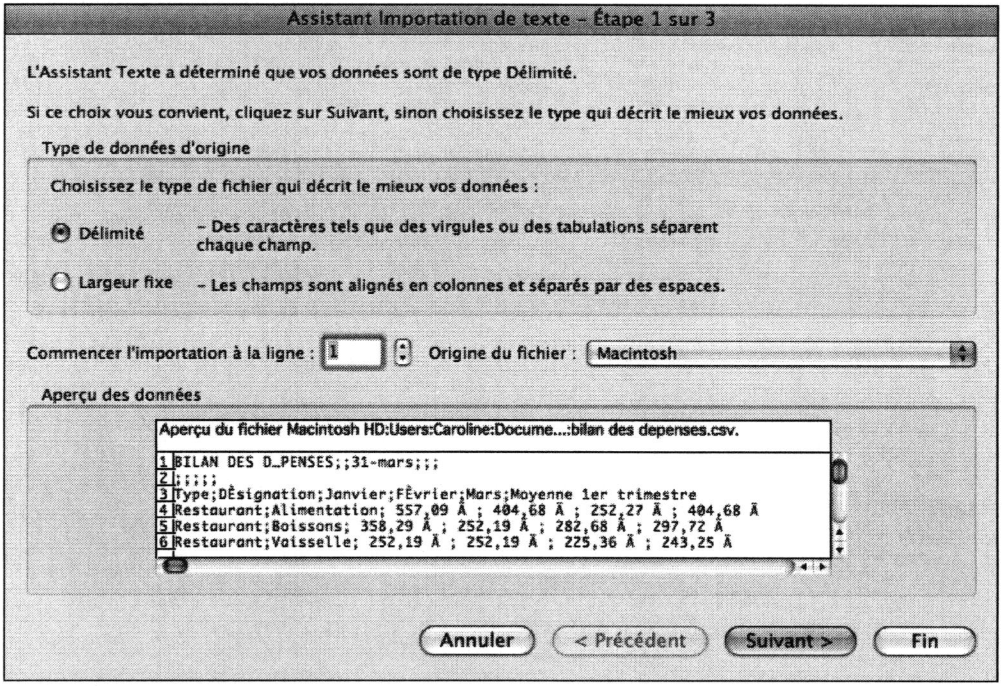


*L'Assistant vous informe que les données du fichier texte sont de type* ***Délimité*** *(séparées par des tabulations, des virgules ou des points-virgules) ou de type* ***Largeur fixe*** *(séparées par des espaces).*

- Modifiez, si besoin, le **Type de données d'origine** dans le cadre correspondant.

- Si vous ne souhaitez pas importer les données à partir de la première ligne du fichier, sélectionnez ou tapez le numéro de la ligne souhaitée dans la zone **Commencer l'importation à la ligne**.
- Cliquez sur le bouton **Suivant**.
- Sélectionnez les séparateurs contenus dans les données si celles-ci sont de type **Délimité** ou choisissez la largeur des champs en suivant les explications contenues dans le premier cadre de la fenêtre, si les données sont de type **Largeur fixe**.
- Cliquez sur le bouton **Suivant**.
- Pour chaque colonne, sélectionnez le format des données : cliquez dans la colonne puis sur l'une des options du cadre **Format des données en colonne**.

  *Le bouton **Paramètres avancés** permet de vérifier et de modifier, si besoin, le type de séparateur des décimales et des milliers, des données à importer.*
- Cliquez sur le bouton **Fin**.
- Précisez l'emplacement des données importées : sur une **Nouvelle feuille** ou sur une **Feuille existante** ; si vous avez choisi cette dernière option, utilisez le bouton  pour activer la première cellule destinatrice des données importées.

  *Le bouton **Propriétés** permet de définir les options d'actualisation, de format et de mise en page des données importées (cf. Modifier les paramètres d'actualisation).*
- Cliquez sur le bouton **OK**.

Vous pouvez aussi utiliser la boîte de dialogue **Ouvrir** pour importer un fichier texte mais dans ce cas, les données ne pourront pas être actualisées.

## Actualiser des données importées

- Ouvrez le classeur contenant les données à mettre à jour.

  *Il est possible qu'un message d'avertissement situé au-dessus de la barre de formule vous signale que les connexions de données ont été désactivées.*




Dans ce cas, pour réactiver les connexions, vous pouvez cliquer sur le bouton **Activer le contenu**.

## Actualiser une ou plusieurs plages de données externes

- Cliquez dans une des plages de données importées.
- Activez l'onglet **Données** et ouvrez la liste associée au bouton **Actualiser** du groupe **Sources de données externes.**
- Choisissez l'une des options suivantes :

| | |
|---|---|
| **Réactualiser tout** | Pour actualiser toutes les plages de données externes du classeur. |
| **Actualiser les données** | Pour actualiser la plage de données externes active. |

*Si plusieurs classeurs sont ouverts, vous devez actualiser les données externes dans chacun des classeurs.*

*Si vous n'avez pas réactivé les connexions à partir du message d'avertissement, il se peut qu'un message d'alerte vous demande d'être prudent quant à l'utilisation de certains fichiers.*

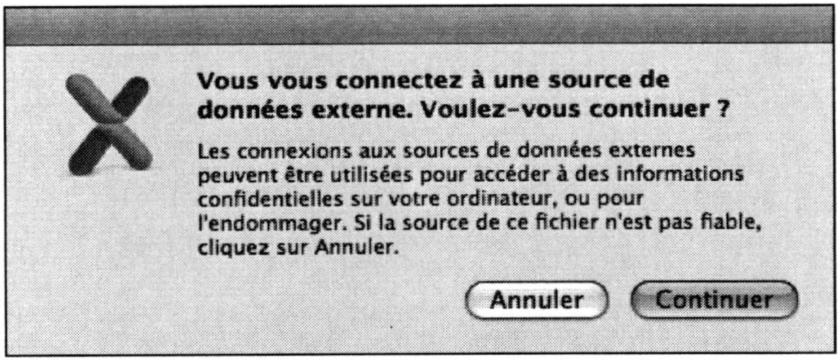


- Dans ce cas, si le fichier à ouvrir est de source fiable, cliquez sur le bouton **Continuer** sinon cliquez sur le bouton **Annuler.**

## Actualiser les données d'un fichier texte importé

- Cliquez sur une des cellules de la plage de données importées.
- Activez l'onglet **Données** et ouvrez la liste associée au bouton **Actualiser** du groupe **Sources de données externes** puis cliquez sur l'option **Actualiser les données.**
- Dans la boîte de dialogue **Sélectionner un fichier texte** qui s'affiche, sélectionnez le fichier texte puis cliquez sur le bouton **Lire les données.**

## Insérer un objet d'une autre application

*Cette manipulation est aussi le moyen d'importer des données provenant d'une autre application.*

### Créer un nouvel objet

- Dans Excel, cliquez dans la cellule où l'objet doit apparaître.
- Ouvrez le menu **Insertion** puis cliquez sur l'option **Objet.**
- Dans la boîte de dialogue qui apparaît, sélectionnez le **Type d'objet** que vous souhaitez créer.

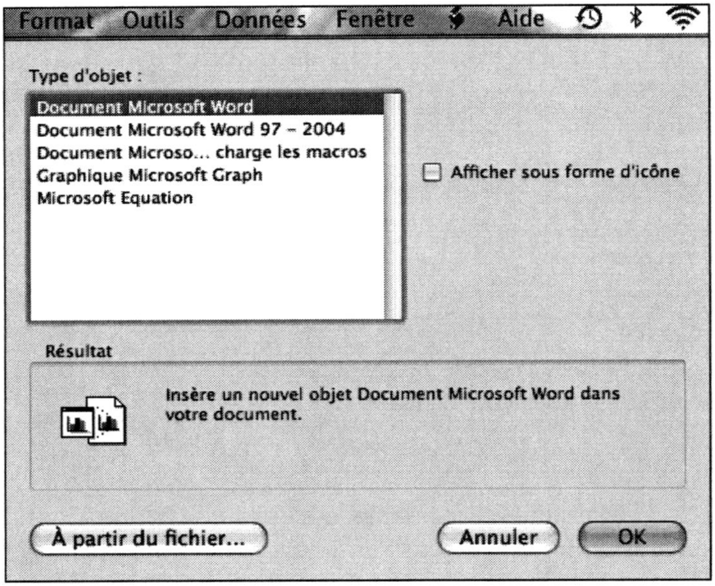


*Le contenu de cette liste dépend des applications installées sur votre ordinateur.*

- Activez l'option **Afficher sous forme d'icône** si vous souhaitez visualiser l'objet dans Excel sous la forme d'une icône représentative de l'application utilisée pour créer l'objet.
- Cliquez sur le bouton **OK.**

*Selon l'application associée au type d'objet sélectionné, celle-ci se lance dans une nouvelle fenêtre.*

- Créez l'objet souhaité et, en fonction de l'application, utilisez le menu **Nom** de l'application - **Fermer et retourner à** pour quitter l'application et retourner dans Excel ou cliquez tout simplement dans une des cellules de la feuille active en arrière-plan du cadre hachuré.

Insérer un objet existant

- Dans Excel, cliquez dans la cellule où doit apparaître l'objet.
- Ouvrez le menu **Insertion** puis cliquez sur l'option **Objet**.
- Dans la boîte de dialogue qui apparaît, cliquez sur le bouton **A partir du fichier**.
- Sélectionner le fichier à insérer.

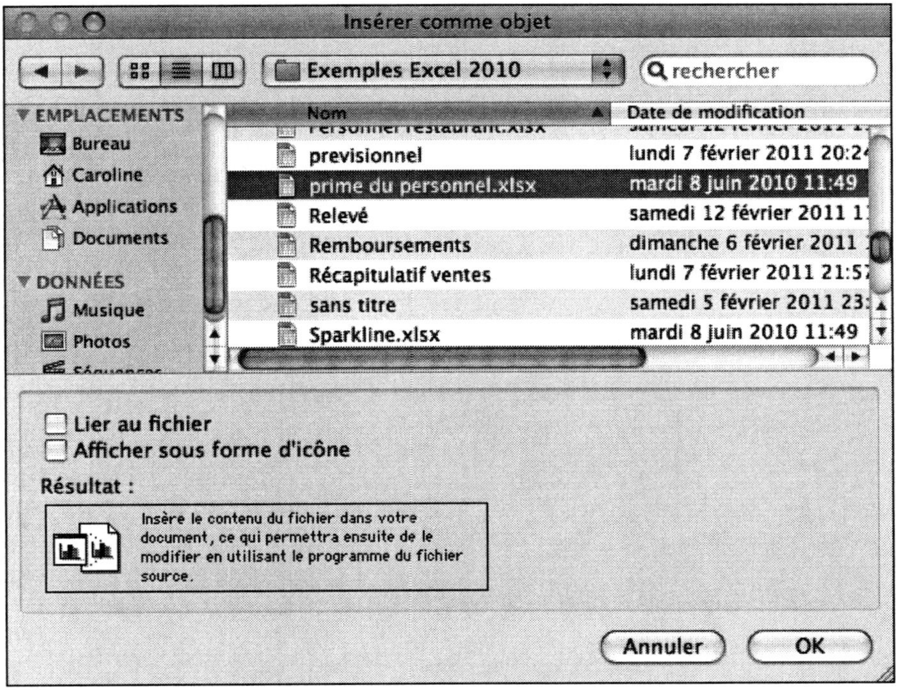


- Activez l'option **Lier au fichier**, pour créer une liaison entre l'objet importé et le classeur : toute modification apportée au fichier source sera reportée automatiquement dans le classeur.

- Activez l'option **Afficher sous forme d'icône** pour visualiser l'objet dans Excel sous la forme d'une icône représentative de l'application dans laquelle a été créé le fichier.
- Cliquez sur le bouton **OK**.

Pour modifier un objet et/ou pour le visualiser dans l'application d'origine s'il apparaît sous forme d'icône, faites un double clic dessus.

## Exporter des données Excel vers une autre application

*Il s'agit de copier des données d'Excel vers d'autres applications. Sachez que ce principe est valable aussi pour importer des données d'autres applications dans Excel. Trois techniques vous sont présentées dans ce titre.*

### Exporter des données par cliqué-glissé

*Le principe est de faire glisser des données d'une feuille de calcul d'un classeur Microsoft Excel vers une autre application (par exemple : Access, Word).*

- Ouvrez, si besoin est, l'application Excel puis le classeur concerné et activez la feuille contenant les données à exporter.
- Ouvrez l'application puis le fichier vers lequel vous souhaitez exporter les données.
- Affichez à l'écran les fenêtres des deux applications.
- Sélectionnez, dans la feuille de calcul du classeur Microsoft Excel, les cellules contenant les données que vous souhaitez exporter.
- Pointez l'un des bords de la sélection.

  *Le pointeur de la souris prend alors l'apparence d'une main. Attention, ne pointez pas la poignée de recopie.*
- Faites glisser la sélection vers la fenêtre de l'application dans laquelle le transfert doit être fait, à l'endroit où vous souhaitez que les données apparaissent.
- Relâchez le bouton de la souris.

### Exporter des données par copie sans liaison

- Sélectionnez les cellules contenant les données à copier ou sélectionnez l'objet graphique à copier.
- Cliquez sur le bouton **Copier** de la barre d'outils **Standard** ou faites cmd ⌘ **C**.

- Ouvrez l'application et le fichier dans lequel vous souhaitez coller les données. Cliquez à l'endroit ou les données doivent être collées puis tapez cmd ⌘ **V** (ou **Edition - Coller**).

Exporter des données par copie avec liaison

*Grâce à la liaison, toutes les modifications de données dans le classeur Microsoft Excel seront répercutées dans le fichier contenant les données exportées.*

- Sélectionnez les cellules contenant les données à copier.
- Cliquez sur le bouton **Copier** de la barre d'outils **Standard** ou faites cmd ⌘ **C**.
- Ouvrez l'application et le fichier dans lequel vous souhaitez coller les données.
- Cliquez à l'endroit ou les données doivent être collées.
- Utilisez le menu **Edition - Collage spécial**.

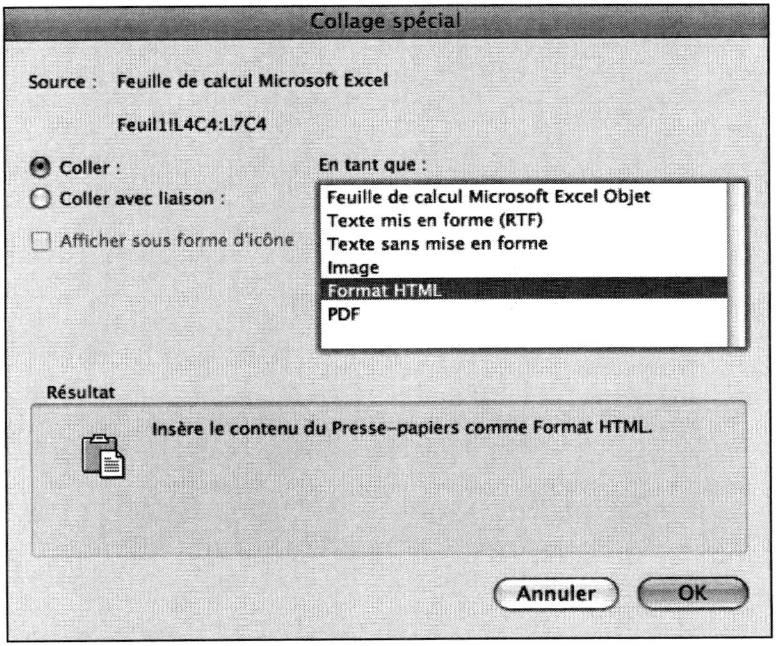

- Sélectionnez le format dans lequel les données doivent être collées à l'aide de la liste **En tant que**, et activez l'option **Coller avec liaison.**
- Cochez l'option **Afficher sous forme d'icône** si vous souhaitez que les données liées soient représentées sous la forme d'une icône.
- Cliquez sur le bouton **OK.**

## Paramétrer Excel pour utiliser les macros

*Pour créer des macros avec l'Enregistreur de macros, vous devez utiliser les commandes de l'onglet **Développeur** qui, par défaut, n'est pas affiché dans le ruban.*

### Afficher l'onglet Développeur

- Cliquez sur le menu **Excel** puis sur l'option **Préférences.**
- Cliquez sur la catégorie **Ruban** puis activez la case à cocher **Développeur** de la liste **Affichez ou masquez les onglets, ou faites-les glisser pour les réorganiser.**
- Cliquez sur le bouton **OK.**

Vous pouvez aussi cliquer sur le bouton  situé à droite du ruban puis cliquer sur l'option **Préférences du ruban.**

### Définir le paramètre de sécurité des macros

- Dans le menu **Excel**, cliquez sur l'option **Préférences** puis sur la catégorie **Sécurité.**

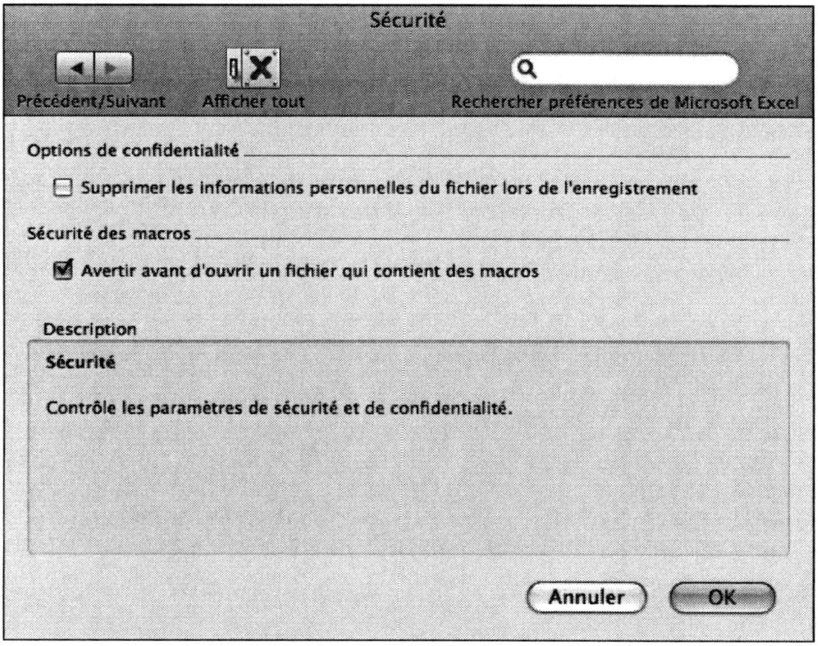

- Décochez l'option **Avertir avant d'ouvrir un fichier qui contient des macros** si vous ne voulez pas être averti lors de l'ouverture d'un classeur contenant des macros, à l'inverse si vous souhaitez avoir un message d'avertissement, gardez cette option cochée.
- Cliquez sur **OK**.

Si cette option est activée, le message suivant apparaît lorsque vous ouvrez un fichier contenant des macros :

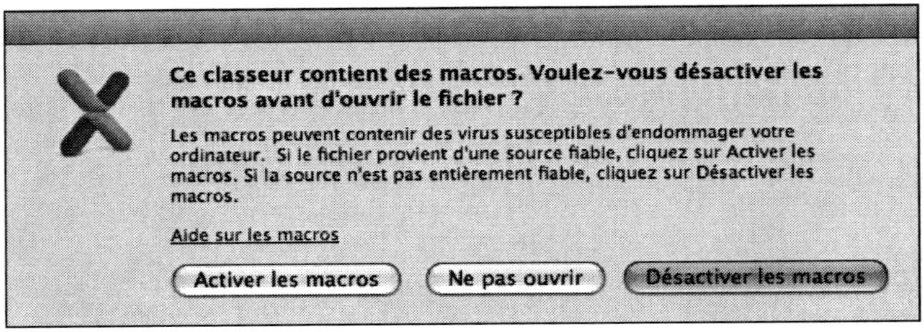


Dans ce cas, pour activer les macros, vous pouvez cliquer sur le bouton **Activer les macros**.

## Enregistrer une macro

*Une macro-commande permet d'automatiser une série de commandes et de fonctions que vous êtes amené à exécuter fréquemment. Pour automatiser ces tâches répétitives, vous pouvez enregistrer rapidement une macro. Microsoft Excel utilise pour cela le langage de programmation Visual Basic pour Applications.*

- Commencez par préciser si vous souhaitez enregistrer la macro avec des références relatives ou non : activez l'onglet **Développeur** et cliquez sur le bouton **Références relatives** pour l'activer.

  *Si ce bouton est activé, Excel mémorise les déplacements dans la macro relativement à la position de départ : lorsque vous exécuterez la macro, il agira sur les cellules en fonction de la cellule active lors de l'exécution ; sinon, il travaille avec les références absolues : quelle que soit la position de départ lors de l'exécution de la macro, il agira sur les cellules mémorisées dans la macro.*
- Activez l'onglet **Développeur** et cliquez sur le bouton **Enregist**  du groupe **Visual Basic**.

- Dans la zone **Nom de la macro**, saisissez le nom que vous souhaitez attribuer à la macro.

  *Vous ne pouvez pas utiliser d'espace et le premier caractère du nom doit être une lettre. Les autres caractères peuvent être des lettres, des nombres ou des traits de soulignement. Évitez les noms semblables à des références de cellule.*

- Pour affecter un raccourci-clavier (qui permettra d'exécuter la macro) utilisant les touches alt cmd ⌘, saisissez la lettre souhaitée dans la zone **Option+Cmd+**.
- Ouvrez la liste **Enregistrer la macro dans** afin de choisir le classeur dans lequel la macro sera enregistrée :

| | |
|---|---|
| **Nouveau classeur** | Pour stocker la macro dans un nouveau classeur. |
| **Ce classeur** | Pour stocker la macro dans le classeur actif. |
| **Classeur de macros personnelles** | Pour rendre la macro disponible chaque fois que vous utilisez Excel ; dans ce cas, la macro est enregistrée dans un classeur de macros personnelles, nommé Personal.xlsb, chargé à chaque démarrage d'Excel (mais qui reste masqué). |

- Pour inclure une description de la macro, entrez le texte souhaité dans la zone **Description.**

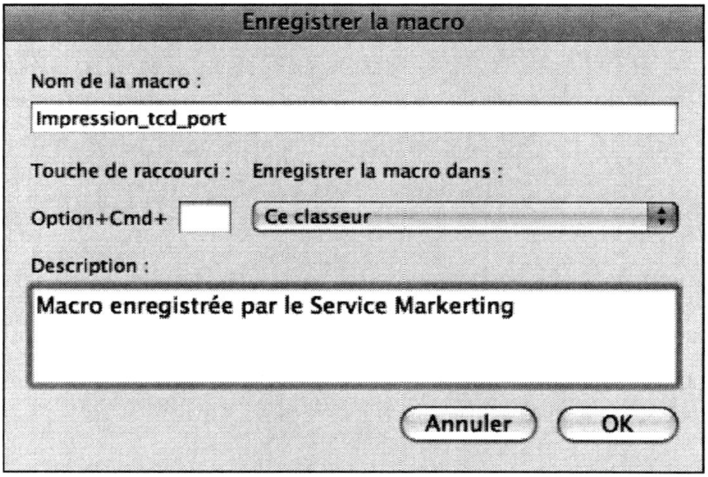


- Cliquez sur le bouton **OK** pour commencer à enregistrer.
- Effectuez les manipulations que vous souhaitez automatiser.

- Lorsque toutes les manipulations ont été réalisées, cliquez sur le bouton **Enregist** du groupe **Visual Basic** de l'onglet **Développeur**.

## Exécuter une macro

- Si la macro a été conçue dans un autre classeur que Personal.xlsb, ouvrez-le.
- Activez l'onglet **Développeur** et cliquez sur le bouton **Macros** du groupe **Visual Basic** ou faites [Alt] [F8].
- Indiquez où se trouve la macro à exécuter grâce à la liste **Macros dans.**
- Faites un double clic sur la macro à exécuter.

Si un raccourci-clavier a été attribué à la macro lors de sa création, vous pouvez aussi tout simplement taper ce raccourci-clavier.

## Affecter une macro à un objet graphique

*Grâce à cette technique, vous pouvez exécuter une macro en cliquant sur un objet graphique.*

- Ouvrez le menu contextuel de l'objet graphique auquel vous souhaitez affecter une macro existante.
- Cliquez sur l'option **Affecter une macro.**
- Dans la boîte de dialogue qui s'affiche, sélectionnez dans la zone **Nom de la macro**, celle que vous souhaitez affecter à l'objet.

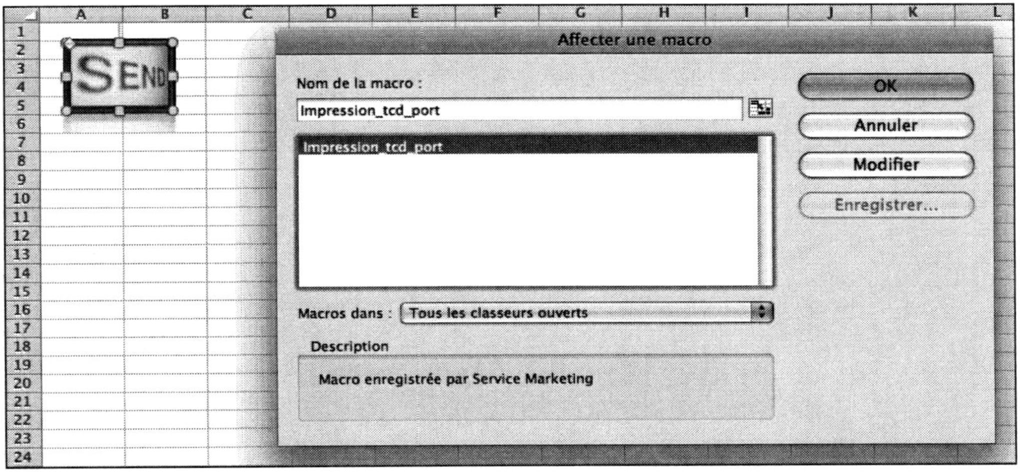


*Dans cet exemple, un clic sur l'objet graphique permettra de lancer la macro nommée **Impression_tcd_port**.*

- Cliquez sur le bouton **OK**.

Pour sélectionner l'objet graphique sans activer la macro, faites un Ctrl clic sur l'objet concerné.

## Modifier une macro

- Si la macro a été conçue dans un autre classeur que Personal.xlsb, ouvrez ce classeur ; si la macro se trouve dans Personal.xlsb, affichez ce classeur (option **Afficher** du menu **Fenêtre**).
- Activez l'onglet **Développeur** et cliquez sur le bouton **Macros** du groupe **Visual Basic** ou faites Alt F8.
- Ouvrez, si besoin, la liste **Macros dans** afin de sélectionner le classeur contenant la macro à modifier.
- Sélectionnez la macro puis cliquez sur le bouton **Modifier**.

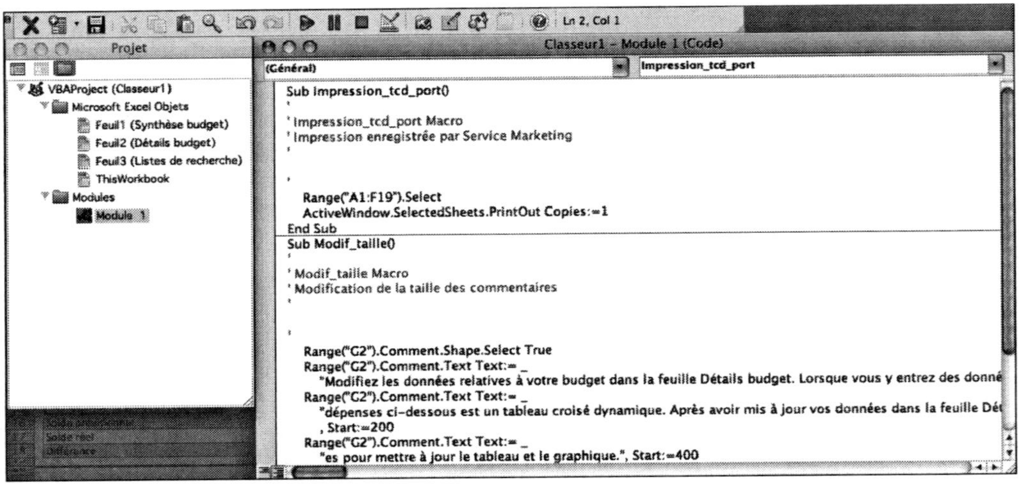


*Les codes d'instruction de la macro apparaissent dans une fenêtre **Microsoft Visual Basic pour Applications**. Le code d'ouverture d'une macro est toujours **Sub** suivi du nom de la macro, tandis que le code de fermeture est **End Sub**.*

*Sans connaître le langage de programmation Visual Basic, vous pouvez malgré tout effectuer quelques modifications simples dans le code.*

- Pour modifier des références de cellules, faites comme pour n'importe quelle saisie : déplacez-vous à l'endroit souhaité et saisissez les références souhaitées, utilisez les touches [Suppr], [⟵]...
- Pour sélectionner des instructions, utilisez la technique du cliqué-glissé.
- Pour copier/déplacer des instructions, utilisez les commandes **Edition - Copier** ou **Edition - Couper** et **Edition - Coller**.
- Lorsque les modifications sont terminées, refermez la fenêtre en cliquant sur le menu **Affichage - Microsoft Excel**.

## Supprimer une macro

- Si la macro a été conçue dans un autre classeur que Personal.xlsb, ouvrez ce classeur ; si la macro se trouve dans Personal.xlsb, affichez ce classeur (option **Afficher** du menu **Fenêtre**).
- Activez l'onglet **Développeur** et cliquez sur le bouton **Macros** du groupe **Visual Basic** ou faites [Alt][F8].

- Ouvrez, si besoin, la liste **Macros dans** afin de sélectionner le classeur contenant la macro à supprimer.
- Sélectionnez la macro puis cliquez sur le bouton **Supprimer**.
- Cliquez sur le bouton **Oui** pour confirmer la suppression de la macro.

## Enregistrer un classeur contenant des macros

*Si vous souhaitez pouvoir réutiliser vos macros ultérieurement dans le classeur, vous devez enregistrer celui-ci dans un format spécial prenant en charge les macros, d'extension .xlsm.*

- Activez le classeur concerné.
- Cliquez sur le menu **Fichier** puis sur l'option **Enregistrer sous**.
- Dans la boîte de dialogue **Enregistrer sous** qui apparaît, modifiez éventuellement le dossier d'enregistrement et le nom du fichier.
- Ouvrez la liste **Format** puis cliquez sur l'option **Classeur Excel (prenant en charge les macros)(*.xlsm)**.
- Cliquez sur le bouton **Enregistrer**.

## Personnaliser la barre d'outils Standard

- Ouvrez le menu contextuel de la barre d'outils **Standard**, puis sélectionnez l'option **Personnaliser les barres d'outils et les menus.**

  *La boîte de dialogue **Personnaliser les barres d'outils et menus** s'ouvre.*

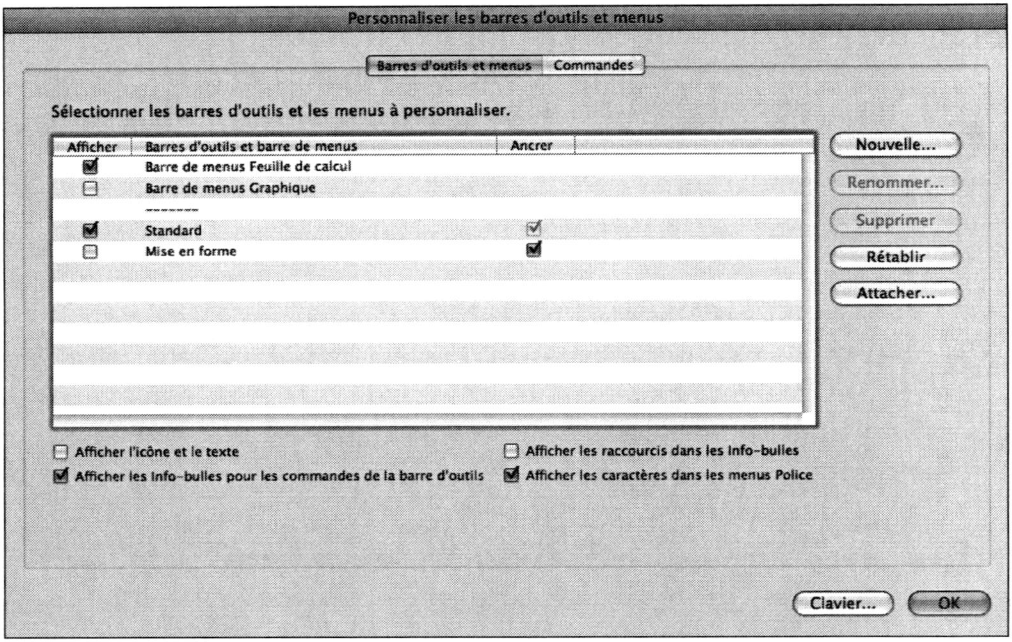


- Apportez vos modifications (cf. sous-titres suivants) puis cliquez sur le bouton **OK** de la boîte de dialogue **Personnaliser les barres d'outils et les menus.**

### Ajouter un outil à la barre d'outils Standard

- Ouvrez l'onglet **Commandes** puis cliquez sur la catégorie de commandes contenant la commande à ajouter.
- Dans la liste des commandes de la catégorie sélectionnée, cliquez sur la commande à ajouter puis faites-la glisser dans la barre d'outils **Standard**, à l'endroit où vous souhaitez insérer l'outil.

### Supprimer un outil de la barre d'outils Standard

- Cliquez sur l'outil à enlever dans la barre d'outils, faites-le glisser vers la fenêtre **Personnaliser les barres d'outils et menus** puis relâchez la souris.

### Modifier l'ordre des outils de la barre d'outils Standard

- Dans la liste des commandes de la barre d'outils **Standard**, cliquez sur l'outil à déplacer.
- Faites-le glisser vers le nouvel emplacement puis relâchez la souris.

Pour réinitialiser la barre d'outils, dans l'onglet **Barres d'outils et menus**, sélectionnez la barre d'outils **Standard** puis cliquez sur le bouton **Rétablir**. Validez en cliquant sur le bouton **OK**. Vous pouvez également afficher le menu contextuel de la barre d'outils **Standard** puis cliquez sur le bouton **Réinitialiser la barre d'outils**.

## Afficher/masquer les info-bulles

*Par défaut, lorsque vous pointez un outil du ruban, un texte descriptif s'affiche dans une info-bulle. Vous pouvez choisir de ne pas afficher ces info-bulles ou encore, de n'afficher que le nom de la fonction sans son descriptif.*

*Ci-dessous, vous visualisez le descriptif de la fonction **Mise en forme conditionnelle** dans une info-bulle.*

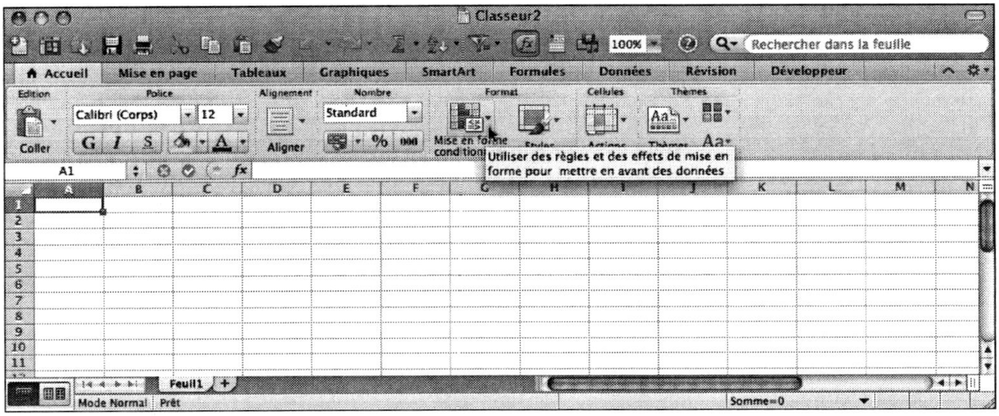


- Ouvrez le menu **Excel** puis cliquez sur l'option **Préférences**.
- Dans la partie gauche de la boîte de dialogue, sélectionnez la catégorie **Afficher**.

- Selon votre choix, cochez ou décochez l'option **Afficher les info-bulles des fonctions.**
- Cliquez sur le bouton **OK.**

## Personnaliser le ruban

- Ouvrez le menu **Excel** puis cliquez sur l'option **Préférences.** Cliquez sur la catégorie **Ruban.**
  Vous pouvez aussi cliquer sur le bouton  situé à droite du ruban puis cliquer sur l'option **Préférences du ruban.**

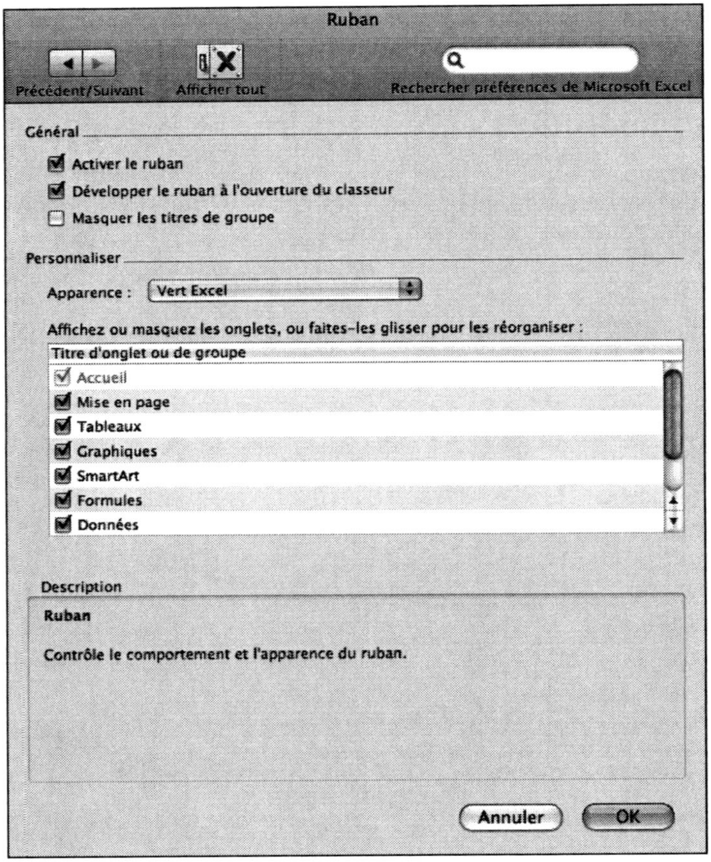

*Les onglets précédés d'une coche dans la colonne **Personnaliser** s'affichent "par défaut" dans le ruban.*

- Décochez l'option **Activer le ruban** si vous ne souhaitez plus vous servir du ruban mais uniquement des menus.

  *L'option **Développer le ruban à l'ouverture du classeur** vous permet d'activer/ désactiver le ruban en mode développé ou réduit à l'ouverture de classeur.*

- Suivant votre choix, cochez/décochez l'option **Masquer les titres de groupe.**
- Dans la liste **Apparence**, sélectionnez la couleur du ruban (**Vert Excel** ou **Graphite**).
- Dans la liste **Affichez ou masquez les onglets, ou faites-les glisser pour les réorganiser**, cochez les onglets que vous souhaitez afficher, décochez ceux que vous souhaitez masquer. Cliquez à droite d'un nom d'onglet puis cliquez-glissez pour réorganiser l'ordre d'affichage des onglets (un trait bleu montre l'emplacement où va être déposé le nom de l'onglet).
- Cliquez sur le bouton **OK** pour valider vos changements.

---

Pour déplacer un onglet, vous pouvez aussi cliquer sur l'option **Personnaliser l'ordre des onglets du ruban** associée au bouton situé à droite des onglets dans le **Ruban.** Cliquez sur le nom de l'onglet à déplacer puis faites-le glisser à l'emplacement souhaité. Cliquez sur le bouton **Terminer** pour valider cette nouvelle disposition ou sur le bouton **Rétablir** pour retrouver la disposition initiale.

---

## Raccourcis-clavier

### Recherche/Remplacement

| | |
|---|---|
| cmd ⌘ G | Rechercher l'occurrence suivante |
| ⇧ F5 | Remplacer/Rechercher |
| F5 | Atteindre |

### Insertion

| | |
|---|---|
| Ctrl + | Cellule, Ligne, Colonne |
| ⇧ F11 | Feuille de calcul |
| F11 | Graphique - Comme nouvelle Feuille |
| Ctrl L | Définir un nom |
| ⇧ F2 | Commentaire |
| cmd ⌘ K | Lien hypertexte |

### Affichage ligne/colonne

| | |
|---|---|
| Ctrl 9 | Masquer une ligne |
| Ctrl ⇧ ( | Afficher une ligne |
| Ctrl 0 | Masquer une colonne |
| Ctrl ⇧ ) | Afficher une colonne |

### Macro

| | |
|---|---|
| Alt F8 | Macros |
| cmd ⌘ F11 | Visual Basic Editor |

### Calcul et formule

| | |
|---|---|
| F9 | Calculer toutes les feuilles de calcul de tous les classeurs ouverts |
| ⇧ F9 | Calculer la feuille active |
| Ctrl ' (accent grave) | Afficher les formules de calcul |

## Saisies particulières

| | |
|---|---|
| Ctrl ; | La date du jour |
| cmd ⌘ ; | L'heure |
| Ctrl ⇧ " | Valeur de la cellule du dessus |
| cmd ⌘ ⇧ T | Formule Somme automatique |
| Suppr | Effacer formules et données |
| Alt ↓ | Afficher la liste des saisies semi-automatique |
| Ctrl ⇥ | Tabulation dans une zone de texte |

## Barre de Formule

| | |
|---|---|
| Ctrl U | Accès au mode Modifier |
| = | Début d'une formule |
| Ctrl Suppr | Suppression à partir du point d'insertion jusqu'à la fin de la ligne |
| Ctrl cmd ⌘ ↵ | Saut de ligne |
| esc | Annulation de la saisie |
| ↵ | Validation |
| Ctrl ↵ | Insère le contenu de la cellule active dans les cellules sélectionnées |
| Ctrl ⇧ ↵ | Valide une formule matricielle |
| cmd ⌘ T | Références absolues/relatives |
| Ctrl A | Après la saisie d'un nom de fonction, affiche la palette de formules |

## Mise en forme de cellule

| | |
|---|---|
| cmd ⌘ Alt - | Aucune bordure |
| cmd ⌘ B | Attribut Gras |
| cmd ⌘ I | Attribut Italique |
| cmd ⌘ U | Attribut Souligné |
| cmd ⌘ ⇧ L | Boîte de dialogue **Style** |

| | |
|---|---|
| cmd ⌘ 1 | Boîte de dialogue **Format de cellules** |
| F7 | Orthographe |

## Format des nombres et des dates

| | |
|---|---|
| Ctrl ⇧ ~ | Format numérique standard |
| Ctrl ⇧ ! | Format milliers à deux décimales (0,00) |
| Ctrl ⇧ $ | Format monétaire à deux décimales (# ##0,00 €) |
| Ctrl ⇧ ^ | Format numérique exponentiel à deux décimales (0,00E + 00) |
| Ctrl ⇧ # | Format date (jj-mmm-aa) |

## Déplacements

| | |
|---|---|
| ↖ | Début de ligne |
| Ctrl ↖ | Début de la feuille : A1 |
| Ctrl Fin | Cellule correspondant à l'intersection de la dernière colonne de droite utilisée et la dernière ligne du bas utilisée |
| Ctrl ⇥ | Fenêtre suivante |
| Ctrl ⇧ ⇥ | Fenêtre précédente |
| Ctrl ⇟ | Feuille suivante dans le classeur |
| Ctrl ⇞ | Feuille précédente dans le classeur |
| F6 | Volet suivant |
| ⇧ F6 | Volet précédent |

## Sélections

| | |
|---|---|
| cmd ⌘ A | Toute la feuille |
| Ctrl Espace | Colonne active |
| ⇧ Espace | Ligne active |
| F8 | Active et désactive le mode Extension |
| ⇧ F8 | Active et désactive le mode Ajout de sélection |
| Ctrl * | Plage rectangulaire de cellules autour de la cellule active. |
| Ctrl / | Totalité de la matrice à laquelle appartient la cellule active. |

## Mode Plan

| | |
|---|---|
| Ctrl **8** | Affiche/masque les symboles du plan |

## Quelles sont les bases à connaître ?

*Pour acquérir de bons réflexes et tirer un meilleur profit du tableur.*

**N'attendez pas d'avoir fini pour enregistrer votre travail**

Nul n'est à l'abri d'un incident technique qui provoque la fermeture brutale du classeur ou l'arrêt de l'ordinateur. Enregistrez très régulièrement votre travail pour pouvoir toujours récupérer une version quasi finale une fois l'incident résolu.

**Créez vos tableaux avec méthode**

Lorsque vous avez des tableaux à réaliser, quelle que soit leur taille, commencez par la saisie des valeurs (le texte, les nombres, les dates...), puis la saisie des formules et ne réalisez la mise en forme des cellules qu'à la fin... lorsque votre tableau est stabilisé.

**Respectez un principe : un type de donnée par cellule**

Il est judicieux de raisonner avec comme principe : une cellule ne doit contenir qu'un seul type de donnée. Si vous saisissez un nombre et des caractères dans la même cellule ("15 km" par exemple), vous ne pourrez pas utiliser ce contenu dans un calcul. Donnez plutôt un titre à votre colonne ("distance en km" par exemple) puis indiquez seulement les valeurs numériques dans les cellules.

**Concevez vos tableaux dans des blocs de cellules**

Pour faciliter le traitement ultérieur des données, concevez vos tableaux dans des blocs de cellules contigües, en respectant quelques règles élémentaires :

- Évitez les lignes et colonnes vides à l'intérieur d'un tableau.
- Isolez les tableaux les uns des autres en laissant une ligne et une colonne vide entre chaque tableau ou en les disposant dans des feuilles différentes.
- Saisissez les titres des colonnes sur une seule cellule (utilisez si besoin le renvoi à la ligne automatique ou les touches de raccourci pour saisir sur plusieurs lignes dans la cellule).

**Adoptez un minimum de présentation pour des tableaux lisibles**

- Pensez à augmenter la hauteur des lignes pour aérer le contenu de vos tableaux.
- Uniformisez la largeur des colonnes contenant le même type de données.
- Évitez d'afficher trop de types différents de bordures.

- Utilisez avec modération la couleur sur le fond des cellules. Le tableau doit rester lisible s'il est imprimé en noir et blanc.

### Uniformisez la présentation des nombres et des dates

Pensez à utiliser les formats prédéfinis pour rendre plus lisibles vos valeurs numériques et vos dates (affichez par exemple, toutes les valeurs monétaires d'une colonne avec 2 décimales et le symbole €).

### Rendez vos tableaux réactifs avec des formules de calculs

Toutes les cellules qui affichent un résultat doivent contenir des formules (même très simples) et non des valeurs saisies. Pensez à utiliser les parenthèses pour changer l'ordre de calcul par défaut.

Utilisez les références absolues dans vos calculs. Ainsi, vous gagnerez aussi du temps lors de la copie des formules.

### Ne craignez pas les mauvaises manipulations

Lorsque vous faites une mauvaise manipulation, pensez à l'outil qui permet d'annuler la ou les dernières manipulations.

Avant une manipulation que vous sentez douteuse, enregistrez le classeur. En cas d'erreur, vous pourrez ainsi fermer le classeur sans l'enregistrer puis l'ouvrir et le retrouver dans sa version précédente.

### Identifiez les feuilles de vos classeurs

Renommer les feuilles de votre classeur en donnant des noms significatifs correspondant au contenu de la feuille. Vous pouvez aussi jouer avec la couleur des onglets des feuilles pour les catégoriser.

## Je connais les bases, comment optimiser cet usage ?

*Pour gagner en style et en qualité et progresser dans la maîtrise du tableur.*

### Ne soyez pas intimidés par les formules

- Utilisez l'assistant fonction pour vous aider et vous guider dans la saisie des fonctions.
- Utilisez les zones nommées pour faire référence à des plages de cellules.
- Pour vous aider à comprendre une erreur contenue dans une formule, pensez à utiliser les outils d'audit (repérer les cellules intervenant dans une formule, afficher le

résultat pas à pas...).

**Faites des liens entre les feuilles et les classeurs**

Quand vous devez travailler avec des données provenant d'une autre feuille ou d'un autre classeur, pensez à utiliser le "copier-coller avec liaison". Vous établissez ainsi des formules multi-feuilles et/ou multi-classeurs.

**Repérez visuellement les données importantes**

Faites ressortir automatiquement les données importantes de vos tableaux en utilisant les mises en forme conditionnelles. Vous pourrez par exemple faire apparaître en gras et en rouge sur fond jaune les cellules contenant des valeurs supérieures à une valeur de référence.

**Exploitez la richesse des graphiques**

Ne restez pas cantonné au traditionnel histogramme. D'autres types peuvent représenter plus efficacement vos données. Préférez par exemple, un graphique en secteur (camembert) pour faire ressortir les données d'un tableau d'une seule ligne de valeurs, préférez un graphique en courbe pour représenter des données affichant des évolutions, des progressions.

**Triez et filtrez pour faciliter la lecture de vos tableaux**

Pensez à trier vos données pour afficher les lignes dans un ordre plus pertinent que celui dans lequel vous les avez saisies.

Utilisez les filtres automatiques pour afficher uniquement les lignes qui vous intéressent.

**Synthétisez vos données**

Utilisez les tableaux croisés dynamiques pour effectuer une synthèse parlante de vos données.

**Importez des données sans ressaisir**

Lorsque vous récupérez des données de différentes sources (d'un fichier texte par exemple), pensez à utiliser les outils ou formules qui vous aideront à transformer rapidement les données :

- Assistant pour distribuer dans plusieurs colonnes le contenu d'une seule,
- Formules pour convertir des données,

- Formules pour concaténer dans une seule cellule le contenu de plusieurs.

## Comment diffuser et partager mes données en toute sécurité ?

*Les tableaux ou graphiques créés ont vocation à être diffusés. Certaines protections sont simples à mettre en place pour éviter toute altération des données.*

### Protégez vos tableaux avant de les mettre en consultation

Pour éviter que le contenu de vos tableaux ne soit modifié, au moins deux solutions faciles à mettre en œuvre :

- Envoyez le tableau, enregistré au format PDF. Votre orignal restera forcément intact.
- Protégez le classeur que vous mettez à disposition par un mot de passe, en autorisant la lecture mais pas la modification.

### Contrôlez les interventions extérieures sur vos tableaux

Si vous construisez des tableaux dont les données sont ensuite saisies par d'autres personnes :

- Protégez les cellules contre toute modification et laissez accessibles seulement les cellules modifiables.
- Masquez les feuilles contenant des données, des calculs, que vous ne souhaitez pas rendre visibles.

### Guidez la saisie des données

Utilisez l'outil de validation des données pour guider et contrôler la saisie des données dans les cellules. Utilisez ce même outil pour afficher des listes déroulantes des valeurs autorisées dans les cellules.

### N'imprimez pas vos commentaires

Pour ajouter un commentaire, un texte d'aide dans votre tableau sans qu'ils soient imprimés, vous pouvez utiliser :

- les commandes permettant d'ajouter, de gérer, d'imprimer les commentaires des cellules.
- des zones de texte et des objets de dessin en désactivant leur option d'impression.

### Contrôlez le travail collaboratif

Utilisez la commande de Partage de classeur pour pouvoir travailler à plusieurs sur un classeur et aussi pouvoir contrôler les modifications et les conflits.

## Comment gagner du temps ?

*De nombreuses fonctionnalités, pas nécessairement compliquées, peuvent être exploitées pour gagner du temps à toutes les étapes.*

### Sachez exploiter les séries de données

Utilisez la poignée de recopie pour remplir vos cellules de valeurs provenant des séries automatiques (dates, jours de la semaine, mois, trimestres, texte suivi d'une valeur numérique...).

### Déplacez-vous, sélectionnez rapidement

Utilisez les touches de raccourci qui permettent de vous déplacer, d'effectuer des sélections rapides des données. Exemples :

- Ctrl + les flèches de direction pour se déplacer vers les extrémités d'un tableau.

- le raccourci cmd ⌘ A pour sélectionner un tableau entier.

Ces raccourcis seront d'autant plus efficaces si vous avez construit vos tableaux sans ligne ou colonne vide.

### Pensez aux modèles

Si vous créez régulièrement un même type de classeur, créez et utilisez un modèle.

Dans un classeur, vous pouvez aussi avoir un ou des tableaux dans une feuille qui servira de modèle ("Ventes Mois" par exemple). Ensuite, copiez cette feuille, renommez-la (par exemple "Ventes Janvier") et vous n'avez plus qu'à saisir les données variables.

### Travaillez sur plusieurs feuilles en même temps

Lorsque vous désirez modifier la présentation ou le contenu de plusieurs feuilles qui se ressemblent ou tout simplement effectuer une mise en page identique sur plusieurs feuilles, pensez à utiliser le "Groupe de travail".

### Automatisez certaines tâches

Si vous constatez que régulièrement vous faites le même type de traitement sur un classeur (enchaînement de calculs ou de fonctionnalités...), pensez au mode enregistrement d'une macro-commande. La fois prochaine, un simple raccourci-clavier lancera l'enchaînement.

## Comment protéger l'environnement ?

*Chacun peut se sentir concerné par la sauvegarde de l'environnement. Quelles actions mettre en œuvre face à mon tableur, face à mon ordinateur ?*

### Limitez l'impression papier

Envoyez votre classeur par mail plutôt que de l'imprimer et de le porter au destinataire.

Lancez systématiquement l'aperçu et contrôlez la mise en page pour éviter les impressions inutiles.

Votre tableur dispose peut-être de la fonctionnalité qui permet d'afficher un aperçu des sauts de page. Dans ce mode, vous pouvez déplacer les sauts de page pour mieux gérer l'impression finale.

### Préparez vos impressions

Pensez à utiliser la zone d'impression pour n'imprimer qu'une partie de votre feuille.

Pour diminuer le nombre de pages imprimées, pensez aux différentes possibilités :

- Diminuer la valeur des marges.
- Changer l'orientation.
- Modifier le pourcentage de réduction dans la mise en page.

Et contrôlez tous ces réglages par l'aperçu avant impression.

### Prenez l'habitude du noir et blanc et du recto-verso

Évitez autant que possible les impressions en couleur (les cartouches couleurs sont beaucoup plus polluantes) et pensez aux options de votre imprimante qui proposent l'impression en noir et blanc, en recto-verso et même de plusieurs pages par feuille.

**Rendez confortable la lecture à l'écran**

Réglez la luminosité et le contraste de l'écran, évitez la réverbération provoquée par une fenêtre, modifiez la valeur du zoom à l'affichage, affichez deux classeurs côte à côte pour comparer les données... quelques conseils pour faciliter la lecture à l'écran et au final éviter les impressions papier.

**Pensez à la mise en veille**

Quand vous vous absentez de votre espace de travail, pensez à mettre votre ordinateur en veille. Au minimum, paramétrez-le pour qu'il se mette en veille automatiquement après un certain temps d'inactivité. Et bien sûr, en fin de journée c'est aussi l'imprimante et l'écran qui doivent être éteints.

# N



# O



# P

# W



# Z